Bühlow · Hopf · Nagel · Preuss-Lausitz

Gesamtschule zwischen Schulversuch und Strukturreform

Braunschweig, 27. X. 72

Veröffentlichung
des Pädagogischen Zentrums, Berlin

Gesamtschule zwischen Schulversuch und Strukturreform

Berichte über die Gesamtschulentwicklung in der Bundesrepublik und Westberlin;
Analyse und Diskussion ausgewählter Aspekte

von Gesine Bühlow, Wulf Hopf,
Klaus Nagel und Ulf Preuss-Lausitz

Beltz Verlag · Weinheim und Basel 1972

ISBN 3 407 19008 5

Gesamtherstellung: Offsetdruckerei Beltz, Hemsbach über Weinheim
Printed in Germany

Inhaltsverzeichnis

1 Einleitung 7

Teil I

2 Länderbericht Baden-Württemberg 13
3 Länderbericht West-Berlin 29
4 Länderbericht Hamburg 58
5 Länderbericht Hessen 75
6 Länderbericht Nordrhein-Westfalen 91
7 Tabellarischer Überblick über ausgewählte Strukturmerkmale integrierter Gesamtschulen in der BRD und West-Berlin im Frühjahr 1970 109

Teil II

8 Zur politischen und ökonomischen Funktion der Gesamtschule - ein Literaturbericht 135
9 Zur Ideologie der Gesamtschule. Analyse von Begründungen und Zielsetzungen 187
10 Demokratisierung in der Gesamtschule? 227
11 Lernschwierigkeiten, Verhaltensstörungen und Sonderschüler - ein Problem politischer Sozialisation 265

Literaturverzeichnis 287

1. Einleitung

Als der Deutsche Bildungsrat im Januar 1969 seine Empfehlung zur 'Einrichtung von Schulversuchen mit Gesamtschulen' verabschiedete, schlug er "mehr als 40 Versuchsschulen" für ein wissenschaftliches "Experimentalprogramm" und darüber hinaus "möglichst viele Versuche mit verschiedenen Formen der Gesamtschule" vor. Dieses Konzept sollte wissenschaftlich klären, ob und wenn ja, welche Varianten der Gesamtschule den gewünschten Zielen entsprechen. Die Kultusministerkonferenz schloß sich in einer Vereinbarung im November 1969 diesem Vorschlag an. Schon damals ließ sich absehen, daß dieses der experimentellen Sozialforschung entlehnte Modell wissenschaftlicher Kontrolle methodisch nicht realisierbar ist, vor allem weil die Vielzahl der möglichen Einflußfaktoren nicht isoliert und die Bedingungen des traditionellen Schulsystems von den neuen Gesamtschulen vielfältig unterschieden sind. Inzwischen ist dieses Konzept auch politisch überholt. Die Entwicklung in den Ländern geht teilweise schon über das Versuchsstadium hinaus. Wissenschaftliche Begleitung als *Vergleich* kann nur noch Alibifunktion für die Befürworter wie für die Gegner der Gesamtschule haben. Die 'Naturwüchsigkeit' der Einführung der Gesamtschule ist nicht mehr abzuwenden.

Im Schuljahr 1970/71 bestehen in der Bundesrepublik und in West-Berlin 39 integrierte Gesamtschulen. Etwa 150 weitere sind in Planung, von denen einige Dutzend im Herbst 1971 den Unterricht aufnehmen werden. Es fragt sich, ob sich diese Entwicklung in den nächsten Jahren fortsetzen wird und in 15 oder 20 Jahren alle Schüler in integrierten Sekundarstufen unterrichtet werden. Zwar hat sich bislang erst Hessen auf die integrierte Gesamtschule als den vorherrschenden Schultyp festgelegt und dafür Planziffern erarbeitet, jedoch lassen Willensäußerungen und Beschlüsse der SPD-FDP-Bundesregierung und der Bund-Länder-Kommission erkennen, daß unter den gegenwärtigen politischen Verhältnissen die Entscheidung gegen die vertikale Gliederung des Schulsystems - auch in der Form der 'additiven Gesamtschule' - gefallen ist. Die

Realisierung dieser Entscheidung hängt insbesondere von drei Faktoren ab: von der parteipolitischen Konstellation in den Bundesländern bzw. von dem Fortbestand der Kulturhoheit der Länder; vom Ausgang der Bundestagswahl 1973; vor allem aber von den finanziellen Ressourcen bzw. der politischen Entscheidung über die Höhe der Investitionen für den Bildungssektor, die als nicht direkt gewinnbringende Ausgaben zu betrachten sind und nur langfristig über die Veränderung der Qualifikationsstruktur der Arbeitskräfte Profit abwerfen. Da der Staat (Bund und Länder) seit Frühjahr 1971 angesichts der inflationistischen Entwicklung die Staatsausgaben einschränkt, um antizyklisch die Konjunktur zu dämpfen, ist zweifelhaft, ob die Schulreform als kostenintensive Strukturreform entsprechend den bisherigen politischen Willenskundgebungen fortgesetzt werden wird.

Aus der bisherigen Entwicklung der Schulreform läßt sich ihr gesellschaftlicher Stellenwert bestimmen. Die Gesamtschule ist in erster Linie Ergebnis äußerer Strukturreformen des Schulsystems. Alle übrigen Bereiche dieser Institution - interne Organisation, Unterrichtsinhalte usw. - wurden demgegenüber vernachlässigt bzw. erst als Folgeprobleme der veränderten äußeren Struktur berücksichtigt. Diese ist - trotz der unterschiedlichen und ungleichzeitigen Entwicklung in den einzelnen Bundesländern - relativ einheitlich: ihr Hauptmerkmal ist, von vereinzelten Ausnahmen abgesehen, die äußere Differenzierung in den für den Schulerfolg entscheidenden Fächern. Die Differenzierung nach der durchschnittlichen Fachleistung ist jedoch nicht grundsätzlich verschieden von der Differenzierung nach der durchschnittlichen Leistung des Schülers in allen Fächern, die im traditionellen Schulsystem maßgeblich ist. Beide Differenzierungsformen implizieren eine Selektion der Schüler, die immer zugleich soziale Auslese sein wird.

Ohne Zweifel bietet die stärkere Flexibilität der Differenzierung nach Fachleistung eine größere Chance, einen höheren Schulabschluß zu erreichen. Zugleich erfordert sie jedoch vom Schüler dauernde Anstrengung und Anpassung an die an ihn gestellten Anforderungen, da ihm sonst der Abstieg in ein niedrigeres Kursniveau droht. Das neue Differenzierungsmodell erzieht den Schüler somit stärker, als es das dreigliedrige Schulsystem vermochte, zum kontinuierlichen Leistungstraining. Dem individuellen Aufstieg, mit dem der Erfolg honoriert wird, sind jedoch gesellschaftliche Grenzen gesetzt: er ist nur in dem Ausmaß erwünscht und möglich, in dem die Gesellschaft qualifizierte Berufspositionen zur Verfügung stellt. Andererseits ist eine genaue inhaltliche Bestimmung der Qualifikationsstruktur der Arbeitskräfte in 10, 15 oder 25 Jahren aufgrund der widersprüchlichen Entwicklung und der raschen technologischen Veränderungen des Spätkapitalismus heute noch nicht vorhersehbar. Daher erscheint ein flexibles und differenziertes Strukturmodell, wie es die Gesamtschule repräsentiert, als geeignetes Instrument, den Zugang zu den verschiedenen Fachrichtungen und Schulabschlüssen zu steuern, ohne andererseits Gefahr zu laufen, durch zu frühe und schwer revidierbare Selektion, wie sie im alten Schulsystem erfolgt, ein zu geringes Angebot an Qualifikationen bereitzustellen.

Die Schulreform, mit der die bereits in den vergangenen Jahren erfolgten Veränderungen innerhalb des Schulsystems - Erleichterung des Übergangs zu weiterführenden Schulen, Erhöhung der Durchlässigkeit zwischen den verschiedenen Schultypen, Verlängerung der Schulpflicht, Steigerung der Zahl mittlerer Schulabschlüsse - konsequent fortgeführt wurden, war zunächst mehr oder weniger auf die Mittelstufe beschränkt. Doch werden aus der Kritik an der isolierten Reform der unteren Sekundarstufe in wachsendem Maße weitere Teile des Ausbildungssektors einbezogen, wobei die Tendenz besteht, sämtliche Institutionen von der vorschulischen Erziehung über die Grund- und Sonderschule bis hin zur Berufs- und Erwachsenenbildung in die Gesamtschule einzugliedern bzw. mit ihr zu verbinden. So sehr diese Entwicklung einerseits zu begrüßen ist, bringt sie andererseits für die Gesamtschule die Gefahr mit sich, daß über den dadurch entstehenden neuen organisatorischen und strukturellen Problemen die dringend erforderliche Curriculum-Revision weiterhin in den Hintergrund gedrängt wird. Diese muß jedoch stärker als bisher unter maßgeblicher Beteiligung der Lehrer erfolgen, vor allem derjenigen, die sich mit den Interessen der Lohnabhängigen solidarisieren; nur so besteht die Chance, daß die Lerninteressen der Schüler vor allem aus den unteren Sozialschichten berücksichtigt werden. Sind die Kollegien dagegen auch weiterhin durch organisatorische Probleme belastet und so von der Entwicklung neuer Curricula ferngehalten, wird deren Revision entweder auf zentralistischem Weg durchgeführt oder bleibt den privatwirtschaftlichen Schulbuchverlagen und der Lernmittelindustrie überlassen.

Das vorliegende Buch gliedert sich in zwei Teile. Im ersten wird die Gesamtschul-Entwicklung bis zum Schuljahr 1970/71 in den einzelnen Bundesländern dargestellt, wobei auch frühere Reformmaßnahmen nach Möglichkeit berücksichtigt wurden. Der besseren Vergleichbarkeit wegen wurden den einzelnen Berichten die gleichen Gliederungsgesichtspunkte zugrundegelegt. Einen Überblick über einige der wichtigsten Strukturmerkmale bestehender und geplanter Gesamtschulen ermöglichen die daran anschließenden tabellarischen Übersichten. Die entsprechenden Informationen wurden durch eine zwischen November 1969 und März 1970 durchgeführte Fragebogenerhebung gewonnen und später - soweit möglich - ergänzt und korrigiert. Da sich die Gesamtschule gegenwärtig rasch verändert, ist verständlich, daß selbst die korrigierten Informationen im Augenblick des Erscheinens des Buches schon z.T. überholt sein werden. Das Rohmanuskript mußte im Frühjahr 1971 abgeschlossen werden.

Im zweiten Teil werden einzelne Aspekte der mit der Realisierung der Gesamtschule verbundenen Probleme diskutiert. Dabei war es die Absicht der Autoren, die Chancen und Grenzen der Schulreform abzuschätzen und auf diese Weise das kritische Bewußtsein gegenüber den Gefahren zu schärfen, die mit der zunehmenden Vergesellschaftung des Bildungssystems unter den herrschenden Verhältnissen verbunden sind.

Mehrere wichtige Fragestellungen mußten aus verschiedenen Gründen unberücksichtigt bleiben:

1. eine ökonomische Analyse der Schulreform, die eine polit-ökonomische Analyse der BRD und empirische Untersuchungen der Praxis der Gesamtschule voraussetzen; beides liegt bisher nicht vor;
2. eine kritische Analyse der Ansätze zur Curriculum-Reform, die aufgrund der ungünstigen Materiallage und mangelnder Kompetenz der Autoren unterlassen wurde;
3. eine Diskussion der verschiedenen Differenzierungsmodelle, die über den Stand der dazu vorliegenden Literatur nicht hinausgegangen wäre;
4. eine Diskussion der Integration der Berufsausbildung in die Gesamtschule, für die die Autoren sich als nicht kompetent betrachten.

Für ihre Unterstützung bei der Abfassung der vorliegenden Arbeit danken wir Wolfgang Elbell, der an der Korrektur und Erläuterung der tabellarischen Übersichten maßgeblich beteiligt war, Dorothea Herberg für die Aufarbeitung bildungspolitischer Stellungnahmen der Arbeitgeber, Horst Magdeburg für Information und Beratung und Gabriele Espanner für die Erstellung des Manuskripts. Besonderer Dank gilt Carl-Heinz Evers für eine kritische Durchsicht der Länderberichte.

Teil I

2. Länderbericht Baden-Württemberg

1. Die Schulpolitik im heutigen Baden-Württemberg war nach der Aufbauphase unmittelbar nach dem zweiten Weltkrieg bestimmt durch die Gründung des Südweststaates im Jahre 1952 und der dadurch sich ergebenden Notwendigkeit, Schulformen, Lehrpläne, Lehrerbildung, Versetzungs- und Prüfungsordnungen usw. zu vereinheitlichen. Diese Entwicklung fand im "Gesetz zur Vereinheitlichung und Ordnung des Schulwesens" ihren Abschluß, das im April 1964 vom Landtag verabschiedet wurde.

1964 kennzeichnet in mehrfacher Weise einen Wechsel in der Bildungspolitik Baden-Württembergs: zum einen bot die erreichte Vereinheitlichung die Möglichkeit für eine schulische Landesplanung; zum anderen fand ein Wechsel in der Leitung des Kultusministeriums statt, der sich auf die Bildungspolitik erheblich auswirkte: Kultusminister G. Storz wurde abgelöst durch den Theologen Prof. K. Hahn. Dies bedeutete zugleich einen Wechsel von einer restriktiven zu einer stärker auf Expansion gerichteten Bildungspolitik innerhalb der CDU.

Während noch 1959 auf Veranlassung des Kultusministeriums der Landtag beschloß, daß beim Übergang vom 10. zum 11. Schuljahr ein strengerer Maßstab angelegt werden solle und die Eltern auf die hohen Anforderungen der Oberstufe des Gymnasiums hinzuweisen seien, was einen sprunghaften Anstieg des vorzeitigen Abgangs vom Gymnasium zur Folge hatte[1], wurde unter Kultusminister Hahn die ökonomische Bedeutung qualifizierter Ausbildung auch und gerade für Baden-Württemberg erkannt. Dieses Bundesland hatte und hat innerhalb der BRD eine der stärksten Wachstumsraten des Bruttoinlandproduktes, besitzt eine überdurchschnittlich hohe Arbeitsproduktivität, einen starken und wachsenden Anteil dezentralisiert gelegenen produzierenden Gewerbes und braucht daher auch

---

1 H. Peisert/R. Dahrendorf (Hrsg.): Der vorzeitige Abgang vom Gymnasium, Studien und Materialien zum Schulerfolg an den Gymnasien in Baden-Württemberg 1952-1963, Bildung in neuer Sicht, A 6, Villingen 1967, S. 55.

einen hohen und stark wachsenden Anteil hochqualifizierter Arbeitskräfte[2]. So berechnete Widmaier den Bedarf Baden-Württembergs allein von Berufsfach-, Fachschul- und Hochschulabsolventen unter Zugrundelegung der Mittelwerte der KMK auf 12,1 % der Erwerbstätigen[3]. "Bei einer Steigerung des Arbeitskräftebedarfs (insgesamt) zwischen 1961 und 1981 von nur 12,8 % steigt der Bedarf an hochqualifizierten Arbeitskräften (insgesamt, ohne Lehrer) um 41,1 %"[4].

Diese Analyse des Bedarfs und voraussichtlichen Angebots an qualifizierten Arbeitskräften, eine Auftragsarbeit für das Kultusministerium Baden-Württembergs, wurde jedoch *nach* der Setzung der Zielwerte für den Schulentwicklungsplan durchgeführt[5]. Widmaier betonte denn auch, daß die vom Kultusministerium angestrebte Abiturientenquote von 15 % für 1980 nicht ausreiche, um den prognostizierten Bedarf an Hochschulabsolventen zu decken[6].

---

2 H.P. Widmaier u.a.: Bildung und Wirtschaftswachstum. Modellstudie zur Bildungsplanung, Bildung in neuer Sicht A 3, Villingen 1969; Zusammenfassung S. 268 ff.

3 a.a.O., S. 273. Dabei ist der Anteil in jedem Fall zu gering angesetzt, weil nur Grundschul-, Hauptschul-, Realschul- und Gymnasiallehrer in die Berechnung aufgenommen wurden.

4 ebda.

5 Schulentwicklungsplan Baden-Württemberg (erste Fassung) (Erlaß vom Juni 1965), Bildung in neuer Sicht A 1, S. 8 f. Zwar wird im Schulentwicklungsplan Baden-Württembergs (zweite Fassung), Bildung in neuer Sicht A 14, Villingen 1968, S. I/9 behauptet, die Zielwerte seien aufgrund der Bedarfsprognosen und von Begabungsuntersuchungen gewonnen, doch wird dies zum einen in 'Bildung und Wirtschaftswachstum' im Vorwort von Prof. G. Bombach, S. 17, ausdrücklich widerlegt; zum anderen weist der Verantwortliche für die Begabungsuntersuchung 'Gleiche Chancen im Bildungsgang', Bildung in neuer Sicht A 9, Villingen 1968, K. Aurin, ausdrücklich darauf hin, daß das von ihm ermittelte 'Begabungspotential' in für den Erwerb meßbarer 'Begabung' ungünstigen Regionen durchgeführt wurde (so u.a. S. 67). Daher können seine ermittelten Quoten, die ebenfalls zeitlich *nach* der Setzung der Zielwerte des Kultusministeriums erarbeitet wurden, im besten Fall als untere Grenze Bedeutung haben.

6 Bildung und Wirtschaftswachstum a.a.O., S. 280; im Vorwort erwähnt Kultusminister Hahn diesen Fehlbedarf (S. 14), ohne eine Veränderung der Zielwerte zu diskutieren.

Die Ziele - 15 % Abiturienten und 40 % mit mittlerem Abschluß[7] bis 1980 - wurden begründet sowohl durch den langfristigen Bedarf an qualifizierten Fachkräften wie dem Auftrag der Landesverfassung, jedem eine "seiner Begabung gemäße"[8] Ausbildung zu geben. Ebenso wie das sogenannte 'Begabungspotential' in der Untersuchung von Aurin als "Eignung für den Besuch weiterführender Schulen"[9] und damit als Eignung für die bestehenden Schulen definiert wurde, wird in den Ausführungen des Kultusministers Hahn zur zweiten Fassung des Schulentwicklungsplans (1968) deutlich, daß entgegen aller wissenschaftlicher Ergebnisse[10] von verschiedenen Begabungstypen ausgegangen wird, die in den drei Schularten - Hauptschule, Realschule, Gymnasium - repräsentiert seien: "Das Recht auf Bildung bedeutet aber nicht, möglichst viele Kinder und Jugendliche in höhere Schulen zu bringen, es gilt vielmehr, möglichst viele geeignete Schüler in die *ihnen gemäße Schulart* zu bringen"[11].

Außerdem enthält die Setzung der Zielquoten zugleich eine Annahme über ein (nicht veränderbares) 'Begabungspotential', wenn Kultusminister Hahn an gleicher Stelle schreibt:

"Auch haben wir immer den Slogan abgelehnt, möglichst viele Kinder länger auf eine bessere Schule zu schicken. Es geht vielmehr darum, den Grundstz zu verwirklichen: Jedem Kind die richtige Schule. Die Entwicklung der Übergangsquote zu Realschulen und Gymnasien zu Beginn des Schuljahres 1968/69 bestätigt unsere bisherigen Bemühungen um eine begabungsgerechte und nicht prestigebedingte Wahl der Schulart. Die Übergänge ... sind zu diesem Zeitpunkt erstmalig wieder von 45,9 % um 4,2 Punkte auf 41,7 % gesunken. Eine differenzierte Betrachtung zeigt, daß in ländlich strukturierten Kreisen die Übergangsquoten durch die Tätig-

---

7 Die 40 %-Quote für 1980 soll durch 20 % aus Mittelschulen, 16 % aus Berufsfach- und Berufsaufbauschulen und 4 % vorzeitigen Abgängen des Gymnasiums erreicht werden.

8 Der Schulentwicklungsplan, 1. Fassung, 1965, S. 8 f geht expressis verbis nur aus von dem erwarteten Arbeitskräftebedarf; im Schulentwicklungsplan, 2. Fassung, 1968, S. XI und in den "Maßnahmen des Landes Baden-Württembergs auf dem Gebiet der Bildungsplanung" des "Berichts über den Stand der Maßnahmen auf dem Gebiet der Bildungsplanung", Drucksache V/2166 des Bundestages vom Oktober 1966, S. 296, wird zugleich auf die Gleichheit der Bildungschancen verwiesen.

9 Aurin, Gleiche Chancen im Bildungsgang a.a.O., S. 55.

10 Vgl. u.a. H. Roth (Hrsg.), Begabung und Lernen, Stuttgart 1969.

11 Schulentwicklungsplan, 2. Fassung, a.a.O., S. I/4. (Hervorhebung Verf.)

keit der Bildungsberatung und durch den Ausbau des Schulwesens weiter gestiegen sind. In den Städten mit noch zum Teil sehr hohen Übertritten im vergangenen Jahr konnten demgegenüber durch Beratung und Information die Übertritte auf einen nach der Begabung der Schüler vertretbaren Stand gebracht (also gesenkt - d. Verf.) werden"[12].

Die Bildungspolitik des CDU-Kultusministeriums war - und ist - in erster Linie auf die Überwindung des ländlichen Bildungsrückstandes unter Aufrechterhaltung des traditionellen Schulsystems gerichtet; dabei ist die Benachteiligung der Arbeiterklasse im Bildungswesen nicht besonders berücksichtigt worden[13]. Die Überwindung ländlicher 'Defizite' war um so nötiger, als die Industrialisierung Baden-Württembergs in wachsendem Maß auch auf die ländliche Jugend als industriell qualifizierte Arbeitskraft angewiesen ist und die Industriebetriebe sich immer stärker in ehemals agrarischen Gebieten ansiedeln.

Um dieses Ziel zu erreichen, wurde systematisch die Zahl der Hauptschulen verringert, so daß der Anteil der wenig gegliederten Schulen planmäßig zwischen 1965/1966 und 1970/71 von 74 % auf 2,2 herabgesetzt wurde[14]. Damit verbunden war die Einrichtung von Nachbarschaftsschulen; die Einrichtung von Schulbussen usw.; die Übernahme von Fahrtkosten; die Einführung des 9. Schuljahrs als Pflichtschuljahr am 1. Dezember 1966; die innere Reform der Hauptschule mit der Einführung einer Fremdsprache (in der Regel Englisch) und der "Erweiterung des Bildungsguts in Deutsch und Mathematik." Zugleich wurde die Entwicklung (meist ländlicher) Bildungszentren vorangetrieben, wobei einige - z.B. Markdorf, Bodnegg, Wildberg, Weissacher Tal[15] - als Schulversuche bekannt geworden sind. Insgesamt sieht die Planung bis 1980 114 sog. große Bildungszentren vor, die alle allgemeinbildenden Schularten einschließlich Sonderschulen umfassen, und 298 kleine, bei denen meist Gymnasium und Sonderschule fehlen[16].

---

12 Schulentwicklungsplan, 2. Fassung, a.a.O., S. XII.

13 Vgl. dazu auch Joachim Lohmann: Der Schulentwicklungsplan Baden-Württembergs als Beispiel konservativer Bildungsplanung, in: Bildung und Politik 6/1969, S. 105-107.

14 Schulentwicklungsplan, 2. Fassung, a.a.O., S. XIV. Dort auch weitere Daten zur Planung bis 1970/71 bzw. zur Realisierung im Jahr 1967/68.

15 Vgl. die Berichte über diese Schulversuche in: Modellschulen in Baden-Württemberg, Bildung in neuer Sicht A 15, 1968.

16 Vgl. Schulentwicklungsplan, 2. Fassung, S. XV.

Eine besondere Rolle in der baden-württembergischen Bildungspolitik vor der Diskussion um die Gesamtschule in der BRD spielten eine Reihe prominenter Wissenschaftler. Sie waren unmittelbar bildungspolitisch tätig, entweder als Vorsitzende oder Mitglieder verschiedener Arbeitskreise des Kultusministeriums oder des Beirats für Bildungsplanung[17] - so u.a. Bombach, Dahrendorf[18], Dohmen, A. Flitner, Picht -, führten für das Kultusministerium wissenschaftliche Untersuchungen durch - wie Bombach/Widmaier und Dahrendorf/Peisert - oder entwickelten Modelle für bestimmte Bereiche des Bildungswesens, wie Flitner für die Lehrerbildung und Dahrendorf für den gesamten Hochschulbereich[19]. Es ließe sich unschwer nachweisen, daß ein Teil dieser Studien - etwa die Untersuchung über Bildung und Wirtschaftswachstum - in erster Linie als Rechtfertigung der neuen, expansiven, das bestehende Schulsystem bewahrenden Bildungspolitik fungierten. Diese Politik wurde außerdem von den genannten Wissenschaftlern implizit und z.T. explizit in einer Reihe populärer Schriften unterstützt, so etwa von Picht in seinen Aufsätzen über die "Bildungskatastrophe" (1964)[20], von Bombach durch seinen Beitrag in "Economic Aspects of Higher Education" (1964)[21], von Dahrendorf in seinem Vortrag über "Arbeiterkinder an deutschen Universitäten" (1964)[22] oder in seiner Schrift "Bildung ist Bürgerrecht" (1965)[23]. Die Analysen und Vorschläge vor allem Dahrendorfs entsprachen dem Konzept der Regierung. Dahrendorf sah eine wesentliche Ursache der Chancenungleichheit in der Bildungsabstinenz, also der mangelnden Motivation der ländlichen Bevölkerung und der Arbeiter, ihre Kinder auf weiterführende Schulen zu schicken.

---

17 Die Arbeitskreise sind aufgeführt in: Maßnahmen des Landes Baden-Württemberg auf dem Gebiet der Bildungsplanung, a.a.O., S. 313 f.

18 Dahrendorf war außerdem 1968/69 als FDP-MdL kulturpolitisch tätig.

19 Die Modellstudien wie die wissenschaftlichen Untersuchungen sind erschienen in der Reihe "Bildung in neuer Sicht", a.a.O.

20 G. Picht: Die Deutsche Bildungskatastrophe, Olten und Freiburg i.Br., 1964.

21 G. Bombach (Mitarb.): Economic Aspects of Higher Education, OECD, Ed. S. E. Harris, Paris 1964.
Vgl. auch F. Edding: Ökonomie des Bildungswesens. Lehren und Lernen als Haushalt und als Investition, Freiburg i.Br., 1963.

22 R. Dahrendorf: Arbeiterkinder an deutschen Universitäten, Tübingen 1965 (als Vortrag gehalten 1964).

23 R. Dahrendorf: Bildung ist Bürgerrecht, München 1965.

Seine Empfehlung bezog sich daher in erster Linie auf Bildungswerbung und Expansion des bestehenden Schulsystems. Die Bildungswerbung wurde vom Kultusministerium durch die Einrichtung von Beratungsstellen in ländlichen Regionen (im Dezember 1966 erstmals 5 Beratungsstellen), durch Vorträge des Kultusministers und durch empirische Untersuchungen in Verbindung mit Beratung betrieben. Der sprunghafte Anstieg der Übergangsquoten auf weiterführende Schulen in diesen Regionen schien das Konzept der Schaffung gleicher Bildungschancen durch Bildungswerbung und Expansion des bestehenden Schulsystems zu bestätigen, ohne daß Kenntnisse über die Abbruchquoten vorliegen.

Auf die Gefahren dieses Ansatzes hat als einer der ersten W. Edelstein hingewiesen[24]. Er machte darauf aufmerksam, daß der Anstieg vor allem in Regionen mit agrarisch-handwerklicher Berufsstruktur erfolgte. Für Bauern- und Handwerkerkinder sei weiterführende Ausbildung innerhalb dieses Schulsystems aufgrund der sinkenden Zukunftschancen in beiden Sektoren unmittelbar einsehbar. Für Arbeiterkinder dagegen sei aufgrund des Mittelschichtcharakters der Schule und einer durch die Klassenlage bestimmten anderen - für langfristiges Planen und Verzichten ungünstigen - Sozialisation weder eine Motivation noch eine Chance gegeben, innerhalb der bestehenden bürgerlichen Schule arrivieren[25]. Bildungswerbung sei nur dann sinnvoll, wenn zugleich "eine Unterrichtstheorie der Schulreform unter dem leitenden Gesichtspunkt der kulturellen Emanzipation der Unterschichten"[26] entwickelt würde, die konkret als die Einführung der integrierten Gesamtschule und die Veränderung der Curricula beschrieben wird.

2. Aus der Skizzierung der bildungspolitischen Entwicklung in Baden-Württemberg während der sechziger Jahre wird deutlich, daß das der Gesamtschule zugrundeliegende begabungs- bzw. lerntheoretische Konzept und die sozialpolitische Intention nicht mit dem Grundkonzept der baden-württembergischen Schulplanung übereinstimmen. Daher kann es nicht ver-

---

24 W. Edelstein: Chancengleichheit ohne Schulreform? Kritische Bemerkungen zur Bildungswerbung, in: Neue Sammlung 6/1966.

25 Vgl. aus der zahlreichen Literatur u.a. H.G. Rolff: Sozialisation und Auslese durch die Schule, Heidelberg 1967.

26 W. Edelstein, a.a.O., S. 630.

wundern, wenn der *Ausgang der Gesamtschulentwicklung* nicht bei der Landesregierung bzw. dem Kultusministerium, sondern *bei den Gemeinden* lag. Diese Gemeinden waren aufgrund entstehender Neubauviertel gezwungen, Schulen zu bauen. Sowohl in *Weinheim*/Bergstr. wie in *Freiburg-Haslach* waren ursprünglich ein Schulzentrum bzw. ein Gymnasium geplant. Erst 1967, ein Jahr nach Beginn der jeweiligen Planung, wurde auf Anregung der Stiftung Freudenberg[27] in Weinheim und durch die Bildungswerbungskampagne 'Student aufs Land' in Freiburg in Verbindung mit allen Rathausfraktionen beider Städte integrierte Gesamtschulen projektiert und anschließend vom Kultusministerium genehmigt. Bis 1969 blieben diese beiden Gesamtschulplanungen die einzigen in Baden-Württemberg, weil andere Anträge auf Durchführung eines Schulversuchs (etwa seit 1967 Heidelberg) abgelehnt wurden. Das Kultusministerium glaubt offensichtlich, allein gestützt auf diese beiden Versuche "frei von allen Vorurteilen" "die Leistungsfähigkeit oder auch die Nachteile eines horizontal gegliederten Schulwesens aufweisen"[28] zu können, es will "die Leistungsfähigkeit solcher Schulen im Schulversuch, konkurrierend mit dem bestehenden Schulwesen, an einigen Prototypen"[29] erproben. Eine solche Konkurrenz kann sich nur auf gleiche Ziele, mithin nicht auf die neuen sozialen und pädagogischen Ziele der Gesamtschule beziehen; daraus folgt, daß wissenschaftliche Begleitung nicht nur aus Gründen der zu kleinen Zahl von Gesamtschulversuchen, sondern auch aus Gründen unterschiedlicher Ziele von traditionellem und Gesamtschulsystem auf den für die Reproduktion der Arbeitskraft relevanten üblichen Leistungsvergleich eingeschränkt werden soll[30]. Nebenbei bemerkt ist es fraglich, ob "Vorurteils-

---

27 Die Firma Freudenberg ist ein Industrieunternehmen in Weinheim/Bergstr. - Fabrikant H. Freudenberg war Vorsitzender des Ettlinger Kreises und des Arbeitskreises 'Bildungsplanung für das berufliche Schulwesen' des Kultusministeriums Baden-Württemberg. Gisela Freudenberg war Vorsitzende der Gesamtschul-Planungsgruppe Weinheim.

28 Schulentwicklungsplan, 2. Fassung, a.a.O., S. I/12.

29 a.a.O., S. I/11.

30 Dies wird auch deutlich in dem Projektpapier: Kultusministerium Baden-Württemberg P 7045 -2/45, Institut für Bildungsplanung und Studieninformation Stuttgart: Erste Konzeption für wissenschaftliche Begleituntersuchungen in den Modellschulen Weinheim/Freiburg-Haslach/Markdorf Bodnegg. Juli 1970, hektografiert.

losigkeit" gewährleistet werden kann, wenn Kultusminister K. Hahn vor dem deutschen Bundestag öffentlich erklärt, die Gesamtschulen brächten die Gefahr der Rauschgiftsucht mit sich[31].

Die Bildungspolitik des CDU-Kultusministeriums, insbesondere seine Haltung gegenüber der integrierten Gesamtschule, wurden von der SPD und der FDP in zunehmendem Maß kritisiert. Während die SPD in den ersten Jahren nach 1964 die neue expansive Bildungspolitik unterstützte, wandte sie sich seit 1966 in wachsendem Maß gegen die zurückhaltende, ja ablehnende Haltung gegenüber integrierten Gesamtschulen, obwohl sie seit Ende 1966 eine Koalition mit der CDU bildet. Die Landtagsfraktion setzte sich im November 1967 in einem Antrag für die integrierte Gesamtschule als "Schule der Zukunft" ein, die in Modellschulen erprobt werden solle. Sie plädierte ein Jahr später für eine differenzierte sechsjährige Gesamtschule als Ganztagsschule, die auf einer vierjährigen Grundschule als Ganztagsschule aufbauen solle. In diesem Konzept ist die Gesamtschule schon als Regelschule vorgesehen[32]. Seit 1969 ist die Frage der Genehmigung einer größeren Anzahl von Versuchen mit integrierten Gesamtschulen bzw. ihre rechtliche Absicherung als Regelschule (in einer Kann-Bestimmung) auch zum öffentlich ausgetragenen Streitpunkt innerhalb der Koalition geworden. - Die oppositionelle FDP, die für die Gesamtschule unter der Bezeichnung "Offene Schule" eintritt und ebenfalls der Kulturpolitik des Landes ablehnend gegenübersteht, entfachte im Oktober 1968 im Landtag durch eine Große Anfrage eine intensive Diskussion über die Vor- und Nachteile der Gesamtschule, in der die zurückhaltende Haltung der CDU noch einmal deutlich wurde[33].

Durch die Empfehlungen des Deutschen Bildungsrats, die Entwicklung in anderen Bundesländern und den Beschluß der KMK vom November 1969 er-

---

31 Vgl. GESAMTSCHULEN-INFORMATIONSDIENST 4/1970, S. 7.

32 Vgl. DPA-Dienst für Kulturpolitik 45/4.11.1968.

33 Die Rede Kultusminister Hahns ist abgedruckt in: Kultusministerium Baden-Württemberg, Pressestelle, P 9026-4.1/413 (17.10.1968). Hahn betonte dabei auch, daß neue Gesamtschulanträge neue pädagogische Vorstellungen verwirklichen müßten und an den Antrag *keine finanziellen* Erwartungen geknüpft werden dürften. - Außerdem wird seit 1970 in Tübingen eine Gesamtschule in Verbindung mit Mitarbeitern des Erziehungswissenschaftlichen Instituts der Universität geplant.

mutigt, beantragten seit 1970 andere Kommunen, meist auf Initiative der SPD-Fraktion, oft mit weitgehender Unterstützung der FDP und regionaler und lokaler CDU-Vertreter, Genehmigungen für Versuche mit integrierten Gesamtschulen: Heidelberg (erneut März 1970), Heilbronn (Januar/Februar 1970), Mannheim (März 1970), Stuttgart-Neugereut, Stuttgart-Vaihingen, Stuttgart-Feuerbach (Februar 1970), Wildberg (Januar 1970). Den Anträgen aus Mannheim und Stuttgart-Neugereut wurde stattgegeben, außerdem soll das Bildungszentrum Weißacher Tal[34] mit einem integrierten 5. - 8. Schuljahr entstehen. Die Anträge aus Wildberg, Heilbronn, Stuttgart-Vaihingen, Stuttgart-Feuerbach wurden dagegen bisher abgelehnt. Daraus wird deutlich, daß das Kultusministerium bestrebt ist, die Versuche mit integrierten Gesamtschulen nicht auszuweiten und deshalb die immer stärker werdenden Initiativen aus den Kommunen zurückdämmt.

3. In dieser Situation würden *institutionalisierte Kontakte* zwischen den Gesamtschulplanungsgruppen bzw. den schon bestehenden Gesamtschulen die Möglichkeit eröffnen, den Druck von unten, z.B. seitens der Planer und der unterrichtenden Lehrer, auf die Oberschulämter bzw. das Kultusministerium zu verstärken. Daran kann dem Ministerium nicht gelegen sein. Institutionalisierte Kommunikation zwischen den Gesamtschulen wie in Hessen und NRW (vgl. die beiden Länderberichte) gibt es in Baden-Württemberg nicht, sieht man von gemeinsamen Tagungen ab[35]. Allerdings ist - außer einer 'Bürgerinitiative Gesamtschule' in Stuttgart - auch noch kein verwaltungsunabhängiges Forum der Gesamtschulen bzw. der Planungsgruppen (etwa analog dem 'Arbeitskreis Gesamtschulen' in NRW) gegründet worden. Wie das nordrhein-westfälische Beispiel zeigt, könnte solch eine Vereinigung ein starkes bildungspolitisches Gewicht erhalten. Außerdem läge in einer Kooperation der Fachteams der Gesamtschulen die Möglichkeit, die außerordentliche Belastung durch den Zwang zur Entwicklung von Lehrplänen und Unterrichtsmitteln durch Arbeitssteilung und gegenseitige Konsultation und Kritik zu verringern. Das Fehlen institutionalisierter Kontakte bedeutet indessen nicht, daß einzelne Gesamt-

---

34 Zum Modell Weißacher Tal vgl. Modellschulen in Baden-Württemberg, a.a.O., S. 221-253; auch GESAMTSCHULEN-INFORMATIONSDIENST 3/1970. S. 6 f.

35 Vgl. betrifft:erziehung, 3/1971, S. 13.

schulplanungen nicht Wirkungen auf andere hätten; so beziehen sich die neuen Planungen von 1970 z.T. ausdrücklich auf die beiden ersten Gesamtschulkonzepte (z.B. die Heilbronner Planung auf Weinheim).

4. Die beiden Planungsgruppen Freiburg und Weinheim wurden in unterschiedlicher Weise *durch wissenschaftliche Experten unterstützt*. Besonders begünstigt war in dieser Hinsicht Weinheim, in dessen Planungsgruppe Mitglieder der Universität Tübingen, der PH Heidelberg, des Heidelberger Seminars für Studienreferare, des Instituts für Schulbau, des Psychologischen Instituts der Freien Universität Berlin und des Instituts für Bildungsforschung Berlin mitarbeiteten; Vertreter dieser Institutionen, der Odenwaldschule und der Universität Mannheim fertigten Gutachten zu speziellen Fragestellungen an. Dies wurde ermöglicht durch die finanziellen Ressourcen und die persönlichen Beziehungen der Leiterin der Planung Weinheim, Frau G. Freudenberg. Die Unterstützung durch Experten schlug sich bei der Planung Weinheim unter anderem in ausführlichen Berichten nieder[36]. Freiburg wurde besonders im didaktischen Bereich durch Dozenten der PH-Freiburg unterstützt. Auch in dieser Planungsgruppe waren je ein Mitglied der Universität Tübingen und des Seminars für Studienreferendare Freiburg.

Unabhängig von der Tätigkeit der o.a. Experten für einzelne Gesamtschulplanungen hat auch in Baden-Württemberg die *wissenschaftliche Begleitung* begonnen. Dabei werden auch die Schulzentren Markdorf und Bodnegg einbezogen; dagegen werden andere schulformübergreifende Gesamtschulen wie die nach Weinheim und Freiburg genehmigten nicht in das wissenschaftliche Programm integriert. Nachdem eine Forschungsgruppe der Universität Mannheim im Auftrag des Kultusministeriums ein Programm für die wissenschaftliche Begleitung der baden-württembergischen Schulversuche entwickelte[37], entwarf das dem KM unterstellte "Institut für

---

36 Vgl. Modellschulen in Baden-Württemberg, Bildung in neuer Sicht A 15, Villingen 1968, S. 45-112 (Weinheim), S. 113-141 (Freiburg); Modell einer differenzierten Gesamtschule. Programmierung und Auswertung des Wettbewerbs Weinheim/Bergstraße, Bildung in neuer Sicht, A 21, Villingen 1970.

37 Vgl. G. Eigler/H.G. Schönwälder/G. Straka/P. Strittmatter: Wissenschaftliche Begleituntersuchungen an Modellschulen. Eine Empfehlung zur Bildungsforschung, Bildung in neuer Sicht A 23, Villingen 1971. - Die tatsächlichen Begleituntersuchungen sind *nicht* mit denen von Eigler u.a. vorgeschlagenen identisch; es soll hier nicht erörtert werden, welche Funktion die Empfehlung hat.

Bildungsplanung und Studieninformation Stuttgart" im Juli 1970 ein erstes Konzept für die wissenschaftliche Begleitung der Modellschulen Weinheim, Freiburg, Markdorf und Bodnegg[38]. Dieses Konzept hält - trotz methodischer Bedenken - am Vergleich zwischen den Modellschulen untereinander und mit traditionellen Schulen fest, wobei Effektivität im Sinne des Erreichens unterschiedlicher Abschlüsse verstanden wird. Außerdem soll geprüft werden, "ob und in welchem Ausmaß Schüler einer Modellschule diejenigen Ziele erreicht haben, die sie hypothetisch aufgrund ihres Schulbesuches erreichen sollten"[39]. Wie weit dieser Ansatz realisierbar ist, kann hier nicht erörtert werden. Insgesamt läßt sich jedoch annehmen, worauf auch oben zitierte Äußerungen des Kultusministeriums hinweisen, daß die wissenschaftlichen Begleituntersuchungen in erster Linie klären sollen, inwieweit die verschiedenen Schulmodelle effektiver im Sinne traditioneller Leistungssteigerung und höherer Quoten an Realschul- und Abiturabschlüssen sind. Aus den Gesamtschulen wurde an diesem Programm wissenschaftlicher Begleitung schon mehrfach Kritik geübt, weil es nicht genügend auf die Erwartungen und die Lage der beteiligten Lehrer eingehe[40].

5. Die *überregionale Besonderheit* der Gesamtschule *Weinheim* liegt in der günstigen Voraussetzung der Planung: Durch die Stiftung Freudenberg wurde der Schule eine Million DM mit der Auflage zur Verfügung gestellt, daß die Planung dem neuesten Stand der pädagogischen Forschung entsprechen solle. Die dadurch mögliche bundesweite Expertenhilfe für Weinheim war in der BRD bisher einmalig. Außerdem war die Vorsitzende des Planungsausschusses, Frau G. Freudenberg - im Gegensatz zu anderen Planungsvorsitzenden, die zumeist Lehrer sind - finanziell und organisatorisch von der Kultus- wie von städtischer Verwaltung unabhängig und

38 Kultusministerium Baden-Württemberg P 7045 -2/45, Institut für Bildungsplanung und Studieninformation Stuttgart: Erste Konzeption für wissenschaftliche Begleituntersuchungen in den Modellschulen Weinheim/Freiburg-Haslach/Markdorf/Bodnegg. Juli 1970, hektografiert.

39 a.a.O., S. 6.

40 Vgl. dazu: Protokolle der 'Tagung über wissenschaftliche Begleitung und Beratung von Gesamtschulen', Berlin, 19.-21.11.1970. Hrg. Arbeitsgruppe Gesamtschule, PZ Berlin, Kurzinformationen/Arbeitspapiere 3/1971.

stellte ihre volle Zeit für mehrere Jahre zur Verfügung. Ein Planungsbüro mit Schreibkraft und technischen Einrichtungen (Vervielfältigung von Protokollen und Entwürfen) war vorhanden.

Als *inhaltlicher*, überregional interessanter Akzent kann man an der Gesamtschule Weinheim das Gewicht der *Arbeitslehre* innerhalb des Gesamtlehrplans hervorheben[41]. Diese Bedeutung kommt der Arbeitslehre auch im Selbstverständnis der Weinheimer Planungsgruppe zu. Dies ist sicherlich Auswirkung des Einflusses der besonderen Konzeption der Odenwaldschule[42] und des Weinheimer Industriellen und Gründers des Ettlinger Kreises, Freudenberg. Die Planungsgruppe der Gesamtschule Weinheim ging bei dieser Schwerpunktbildung davon aus, daß Schulmüdigkeit und Schulverdrossenheit zu beobachten seien, "die im Unterricht zu zahlreichen Disziplinschwierigkeiten führen"[43]. Die Arbeitslehre als ein "auf die Technik gerichteter Werkunterricht" soll "das Interesse an der Schule wieder wecken" und "zu einer anderen Arbeitshaltung in den übrigen Schulfächern erziehen"[44]. Schulmüdigkeit ist sicherlich bei sehr vielen Schülern zu beobachten und kann vielfältige Gründe haben. Sie ist aber zum großen Teil bei Arbeiterkindern durch den - durch Curricula, soziale Normen der Schule, Herkunft und Erwartungen der Lehrer usw. - 'Mittelklassencharakter' der Schule bestimmt. Daher wird die Arbeitslehre auch - wie an vielen anderen Gesamtschulen in der BRD - in erster Linie für Kinder mit Hauptschul- und Realschulabschluß geplant. Dennoch sollen auch spätere Abiturienten zwei Jahre lang Arbeitslehre erhalten, damit sie "im Umgang mit Werkzeugen technische Fertigkeiten erwerben, um kleinere technische Probleme später selbst einmal lösen zu können und auch um den Respekt vor der handwerklich-technischen Arbeit anderer in diesem Alter zu erlernen"[45]. Diese Konzeption der Arbeitslehre ist exemplarisch einseitig:

---

41 Vgl. Modellschulen in Baden-Württemberg, aaO., S. 53, 71-73.

42 W. Schäfer/W. Edelstein: Die Odenwaldschule. Schwalbach bei Frankfurt 1967.

43 Modellschulen in Baden-Württemberg, a.a.O., S. 72.

44 Modellschulen in Baden-Württemberg, a.a.O., S. 71.

45 ebda.; hinzu kommt, daß Mädchen andere Inhalte lernen sollen, nämlich "anstelle der Arbeitslehre eine Einführung in soziale und erzieherische Arbeit", "Mitarbeit im Schulkindergarten oder in der Bibliothek" (ebda), also in ihren traditionellen Geschlechtsrollen bewahrt werden sollen.

sie soll die künftigen Arbeiter mit technischen Grundfertigkeiten ausstatten und die späteren 'Führungskräfte' zur distanzierten Partnerschaft erziehen, aber in keiner Weise eine kritische Kenntnis und Reflexion betriebsökonomischer Verhältnisse fördern. Das verwundert insofern nicht, als die Planer "u.a. von den Erfahrungen ausgingen, die in den Lehrwerkstätten der örtlichen Industrie gemacht worden waren"[46]. Man kann fragen, wie kritisch eine Arbeitslehre in einer Gesamtschule werden kann, die finanziell und personell mit einem lokalen Unternehmen verbunden ist.

Die überregionale Bedeutung der Gesamtschule *Freiburg-Haslach* liegt in ihrem *Modell einer demokratischen Schulverfassung*. Der "Entwurf der Verfassung für die Staudinger-Schule"[47] geht aus von Peter Fürstenaus Überlegungen zum 'Human-Relation-Modell' der Verwaltung[48]. Dieses Modell gesteht den Lehrern und der Schule eine relativ große Selbständigkeit zu, weil nur so die Organisationsziele heutiger Schulen zu erreichen seien. Dabei wird dem unmittelbaren Vorgesetzten - dem Schulleiter - die Rolle des Beraters und desjenigen zugeordnet, der die von unten angeforderten Mittel beschaffen muß, der Schulverwaltung die Rolle des politischen Planers[49].

Die Realisierung dieser Gedanken soll in der Freiburger Gesamtschule durch eine zwölfköpfige kollegiale Schulleitung ermöglicht werden, die sich aus dem auf 5 Jahre gewählten und abwählbaren Schulleiter, Vertretern der Lehrer, Eltern und Schüler sowie einem Schulaufsichtsbeamten, einem Vertreter des Schulträgers, dem Büroleiter der Gesamtschulverwaltung sowie dem Schulpsychologen und dem sozialpädagogischen Berater zusammensetzt. Die einzelnen Gruppen sollen ihre Vertreter wählen (bzw. ernennen); unmittelbare Wiederwahl ist ausgeschlossen. Der Stufenleitung gehören der für 5 Jahre gewählte Stufenleiter, vier bis fünf Fachbe-

---

46 aaO., S. 53.

47 Arbeitskreis Gesamtschule Freiburg-Haslach: Entwurf der Verfassung für die Staudinger-Schule, März 1969. Eine Zusammenfassung des Modells findet sich in: GESAMTSCHULEN INFORMATIONSDIENST 2/69, S. 43-46.

48 P. Fürstenau: Neuere Entwicklungen der Bürokratieforschung und das Schulwesen, in: Neue Sammlung 6/1967.

49 Eine Darstellung und Kritik des 'Human-Relation-Modells' erfolgt im Kapitel 'Demokratisierung in der Gesamtschule?' in diesem Buch.

reichsleiter, der gewählte Organisationsleiter, Lehrer-, Schüler- und Elternvertreter und ein Vertreter der Büroverwaltung an. In der Schulkonferenz, dem höchsten Beschlußgremium, werden auch Eltern und Schüler vertreten sein.

Dieser Schulverfassung stimmte das Kultusministerium erst nach über einjährigen Verhandlungen und nach Rücktrittsdrohungen der Planungsgruppe im Mai 1970 teilweise zu. Es genehmigte die Wahl des Schulleiters auf Zeit (6 Jahre), die Abwahlmöglichkeit des Leitungskollegiums und den Ausschluß der unmittelbaren Wiederwahl. Freiburg-Haslach unternimmt damit - neben der Gesamtschule Frankfurt-Nordweststadt[50] - den bislang weitgehendsten Versuch einer Demokratisierung der Schule.

6. *Anfang 1970* ging in Baden-Württemberg die erste Phase der Gesamtschulentwicklung zu Ende, in der die beiden bestehenden und die bisher genehmigten Modelle integrierter Gesamtschulen *gleichberechtigt* neben anderen Schulversuchen (bes. Bildungszentren, Werkgymnasien, differenzierten Gymnasien, additiven bzw. kooperativen Gesamtschulen) stehen. Durch die bildungspolitische Entwicklung in der Bundesrepublik, besonders durch das Gutachten des Deutschen Bildungsrates und den Beschluß der KMK hat die integrierte Gesamtschule als neue Schulform in der bildungspolitischen Diskussion, aber auch in einer breiteren Öffentlichkeit *Vorrang gewonnen*. Der ersten Welle neuer Gesamtschulanträge im Frühjahr 1970 (s. oben) werden vermutlich laufend weitere folgen, wobei die Gemeinden voraussichtlich wie bisher durch ihre jeweiligen lokalen Vertreter im Landtag unterstützt werden (zum Teil *aller* Parteien außer der NPD).

Um dem Trend zur integrierten Gesamtschule, der von der Entwicklung in anderen Bundesländern, der Bildungspolitik der Bundesregierung und den Initiativen kommunaler Gruppen beeinflußt wird, entgegenzuwirken, hat die CDU-Fraktion des baden-württembergischen Landtags das Konzept einer vierstufigen "Reformschule" als Gesetzentwurf unterbreitet. Diese "Reformschule" der CDU faßt das Primar- und Sekundarschulwesen kooperativ zusammen, hält jedoch an der vertikalen Gliederung fest. Nach diesem Entwurf besteht das Schulsystem aus vier Stufen zu je drei Jahrgangs-

50 Der Entwurf einer Schulverfassung für die Ernst-Reuter-Gesamtschule (Frankfurt-Nordweststadt) ist abgedruckt in: GESAMTSCHULEN INFORMATIONSDIENST 3/70, S. 61-86.

klassen, einer Grundstufe, einer Orientierungsstufe, einer Hauptstufe und einer Studienstufe. Das Gymnasium erscheint dabei als zwei- oder dreijährige Studienstufe; getrennt davon soll eine berufsbegleitende Berufsstufe laufen[51].

Damit wird der Versuch gemacht, einerseits das dreigliedrige Schulsystem beizubehalten, andererseits die Vorschläge des "Strukturplans" des Deutschen Bildungsrats (mit seinen Abschlüssen Abitur I und II) zu integrieren, um nicht von der Entwicklung im Bundesgebiet überrollt zu werden. Inwieweit dieser Versuch sich politisch durchsetzen läßt, hängt nicht nur von der bundespolitischen Entwicklung, sondern auch von der Haltung der baden-württembergischen SPD und FDP bzw. von den Landtagswahlen 1972 ab.

51 Vgl. dazu Gesamtschulen-Informationsdienst 3/70, S. 3.

3. Länderbericht West-Berlin

1. Die Geschichte der Gesamtschulentwicklung in West-Berlin muß aus zwei Gründen stärker als in den westdeutschen Bundesländern an die versuchte Strukturveränderung des Schulsystems nach 1945 anknüpfen: auf der einen Seite unterschied sich Berlin durch die starke antifaschistische, sozialistische Tradition - auch in der Berliner Lehrerschaft[1] - und durch den Ansatz zur Aktionseinheit von SPD und KPD auf dem Weg zur Einheitsschule von den westdeutschen Ländern. Auf der anderen Seite herrschte in West-Berlin nach der Restauration des Kapitalismus in Westdeutschland und nach Beginn des kalten Krieges ein besonders intensiver Antikommunismus, zu dem notwendigerweise die Diffamierung der Einheitsschule der DDR gehörte. Den relativ weitgehenden, frühen Ansätzen zur grundlegenden Strukturreform des Schulwesens stand damit die spätere scharfe Ablehnung der Einheitsschule gegenüber. Diese Spannung, die vor allem die Politik der SPD kennzeichnet, konnte nur gelöst werden, indem die SPD sich vollständig von früheren, stärker sozialistischen Konzepten löste und sie zu verdrängen suchte. Dadurch, daß die SPD der Verdächtigung konservativer und reaktionärer Kräfte widersprach, sie wolle auf Schleichwegen die Einheitsschule doch noch einführen, und dies mit ihrem Konzept der Gesamtschule unter Beweis stellte, bewies sie zugleich, wie erfolgreich sie ihre eigene schulpolitische Tradition verdrängt hatte. Auch wenn die Abkehr von sozialistischen Zielen vom linken Flügel der SPD als taktisch-politische Anpassung zur Eroberung der Herrschaft konzipiert war, wurde sie nicht als solche verstanden und von den konservativen Kräften innerhalb der eigenen Partei und erst recht in der westdeutschen Gesellschaft

---

1 Vgl. die Entschließung einer Protestversammlung Berliner Lehrer während der Auseinandersetzung um die Einheitsschule, in der sie die Einheitsschule "als ... alte unabdingbare Forderung der deutschen Lehrerschaft" verlangen. Siehe F. Helling und W. Kluthe (Hrsg.): Dokumente zur demokratischen Schulreform in Deutschland. 1945 - 1948, Schwelm (Westf.) 1960, S. 54.

integriert. Im Verlauf dieser Entwicklung verwischte sich auch für einen großen Teil linker Sozialdemokraten die Grenze zwischen taktischer Anpassung und Systemveränderung.

Die Entwicklung des Schulwesens in West-Berlin nach dem 2. Weltkrieg verläuft in vier Phasen[2]: in der Zeit von 1945 bis 1948 wurde der Versuch einer grundlegenden Strukturveränderung des Schulsystems unternommen, der jedoch in der Phase der Restauration des dreigliedrigen Schulsystems (1948 bis 1954) rückgängig gemacht wurde. Von 1955 bis 1963 stagnierte die Schulentwicklung weitgehend, danach nahm die Reformtätigkeit - darunter die Gründung von Gesamtschulen - zu. Zum Verständnis des Stellenwerts der Gesamtschulgründungen ist eine genauere Kenntnis der einzelnen Phasen nützlich.

Aus den Erfahrungen mit der nationalsozialistischen Diktatur zogen die antifaschistischen Kräfte nach Ende des Krieges die Folgerung, daß auch die Schule, die zur nazistischen Herrschaft beigetragen hatte, maßgeblich in die demokratische Gestaltung der Gesellschaft einbezogen werden müsse. Während sich die Berliner SPD und KPD im Oktober 1945 noch darauf einigten[3], daß dies die Schaffung eines einheitlichen, für alle Schichten offenen Schulsystems, die Beseitigung nazistischer und militaristischer Lerninhalte und die Entlassung nazistischer Lehrer bedeutete, traten nach den Wahlen vom Oktober 1946 auch in dieser Frage zwischen SED und SPD Spannungen zutage: in den Entwürfen zum Schulgesetz forderte die SED eine zwölfjährige Einheitsschule mit einer gemeinsamen achtjährigen Grundschule und einer Kombination von Kern- und Kursunterricht im 7. und 8. Schuljahr. Die Magistratsvorlage dagegen - der Stadtrat für Volksbildung war SPD-Mitglied - sah eine sechsjährige Grundschule mit Erleichterung des Übergangs zum Gymnasium in der 7. und 8. Klasse vor. Dieser Entwurf stieß auf den massiven Widerstand großer Teile der Berliner Lehrerschaft, die auch die Zulassung von Privatschulen und die Wiedereinführung von Religion als ordentliches Unterrichtsfach ablehnten. Infolge dieses Widerstandes wurde der Gesetzesentwurf geändert und

---

2 Die folgenden Ausführungen orientieren sich an: G. Bühlow: Die Schulpolitik in West-Berlin als Faktor der gesamtpolitischen Entwicklung seit 1945, unveröff. Manuskript 1969.

3 Vgl. F. Helling und W. Kluthe (Hrsg.): a.a.O., S. 26 ff.

schließlich im November 1947 gegen die Stimmen der CDU ein Schulgesetz von SPD, SED und LDP verabschiedet, das weitgehend der Konzeption der SED entsprach: zwölfjährige Einheitsschule mit achtjähriger Grundschule; ab 7. Klasse Differenzierung in Kernunterricht und wahlfreie Kurse; die beiden Zweige des 9. bis 12. Schuljahres (praktischer und wissenschaftlicher Zweig) sollten grundsätzlich im selben Gebäude untergebracht und vom selben Lehrpersonal unterrichtet werden, sofern sich die Fächer zum gemeinsamen Unterricht eignen. Privatschulen wurden untersagt, der Religionsunterricht war nur außerhalb des regulären Unterrichts gestattet.

Die Alliierten stimmten dem Schulgesetz im Mai 1948 unter Änderungen (z.B. eingeschränkte Zulassung von Privatschulen) zu. Besonders die Amerikaner waren den Schulreformen gegenüber aufgeschlossen, weil sie in der re-education ein zentrales Mittel zur Bekämpfung faschistischer Tendenzen sahen. Dieses Interesse ging jedoch nicht so weit, daß sie die ökonomischen Voraussetzungen faschistischer Herrschaft in Deutschland - konzentriertes Privateigentum an Produktionsmitteln - beseitigten: das Schulgesetz war das einzige von ihnen zugelassene Gesetz aus einem Bündel von Reformmaßnahmen, die auf eine stärkere Sozialisierung von Wirtschaft und Gesellschaft zielten[4].

Die Beratung des Schulgesetzes war eine der letzten gemeinsamen Tätigkeiten der Alliierten Kommandantur. Mitte 1948 begann die offene Spaltung der Stadt, die Auflösung der einheitlichen Verwaltung, die Einbeziehung West-Berlins in die Währungsreform der Westzonen. Im Dezember 1948 fanden in den Westsektoren von der SED boykottierte Wahlen statt, die der SPD fast die Zweidrittelmehrheit brachten. Den Magistrat bildeten alle drei Parteien (SPD, CDU, LDP). Im Interesse einer gemeinsamen, auf Westintegration gerichteten Politik war die SPD-Spitze zu Konzessionen gegenüber den anderen Parteien bereit. Dies wirkte sich auch auf die Restauration des Bildungssystems aus.

Als erstes ließ die SPD-Führung nach Konflikten mit den Kirchen und der sie stützenden CDU konfessionelle Privatschulen wieder zu. Als nächstes formierte sich der Widerstand von CDU und FDP (die Nachfolgeorganisation der LPD) gegen die Reform des äußeren Aufbaus der Schule. Vor allem die CDU forderte 1949/50 die Beschränkung der Grundschule auf

---

4 Vgl. dazu J. Fijalkowski u.a.: Berlin - Hauptstadtanspruch und Westintegration, Köln und Opladen 1967, S. 171 ff.

sechs Jahre; die Einführung des Religionsunterrichts; die Trennung des wissenschaftlichen und des praktischen Zweiges, der auf zwei Jahre begrenzt werden sollte; die Reduzierung des Berufsschulunterrichts. All dies wurde mit der Angleichung des Berliner Schulwesens an das westdeutsche begründet[5]. Obwohl ein Teil der SPD zu Zugeständnissen in der Schulpolitik bereit war, verhinderte die große Mehrheit der SPD in der Stadtverordnetenversammlung bis 1950 jede gesetzliche Neuregelung.

Im Wahlkampf 1950 benutzte die CDU das Einheitsschulgesetz von 1948 bereits eindeutig als Mittel zur Diffamierung der SPD, der nationalsozialistische und kommunistische Gleichschaltungstendenzen unterstellt wurden[6]. Das Wahlergebnis - erhebliche Verluste der SPD, starke Gewinne der FDP und mäßige Gewinne der CDU - schuf die Voraussetzung für die folgende, gesetzlich legitimierte Restauration des Dreiklassenschulsystems. Im Interesse der Machterhaltung machte die SPD in den Koalitionsverhandlungen im Bildungsbereich folgende Zugeständnisse: sechsjährige Grundschule; ab 7. Klasse sechsjährige Oberschule in drei Zweigen, wobei der wissenschaftliche Zweig auf sieben Jahre verlängert wurde; nahezu regulärer Religionsunterricht in den Schulen. Volksbildungsstadtrat wurde ein CDU-Mitglied (Tiburtius). Im Volksbildungsausschuß hatten CDU und FDP zusammen die Mehrheit.

Indem die SPD in den Koalitionsverhandlungen die Grundlagen des Einheitsschulgesetzes preisgab, besaß sie keine Möglichkeit mehr, durch

---

5 Th. Kram: Die Restauration der Klassenschule in Westberlin, in: Erziehung und Klassenkampf, 2/1971, S. 48-60, erklärt die Beseitigung der Einheitsschulgesetzgebung allein ökonomisch: wegen des genügend großen Angebots an qualifizierten Arbeitskräften nach dem Weltkrieg sei in der Phase der ökonomischen Rekonstruktion ein fortschrittliches Schulsystem nicht nötig und - was die Kosten betrifft - für kapitalistische Profitinteressen sogar schädlich gewesen. Diese Interpretation mag prinzipiell stimmen, jedoch spielen im Fall West-Berlin politische Faktoren eine wichtige Rolle, die aus der ökonomischen Lage der Stadt interpretiert werden müßten.

6 K. Adenauer behauptet im Berliner Wahlkampf am 28.11.1950: Das Berliner Schulgesetz diene nur dazu, "der SPD nach Goebbelschem Muster zur Macht im Staate zu verhelfen". Zit. bei St. Münke: Wahlkampf und Machtverschiebung, Berlin 1952, S. 134.

Mobilisierung der Lehrer- und Elternschaft den Abbau des Schulgesetzes zu verhindern. In einem überstürzten Verfahren wurde die Änderung des Schulgesetzes im Mai 1951 im Parlament verabschiedet. Von "Einheitsschule" war im Gesetz nicht mehr die Rede - die Westberliner Schule hieß "Berliner Schule". Die Fritz-Karsen-Schule in Neukölln war die einzige Schule, die aufgrund des Widerstandes von Lehrern und Eltern wesentliche Merkmale der Einheitsschule beibehielt.

Die CDU gab sich auch mit der erreichten Restauration nicht zufrieden. 1954 versuchte sie vergeblich, die Grundschuldauer von sechs auf vier Jahre zu verkürzen. Später versuchte sie, eine stärkere Differenzierung in der 5. und 6. Klasse der Grundschule durchzusetzen[7] bzw. den Übergang zum Gymnasium und zur Realschule bereits nach der 4. Klasse zu ermöglichen. Neben der sechsjährigen Grundschule erinnerte auch noch die Bezeichnung der drei weiterführenden Schulzweige an die Einheitsschule: sie alle hießen "Oberschule" unterteilt nach Oberschule praktischen, technischen und wissenschaftlichen Zweiges. Jahre später, nach dem Hamburger Abkommen von 1964, das die Namen für die weiterführenden Schulen vereinheitlichte, versuchte die CDU vergeblich, auch diesen ganz äußerlichen Rest aus der Einheitsschulgesetzgebung zu beseitigen und die Dreigliedrigkeit auch sprachlich durch die alleinigen Bezeichnungen Haupt- und Realschule und Gymnasium zu bestätigen.

Betrachtet man die Wiederherstellung des dreigliedrigen Schulsystems in Berlin zusammenfassend, so wird deutlich, daß die Beseitigung des Einheitsschulgesetzes den Versuch einer Neubestimmung der politischen Funktion der Schule in einer Klassengesellschaft unterband. Herbert Bath, Landesschulrat unter Evers ab 1966 brachte dies 1965 in einem Papier zum Thema "Einheitsschule und Gesamtschule" zum Ausdruck, in dem er auf die Geschichte der Einheitsschule einging:

"Im übrigen läßt sich nicht übersehen, daß in die pädagogischen Erwägungen zur Einheitsschule frühzeitig ideologische und politische Überlegungen eingeflossen sind. Von vielen ihrer Reformer wurde die Einheitsschu-

---

7 Das forderte auch der Berliner Philologenverband, vgl. die Resolution zur Weiterentwicklung der Berliner Schule, abgedr. in: Mitteilungen des Deutschen Philologenverbandes, Landesverband Berlin, 3/1965, S. 51-53.

le *nicht nur als eine pädagogisch zweckmäßige Form der Schule* betrachtet, sondern als ein Mittel zum Aufbau einer neuen Gesellschaft, zur Überwindung des Klassengegensatzes und zur Wiederherstellung der politischen Geschlossenheit des Volkes. Unabhängig davon, ob solche Betrachtungsweisen berechtigt waren oder nicht, hat dabei die schulorganisatorische Entwicklung trotz eines gleichen Ausgangspunktes der Überlegungen in den verschiedenen Ländern und unter verschiedenen politischen Verhältnissen sehr unterschiedliche Formen angenommen.
Die Einheitsschule der kommunistischen Länder hat weitgehend auf Freiheit und Berücksichtigung der Individualität des Schülers zugunsten ideologischer Zielsetzungen verzichtet, weshalb die Einheitsschule weiterhin als eine spezifisch kommunistische Einrichtung mit dem Ziel der gesellschaftlichen Umwälzung verstanden wird. *Aus diesem Grunde* ist der Begriff der Einheitsschule für das Schulwesen einer freien Gesellschaft heute nicht mehr anwendbar. ..

(Die Schulformen der USA und Englands) lassen sich wegen ihrer tatsächlichen Verschiedenheit und wegen des Fehlens politisch-ideologischer Zielsetzungen nicht mehr mit demselben Begriff erfassen wie die Schule in den kommunistischen Ländern. Deshalb wird als deutsche Bezeichnung für eine Schule, die alle Bildungswege umfaßt, aber ihrer Grundidee nach auf die bessere Berücksichtigung der Individualität des Schülers abzielt, der Begriff Gesamtschule verwendet"[8].

Die "Entideologisierung" der Schule, eines der Hauptziele der SPD in der Auseinandersetzung um die Gesamtschule, bedeutete damit den Verzicht auf eine offensive politische Funktion der Schule.

Indes wurde noch in der angeblichen Freiheit von politisch-ideologischen Zielsetzungen die eminente politische und ideologische Bedeutung der Gesamtschule sichtbar: politisch lag sie darin, daß das herrschende Gesellschaftssystem nicht grundlegend in Frage gestellt und damit stabilisiert wurde. Während im Konzept der Einheitsschule das Ziel der gesellschaftlichen Umwälzung nach den Erfahrungen mit dem Faschismus noch lebendig war, paßte sich das Gesamtschulkonzept in die bestehende Gesellschaftsstruktur ein. Die ideologische Bedeutung der Gesamtschule lag in der Überbetonung des Individualismus, mit dem die Überlegenheit der Gesamtschule gegenüber der "kollektivistischen" Einheitsschule vor allem begründet wurde[9]. Die angebliche "Entideologisierung" der Gesamt-

---

8 H. Bath: Einheitsschule und Gesamtschule, unveröff. Manuskript vom 3. Juni 1965, S. 4 f. Hervorhebungen durch d. Verf.

9 Vgl. H. Bath: a.a.O., S. 5 f. Vgl. auch C.-H. Evers: "Das Wort 'Einheitsschule' höre ich nicht gern, weil es ideologisch belastet ist und in der Sache (z.B. viel weitergehende Differenzierung) nicht mit unserer Gesamtschule übereinstimmt." Interview mit der BLZ 5/1967, S. 8.

schuldiskussion konnte jedoch nicht gelingen, sie blieb widersprüchlich. Das gilt besonders für die Position der SPD, für die eine friedliche, allmähliche Änderung der ungleichen Sozialstruktur stets zum festen politischen Ziel gehört hat. Indem die Gesamtschule zur größeren "Chancengleichheit" beitragen sollte, stellte sich die Frage nach der politischen, gesellschaftsverändernden Funktion der Schule trotz aller "Entideologisierungsversuche" immer wieder aufs neue[10].

In der Phase von 1955-1963, in der SPD und CDU eine große Koalition bildeten, stagnierte das Bildungswesen in West-Berlin[11].

Die "pädagogischen Verbesserungen" der "Berliner Schule" von 1955-1963 (Klassenfrequenzsenkung, Reduzierung der Schüler- und Lehrerpflichtstunden), das Lehrerbildungsgesetz, die Neuregelung des berufsbildenden Schulwesens, der Beschluß zur Errichtung des Berlin-Kollegs als Institution des Zweiten Bildungsweges änderten an der Struktur des dreigliedrigen Schulwesens nichts; eine Änderung des Schulgesetzes war durch ein Stillhalteabkommen zwischen der SPD und CDU ausgeschlossen.

1955 begannen von der SPD angeregte Versuche mit dem 10. Schuljahr in der Hauptschule. Während die CDU den wenigen Versuchen zunächst wohlwollend gegenüberstand - u.a. weil die SPD das Interesse der Wirtschaft an qualifizierten Schulabsolventen betonte - lehnte sie später die Tendenz zur Erweiterung der Versuche ab.

Gegen Ende dieser Phase legte der CDU-Senator für Volksbildung (Tiburtius) die "Denkschrift zur inneren Schulreform" (1962) vor; erarbei-

---

10 Dieses Problem stellt sich heute vor allem für den linken Flügel der SPD; vgl. die heutige Position des ehemaligen Berliner Schulsenators Evers, der den auf gesellschaftliche Integration zielenden Tendenzen der Gesamtschulentwicklung zunehmend kritisch gegenübersteht, vgl. C.-H. Evers, N.H. Burkert, H.-G. Rolff u. D. Kreft: Versäumen unsere Schulen die Zukunft? Düsseldorf-Wien 1971.

11 Dabei muß berücksichtigt werden, daß die Struktur des West-Berliner Schulsystems im Vergleich zu den westdeutschen Bundesländern relativ fortschrittlich war. Die Ende der 50-er Jahre veröffentlichten Pläne zur Strukturreform des Schulsystems - z.B. Denkschriften des Ettlinger Kreises (1957/58), "Plan Z" der SPD (1959), "Rahmenplan zur Umgestaltung und Vereinheitlichung des allgemeinbildenden Schulwesen (1959), 'Bremer Plan' der GEW (1960) - liefen mehr oder weniger wesen (1959), 'Bremer Plan' der GEW (1960) liefen mehr oder weniger nur auf eine Angleichung an die Westberliner Verhältnisse hinaus.

tet hatte sie der Landesschulrat und spätere Schulsenator Evers (SPD). Diese Denkschrift markiert den sich anbahnenden Wandel in der Bildungspolitik. Zum einen wurde zwar die Dreigliedrigkeit des Schulsystems beibehalten, aber sie wurde nicht mehr durch drei Begabungstypen gerechtfertigt, sondern durch verschiedene Schulabschlüsse, denen die Schulzweige funktional zugeordnet wurden. Zum anderen wurde nach Jahren des Rückgangs der Ausgaben für den Bildungsbereich, der Rückläufigkeit von Lehrer- und Schülerzahlen eine expansivere Schulpolitik geplant, die die Politik der kostenlosen pädagogischen Verbesserungen ablöste. Für fortschrittliche Schulpolitiker und -beamte der SPD war die "Denkschrift", die sie selbst maßgeblich erarbeitet hatten, nur ein Kompromiß; das zeigt die Kritik des späteren Landesschulrats Bath sehr deutlich[12]: auf der einen Seite begrüßte er die zum ersten Mal planmäßig betriebene Expansion des Bildungswesens aus ökonomischen (Wachstumssteigerung, gesteigerter Bedarf an Höherqualifizierten) und politischen Gründen (Massenbildung geht vor Elitebildung), die ihrerseits sehr stark ökonomisch abgeleitet wurden. Auf der anderen Seite betrachtete er das in der 'Denkschrift' beibehaltene dreigliedrige Schulsystem als Hindernis für die Expansion, wies er auf die Notwendigkeit von Strukturveränderungen hin, ohne jedoch schon genaue alternative Strukturmodelle vorzustellen[13].

Die Kritik am dreigliedrigen Schulsystem wurde durch eine empirische Untersuchung der Oberschulen Praktischen Zweigs und Technischen Zweigs von G. Schlaak bestärkt[14]. Er stellte eine "verschwindend kleine" Zahl von Übergängern zwischen den Schultypen fest und kennzeichnete die Über-

---

12 H. Bath: Schulpolitische Bemerkungen zur inneren Schulreform, in: BLZ, 6/1962, S. 122-126.

13 Der Berliner Verband der Lehrer und Erzieher (BVL) bezog eine ähnliche Position in seiner Stellungnahme zur 'Denkschrift'; er lehnt die stärkere Ausprägung und Abgrenzung der Oberschulzweige ab und fordert stärkere "innere Differenzierung"; vgl. BLZ, 12/13/1962, S. 309.

14 Vgl. die Artikelserie: Vergleichsuntersuchung von Elementarleistungen an verschiedenen Schultypen und ihr Bezug auf das Hauptschulmodell des 'Rahmenplans', BLZ, 17/1961, S. 386-391; 18/1961, S. 415-420; 19/1961, S. 439-444. Ders.: Erfahrungen an Berliner Oberschulzweigen (OP und OT) und ihre Folgerungen für das Hauptschulmodell, in: BLZ, 20/1961, S. 468-470; 21/1961, S. 495-497; 22/1961, S. 511-514; 23/24/1961, S. 542-546; 1/1962, S. 11-14; 3/1962, S. 56-58; 4/1962, S. 98-100.

gangsmöglichkeiten als "platonische Angelegenheit"[15]. Schlaak forderte ein zweigliedriges Schulsystem mit Gymnasium und "differenzierter Realschule", deren Begründung Ähnlichkeiten mit den späteren Argumenten für die Gesamtschule zeigte.

1961/62 war die Phase der Westberliner Schulentwicklung, in der SPD-Schulbeamte und -politiker nach der Planung der inneren Schulreform und der Kritik hieran über alternative Strukturmodelle zu arbeiten begannen. 1961 entstand auf Anregung des damaligen Landesschulrates Evers eine Gruppe, die sich mit der Planung der Gesamtschule Britz-Buckow-Rudow befaßte. Die allgemeinen politischen Bedingungen für die Erarbeitung und Erprobung alternativer Schulmodelle waren seit dem Mauerbau von 1961 günstig: dieses Ereignis mobilisierte wieder das "Selbstbehauptungsinteresse" West-Berlins gegenüber dem "Totalitarismis"[16]. Die Forderung, aus West-Berlin ein "Bildungszentrum" zu machen, war Teil der Mobilisierungspolitik[17]. Im Bildungsbereich führte sie auf der einen Seite zur Gründung überregional bedeutsamer Institute (Institut für Bildungsforschung in der Max-Planck-Gesellschaft, Schulbauinstitut der Länder, Pädagogisches Zentrum); auf der anderen Seite erleichterte sie Schulversuche im Westberliner Schulsystem, das als "Prüffeld des Neuen" apostrophiert wurde[18].

Die Wahl zum Berliner Abgeordnetenhaus 1963 führte erstmals zu einer Koalition von SPD und FDP. Die SPD stellte den Schulsenator, C.-H. Evers, der dem linken Flügel der Partei angehörte. In seiner Regierungserklärung setzte der Regierende Bürgermeister Brandt im Bildungsbereich noch wenige Schwerpunkte; es wurde u.a. lediglich die Prüfung der Frage an-

---

15 Schlaak, 21/1961, S. 497.

16 Vgl. C.-H. Evers bei der Eröffnung der 100. Kultusministerkonferenz in Berlin (1964): "Daß die Problematik (d.h. die Bildungsproblematik - d.Verf.) hier zum Teil anders ist als in Ihren Ländern, mag mit der politischen Situation dieser Stadt zusammenhängen. Denn hier wird täglich von uns der Beweis verlangt, daß die freiheitliche Lebensform dem Totalitarismus auch unter extremen Belastungen überlegen ist." Zit. nach BLZ, 5/1964, S. 102.

17 1962 erörterte das West-Berliner Abgeordnetenhaus den Bericht über den Ausbau Berlins als Stätte der Bildung, der Wissenschaft und der Kunst. Vgl. dazu auch H. Bath: Berlin als Bildungszentrum, in BLZ, 11/1962, S. 241-243.

18 Vgl. das Buch von F. Heerwagen: Prüffeld des Neuen. Berlin als Pionier in der Bildungspolitik, Düsseldorf-Wien 1966.

gekündigt, ob die 10. Klasse der Hauptschule weiter ausgebaut werden solle. Dies geschah allmählich in den folgenden Jahren. Im Juli 1965 stellte Evers die Berliner Gesamtschulplanung der Öffentlichkeit vor. Die Versuche wurden mit dem Hinweis auf das Berliner Schulgesetz, das Schulversuche zuläßt, und auf die Erklärung der Kultusminister anläßlich der 100. Sitzung der KMK (1964) begründet. Die inhaltliche Konzeption hatte Evers seit 1963/64 in Vorträgen, Schriften usw. in der allgemeinen, über Berlin hinausgehenden Öffentlichkeit vorgestellt[19]. Dies geschah auch zur Absicherung der West-Berliner Gesamtschulversuche: im Mai 1965 hatte der Senat allein mit Rücksicht auf die Bundestagswahlen die Anzahl der Berliner Gesamtschulen auf vier beschränkt, da die SPD fürchtete, mit der neuen Schulform ihren Gegnern Gelegenheit zu geben, sie als Sozialisten zu diffamieren.

CDU und Berliner Philologenverband, die Standesvertretung der Gymnasiallehrer, setzten den Versuchen heftigen Widerstand entgegen. Die CDU argumentierte im Abgeordnetenhaus mit den zu hohen Kosten der Gesamtschule, mit ihrem Massenbetrieb und mit der Einschränkung des Elternrechts. Darüber hinaus befürchtete sie, daß durch die Schulversuche "auf Schleichwegen" ein neues Schulsystem eingeführt werde[20]. Der Berliner Philologenverband wandte sich ebenfalls gegen "uferlose Schulversuche"[21] und bekämpfte die Gesamtschule als Einheitsschule[22]. Von den

---

19 Einen Überblick über diese Tätigkeit gibt: C.-H. Evers: Modelle moderner Bildungspolitik, Frankfurt/Berlin/Bonn/München 1969.

20 Vgl. die Erwiderung des CDU-Vorsitzenden Amrehn auf die Regierungserklärung des Regierenden Bürgermeisters Albertz am 11.3.1965. Abgedruckt in: Mitteilungen des Deutschen Philologenverbandes. Landesverband Berlin, 4/1965, S. 80 f. Im folgenden abgekürzt als "Mitteilungen".

21 Siehe die Resolution des Berliner Philologenverbandes zur Weiterentwicklung der Berliner Schule, in: Mitteilungen, 3/1965, S. 51-53.

22 Vgl. die Auseinandersetzung mit dem "Spandauer Volksblatt", das den Philologenverband wegen seiner negativen Haltung zur Gesamtschule als reaktionär bezeichnet hatte. "Haltet den Reaktionär!" in: Mitteilungen, 5/1965, S. 105. Siehe auch: Gesamtschule: Nein!, in: Mitteilungen, 6/1966, S. 126. Der Berliner Philologenverband machte sich damit den Standpunkt des hessischen Philologenverbandes zu eigen. Abgedruckt in: J. Lohmann (Hrsg.): Gesamtschule-Diskussion und Planung, Weinheim-Berlin, 1968, S. 140-156.

Lehrerverbänden unterstützte nur der Berliner Verband der Lehrer und Erzieher (ab 1969 GEW-Landesverband Berlin) - wenn auch zunächst zögernd - die Konzeption des Schulsenators[23].

Zur politischen Durchsetzung der Gesamtschulen in Berlin konnte Evers darauf verweisen, daß Neubauten traditioneller Schulen in den Neubausiedlungen mindestens ebenso teuer wie Gesamtschulen, aber schlechter als diese genutzt würden. Außerdem konnte er sich auf die hohe Zahl von Anmeldungen für die Gesamtschulen stützen. Darüber hinaus versuchte er, das Konzept der Gesamtschule für die politischen Gegner dadurch annehmbar zu machen, daß er die Leistungssteigerung in der "demokratischen Leistungsschule" betonte[24]. Dies war nicht nur ein verbales Zugeständnis; faktisch konzentrierte sich die Planungsarbeit auf das System der Fachleistungskurse und auf die Entwicklung objektiver Leistungsmessungsverfahren[25]. Ab 1967/68 begann sich die Taktik der Schwächung des grundsätzlichen Widerstandes gegen die Gesamtschule auszuzahlen. Die Auseinandersetzung des Philologenverbandes mit der Gesamtschule, die nicht mehr pauschal abgelehnt wurde, versachlichte sich; Differenzierung und Flexibilität, die die Struktur der Gesamtschule kennzeichneten, wurden auch für das "moderne Gymnasium" für erstrebenswert gehalten[26]. Die oberflächliche Annäherung an die Gesamtschulkonzeption kam 1969 in dem vom Philologenverband vorgeschlagenen "Verbundsystem" zum Ausdruck, das

---

23 Thesen des BLV zur Gesamtschule, in: BLZ, 5/1967, S. 11.

24 Auf die Auseinandersetzung rückblickend stellte Evers fest: "Natürlich mußten in der Phase heftigster Angriffe auf die Gesamtschule in der Argumentation auch Konzessionen gemacht werden. Obwohl die Gesamtschule für mich von Anfang an der mündigen Selbstbestimmung des Menschen dienen sollte, zog ich zunächst vor allem andere Argumente heran: die wirtschaftliche Konkurrenzfähigkeit der Bundesrepublik Deutschland im internationalen Wettbewerb, der Bedarf der Wirtschaft an qualifiziert ausgebildeten Berufstätigen, die Sorge um den Fortbestand der Wohlstandsgesellschaft. Es entstand für die Gesamtschule das Wort 'Demokratische Leistungsschule'. Das hatte zur Folge, daß es zumindest zum Gewährenlassen des Versuches Gesamtschule bis hin zu verhaltener Zustimmung auch durch Personen und Gruppen kam, bei denen man zunächst eine mehr verharrende Position vermuten konnte". Modelle moderner Bildungspolitik, a.a.O., S. 7.

25 Dies verdeutlichen die zahlreichen Beiträge, die Lehrer der Gesamtschulen ab 1968 in der BLZ veröffentlichten.

26 Vgl. K. Pfeiffer: Die Gesamtschule. Eine kritische Würdigung, in: Mitteilungen, 2/3/1968, S. 27-30; 4/1968, S. 50-53.

sich am Prinzip der "differenzierten Leistungsschule" orientiert, aber die Trennung von Haupt- und Realschule und Gymnasium beibehielt[27].

Der Widerstand der CDU und des Philologenverbandes verschob sich allerdings nur: die Akzeptierung des Versuchscharakters wurde gegen die Erweiterung der Gesamtschulversuche gewendet. So protestierten CDU und Philologenverband Anfang 1970 dagegen, daß die SPD und die FDP die Möglichkeit der Errichtung von Gesamtschulen als Kann-Vorschrift in das Schulgesetz aufnahmen. Damit würde das Experimentalprogramm des Bildungsrates und der KMK mißachtet, das Hamburger Abkommen verletzt und die Gesamtschule voreilig ohne die erforderliche wissenschaftliche Kontrolle als Regelschule eingeführt[28]. Im Vergleich zu den wenigen tatsächlichen Planungen von Gesamtschulen und den engen wirtschaftlichen Grenzen einer Erweiterung des Gesamtschulprogramms war dies ein absurder Vorwurf. Dies zeigte sich besonders in den Auseinandersetzungen über die Finanzierung des Bildungshaushaltes, die zum Rücktritt von Evers führten. (Siehe dazu unten, S. 48).

2. Die ersten vier Gesamtschulen wurden für Neubaugebiete geplant, die z.T. die Größe von Satellitenstädten erreichen: Britz-Buckow-Rudow im Bezirk Neukölln (ca. 50 000 Einwohner), "Märkisches Viertel" im Bezirk Reinickendorf (ca. 70 000 Einwohner), "Falkenhagener Feld" im Bezirk Spandau und Lichtenrade im Bezirk Tempelhof. Erst spätere Planungen in den Bezirken Kreuzberg und Charlottenburg sahen Gesamtschulen auch für Sanierungsgebiete in der Innenstadt und Stadtgebieten mit bestehenden Schulgebäuden vor - wenn man von der Umwandlung des bestehenden Schulversuchs der Fritz-Karsen-Schule in Britz-Buckow-Rudow in eine Gesamtschule absieht.

Die Schulen, die statt traditioneller Schulen für die Einzugsgebiete errichtet wurden, sollten zwar gleichzeitig Wahlschulen über diese Ein-

---

27 Vgl. "Verbundsystem", in: Mitteilungen, 4/1969, S. 61. Die Beibehaltung der Dreigliedrigkeit wurde damit begründet, daß die Leistungsdifferenzierung zur "unterschiedlichen gesellschaftspolitischen Einstufung des Schülers" führen sollte, die in der Gesamtschule nach Meinung des Philologenverbandes nicht mehr gewährleistet schien. Das alte Schreckgespenst der Nivellierung, das der Erhaltung der eigenen bürgerlichen Privilegierung dienen soll!

28 Siehe W. Padberg: Gesamtschule - Regelschule, in: Mitteilungen, 2/1970, S. 23-26. Vgl. auch "Der Tagesspiegel", vom 6.1.1970 (Nr. 7392), S. 12.

zugsgebiete hinaus sein, doch bald erwies sich, daß sich dies vor allem wegen Fehleinschätzungen der Bevölkerungsstruktur in diesen Gebieten nicht realisieren ließ. So kamen z.B. 89 % der 1968/69 in BBR aufgenommenen Schüler aus den Stadtteilen Britz, Buckow und Rudow; im Märkischen Viertel mußte die Zahl der für die Anlaufphase geplanten Züge von 5 auf 7 erhöht werden, was seine Gründe vor allem in der Unterschätzung des Anteiles der Schulpflichtigen hatte, der 1968 schon fast doppelt so hoch war wie vorausberechnet[29].

Die 4 Gesamtschulmodelle unterschieden sich hinsichtlich ihrer Struktur erheblich[30]. Da Evers "wissenschaftliche Begleitung" der Versuche als taktisches Argument verwendet hatte, sollten *unterschiedliche Versuche zur Erprobung verschiedener Formen* durchgeführt werden.

So umfaßt die Gesamtschule in BBR sämtliche Jahrgangsstufen vom ersten bis zum 13. Schuljahr einschließlich eines Schulkindergartens, der als Vorschulversuch[31] läuft. Der Unterricht findet ganztägig an 5 Wochentagen statt. Die Gesamtschule im Falkenhagener Feld ist eine "Gesamtoberschule" mit Mittel- und Studienstufe; die auf gleichem Gelände liegende Grundschule und die Sonderschule sind nicht integriert. Die Gesamtschule wird als Halbtagsschule geführt. Die Gesamtoberschule in Lichtenrade umfaßt die integrierte Mittelstufe; der Unterricht findet ganztägig an 5 Tagen statt. Das Fehlen einer eigenen Grundschule und einer Oberstufe wirft besondere Probleme der Koordination mit den umliegenden Schulen auf. Die Gesamtoberschule im Märkischen Viertel umfaßt Mittel- und Studienstufe. Nach Fertigstellung des Neubaus wird der Unterricht ganztägig mit 5-Tage-Woche stattfinden und die bisher 7-zügige Mittelstufe um 3 Züge erweitert.

Darüber hinaus weichen die 4 Schulen insofern voneinander ab, als sie unterschiedlich viele Züge in der Mittelstufe führen[32]. Auch im Hinblick auf die Unterrichtsorganisation weichen die Schulen partiell voneinander

---

29 Vgl. Berliner Stimme v. 2.8.1969, S. 10.

30 Vgl. Wege zur Schule von morgen. Berliner Forum 1/70, Presse- und Informationsamt Berlin, 1970, S. 14 ff.

31 Vgl. Strukturplan für die Grundstufe der Gesamtschule BBR, unveröffentlichtes Manuskript, Berlin o.J. sowie P. Gaude: Zur Erfassung förderungsbedürftiger Kinder in Vorschulklassen, in: Berliner Lehrerzeitung 10/1969, S. 24 f.

32 Vgl. Tabelle 4 in Kapitel 7 dieses Buches.

ab. Zwar gibt es an allen vier Schulen die "klassischen" Unterrichtsgruppierungen Kern-, Fachleistungs-, Wahlpflicht- und Interessengruppen, aber es bestehen Differenzen hinsichtlich des Umfangs und der Fächer in den Kerngruppen sowie in den Wahlpflichtkombinationen zwischen den Fächern[33] (s.u.).

3. Die Unterschiedlichkeit der Planungen resultiert aus dem taktischen Vorgehen von Evers und aus objektiven Planungsvoraussetzungen in Berlin, insbesondere aus dem Verhältnis der relativ autonomen Bezirksverwaltungen zum Senat. Grundsätzlich liegen die Rechte für die Entscheidung, ob in einem Bezirk, wo, wann, welche Schule gebaut und eingerichtet werden soll, bei den einzelnen Bezirksverwaltungen. Jedoch sind diese andererseits über die Gewährung von finanziellen Mitteln und die Genehmigung pädagogischer Konzeptionen im Rahmen der Aufsicht der Schulverwaltung von dieser abhängig[34]. Eine mögliche Institutionalisierung der Planung beim Senator für Schulwesen kann deshalb - anders als z.B. in Hamburg - nur Strukturplanung umfassen, die von der praktischen Durchführung in den Bezirken und von anderen Senatsverwaltungen abhängig ist[35]. Eine solche zentrale Institutionalisierung der Planung im Bereich des Schulwesens war von Evers erst kurz vor seinem Rücktritt mit der Einrichtung einer Planungsabteilung in Angriff genommen worden. Darüber hinaus hatte es bei der Errichtung der Siedlung im Märkischen Viertel und in Britz-Buckow-Rudow an ressort-übergreifenden Planungen gefehlt, die die sozialen und kulturellen Bedürfnisse der dort einziehenden Bürger antizipierten und zwischen den verschiedenen Ressorts des Senats koordinierten.

Evers hatte sich taktisch diesen Bedingungen angepaßt. Er initiierte bereits 1961 Gespräche zwischen Senatsvertretern, einigen Bezirksverwaltungen und *Lehrern* zur Planung von Gesamtschulen in Berlin. Im Bezirk

---

33 Vgl. J. Lohmann u.a. (Hrsg.): Gesamtschule-Diskussion und Planung. Weinheim/Berlin, 1968, S. 251-260. Wege zur Schule von morgen. a.a. O., S. 14-73. - Gesamtschule in Berlin. Berliner Lehrerzeitung 2/ 1968. - Die pädagogische Konzeption der Gesamtschulen in Berlin. In: Kommunalpolitische Beiträge, Ah. z. Pressedienst d. Landes Berlin Nr. II,14 v. 14.9.1967, S. 1-89.

34 Bis 1970 hatte der Senator für Schulwesen nicht einmal die Möglichkeit, auf die Bauplanung anders als über die Raumprogramme Einfluß zu nehmen; Veränderungen der Bauplanung oblagen dem Senator für Bau und Wohnen.

35 Schulentwicklungsplan für das Land Berlin. Berlin, 1970, S. 21.

Neukölln arbeitete die erste Lehrergruppe, die sich vor allem aus Mitgliedern von Studienseminaren rekrutierte, die zum großen Teil der SPD angehörten. Die Leitung übernahm Dr. Mastmann, der zeitweilig persönlicher Referent bei Evers war, hauptamtlich im April 1966[36].

Unabhängig von der Entwicklung der pädagogischen und unterrichtsorganisatorischen Konzeptionen der Schulen wurden aufgrund der Zuständigkeiten in der Senatsverwaltung die Raumplanungen vorbereitet[37], was dazu führen mußte, daß diese sich weitgehend an traditionellen Schulbaurichtlinien (für die der Bausenator verantwortlich zeichnete) und Planungsvorstellungen der beauftragten Architekten und bezirklichen Hochbauämter orientierten. 1964 lagen die Raumprogramme für drei der Gesamtschulen bereits vor; doch erst im September 1966 legte die Planungsgruppe BBR der Schulverwaltung den Entwurf des Struktur- und Stellenplans vor, der bis zum 1.10.1967 in eine endgültige Fassung gebracht wurde[38]. Die unabhängig voneinander 1963 und 1964 entstandenen weiteren drei Planungsgruppen in Spandau, Reinickendorf und Lichtenrade reichten ihre Planungen z.T. noch vor der Gesamtschule Britz-Buckow-Rudow beim Senat ein. Während die Planungsteams der Lehrer an den Strukturplänen für ihre Schulen arbeiteten, wurden in der Schulverwaltung Überlegungen zur pädagogischen Konzeption entwickelt, die verdeutlichen, daß zwischen dem Senator und der Verwaltung unterschiedliche Vorstellungen hinsichtlich der Realisierung der Versuche und der Durchsetzungsmöglichkeiten bestanden[39]:

"Sollte sich ergeben, daß die Konzeption der Modellschulen praktisch nicht durchführbar ist, so muß sie entweder modifiziert werden, oder es muß auf eine in Hauptschule, Realschule und Gymnasium vertikal gegliederte Sekundarstufe zurückgegangen werden. *Die Gebäude sind so beschaffen, daß grundsätzlich auch die Rückkehr zur Vertikalität möglich ist.*"

---

36 Vgl. C.-H. Evers: Modelle moderner Bildungspolitik, a.a.O., S. 3 ff.

37 Raumprogramm f. Gesamtschule BBR v. 14.1.1964.
Raumprogramm f. Gesamtschule Falkenhagener Feld v. 8.10.1964.
Raumprogramm f. Gesamtschule Lichtenrade v. 13.10.1964.
Raumprogramm f. Gesamtschule Märkisches Viertel v. 17.1.1966.

38 Vgl. H. Mastmann u.a. (Hrsg.): Gesamtschule - Ein Handbuch. Schwalbach, 1968.

39 Fragen der Gesamtoberschule. Unveröff. Manuskript, Berlin 1966. Referat v. H. Bath v. 22.10.1965 zit. in: Ch. Führ: Schulversuche 1965/66. Teil II: 50 Strukturberichte, Weinheim, 1967, S. 76. (Hervorhebungen von uns).

Diese Stellungnahme Baths erfolgte rund ein halbes Jahr nachdem der Senat von Berlin am 11.5.1965 den Bau und die Errichtung der 4 Gesamtschulen beschlossen hatte. Die Planungsteams der Lehrer empfanden die entwickelten Raumplanungen z.T. selbst als den pädagogischen und didaktischen Intentionen zuwiderlaufend[40] und verwendeten sie als Argument gegen die 1966 einsetzende Kritik an den Strukturplanungen, die vor allem vom Institut für Bildungsforschung, dem Pädagogischen Zentrum und Senator Evers selbst vorgetragen wurde, indem sie darauf hinwiesen, daß sich ihre Planungen an den vorfindbaren Bedingungen (Bauplanung, Berliner Schulgesetz, Zustimmung der KMK, *freiwillige* Mitarbeit der Lehrer) orientieren müsse.

Dies macht deutlich, daß die nicht konsistent-sachgerechte Kompetenzverteilung zwischen planenden Lehrern, Bezirksverwaltungen und Schulsenat zu Widersprüchen führen mußten, die zu Lasten der Progressivität der Planungen gingen. Darüber hinaus waren die einzelnen Planungsgruppen durch die Freiwilligkeit der beteiligten Lehrer außerordentlich anfällig gegen personelle Veränderungen, gerade weil die Mitarbeit an einer solchen Planung zugleich eine Chance für die Professionalisierung der Lehrer bedeutete, die immer auch eine Aufstiegschance war. Die Planungsinhalte waren somit wesentlich Ergebnis individuellen Kompetenzerwerbs der einzelnen Lehrer und ihre Realisierung weitgehend an Verbleib in Planungsgruppe und Schule gebunden. Charakteristisch für diese Entwicklung sind z.B. die Arbeiten und didaktischen Konzeptionen von Wolfgang-P. Teschner, die zeigen, in welch starkem Maße die in Britz-Buckow-Rudow vor allem in der Anfangsphase verwirklichten Konzepte von dem auch bildungspolitischen Bewußtseinsstand der einzelnen Lehrer abhängig waren[41].

Auch in den Vorstellungen des Senats war eine Planung durch Lehrerteams ausreichend, die Mitarbeit von Wissenschaftlern zunächst nur als "versuchsbegleitende Beobachtung" durch die Pädagogische Hochschule und

---

40 Z.B. wurden in Lichtenrade bis auf Turnhalle und Kantine keine flexiblen Großräume gebaut, bei vielen Klassen fehlen Kooperationsmöglichkeiten mit anderen Räumen für Team-teaching etc. Detaillierte Kritik an der Bauplanung der Gesamtschulen wurde vor allem v. J. Lohmann geübt.

41 Vgl. hierzu vor allem: P. Gaude u. W.-P. Teschner: Objektivierte Leistungsmessung in der Schule. Frankfurt/Berlin/München 1970, S. 1-17. - W.-P. Teschner: Was leisten Leistungskurse? Stuttgart, 1971, S. 11-35.

frühere Mitarbeiter des Deutschen Instituts für Internationale Pädagogische Forschung beabsichtigt[42]. Erst mit der Einrichtung des seit November 1962 geplanten und am 11.8.1964 durch den Berliner Senat beschlossenen Pädagogischen Zentrums, dessen Leitung Prof. Furck übertragen wurde, der sich bereits 1963 für einen horizontal gegliederten Aufbau des Schulwesens ausgesprochen hatte[43], ergab sich die Chance, Mitarbeit an der Planung und vor allem die vorgesehene "wissenschaftliche Begleitung" der "Versuche" dem Pädagogischen Zentrum als eine der Hauptaufgaben zu übertragen, die jedoch für die einzelnen Planungsteams schon zu spät kam. Als das PZ 1966 erste direkte Kontakte zu den Planungsgruppen aufnahm, waren die Arbeiten an den Strukturplänen weitgehend abgeschlossen, die Schulen bereits im Bau (bis auf Märkisches Viertel) und die Planungsgruppen begannen schon erste didaktische Unterrichtsplanungen vorzubereiten. In diesem Stadium der Entwicklung mußte die Diskussion von Grundsatzfragen als rein "theoretisch"[44] erscheinen, zumal die Praktiker auf für sie wichtige Fragen z.T. keine Antwort von den Wissenschaftlern erhielten und erhalten konnten, da diese selbst noch nicht ausreichend mit den Problemen vertraut waren [45]. Darüber hinaus entstanden erhebliche Differenzen zwischen Eigeninteressen der Planungsgruppen und denen des Pädagogischen Zentrums vor allem in dem am 1.4.1967 eingerichteten "Koordinierungszentrum für Gesamtschulplanung", das auf Wunsch des Senators für Schulwesen die gemeinsame Planung der Unterrichtsinhalte für die beginnenden Versuche leisten sollte[46], die wegen der starken Riva-

---

42 Vgl. C.-H. Evers: Modelle moderner Bildungspolitik, a.a.O., S. 244.

43 Vgl. C.-L. Furck: Schule für das Jahr 2000 - ein utopischer Plan. Neue Sammlung 6/1963, S. 501 ff.

44 Vgl. W. Danne: Gesamtschule in Berlin. Berliner Lehrerzeitung 2/1968, S. 1.

45 Z.B. wurde die Inkompetenz der Wissenschaftler bei der Diskussion um die objektive Leistungsmessung deutlich, die auf die Curricula der Gesamtschulen bezogen sein sollte. Daher gingen die Lehrer z.T. dazu über, sich selbst die nötige Kompetenz zu verschaffen, wie z.B. P. Gaude u. W.-P. Teschner mit ihrem Buch: Objektive Leistungsmessung in der Schule, a.a.O.

46 Vgl. Unterricht an Gesamtschulen. Planungsvorschläge mit Beispielen für das 7. Schuljahr. PZ Berlin, Mai 1968, S. 3-13. - Erster Zwischenbericht des Koordinierungszentrums f. Gesamtschulplanung. PZ Berlin. Unveröff. Manuskript, o.J., S. 5-11.

lität und Konkurrenz zwischen den einzelnen Planungsgruppen bereits schulspezifisch in Angriff genommen worden waren[47]. Schon auf der ersten vorbereitenden Sitzung zeigte sich, daß dabei auch Kontrollinteressen der Schulverwaltung im Spiele waren: Die Planungsentwürfe für die einzelnen Unterrichtsfächer sollten ohne Genehmigung der Senatsverwaltung nicht veröffentlicht werden.

Trotz der Dringlichkeit der Planungen für den Beginn der Versuche wurden die Diskussionen im Koordinierungszentrum vor allem über Grundsatzfragen geführt, deren Klärung darüber hinaus von Entscheidungen der Senatsverwaltung in vielen Fällen abhing. Außerdem hatten die erarbeiteten Modelle und Planungen keinen verbindlichen Charakter für die einzelnen Planungsgruppen, Vertreter der Senatsverwaltung arbeiteten nicht mit. Dies, die starke Belastung der Lehrer, die beginnenden Versuche und die Differenzen zwischen PZ und einigen Planungsgruppen führten zur Einstellung der curricularen und unterrichtsorganisatorischen Planungstätigkeit im Pädagogischen Zentrum. Die Koordinierung der curricularen Entwicklung wurde nun lediglich auf individueller Basis zwischen den Schulen in einzelnen Fächern versucht und gelang im wesentlichen nur im Fach Mathematik.

Die Gesamtschule BBR hatte Ostern 1967 mit 3 Vorlaufklassen den Unterricht aufgenommen, im April 1968 begann sie ebenso wie die Schule im Falkenhagener Feld am 19.4.1968 ihre Arbeit als Gesamtschule. Die Gesamtschulen Lichtenrade und Märkisches Viertel nahmen im Frühjahr 1969 die Arbeit auf, letztere vorläufig in einem Altbau.

Inzwischen hatte die Diskussion um die Gesamtschule die sozial- und bildungspolitisch interessierte Öffentlichkeit erreicht. Vor allem Studenten der Architekturfakultät der Technischen Universität und der Pädagogischen Hochschule begannen, sich mit der Problematik auseinanderzusetzen.

Im Dezember 1968 legte die Wissenschaftliche Beratungskommission beim Senat von Berlin den Entwurf zu einem Strukturmodell einer integrierten Gesamtschule vor, die für den Bezirk Wedding mit dem Hinweis auf eine

---

47 Solche Rivalität gipfelte z.B. in der Weigerung, Planungsunterlagen untereinander auszutauschen, da sie - entsprechend den objektiven Bedingungen - als individuelle Leistung angesehen wurden.

langfristige Strukturplanung unter Berücksichtigung der Entwicklung der Bevölkerungsstruktur und Schülerzahlen sowie der Schuleinzugsgebiete und -standorte entworfen worden war[48].

Das Projekt war in Zusammenarbeit des Pädagogischen Zentrums, des Schulbauinstituts der Länder und der Wissenschaftlichen Beratungskommission entstanden. Im Pädagogischen Zentrum hatte sich eine Gruppe unter Dr. Lohmann seit 1966 systematisch in Planungsfragen, Raumprogrammierung, Sozialraumanalysen und Standortprobleme eingearbeitet und interessierte Gemeinden in der BRD, vor allem in Nordrhein-Westfalen, beraten. Diese Erfahrungen wurden in Berlin immer dringlicher benötigt, da immer mehr Bezirke Planungsinitiativen für integrierte Gesamtschulen ergriffen, aber die Kompetenz für die Durchführung solcher Planungen fehlte. So begannen 1969 die Bezirke Kreuzberg, Charlottenburg und Reinickendorf mit der Planung neuer bzw. weiterer Gesamtschulprojekte, bei denen das PZ und Architekten der TU beratend tätig wurden[49]. Bereits in ihren ersten Konzeptionen gingen diese Entwürfe weiter als die bisherigen Modelle: die Integration der Berufsausbildung in die Oberstufe der Gesamtschule wurde angestrebt. Der Kreuzberger Entwurf beabsichtigte darüber hinaus, Volksbücherei, Jugendfreizeitheim, Volkshochschule, Musikschule und die Bezirksbildstelle zu integrieren. Auch die didaktischen Planungen orientierten sich stärker an dem Modell der inneren Differenzierung als am Fachleistungskurssystem.

Die Erhöhung der Planungskompetenz in den Bezirken, die Entwicklung von Strukturplanungen, - die über das, was der Schulverwaltung politisch opportun schien, weit hinausgingen -, ein sich immer deutlicher abzeichnender Mangel an Schulraum und die fehlende Koordination der Planungen in den Bezirken veranlaßten Evers im Frühjahr 1969, die Aufstellung

---

48 Strukturmodell einer integrierten Gesamtschule als Zielvorstellung. Ansätze einer regionalen Bildungsplanung als Systemveränderung. Eine Modellstudie für den Bezirk Wedding. In: Studien zur Lage und Entwicklung Westberlins. Gutachten der wissenschaftlichen Beratungskommission beim Senat von Berlin. Berlin, 1968, S. 127-142.

49 Vgl. Gesamtoberschule Kreuzberg, Info 1 v. 30.6.1969 sowie Raum- und Ausstattungsprogramm v. 20.8.1969. - "Pädagogische Konzeption einer Gesamtschule als Ganztagsschule im Märkischen Viertel zu Berlin-Reinickendorf", vgl. auch: Struktur, Stundenbedarf und Raumprogramm der 2. Gesamtoberschule im Märkischen Viertel. Berlin-Reinickendorf, 12.8.1969.

eines Schulentwicklungsplanes in Angriff zu nehmen[50]. Obwohl einerseits politischer Druck auf Evers ausgeübt wurde wegen der Fehlplanungen in den Bezirken[51], erhielt er andererseits nicht die notwendigen Stellen für eine Planungsabteilung, so daß er gezwungen war, die Planungskompetenz aus dem PZ in die Schulverwaltung zu verlegen. Damit war es der Verwaltung leichter möglich, die Konzeptionen von vornherein stärker zu kontrollieren.

Durch die Zentralisierung der Planungskompetenz beim Senator für Schulwesen wurden jedoch die Bedingungen für eine effektivere Planung und Durchführung einer Schulentwicklung für Berlin kaum verbessert. Abgesehen davon, daß sich die notwendigen Schätzungen für die Entwicklung der Schülerzahlen in den einzelnen Bezirken auf sehr unzureichendes Ausgangsmaterial stützen mußten, da die Bezirke über detaillierte Statistiken nicht verfügten, stießen sich die Rahmenplanungen immer wieder an den Kompetenzüberschneidungen der Ressorts des Senats und an der Bezirksautonomie[52]. Darüber hinaus wirkten sich die Flügelkämpfe innerhalb der Berliner SPD auch auf diesen Ebenen aus, wie der äußere Anlaß für den Rücktritt von Senator Evers - die Einschränkung des von ihm vorgelegten mittelfristigen Finanzbedarfs durch die 'rechte' Senatsmehrheit - zeigte[53]. Evers befand sich allerdings in einer schwierigen Situation, denn die von ihm im Frühjahr zur Begründung herangezogenen Daten beruhten noch nicht auf den Schätzungen der Planungsgruppe, wenn sie auch von den endgültigen Ergebnissen nur wenig abwichen. Erst im Mai 1970 wurde ein verwaltungsinternes Schulbau-Kolloquium durchgeführt, dessen Absicht es war, "mit den Bezirksämtern die Maßnahmen abzustimmen, die durch Standardisierung der Raum- und Ausstattungsprogramme ... den Schulbau in Berlin 1972 beschleunigen und die Vorbereitungszeit abkürzen" sollten[54]. Die

---

50 Schreiben des Senators für Schulwesen a.d. Bezirksämter u.a. v. 22.3.1969.

51 Kleine Anfragen der FDP v. 3.6.1969 vgl. Landespressedienst Berlin Nr. 120 v. 26.6.1969.

52 Gespräch mit dem zurückgetretenen Schulsenator Evers. In: b:e, 4/ 1970, S. 8/9.

53 ebda. S. 4 ff.

54 Vgl. J. Lohmann: Perspektiven einer Schulstruktur. In: Gesamtschulen Informationsdienst 3/70, S. 30-34.

Arbeit der Planungsgruppen bildete die Grundlage für den im Herbst 1970 vorgelegten "Schulentwicklungsplan für das Land Berlin".

Die Darstellung der Entwicklung der Gesamtschulen in Berlin bliebe unvollständig, würden nicht die Schulen mit privater und konfessioneller Trägerschaft erwähnt, die gesamtschulähnlichen Aufbau besitzen und die z.T. vor der Einrichtung der Gesamtschulversuche bestanden, ohne daß die dortigen Erfahrungen in die Planung der Versuche in Berlin eingegangen sind[55]. Darüber hinaus hatte die Fritz-Karsen-Schule in Britz-Buckow-Rudow nach der Abschaffung der Einheitsschule 1951 auf Wunsch des Kollegiums und der Elternschaft die Unterrichtsorganisation als "Schule besonderer pädagogischer Prägung" beibehalten[56]; sie wird seit 1969 als Gesamtschule geführt[57]. Auch die deutsch-amerikanische J.F. Kennedy-Schule in Berlin-Zehlendorf wird offiziell zu den Schulen mit gesamtschulähnlichem Aufbau gerechnet, obwohl die Art der Aufnahme deutscher Schüler in die Schule den bildungspolitischen Zielen der Gesamtschule widerspricht, und dieser Widerspruch schon 1965 auch von amerikanischer Seite artikuliert worden war[58].

Die komplizierte dezentralisierte Struktur der Berliner Verwaltung war ein wesentliches handicap für die von Evers nach 1969 beabsichtigte und sich noch im Schulentwicklungsplan manifestierende zentralistisch-administrative Reform. Die Gründe lagen auch in der Unmöglichkeit für den Schulsenator, sich gegen die unterschiedlichen politischen Auffassungen durchzusetzen, die in die Auseinandersetzungen zwischen den Ressorts des Senats, zwischen Bezirks- und Senatsverwaltung und zwischen einzelnen Mitgliedern der eigenen Verwaltung eingehen und die Durchführung noch so progressiver Modelle verhindern können. Über die sich daraus ergebenden langfristig-strategischen Erfordernisse für die Verände-

---

55 Solche Schulen sind: Evang. Schule Spandau im Johannesstift (Jena-Plan-Schule, Kl. 1-10), Rudolf-Steiner-Schule Berlin-Zehlendorf (Kl. 1-13)

56 Vgl. Dienstblatt d. Senats v. Berlin III/1969 Nr. 89 v. 17.9.69, S. 258 f.
Vgl. J. Lohmann (Hrsg.): Gesamtschule-Diskussion und Planung. a.a.O., S. 277-285.

57 Vgl. Dienstbl. d. Senats v. Berlin III/1969, a.a.O., S. 246.

58 Stephen Romine: Bericht und Empfehlung für die John F. Kennedy Schule. Unveröff. Manuskript, Berlin 14.11.1965, S. 21. - J. Lohmann (Hrsg.): Gesamtschule - Diskussion und Planung. a.a.O., S. 286-294.

rung des Schulsystems in Berlin, z.B. die Mobilisierung der Öffentlichkeit durch Bürgerinitiativen und damit die Schaffung eines politischen Potentials außerhalb der verkrusteten Strukturen der Berliner SPD, hat er sich erst nach seiner Amtszeit öffentlich geäußert[59].

Schon frühzeitig hatte Evers für die Gesamtschulversuche eine "versuchsbegleitende Beobachtung" durch die Pädagogische Hochschule und frühere Mitarbeiter des Deutschen Instituts für Internationale Pädagogische Forschung beabsichtigt und zugleich die Bedeutung von Wissenschaftlern für die überregionale Bildungsplanung betont[60]. Obwohl dies auch aus taktischen Gründen geschah, versprach sich Evers von empirischer pädagogischer Forschung auch "zuverlässige Aussagen über die vorgesehenen pädagogischen und schulorganisatorischen Maßnahmen"[61]. Es gelang ihm nicht, auf regionaler Ebene außer den beteiligten Lehrern andere gesellschaftliche Gruppen - insbesondere Wissenschaftler - in die Frühphase der Planungen einzubeziehen. So entstanden die 4 Varianten des ersten Versuches auch aus der Vorstellung, daß es dadurch möglich sei, "unterschiedliche Modelle" zu erproben. Als die fehlende Beteiligung von Wissenschaftlern durch das Institut für Bildungsforschung kritisiert wurde[62], hatte die Schulverwaltung - noch vor den ersten gemeinsamen Gesprächen zwischen Planungsgruppen und Pädagogischem Zentrum zur Koordinierung der Unterrichtsplanung - die Forderungen an eine ständige und langfristige Bewährungskontrolle bereits formuliert. Sie wurden im Sommer 1966 dem Pädagogischen Zentrum übergeben. Diese Vorgehensweise machte zugleich die Haltung der Schulverwaltung gegenüber der neugeschaffenen Institution deut-

---

59 C.-H. Evers u.a.: Versäumen unsere Schulen die Zukunft? a.a.O.

60 Vgl. Mitteilungen Nr. 20 des Präsidenten des Abgeordnetenhauses von Berlin - IV. Wahlperiode-Vorlage zur Kenntnisnahme Nr. 85 über Berliner Erklärung der Ständigen Konferenz der Kultusminister - Drucksache Nr. 484, Berlin 1964. In: C.-H. Evers: Modelle moderner Bildungspolitik, a.a.O., S. 244 f.

61 ebda.

62 Bemerkungen zum Strukturplan für die Gesamtschule Britz-Buckow-Rudow. Institut für Bildungsforschung, Abt. F. Pädagogik u. Psychologie. Berlin, August 1966. S. 2: "Die wissenschaftliche Kontrolle des Experiments "Gesamtschule" kann nur dann effektiv sein, wenn der Versuch und seine Kontrolle von vornherein in gemeinsamer Planung entwickelt werden. Weder kann es der Zukunft überlassen bleiben, welche Untersuchungsbedingungen die Wissenschaftler vorfinden werden, noch sollte es vom zufälligen Interesse von Wissenschaftlern abhängen, wie die mit dem Versuch gegebenen Forschungsmöglichkeiten genutzt werden."

lich: Im Rahmen der bildungspolitisch fixierten Aufgabenstellung sollten die Wissenschaftler die Funktion der durch die Verwaltung legitimierten Kontrolleure übernehmen, ohne Einfluß auf die Aufgabenstellung und ihre methodischen Bedingungen nehmen zu können. Als Antwort auf den Katalog der Schulverwaltung, der neben einem Vergleich zwischen traditionellen Schulen und Gesamtschulen im Leistungsbereich eine Vielzahl differenzierter Fragen enthielt, artikulierten die damit befaßten Wissenschaftler im PZ ihre Anforderungen an methodische Voraussetzungen und Ressourcen, wobei Eigeninteressen ungehindert einfließen konnten, da die Verwaltung den tatsächlichen Bedarf gar nicht übersah und die Diskussion ohne Beteiligung der Planungsgruppen geführt wurde. Dadurch wurde inhaltlich die Konzeption einer vergleichenden Untersuchung als Längsschnittanalyse verstärkt, deren Untersuchungsplan sich bis in die achtziger Jahre erstrecken sollte. Diese Konzeption widersprach sowohl den Interessen des Senats, der kurzfristige Ergebnisse aus der wissenschaftlichen Begleitung vor allem aus politischen Gründen erwartete, wie auch den Interessen der Planungsgruppen, die ausgehend von ihrer eigenen Lage zunächst die Notwendigkeit sahen, die Realisierung der Versuche zu gewährleisten und sich nicht schon in der Anlaufphase einer vergleichenden Kontrolle zu unterwerfen. Darüber hinaus erwarteten die Planungsgruppen, bei der Formulierung der inhaltlichen Fragen wissenschaftlicher Begleitung beteiligt zu werden.

Im Herbst 1968 veranstaltete das PZ eine internationale Tagung[63] über Methoden und Probleme wissenschaftlicher Begleitung, die sich jedoch lediglich auf wissenschaftsimmanentem Niveau mit den Fragen von Untersuchungen beschäftigte, so daß die Planungsgruppen an ihr gar nicht teilnahmen. Die Diskussion der Probleme hatte jedoch verdeutlicht, in welch starkem Maße die methodischen Entscheidungen im Rahmen wissenschaftlicher Begleitung von Schulversuchen politischen Charakter tragen und daß die Erwartungen an die empirisch-pädagogische Forschung, in groß angelegten multivariaten Untersuchungen Entscheidungshilfen für Politiker zu liefern, nicht eingelöst werden konnten.

Seit 1970 arbeitete eine interdisziplinär zusammengesetzte Gruppe jüngerer Wissenschaftler über Gesamtschulprobleme und setzte sich mit

---

63 Vgl. K. Ingenkamp (Hrsg.): Methods for the evaluation of comprehensive schools. Weinheim/Berlin/Basel 1969.

den Bedingungen wissenschaftlicher Begleitung und ihrer Funktion kritisch auseinander. Sie suchte den Schwerpunkt der Arbeit in einer stärkeren Orientierung an den Praxisproblemen der Lehrer und den vorfindbaren objektiven Bedingungen im Ausbildungssektor[64]. Dadurch konnten die bestehenden Spannungen zwischen PZ und Gesamtschulen auf der Ebene der Zusammenarbeit mit einzelnen Lehrern und Lehrergruppen abgebaut und die Diskussion neuer Zielsetzungen in Angriff genommen werden[65]. Im Frühjahr 1970 veröffentlichten P. Gaude und W.-P. Teschner einen Katalog von Fragestellungen und Problemen für wissenschaftliche Untersuchungen an Gesamtschulen[66], das PZ legte gleichzeitig einen Vorschlag zur Neustrukturierung wissenschaftlicher Begleitung, zur Organisation und Beschaffung finanziellen und personellen Kapazitäten dem Senator für Schulwesen vor[67]. Der Vorschlag sah vor allem eine gemeinsame Konzipierung von Prioritäten wissenschaftlicher Beratung und Begleitung durch ein zu schaffendes Kuratorium unter Beteiligung der Schulen, des Senators für Schulwesen und wissenschaftlicher Institutionen (Institut für Bildungsforschung, PH, PZ) vor. Die Schulverwaltung entwickelte dennoch ein zentralistisches Modell der Curriculumentwicklung und -koordination, das vor allem eigenen Interessen an der Kontrolle der in den Schulen entwickelten Unterrichtseinheiten dient. Die Fragen einer mit dem PZ-Vorschlag verbundenen Klärung der Inhalte wissenschaftlicher Begleitung, der Leh-

---

64 Vgl. P. Hübner: Aufgaben und Stellung versuchsbegleitender Forschung bei Gesamtschulversuchen. In: H. Frommberger u.a. (Hrsg.): Gesamtschule - Wege zur Verwirklichung. Braunschweig 1969. S. 148-167. - U. Preuss-Lausitz, K. Nagel und W. Hopf: Erwartungen der Gesamtschulen an wissenschaftliche Begleitung und Beratung. Gesamtschulen Informationsdienst 3/1970, S. 35-41. - Protokolle der Tagung "Wissenschaftliche Begleitung und Beratung von Gesamtschulen" v. 19.-21.11. 1970 Berlin. PZ Kurzinformationen/Arbeitspapiere 3/1971.

65 Vgl. Projektentwurf: Soziale Erfahrungen von Gesamtschülern. Unveröff. Manuskript, Berlin PZ, Juni 1970. - Gruppendiskussionen mit Gesamtschülern: 1. Rolle der sozialen Herkunft in der Gesamtschule aus der Sicht von Gesamtschülern. 2. Geschlechtsrollensozialisation in der Gesamtschule. PZ Kurzinformationen/Arbeitspapiere 4/1971.

66 P. Gaude und W.-P. Teschner: Zur pädagogischen Entwicklungs- und Forschungsarbeit in Gesamtschulen. Gesamtschule 2/1970, S. 23-28.

67 Vgl. hierzu: Resolution der Teilnehmer einer Tagung "Wissenschaftliche Beratung und Begleitung von Gesamtschulen" v. 5.2.70. In: Gesamtschulen Informationsdienst 2/1970, S. 63 ff.

rerweiterbildung, der horizontalen Kooperation zwischen den Gesamtschulen (über die Konferenzen der Leitungen hinaus) und zwischen Gesamtschulen und wissenschaftlichen Institutionen in Berlin blieben dadurch ungeklärt.

4. Neben der bildungspolitischen Wirksamkeit der Reformvorstellungen von Evers waren die Gesamtschulversuche bis 1970 vor allem durch ihre konkrete Planung überregional bedeutsam, da sie ein Modell für die Unterrichtsstruktur anboten, das für 'Praktiker' wie die 'Theoretiker' gleicherweise Grundlage der Diskussion sein konnte und für lange Zeit als Prototyp der Gesamtschule überhaupt galt. In den Planungen für Britz-Buckow-Rudow erfolgte schon sehr frühzeitig die Festlegung auf ein nach "Leistungshöhe" fachgebundenes Setting-System der Differenzierung, das sich vom Streaming-Modell der englischen Comprehensive Schools abhob[68]. Die nach Leistungshomogenität in den Hauptfächern Deutsch, Englisch, Mathematik (und je nach Schule auch in Physik, Chemie, Biologie)[69] gebildeten Schülergruppen werden in 4 Kursstufen unter Beibehaltung der Jahrgangsgliederung unterrichtet. Unterscheidungsmerkmal der Kursstufen sollte dabei lediglich der über das "Fundamentum" hinausgehende Anteil an Zusatzstoffen sein[70]. Um den Widerspruch zwischen 'Chancengleichheit' und 'Individualisierung' zu mildern und Möglichkeiten für 'soziale Integration' offenzuhalten, wurde neben dem leistungsdifferenzierten auch undifferenzierter, sogenannter Kernunterricht in den weniger leistungsrelevanten Fächern vorgesehen[71]. In diesen Kerngruppen sollten die Schü-

68 Vgl. W.-P. Teschner: Der Unterricht in Fachleistungskursen an der Gesamtschule BBR. In: Berliner Lehrerzeitung 2/1968, S. 13-17 - ders.: Was leisten Leistungskurse? Stuttgart 1971, S. 61-65.

69 Die Fächer, die Verbindlichkeit der Differenzierung in den Fächern und die Zahl der Niveaustufen unterscheiden sich in den 4 Berliner Gesamtschulen. Vgl. Wege zur Schule von Morgen. Berliner Forum 1/1970, S. 14-56.

70 W.-P. Teschner: a.a.O. - Zur Abhängigkeit des Begriffs 'Zusatzstoffe' von der Lernzieldefinition vgl. W. Preibusch: Unterrichtsbezogene Differenzierung. Pädagogisches Zentrum Berlin, Mai 1969.

71 In den BBR-Strukturplanungen war der Kernunterricht nur für die "musischen Fächer" sowie Sport und Gesellschaftskunde (!) vorgesehen. Zu dieser Problematik vgl. W. Schulz: Zur Differenzierung an Gesamtschulen. In: A. Rang und W. Schulz (Hrsg.): Die differenzierte Gesamtschule, München 1969, S. 185-191.

ler nach Geschlecht, Leistung und sozialer Herkunft möglichst heterogen vertreten sein. Darüber hinaus besteht mit wachsendem Alter die Möglichkeit, zwischen verschiedenen Wahlpflichtbereichen je nach Interesse zu wählen[72]. Das bedeutet eine zusätzliche äußere Differenzierung, so daß mit dem Zeitpunkt der Wahl der zweiten Fremdsprache nur noch ein geringer Anteil an Kernunterricht verbleibt. Außerdem war mit der Organisation der Fachleistungskurse als Zuweisungs- und Zensierungsverfahren die Entwicklung 'informeller Tests' verknüpft, die neben der gemeinsamen Planung der Unterrichtsinhalte durch die Fachgruppen notwendige Voraussetzungen für die Realisierung des "FEGA-Modells" (so genannt nach den Bezeichnungen der Kursstufen) darstellten.

Die Strukturplanung mit der Aufteilung in Kern-, Leistungskurs- und Wahlpflichtbereiche war bereits nach Bekanntwerden der ersten Konzepte 1965 kritisiert worden. Der Senator für Schulwesen war aufgrund der politischen Durchsetzung der Versuche an weitergehenden Strukturveränderungen mit größerer Integration und stärkerer innerer Differenzierung zu diesem Zeitpunkt nicht interessiert. Differenzierungsmöglichkeiten in den Versuchen akzeptierte er nur insoweit, als sich dadurch keine personellen und finanziellen Mehranforderungen gegenüber den traditionellen Schulen ergaben. Seine Kritik beschränkte sich auf Detailprobleme wie: Entscheidung für die Zuweisung in die Niveaukurse erst nach einem Beobachtungszeitraum zu fällen; Förderkurse für das Aufsteigen in Kurse mit höheren Anforderungen einzurichten; im "technischen" Wahlpflichtbereich auch bei Fehlen der 2. Fremdsprache Möglichkeiten für den Übergang in die Oberstufe zu schaffen.

Demgegenüber ging die Kritik des Instituts für Bildungsforschung,vor allem aber des Pädagogischen Zentrums weiter[73], was jedoch mehr fachdidaktisch als bildungspolitisch motiviert war. Die konsequente Durchführung unterrichtstechnologischer Modelle wie das von W. Preibusch vorgeschlagene[74] konnte unter den gegebenen Arbeitsbedingungen von den Prak-

72 H. Mastmann u.a. (Hrsg.): Gesamtschule - Ein Handbuch, a.a.O., S. 34-37.

73 Bemerkungen zum Strukturplan für die Gesamtschule Britz-Buckow-Rudow. Institut für Bildungsforschung, Abt. Päd. und Psychologie. Berlin, August 1966. - W. Schulz: Soziale Integration und Leistungsdifferenzierung als Aufgaben integrierter Gesamtschulen. Referat f.d. Gesamtschultagung des Päd. Zentrums, Berlin 1967.

74 W. Preibusch, a.a.O.

tikern als nicht realisierbar zurückgewiesen werden. Inzwischen hat sich gezeigt, daß die Anforderungen an die Lehrer auch unter den Arbeitsbedingungen des Fachleistungssystems so hoch waren, daß in einzelnen Schulen (und Fächern) die damit verbundenen Planungen, Testkonstruktionen und Materialbereitstellungen eingeschränkt werden mußten. Ähnlich wie im Bereich des Schulbaus - der überregional für die Errichtung von Gesamtschulen bisher keine Bedeutung hat - zeigt sich, daß die Realisierung von Veränderungen innerhalb der Schule bei hierarchisch-administrativen Verwaltungsstrukturen in erheblichem Maße von der Kompetenz und dem politischen Bewußtsein der Verwaltung abhängt, zumal wenn die Ergebnisse schulinterner Arbeit in so starkem Maße von der Bereitstellung materieller und personeller Ressourcen bestimmt sind.

Die Bedeutung der curricularen Planung tritt gegenüber dem Organisationsmodell ebenfalls zurück[75]; schon 1966 forderte die Senatsverwaltung, daß die 'Stundentafeln' denen der anderen Schulen entsprechen müßten, um gleiche Bedingungen für die begleitende Untersuchung zu gewährleisten. Inzwischen sind die Berliner Rahmenpläne auch für die Gesamtschulen verbindlich. Im Bereich der Selbstverwaltung der Schulen und der Zusammenarbeit mit Eltern sowie in den Fragen der Lehrerbildung und der Vereinheitlichung der Laufbahnen für die Lehrer der Mittelstufe entstanden nur Einzelinitiativen. Vereinzelt gab es, wie z.B. bei der Schülermitverwaltung, rückläufige Entwicklungen.

5. Der Stand 1971 ist durch die im Schulentwicklungsplan Berlin vorgelegte Planung von 'Mittelstufenzentren' gekennzeichnet, die in den strategischen Konzepten von Evers und Rolff schon vorgesehen waren[76], und die gegenüber dem ursprünglichen Gesamtschulkonzept einen Rückschritt darstellen, vor allem deswegen, weil sie z.T. als 'kooperative' Schulen eingerichtet werden sollen.

---

75 Vgl. W.-P. Teschner: Didaktik und Organisation des Deutschunterrichts an der Gesamtschule Berlin (BBR). Braunschweig 1968. - Curriculum & Gesamtschule. Veröff. der Martin-Buber und Thomas-Mann Gesamtoberschulen Berlin. Heft 1/1970.

76 C.-H. Evers: Modelle moderner Bildungspolitik. a.a.O., S. 81 f. - Hans-G. Rolff: Wege zur Gesamtschule. MUND Nr. 125, 1967.

Der Schulentwicklungsplan geht dabei von der organisatorischen Trennung von Grund- und Oberschulen Berlins aus und stellt 'Mittelstufenzentren' in den Mittelpunkt der Überlegungen, wobei ökonomische und organisatorische Kriterien Priorität erhalten[77]. Ob die Mittelstufenzentren als "integrierte" Gesamtschulen oder lediglich als additive arbeiten, ist den Initiativen der Bezirke überlassen, wobei die Vorbereitungen für Gesamtschulen wie bisher durch Lehrerplanungsgruppen in den Bezirken getroffen werden sollen[78]. Für die Festlegung der pädagogischen Konzeption wird jedoch der Vorschlag des PZ wieder aufgegriffen, einen ständigen Ausschuß zu bilden, dem neben Vertretern der Lehrer aus den 3 Schultypen auch je ein Vertreter des PZ, des Instituts für Bildungsforschung und Dozenten der Pädagogischen Hochschule angehören sollen. Damit setzt der Schulentwicklungsplan die im IX. Gesetz zur Änderung des Schulgesetzes von Berlin[79] getroffene Entscheidung in praktische Planung um, ohne jedoch die verwaltungsrechtliche Verbindlichkeit für die Bezirke erhöhen zu können[80]. Die Durchsetzungsmöglichkeit der pädagogischen Konzeption besteht vor allem dann nicht, wenn es an Lehrern für die Planungsgruppen mangelt. 1971 sind kaum noch Lehrer bereit, zusätzlich, ohne Ermäßigung jahrelang Planungsarbeit zu übernehmen, abgesehen davon, daß progressive Lehrer Gesamtschularbeit nur noch unter Vorbehalten als Berufsperspektive akzeptieren. Die Schulverwaltung hat allerdings stärker als 1965/66 die Möglichkeit über die inzwischen bei ihr eingerichtete Planungsgruppe die Bezirke mit progressiven Modellen zu konfrontieren, was faktisch einen Vorsprung in der Planung und damit eine stärkere Stellung gegenüber den Bezirksgremien, die über keine solche Kompetenz verfügen, bedeutet.

Die geplanten Mittelstufenzentren sollen sämtlich als Ganztagsschulen konzipiert werden; die Einbeziehung öffentlicher Einrichtungen der Erwachsenenbildung und des Sozialbereichs wird angestrebt. Der Schulentwicklungsplan gibt an, daß 7 weitere Gesamtschulen in den Bezirken Tiergarten, Charlottenburg, Spandau, Wilmersdorf, Schöneberg und Reinicken-

---

77 Schulentwicklungsplan für das Land Berlin a.a.O., S. 9 ff.

78 ebda. S. 9.

79 IX. Gesetz zur Änderung des Schulgesetzes von Berlin v. 22.1.70. Gesetz- und Verordnungsbl. f. Berlin 26. Jahrgang Nr. 12 v. 29.1.1970.

80 ebda. § 20 Abs. 1 ... Für Schüler der Klassenstufen 7 bis 10 <u>können</u> Gesamtschulen eingerichtet werden, ...

dorf geplant werden[81], aus den schon genannten Gründen ist ihre Realisierung jedoch völlig ungewiß. So ist z.B. die Planung der Gesamtschule in Kreuzberg, die 1969 begonnen wurde, durch das Ausscheiden der Planungsleiter bedroht; inwieweit die Charlottenburger Planung durch die 1971 erfolgte Bildung einer CDU/FDP-Bezirksverwaltung behindert werden wird, ist noch offen.

Die Zahl der geplanten Mittelstufenzentren wird im Schulentwicklungsplan nicht mitgeteilt und auch eine Verbindung von Gesamtschulplanungen einerseits und Mittelstufenzentren andererseits wird nicht hergestellt. So sind die im Schulentwicklungsplan gegebenen Perspektiven irreführend, da ein Teil der Gesamtschulplanungen in den Bezirken mit Mittelstufenzentren identisch sein wird.

Die allgemeine Reduzierung des Anspruchs an eine Strukturreform des Schulwesens in Berlin bei der Planung von Mittelstufenzentren entspricht nicht nur dem Bewußtseinsstand und den Interessen der Schulverwaltung an einer allmählichen, kontrollierten Reform, sondern in weiten Bereichen auch dem Bewußtsein zahlreicher Gesamtschullehrer. Sie interpretieren Schwierigkeiten und Enttäuschungen in der Gesamtschule z.T. als objektive Sachzwänge, die sie nicht hinterfragen oder aber, wenn sie das Sachzwangargument als Ideologie durchschauen, nicht ändern können.

Die ursprüngliche Taktik von Senator Evers, durch Aktivierung von Lehrern eine Schulreform durchzusetzen, ohne zugleich die Herrschaftsstrukturen innerhalb der Verwaltung zu verändern und außerdem ein progressiveres bildungspolitisches Bewußtsein in der Öffentlichkeit zu fördern, um die Verteilung der Ressourcen zu verändern, konnte und kann auch in Zukunft nur zu einer verstümmelten Reform führen.

---

81 Schulentwicklungsplan a.a.O., S. 21.

4. Länderbericht Hamburg

Die Grundsätze der Hamburger Schulpolitik werden seit 1957 - mit Unterstützung durch die FDP oder in Koalition mit ihr - von der SPD bestimmt, wobei sie wegen der erlittenen Niederlagen in der Bürgerblock-Koalition, im Bereich des Schulwesens sehr vorsichtig agierte und die wichtigsten Positionen in der Verwaltung mit Konservativen besetzte. Im Hinblick auf die Einführung von Gesamtschulen wirft dies die Frage auf, ob sich die SPD-Schulpolitik in Hamburg darauf günstig ausgewirkt hat und mit welcher Zielstrebigkeit und welchen taktischen Anpassungen die in den Bildungspolitischen Leitsätzen der SPD von 1964[1] und die im "Modell für ein demokratisches Bildungswesen" von 1969[2] niedergelegten Grundsätze für eine Strukturreform des allgemeinbildenden Schulwesens in Hamburg in Angriff genommen werden.

Diese Frage ist deshalb besonders wichtig, weil in Hamburg während der Zeit von 1899 - 1920 die reformpädagogischen Ansätze für eine Einheitsschule[3], die vor allem von den in der "Gesellschaft der Freunde des vaterländischen Schul- und Erziehungswesens" organisierten Volksschullehrern und den fortschrittlichen Kräften innerhalb der Bürgerschaft getragen wurden, vornehmlich aus zwei Gründen scheiterten: An der kompromißbereiten und gesellschaftspolitisch unentschiedenen Haltung der SPD[4] und einer vorzeitig - d.h. vor der äußeren Reform - eingeführten Demokratisierung der Schule[5]. Da die Struktur des Schulwesens weitgehend erhalten geblieben war, wurden die Unterschiede zwischen den politischen

---

1 Bildungspolitische Leitsätze der SPD. 8-64-A 2/20, Vorst. d. SPD, Bonn 1964.

2 Modell für ein demokratisches Bildungswesen. 1-69A 1-30, Vorst. d. SPD, Bonn 1969.

3 Vgl. H. Milberg: Schulpolitik in der pluralistischen Gesellschaft, Hamburg 1970.

4 ebda. S. 167, S. 176 f.

5 ebda. S. 351 f.

Einstellungen und Interessen von Lehrern und Eltern in der Volksschule einerseits und der höheren Schule andererseits durch die Demokratisierung verstärkt[6].

Die Frage nach der Entschiedenheit der Reformbestrebungen ist zugleich eine nach der politischen Strategie der Durchsetzung. Weder 1918 noch 1970, so scheint es, hat die Hamburger SPD erkannt, daß sie für die Durchsetzung von Reformen eine breite politische Basis benötigt, die nur in den Interessen derjenigen verankert sein kann, die im bestehenden Schulsystem unterprivilegiert sind, und daß dazu eine Öffentlichkeitsarbeit notwendig ist, die diese Unterprivilegierung (z.B. an den unterschiedlichen Übergangsquoten in den Hamburger Bezirken) aufweist[7]. Die machtpolitische Orientierung am gegebenen Bewußtseinsstand der Öffentlichkeit muß im Gegensatz dazu die 'Sachzwänge' - ohne sie weiter zu hinterfragen - übernehmen, ohne daß sie sich auf politische Interessengruppen stützen kann, die bereit wären, solche Bedingungen (wie z.B. die fehlenden Finanzen für eine weitgehende Reform) zu verändern.

1. Diese Situation spiegelt der Stand der schulpolitischen Entwicklung in Hamburg 1970 deutlich wider. Zwar wurde in der Regierungserklärung des Senats zu Beginn der laufenden Legislaturperiode vom 25.5.70 dem Bildungswesen die "absolute Priorität"[8] zuerkannt, doch ist, wie aus dem im Herbst 1970 vom Hamburger Senat veröffentlichten 'Bildungsbericht' hervorgeht, die Gesamtschule - anders als in Hessen - lediglich "Fernziel" einer "evolutionären Konzeption"[9].

Obwohl die Diskussion um die Einrichtung von Gesamtschulen seit der Kulturpolitischen Konferenz der SPD 1963 in Hamburg besonders durch die GEW verstärkt geführt wurde, sieht der Bildungsbericht 1970 die Fortentwicklung des Schulwesens bis 1974 "nur in bescheidenem Umfange" vor und stellt klar, daß "Reformmaßnahmen", wie die Einführung der Gesamtschule, "im Zeitraum bis 1974 nicht verwirklicht werden können"[10], da die "Kon-

---

6 ebda. S. 257 f.

7 Vgl. dazu die Begründungen für fehlende Angaben in: Bildungsbericht Senat der Freien und Hansestadt Hamburg, Hamburg 1970, S. 51.

8 Bildungsbericht, a.a.O., S. 1.

9 Bildungsbericht, a.a.O., S. 2 u. S. 8.

10 Bildungsbericht, a.a.O., S. 8.

solidierung"[11] des Schulsystems in der laufenden Legislaturperiode vorrangig sei.

Die Notwendigkeit einer "Konsolidierung" des Schulsystems ist z.T. auf die ungenügende Planung des personellen und räumlichen Bedarfs für die geburtenstarken Jahrgänge[12] zurückzuführen, die zu akuten Schwierigkeiten geführt hat. Zwar läßt sich nach Ansicht des Hamburger Senats "nicht übersehen, wie und in welchen Schritten die Reformpläne in der zweiten Hälfte der siebziger Jahre verwirklicht werden können"[13], doch seien die Bedingungen für die Zeit nach 1975 (wegen der sinkenden Schülerzahlen) für die Verwirklichung der Reformen "günstiger". Das setzt voraus, daß der Finanzanteil des Bildungswesens an den öffentlichen Ausgaben auch nach 1975 mindestens auf gleicher Höhe gehalten, d.h. politisch vertreten werden kann und bedeutet für die laufende Legislaturperiode, daß nur solche Reformen geplant werden, die das "bestehende Schulwesen durch personellen und materiellen Mehrbedarf nicht beeinträchtigen"[14].

Das Interesse an einer langsam fortschreitenden kontrollierten Strukturreform, die bei den Adressaten (vor allem Lehrern und Eltern) nicht Anlaß zu Unruhe und bei der konkurrierenden Oppositonspartei nicht Anlaß zur Kritik bietet und die sich deshalb am Bewußtseinsstand der unaufgeklärten Öffentlichkeit orientiert, wird im Hamburger Bildungsbericht nur allzu deutlich. Es ist kennzeichnend für die Schulpolitik des Hamburger Senats, daß die Forderung der CDU nach sorgfältig geplanten Versuchen[15] im Bildungsbericht als Argumentation der Betroffenen Berücksichtigung findet und als willkommene Rationalisierung benutzt wird: "Lehrer und Eltern raten zur Vorsicht und meinen, Schulversuche sollten erst unternommen werden, wenn alle Voraussetzungen erfüllt seien. Die Regel müsse lauten: Weniger, aber sorgfältig vorbereitete und gut geplante Versuche. Diese Forderung ist berechtigt"[16].

---

11 Bildungsbericht, a.a.O., S. 2 u. S. 8.

12 - aufgrund einer - inzwischen auch von der Hamburger Schulverwaltung anerkannten - Inkompetenz und ungenügenden Organisationsstruktur der Schulbehörde/Schulabteilung. Vgl. Bildungsbericht a.a.O., S. 42-43 u. Bildung u. Politik 1/1971, S. 18.

13 Bildungsbericht, a.a.O., S. 8.

14 ebda. S. 8 u. S. 98.

15 Vgl. Bildung u. Politik 8-9/1970, S. 180.

16 Bildungsbericht, a.a.O., S. 15.

Daraus wird deutlich, wie sehr die Orientierung der bildungspolitischen Strategie bei der Durchsetzung der äußeren Schulreform an den jeweils bestehenden Möglichkeiten und den Einzelinteressen der beteiligten gesellschaftlichen Gruppierungen ausgerichtet ist[17/18]. Die Strategie des Schulsenators und der SPD-Fraktion seit 1967 besteht darin, Gesamtschulen als "Versuche" in additiver oder integrierter Form nur dann einzurichten, wenn konkrete Forderungen von Eltern und Lehrern gestellt werden - wie z.B. in Hamburg-Horn - oder dort, wo Schulneubauten notwendig werden, weil weiterführende Schulen nicht vorhanden sind (z.B. in den Siedlungsgebieten Steilshoop, Mümmelmannsberg und in Eidelstedter Brook). Dies führt, verglichen mit Berlin und Hessen, zu einer relativ naturwüchsigen und ungeplanten Entwicklung von Schulversuchen, obwohl die Bedingungen für eine koordinierte Planung in Hamburg günstig sind, da die Planungsbefugnisse zentral beim Senat der Hansestadt liegen.

Auch die schulorganisatorischen Voraussetzungen würden eine stärkere Integration der Schultypen erleichtern. Bereits seit 1924 bilden Haupt- und Realschule eine organisatorische Einheit; erst vom 6. Schuljahr an werden Haupt- und Realschüler getrennt unterrichtet. In Schulversuchen wurde seit 1959 die Einführung des 10. Schuljahres (auf freiwilliger Basis) in der Volks- und Berufsschule sowie Leistungsdifferenzierung in Rechnen und Englisch für die Klassen 5 bis 9 in der Volksschule erprobt[19]. 1964 wurde die Eingangsstufe an den Gymnasien eingeführt, die mit Förderunterricht und ersten Differenzierungsversuchen in den Klassen 5 und 6 arbeitete. Weitere günstige Voraussetzungen für die Einleitung einer Schulreform bilden die seit 1926 in die Universität integrierte Volksschullehrerausbildung und die nach 1918 wenigstens in Ansätzen verwirklichten Reformkonzeptionen - vor allem in der Selbstverwaltung der Schulen - die weiter gingen als in den meisten anderen deutschen Ländern.

---

17 Vgl. hierzu die Haltung der SPD bei der Durchsetzung des Einheitsschulgesetzes 1919 in: H. Milberg: Schulpolitik in der pluralistischen Gesellschaft. Die politischen und sozialen Aspekte der Schulreform in Hamburg 1890-1935. Hamburg 1970. S. 166 ff.

18 Wegen der konservativen Besetzung der Schulverwaltung waren die Auseinandersetzungen mit der GEW und ihrem Eintreten für die integrierte Gesamtschule z.T. härter als mit Gegnern der Gesamtschule.

19 Arbeitspapier der Hamburger Schulbehörde: Gedanken zur Gesamtschule v. 26.10.1966.

Außerdem standen der Schulbehörde schon früh Erfahrungen mit gesamtschulähnlichen Strukturen und Arbeitsformen zur Verfügung, die an verschiedenen Schulen "besonderer pädagogischer Prägung" gesammelt worden waren.

Die Peter-Petersen-Schule[20] in Hamburg-Wellingsbüttel, die älteste dieser Schulen, besteht seit 1946. Als Volksschule gegründet, wurde sie 1949 um einen Realschul- und 1951 um einen Gymnasialzweig erweitert und war damit die einzige Jenaplan-Schule in der BRD, die alle Jahrgänge vom 1. Schuljahr bis zur Reifeprüfung umfaßte. Bis zum 8. Schuljahr waren die Schüler der Schulformen im Kernunterricht in altersgemischten Gruppen von jeweils 2 oder 3 Jahrgängen zusammengefaßt. In den Fächern Deutsch (im 4. Schuljahr), Englisch (im 5. Schuljahr), Mathematik - Rechnen (ab 4. Schuljahr) und Latein (ab 7. Schuljahr) wurde nach jahrgangsweise gegliederten und in den Anforderungen gestaffelten Niveaukursen unterrichtet, wobei Übergänge während des Jahres möglich waren.

Die Albert-Schweitzer-Schule in Hamburg-Fuhlsbüttel[21], eine an der Waldorf-Pädagogik orientierte Schule, nahm 1950 den Unterricht auf. Sie bestand aus einem Gymnasium und einem Schulversuch, der die Klassen 1 bis 10 umfaßte und seit 1954 nur noch einzügig geführt wurde. Alle Schüler des Versuchs wurden ohne Prüfung von der 1. bis zur 9. - auf Wunsch der Eltern bis zur 10. Klasse - möglichst durch den gleichen Lehrer unterrichtet. Danach konnten sie bei entsprechender Leistung in die 11. Klasse des Gymnasiums überwechseln. Zum Versuch gehörten außerdem der Fremdsprachenfrühbeginn (Englisch ab 1. Schuljahr) und Leistungskurse in Englisch, Französisch und Mathematik.

Von 1951 an bestand außerdem der Schulversuch einer 'kooperativen Gesamtschule' an der Albrecht-Thaer-Schule (Schulversuch Concordia), der Gymnasium, Mittel- und Volksschule in einem Gebäude bei getrenntem Unterricht und gemeinsamen Schulveranstaltungen vereinigte; 1961 wurde dieser Versuch aus "äußeren Gründen" eingestellt.

Als staatlich anerkannte evangelische Privatschule arbeitete die Wichern-Schule[22] von 1957 an als additive Gesamtschule mit angeschlosse-

---

20 Vgl. Ch. Führ: Schulversuche 1965/66. Teil II: 50 Strukturberichte. Weinheim/Berlin, 1967, S. 22-30. J. Lohmann (Hrsg.): Gesamtschule - Diskussion und Planung. Weinheim/Berlin, 1968, S. 302-308.

21 Vgl. Ch. Führ, a.a.O., S. 16-21; J. Lohmann, a.a.O., S. 295-301.

22 Festschrift zum 10-jährigen Bestehen der neuen Wichern-Schule. Hamburg 1967.

nem Internat ('Rauhes Haus') und gemeinsamen Arbeits-, Interessen- und Spielgemeinschaften. 1967 waren bei einem Teil des Lehrerkollegiums Bestrebungen im Gange, die Integration der drei Schulzweige weiter voranzutreiben, was sich aber nicht durchsetzen ließ.

Trotz dieser relativ günstigen Ausgangslage und der Forderung nach Einrichtung von Gesamtschulen durch die "Gesellschaft der Freunde ..." (GEW)[23] wurden erst 1966 Pläne des Senats zur Errichtung einer Gesamtschule in der Öffentlichkeit bekannt. Am 8. November 1966 stellte der Präses der Hamburger Schulbehörde, Bürgermeister Dr. Drexelius, auf einer Pressekonferenz den Plan einer integrierten Gesamtschule vor, der als "vertraulicher Referentenentwurf" im Sommer 1966 von der Schulbehörde fertiggestellt worden war[24]. Die Gesamtschule, die als "stark gegliederte Leistungsschule" charakterisiert wurde, sollte sich von den Berliner Modellen abheben und vor allem die befürchtete Charakterisierung als "Einheitsschule" vermeiden[25]. Die vertrauliche Ausarbeitung des Entwurfs schien der Schulbehörde aus taktischen Gründen geboten: Die CDU-

---

23 Vgl. Die Realschule 2/1967, S. 51 f.

24 Referentenentwurf über die Einrichtung einer stark gegliederten Leistungsschule in Hamburg unter dem Namen "Lessingschule", Schulbehörde Hamburg, 1-50, 4./28.7.1966.

25 Ein Ausschnitt eines Referats von Wolfgang Neckel dokumentiert die Argumentation gegen die Gleichsetzung von Einheitsschule und Gesamtschule: "Wodurch unterscheidet sich die Gesamtschule von der Einheitsschule in den sozialistischen Ländern? Die Einheitsschule der sozialistischen Länder geht vom Kollektiv aus. Der Schüler lernt im Klassenkollektiv bis zum Ende seiner Schulzeit; er hat sich diesem Kollektiv anzupassen. Seine Individualität wird nur im Hinblick auf das Kollektiv gesehen, das ihm Eigene, das Individuumsein tritt zurück. Die Gesamtschule geht vom Individuum aus und will gerade jedem Einzelnen die Chance individueller Bildung und Ausbildung geben. Durch die Differenzierung des Unterrichts soll dem einzelnen Menschen ein Optimum an Möglichkeiten zu seiner Förderung gegeben werden, ohne dabei zu vergessen, daß dieses Einzelwesen als Teil einer größeren Gruppe gesehen werden muß, daß die Summe der Einzelnen jene Konflikte herbeiführt, mit denen wir leben müssen und die aufzulösen jeder bemüht sein muß, um sich selbst als Glied dieser Gesellschaft erkennen zu können. Beide Bestimmungen sind sehr vereinfacht; sie machen aber schon deutlich, daß die Gleichsetzung Gesamtschule - Sozialistische Einheitsschule zumindest von Unkenntnis zeugt oder eine böswillige Unterstellung bedeutet." In: W. Neckel: Die Gesamtschule - Fragen, Antworten, Diskussionsbeiträge, Manuskript o.J., S. 7 f.

Fraktion hatte im Jahr davor mehrfach Anträge gegen "Schulversuche mit der integrierten Gesamtschule" gestellt[26] und zusammen mit dem Hamburger Elternbund gegen das Ziel der "sozialen Integration" Stellung bezogen[27]. Ihre Argumentation gegen das "gesellschaftspolitische Ziel" sozialer Integration hat eine deutliche Parallele in den Argumenten des Bürgertums gegen die Einheitsschule, wie sie zwischen 1899 und 1918 in Hamburg diskutiert wurde[28].

Die 'Lessingschule' - wie der Name der Modellschule lautete - war als integriertes Mittelstufenzentrum für mehrere Zubringer-Grundschulen vom 5. bis 10. Schuljahr geplant mit einer Studienstufe (11.-13. Schuljahr) ohne integrierte Berufsstufe. Die äußere Differenzierung in Leistungsverbänden sollte in der Oberstufe (dem sog. Oberhaus) entsprechend den Saarbrücker Rahmenvereinbarungen von fachbezogenen Unterrichtsverbänden abgelöst werden. Über die Strukturplanung hinaus enthielt das Modell einige für die weiteren Planungen von Steilshoop und Mümmelmannsberg wichtige Vorschläge:

1. Die 'Lessingschule' sollte kulturelles Zentrum des Einzugsgebietes werden, das neben der Volkshochschule Unfall- und Gesundheitsdienste sowie eine öffentliche Bücherei umfaßt.
2. Die Bauplanung des Projektes sollte in Zusammenarbeit verschiedener Behörden in einem Bauausschuß vorgenommen werden, wobei G. Beckers "Utopie eines Schulbaus" als Diskussionsgrundlage empfohlen wurde[29].
3. Ein vorbereitender Ausschuß, bestehend aus zukünftigen Lehrern der Gesamtschule unter dem Vorsitz des späteren Leiters der Schule, sollte die Lösung von Detailproblemen erarbeiten:
   a) Gestaltung des Unterrichts in den Gemeinschaftsfächern,
   b) Handhabung des Unterrichts in den Leistungsfächern,
   c) Prüfungswesen, Zeugnisgebung,
   d) Auswahl der Neigungsfächer,
   e) Mitbestimmung der Schüler und Eltern.

---

26 Vgl. Bildung und Politik 2/1966, S. 27.

27 Vgl. Die Welt v. 14.10.1966, Die Zeit v. 18.11.1966.

28 Vgl. H. Milberg, a.a.O., S. 40-46.

29 G. Becker: Pädagogik in Beton. In: Neue Sammlung, 2/1966, S. 171-182.

Die Delegation wichtiger Entscheidungen an das Planungsteam der zukünftigen Schule wurde später wieder zurückgenommen und zentralen, von der Schulbehörde berufenen Ausschüssen übertragen. Die als Schulversuch geplante 'Lessingschule' war unabhängig von bestimmten örtlichen Bedingungen entworfen worden[30]. Es stand lediglich fest, daß sie in einem Neubauviertel realisiert werden sollte. Obwohl konkrete Vorstellungen dazu noch nicht vorlagen, versuchte die CDU von Anfang an, das Projekt zu Fall zu bringen. Zu einer Sondersitzung der Bürgerschaft am 26.11.1966 lud sie als Experten Prof. Wenke (CDU) zu einer Stellungnahme ein. Dieser sprach sich - wenn auch mit Vorbehalten - für den "Versuch Gesamtschule" aus. Die CDU-Fraktion lehnte dennoch unter Berufung auf das Referat von Wenke den Versuch grundsätzlich ab[31], was Wenke nachträglich zu einer differenzierteren positiven Stellungnahme zu Gesamtschulversuchen veranlaßte[32].

Außer bei der CDU und beim Hamburger Elternbund bestanden zu dieser Zeit auch in der Bevölkerung und bei einem Teil der Lehrer noch erhebliche Bedenken gegen die Gesamtschule[33]. Vor allem die Volks- und Realschullehrer befürchteten, bei einer Umstellung des Schulsystems auf Gesamtschulen geringere Aufstiegsmöglichkeiten in Leiter- und Rektorenstellen zu haben.

In Erwartung solcher Widerstände wurde von Landesschulrat Matthewes der Referentenentwurf als "Planspiel" bezeichnet, ohne daß man daraus auf unmittelbare Aktionen schließen dürfe. Es gälte lediglich, "gut vorbereitet" zu sein[34].

Tatsächlich erfolgte aufgrund der differenzierten Planung des Lessing-Modells zunächst keinerlei Aktivität der Schulbehörde, den Plan in die Praxis umzusetzen. Dies lag auch daran, daß die erheblichen finanziellen Mittel für eine Realisierung Anfang 1967 wegen der damaligen Wirtschafts-

---

30 Über Struktur und Aufbau vgl. J. Lohmann, a.a.O., S. 261-274. - Peter Krupp: Das Projekt "Gesamtschule in Hamburg". Hamburger Lehrerzeitung 18/1966.

31 Vgl. Die Welt v. 16.1.1967.

32 H. Wenke: Das Projekt "Gesamtschule in Hamburg". Hamburger Lehrerzeitung 1/1967, S. 4-8.

33 Vgl. Institut für angewandte Sozialwissenschaft: Von der Zwergschule zur Gesamtschule - Einstellungen der Bevölkerung zu Schul- und Bildungsfragen. Politogramm 207/1092. Bad Godesberg 1969, S. 38. - Die Welt v. 14.10.1966. - Die Realschule 2/1967, S. 52.

34 Vgl. Die Welt v. 14.10.1966.

krise nicht bereitstanden, was sich vor allem im Bildungssektor bemerkbar machte. Die Durchsetzung eines Neubaues für eine Gesamtschule wäre angesichts der vom Schulsenat beabsichtigten Erhöhung der Klassenmeßzahl um 1 (um 25 Millionen DM zu sparen) nicht möglich gewesen. Auch nachdem durch den Druck der Hamburger Lehrerschaft die Finanzlücke durch Gewährung höherer Bundeszuschüsse beseitigt worden war, unternahm die SPD zunächst keinerlei Vorstoß zur Realisierung der 'Lessingschule'. Stattdessen beschloß die SPD-Fraktion der Hamburger Bürgerschaft am 22.5.1967 lediglich "auf dem Wege zur Gesamtschule" die Aufnahmeprüfungen für die weiterführenden Schulen ersatzlos abzuschaffen[35]. Gleichzeitig wurde die Einrichtung von Beobachtungsstufen - allerdings getrennt für Haupt- und Realschule einerseits und Gymnasium andererseits - vorgeschlagen, in denen in den Fächern Mathematik, Englisch und Deutsch nach "Leistungs- und Begabungsgruppen" differenziert unterrichtet werden soll[36]. Während sich die SPD die Gesamtschule nur "als ein ferneres Ziel sozialdemokratischer Schulpolitik" setzte, trat sie gleichzeitig für ein verstärktes Elternrecht ein. Die Fraktion überließ es der Schulbehörde, wann in Hamburg Versuche mit additiven und integrierten Gesamtschulen begonnen werden können; sie würde es jedoch "begrüßen, wenn schon 1968 die ersten Schritte in dieser Richtung möglich wären"[37].

Dieser durch die Mißstände im Hamburger Bildungswesen 1967[38] erfolgten Anpassung der Bildungspolitik an die "Realität" fiel auch der Plan der Lessingschule zum Opfer. Statt neue Gebäude für Versuche mit Gesamtschulen zu errichten, sollten diese künftig vor allem in Altbauten und stufenweise eingerichtet werden; die Leistungsdifferenzierung sollte durch Auslagerung von Klassen (und damit Bildung größerer Schülergruppen) ermöglicht werden[39]. Der dafür entwickelte Stufenplan erklärt ausdrücklich: "Der Übergang von einer Stufe zur nächsten kann je nach der

---

35 Vgl. Mitteilung des Referats Kulturpolitik des SPD-Parteivorstandes v. 31.5.1967. - Bildung u. Politik 7/1967, S. 137. - ADLZ 7/1967, S. 4.

36 Mitteilungen des Referats Kulturpolitik des SPD-Parteivorstandes, a.a.O., S. 4.

37 ebda.

38 Vgl. ADLZ 12/1967: Der Wandel in Hamburg.

39 Stufenplan zur Entwicklung des Hamburger allgemeinbildenden Schulwesens ab 1967. Hamburg 1967, S. 3.

politischen Situation und nach den pädagogischen Erfahrungen *früher oder später* erfolgen"[40].

2. Die Initiative zur Gründung einzelner Gesamtschulen ging weniger unmittelbar von der Schulbehörde als vielmehr von einzelnen Personen, Schulen oder Eltern aus und wurde von der Behörde von Fall zu Fall aufgegriffen.

Als z.B. Kurt Zimmermann, der in den USA Erfahrungen mit dem dortigen Schulsystem gesammelt hatte, der Schulbehörde im Sommer 1967 eine Denkschrift zur Gesamtschule vorlegte, wurde er mit der Planung, Entwicklung und Leitung eines Gesamtschul-Versuchs im Alten Teichweg beauftragt.

Die Initiative für die Gesamtschule Horn ging in der Hauptsache von den Eltern aus: Der Wegfall der Ausleseprüfungen für die Gymnasien und die freie Entscheidung der Eltern führten 1968 zu einer Übergangsquote von 33,6 %, d.h. 8,8 % mehr Anmeldungen als im Vorjahr[41]; auch die Realschulanmeldungen stiegen von 23 auf 37,1 % an; das hatte zur Folge, daß die Hauptschulklassen in einigen Schulen so stark schrumpften, daß die Eltern die Verlegung der Klassen in andere Schulen fürchten mußten. Deshalb ergriffen die Elternräte dreier Hauptschulen in Hamburg-Horn gemeinsam mit den Schulleitern die Initiative und forderten die Zusammenlegung der jeweils nur durch einige Straßen getrennten Schulkomplexe zu einer integrierten Gesamtschule. Die Schulbehörde griff diese Forderung als "dringlichen Antrag" auf[42]; bereits Ostern 1969 wurde die integrierte Gesamtschule Horn eingerichtet, bei der die Planungsarbeit für die aufzunehmenden 5. Klassen erst während der Anlaufzeit durchgeführt werden konnte.

3. Für die Hamburger Gesamtschulentwicklung ist einerseits eine unsystematische, von Zufällen bestimmte und andererseits eine zentralistische Planung kennzeichnend.

Im Gegensatz zu dem differenzierten Planungsentwurf für die 'Lessingschule' lagen für den Schulversuch 'Alter Teichweg' noch Ende 1967 kei-

---

40 Stufenplan, a.a.O., S. 2, (Hervorh. d.d. Verf.).

41 Vgl. ADLZ 12/1967 und 1/1968.

42 Bürgerschaft der Freien und Hansestadt Hamburg, Drucksache Nr. 1990 v. 11.3.1969.

nerlei detaillierte Planungen vor. Da die Schule Ostern 1968 ihre Arbeit aufnehmen sollte, mußten die gesamten organisatorischen Vorbereitungen in kürzester Zeit durch einzelne damit beauftragte Lehrer geleistet werden; vor Beginn des Versuchs wurde kein Planungsausschuß gebildet; die pädagogische und diaktische Planung konnte praktisch erst in der Versuchsphase selbst in Angriff genommen werden und wurde in Klausurtagungen an Wochenenden geleistet.

Die Schulbehörde hatte bereits im Herbst 1967 weitere Versuche mit additiven und integrierten Gesamtschulen ins Auge gefaßt, die ebenfalls ohne erhebliche materielle und personelle Mehrbelastung realisiert werden sollten: Die Albert-Schweitzer-Schule und die Peter-Petersen-Schule sollten in eine integrierte Gesamtschule "umgestaltet" werden, in Farmsen sollten ein Gymnasium und eine Volksschule zu einer additiven Gesamtschule zusammengefaßt werden. Widerstände bei Eltern und Lehrern verzögerten jedoch die Realisierung dieser Pläne[43]; z.T. mußten sie ganz aufgegeben werden.

Lediglich für die Planung der Gesamtschulen in Steilshoop und Mümmelmannsberg wurde am 5.12.1968 ein Planungsausschuß gebildet, dem neben den beiden zukünftigen Leitern und deren Stellvertretern die Referenten der verschiedenen Behörden angehörten (Schul-, Bau-, Jugend- und Finanzbehörde, Rechnungshof, der Leiter der Volkshochschule, und der Leiter der Öffentlichen Bücherhallen). Im ersten Abschnitt der Planung wurde das Raumprogramm in enger Zusammenarbeit mit dem Institut für Bauplanung in Stuttgart erarbeitet. Im Sommer 1969 wurden die Wettbewerbe für die Bauplanungen ausgeschrieben; mit dem Bau sollte 1971 begonnen werden.

Die pädagogische, didaktische und organisatorische Planung wurde von den vorgesehenen Leitern der beiden Gesamtschulen und ihren Stellvertretern erarbeitet. Dagegen wurden weder die künftigen Lehrer dieser noch die Kollegien bereits bestehender Schulen, die in Gesamtschulen umgewandelt werden sollten, rechtzeitig und gleichberechtigt an der Planung beteiligt. Schon der Entwurf vom 1.11.1967 sprach lediglich von "Arbeitsaufträgen" an die Kollegien, während die "zentrale Auswertung der Erfahrungen" bei der Behörde liegen sollte[44]. Dabei wären die Mög-

---

43 Zur Planung von Gesamtschulen. Arbeitspapier der Schulbehörde Hamburg v. 1.11.1967, S. 10.

44 Zur Planung von Gesamtschulen, a.a.O., S. 5.

lichkeiten der Zusammenarbeit mit Lehrern bei der Planung von Gesamtschulen gerade in Hamburg relativ günstig gewesen: Schon im Frühjahr 1967 bildete die "Gesellschaft der Freunde des vaterländischen Schul- und Erziehungswesens" (GEW) eine Kommission "Gesamtschule" und forderte in einer Entschließung am 13.11.1967 die "Bildung von Planungsgruppen" für die einzelnen Schulen, "in denen die beteiligten Lehrer maßgeblich mitarbeiten können"[45].

Dem geringen Verständnis der Schulverwaltung von der Bedeutung der Mitarbeit und der Professionalisierung der Lehrer durch die Planung der Gesamtschulversuche entsprechen die minimalen Freistellungen der Lehrer für die Planungsarbeiten in den bereits laufenden Versuchen: Ende 1969 in der Peter-Petersen-Schule keine, in den Gesamtschulen Alter Teichweg und Horn Freistellungen von 1-2 Stunden nur für zusätzliche Konferenzen zur Koordinierung der Arbeit in den Fachgruppen.

Die kurzfristige Einsetzung neuer Leiter bei der Umwandlung bestehender Schulen in Gesamtschulen führte darüber hinaus zu Konflikten, bei denen in einem Fall das Kollegium dem Leiter das Vertrauen bei der im Hamburger Schulgesetz verankerten notwendigen Bestätigung nach 2 Jahren entzog.

Der Praxis administrativer Reform entspricht die zentrale Planung von Unterrichtsstruktur und Lehrplaninhalten der Schulversuche, die die Behörde durch "Berufung" eines "Strukturausschusses" im Sommer 1968 - nach Beginn der beiden ersten Versuche - begann, "um Grundsatzfragen der Gesamtschulversuche zu erörtern und Vorschläge zur Struktur von Gesamtschulen zu machen"[46]. Seine Arbeitsergebnisse lagen erst Anfang 1970 vor; in der Zwischenzeit bestand die Verbindung zwischen dem Ausschuß und bereits arbeitenden Kollegien nur über ihre eventuell im Ausschuß vertretenen Mitglieder. Die Arbeit im Strukturausschuß sowie in den später eingerichteten zentralen Lehrplanausschüssen für jedes Fach mußten die Beteiligten ebenso wie die übrige Planung zusätzlich zu ihren Unterrichtsverpflichtungen leisten.

Das Vorgehen der Schulbehörde bei der Planung von Gesamtschulen - zentralistisch-administrative Maßnahmen verbunden mit einer ungenügenden

---

45 Vgl. Grund- und Organisationsformen von Gesamtschulen, MUND Nr. 128/1968, S. 48.

46 Beiträge zur Gesamtschule. Schriftenreihe der Hamburger Schulbehörde VI, Januar 1970, S. 48.

Öffentlichkeitsarbeit - erhöhte die Widerstände gegen die Einrichtung von Schulversuchen. Während z.B. beim Schulversuch Eidelstedter Brook die Elterninitiative von der Behörde bereits aufgenommen und die eigenen Absichten in der Presse verbreitet wurden[47], wußten das beteiligte Kollegium und die Leitung des Gymnasiums offiziell noch nichts von der geplanten Umwandlung der Schule in eine Gesamtschule. Auf diese Weise wurde die Chance versäumt, die für die Schule geplanten Neubauten auf die Konzeption einer Gesamtschule abzustimmen. Daher standen nur einzelne Lehrer dem Versuch positiv gegenüber.

Noch 1968 waren 56 % der Hamburger für die Beibehaltung des traditionellen Schulwesens, obwohl sie einzelnen Zielen der Gesamtschule nicht völlig ablehnend gegenüberstanden[48]. Das veranlaßte die Schulbehörde endlich, in die Diskussion um die Gesamtschule mit Informationsschriften einzugreifen[49], was bisher nur von der GEW - vor allem in zahlreichen Informationsveranstaltungen - geleistet worden war. Dabei wurden bezeichnenderweise technologische Verbesserungen und vor allem Zielsetzungen der Verwissenschaftlichung, Kooperation und Individualisierung mit Rücksicht auf die Bildungsinteressen der Mittelschicht in den Vordergrund gerückt[50] und gleichzeitig die Vorwürfe, daß die Behörde auf Eltern und Kollegien Druck ausübe, zurückgewiesen[51].

Die Forderung der GEW nach *wissenschaftlicher Begleitung* der Versuche, der in der Hansestadt bisher keinerlei Konzeption zugrundegelegen habe und die weder zur Zufriedenheit der beteiligten Schulen und Lehrer noch der Behörde verlaufen ist[52], wurde von der Schulverwaltung bis heute nicht aufgegriffen: Sie stellte keine Mittel für diesen Zweck bereit. Sie sieht die Beteiligung am überregionalen Experimentalprogramm, wie es in den Empfehlungen des Bildungsrats vorgesehen ist, als ausreichend an.

---

47 Vgl. Die Welt v. 13.11.1969.

48 Infas-Studie a.a.O. und Berichte und Dokumente der Staatl. Pressestelle Hamburg v. 29.7.1968.

49 Information für die Elternräte. Schulbehörde der Freien und Hansestadt Hamburg, Februar 1969.

50 Die Gesamtschule. Schriftenreihe der Hamburger Schulbehörde. IV. Februar 1969.

51 Informationen für die Elternräte a.a.O., S. 1

52 Vgl. Die Welt v. 13.11.1969. Berichte und Dokumente der Staatlichen Pressestelle Hamburg v. 24.10.1968, S. 4 Bildungsbericht a.a.O., S. 31.

Unter diesen Bedingungen entwickelten sich nur vereinzelt Ansätze der Zusammenarbeit von Gesamtschulen und Planungsgruppen mit der Universität, die sich vor allem auf die Durchführung von Testuntersuchungen[53] und Fragestellungen im Rahmen von Examensarbeiten bezogen. Einzig die Lehrerweiterbildung hatte Dank der Initiative einzelner Leiter von Gesamtschulen ab Frühjahr 1968 Veranstaltungen über spezielle Gesamtschulprobleme organisiert, wobei Fragen der Organisation, der Didaktik, Leistungsmessung usw. im Vordergrund standen. - Auch für die nächsten Jahre ist eine verstärkte Entwicklung der wissenschaftlichen Beratung und Begleitung der Gesamtschulen in Hamburg wegen mangelndem Problembewußtsein der Behörde einerseits und fehlendem Interesse der relevanten Fachbereiche in der Universität andererseits nicht zu erwarten.

4. Eine *Besonderheit von überregionaler Bedeutung* der beiden geplanten Gesamtschulen Steilshoop und Mümmelmannsberg liegt darin, daß sie als *Bildungszentren* für das gesamte jeweilige Neubaugebiet konzipiert wurden. Zwar war dies bereits im Entwurf der 'Lessingschule' vorgesehen, doch gehen die Planungen von Steilshoop und Mümmelmannsberg noch darüber hinaus. Die Kooperation der beteiligten Behörden ermöglichte die Vereinigung der verschiedenen sozialen und kulturellen Einrichtungen, wobei nicht zuletzt der Gesichtspunkt der Mehrfachnutzung und der damit verbundenen Kosteneinsparung eine Rolle spielte. In die Bildungszentren sollen aufgenommen werden: Volkshochschule, Jugendfreizeitheim, Erziehungsberatungsstelle, Volksbücherei, Krippe und Kindergarten sowie Mütter- und Schwangerschaftsberatung. Der Gesamtschule Steilshoop soll außerdem die Jugendmusikschule des Bezirks eingegliedert werden[54].

5. Bis Sommer 1970 hatten in Hamburg 4 integrierte Gesamtschulen die Arbeit aufgenommen: 1968 Alter Teichweg, 1969 die Gesamtschule Horn, 1970 die Peter-Petersen-Schule - deren "Umwandlung" sich u.a. aufgrund

---

53 Vgl. u.a. Berichte und Dokumente der Staatlichen Pressestelle Hamburg v. 24.10.1968, S. 4. - Ragnhild Fehling: Zur Leistungseffektivität der differenzierten Hamburger Beobachtungsstufe. Universität Hamburg, Fachbereich Erziehungswissenschaft. Unveröffentlichtes Manuskript, März 1970.

54 Gesamtschule Steilshoop, Arbeitspapier der Schulbehörde Hamburg v. 28.4.1969. - Gesamtschule Mümmelmannsberg, Arbeitspapier der Schulbehörde Hamburg v. 11.6.1969. - Bildung und Politik 8-9/1970, S. 180. - Berichte und Dokumente der Staatlichen Pressestelle Hamburg v. 24.10.1968.

von Differenzen innerhalb des Kollegiums seit 1967 immer wieder verzögert hatte - und die Albert-Schweitzer-Schule. Auch hier waren Widerstände von seiten der Eltern und einem Teil des Kollegiums aufgetreten, die dazu führten, daß nur der Schulversuch mit den Klassen 1-10 in eine Gesamtschule umgewandelt wurde, während das Gymnasium als eigenständige Schule bestehen blieb[55].

Die seit 1969 bestehenden Pläne, das Gymnasium Eidelstedter Brook zu einer integrierten Gesamtschule auszubauen, sollen ab 1971 realisiert werden[56]. Darüber hinaus wird - nach dem Hamburger Bildungsbericht - mit der Umwandlung des Gymnasiums in Jenfeld erst 1972 ein weiterer Versuch einer integrierten Gesamtschule beginnen[57]. Mit den in Mümmelmannsberg und Steilshoop geplanten Schulen würde Hamburg damit über 8 integrierte Gesamtschulen verfügen. Wurden im Zeitraum von 1968 bis 1970 vier Versuche initiiert, so sind es in der doppelt so langen Legislaturperiode bis 1974 auch eben nur vier, die alle schon auf Planungen bis 1970 zurückgehen; die äußere Reform des Schulwesens in Hamburg stagniert!

Die finanziellen Schwierigkeiten, der Lehrermangel und die Planungsinkompetenz der Behörde trugen seit 1967 dazu bei, daß die SPD ihre Reformbestrebungen stärker auf solche Bereiche verschob, die über die "Konsolidierung des Bildungswesens" hinaus keinen finanziellen und personellen Mehrbedarf erfordern wie z.B. die Einführung der 5-Tagewoche 1970[58], Integration der Beobachtungsstufen[59] und Schulversuche an Gymnasien[60]. Andererseits konkretisierte sich die Kritik von Eltern und Lehrern (vor allem der GEW) an den Mißständen im Bildungswesen als eine an der inneren Struktur von Schule und Schulverwaltung. Das Drängen der bildungspolitisch interessierten Öffentlichkeit wurde vom Senat bereitwillig aufgenommen[61], und Entwürfe für ein neues Schulverwaltungsgesetz vorgelegt. Die gleichzeitig verzögerte strukturelle Reform des Schul-

---

55 Mitteilungsblatt der Hamburger Schulbehörde v. 18.3.1969, S. 60.

56 Zur Planung vom Gesamtschulen a.a.O., S. 10. - Beschluß der Schuldeputation v. 12.11.1969.

57 Vgl. Die Welt v. 13.11.1969 - Bildungsbericht a.a.O., S. 29.

58 Bildungsbericht, a.a.O., S. 41.

59 ebda. S. 21.

60 ebda. S. 26 f.

61 ebda. S. 15 f. Vgl. auch Protokolle und Anträge der GEW-Hauptversammlung v. 22.6./21.10./9.11.1970 in Hamburg.

wesens verstärkt die Gefahr, daß sich in der Geschichte Hamburgs wiederholt, was schon einmal zum Scheitern der Strukturreform führte: Daß die Einrichtung weiterer Gesamtschulen "allein von dem Vorhandensein demokratischer Substanz im Lehrerkollegium und Elternrat abhängt"[62]. Die Versäumnisse einer, in der bestehenden 'pluralistischen' Gesellschaft lediglich machtpolitisch orientierten Strategie, die nicht entschieden die Interessen der Unterprivilegierten wahrnimmt und sich auf sie als politisches Potential stützt, würden damit wiederum eine äußere Reform des Bildungswesens in Hamburg verhindern. Die Gefahr, daß durch die formale Demokratisierung, d.h. stärkere Mitbestimmung der Eltern und Lehrer in der Schule die bisher "Unmündigen", nämlich vor allem die Arbeitereltern, stärker als bisher bevormundet werden und durch Zusammenarbeit bürgerlicher Elternräte mit Schule und Schulverwaltung die Interessen und Ideologien der Herrschenden verstärkt durchgesetzt werden, kann nach dem historischen Verlauf der Einheitsschulreform nicht deutlich genug betont werden. Da es der SPD aufgrund ihrer politischen Konzeption an Versuchen und Überlegungen mangelt, wie die eigentlich unmündigen Eltern und Interessengruppen an den Prozessen der Demokratisierung beteiligt werden können und wie die äußere Reform des Schulwesens in einer Klassengesellschaft durchgesetzt werden soll, könnte sich in Hamburg ein Prozeß wiederholen, der im "Mißverhältnis von weitestgehender formaler Demokratisierung und offensichtlichem Mangel an demokratischer Umgestaltung der bestehenden Verhältnisse"[63] eine Schulreform verhindert.

---

62 H. Milberg, a.a.O., S. 257 f.

63 ebda. S. 351 f.

5. Länderbericht Hessen

1. Die Schulpolitik der hessischen Landesregierung ist, wie aus dem im Sommer 1970 veröffentlichten Schulentwicklungsplan[1] hervorgeht, auf die Einführung der integrierten Gesamtschule als der normalen Schulform gerichtet. Mit dieser Zielsetzung hat sich Hessen als erstes und bisher einziges Bundesland für eine umfassende Schulreform entschieden. Die organisatorischen Voraussetzungen dafür sind in mancher Hinsicht günstiger als in anderen Bundesländern. Die Errichtung zahlreicher Mittelpunktschulen und Schulzentren seit Ende der fünfziger Jahre gehört ebenso dazu wie die Gründung von Förderstufen (5. + 6. Schuljahr) vor allem in der 2. Hälfte der sechziger Jahre.

Der planmäßigen Unterstützung und Koordinierung dieser Entwicklung durch das Kultusministerium ging eine Phase voraus, in der die Initiative zu Versuchen im Bereich der Schule bei einzelnen Gemeinden oder Kreisen lag.

Das erste und für einige Jahre einzige Schulzentrum in Hessen - sieht man von der privaten, aus der Landerziehungsheimbewegung der zwanziger Jahre hervorgegangenen Odenwaldschule in Oberhambach/Kreis Bergstraße ab - entstand im Zusammenhang mit den Reformvorstellungen der Alliierten, insbesondere der Amerikaner. Die Pläne für dieses Schulzentrum, das 'Schuldorf Bergstraße', stammen aus den Jahren 1949/50 und wurden von dem damaligen US-Landeskommisar maßgeblich unterstützt. Im Gegensatz zu den Vorstellungen der Amerikaner, das Schulsystem horizontal zu gliedern, stellt das Schuldorf nur eine räumliche Zusammenfassung der verschiedenen Schulformen - Grund-, Sonder-, Haupt-, Realschule, Gymnasium, Berufsschule und Kindergarten - unter einer gemeinsamen Leitung dar.

---

1 Großer Hessenplan. Schulentwicklungsplan. Hessen '80. 1. Fassung Wiesbaden Sommer 1970; 2. Fassung Wiesbaden Herbst 1970.

Allerdings wurde bereits 1955 durch die Einrichtung einer Förderstufe - der ersten in ganz Hessen - eine partielle Integration der Schularten in der 5. und 6. Klasse erreicht, die jedoch bis heute auf diese beiden Jahrgangsstufen beschränkt geblieben ist[2].

In die fünfziger Jahre fällt die Gründung zweier weiterer Schulzentren in Hessen. In Kirchhain/Kreis Marburg entstand der Plan zur Errichtung eines Schulzentrums, als ein neues Gebäude für die örtliche Realschule notwendig geworden war. Träger dieses Schulzentrums wurde ein Schulverband, zu dem sich Kirchhain mit dem Landkreis Marburg zusammenschloß. 1957 war der erste Bauabschnitt der Schule fertiggestellt; bereits im Jahr darauf wurde eine Förderstufe, der zweite Versuch dieser Art in Hessen, eingerichtet.

Das zweite Schulzentrum wurde 1957 ebenfalls in Nordhessen, in der Kreisstadt Wolfhagen, gegründet. In Wolfhagen ging der Anstoß zur Gründung des Schulzentrums von dem Beschluß zur Errichtung eines Gymnasiums aus, das bis dahin in diesem Landkreis fehlte. Im Gegensatz zu den Schulzentren in Kirchhain und an der Bergstraße wurde in Wolfhagen keine Förderstufe eingerichtet und keine andere Form der Unterrichtsintegration eingeführt.

Während die Gründung des Schuldorfs Bergstraße noch aus den Reformbemühungen der Amerikaner um das Schulsystem nach dem 2. Weltkrieg resultierte, ist die Errichtung der Schulzentren in Kirchhain und Wolfhagen auf die Bestrebungen zurückzuführen, das ländliche Schulwesen auszubauen. Dabei spielt die Ansiedlung von Industriebetrieben auf dem Land eine erhebliche Rolle, der auch auf schulischem Sektor Rechnung getragen werden sollte. So heißt es z.B. in der Festschrift zur Einweihung der Gesamtschule Kirchhain: "Es wurde aus der Tatsache heraus, daß sich im Ostraum des Kreises (Stadt Allendorf, Neustadt, Kirchhain) nach dem Kriege in verstärktem Maße Industrie angesiedelt hatte, die zwingende Notwendigkeit für die Schaffung einer Oberschule in Kirchhain anerkannt. Vor allem seitens der Industrie wurde dieser Wunsch immer wieder zum Ausdruck gebracht, zumal eine Reihe von Spitzenkräften in gehobener Stellung, die z.T. von Großstädten in das hiesige Wirtschaftsgebiet übergesiedelt waren, dringend nach der Möglichkeit suchten, ihre Kin-

---

2 Im Gegensatz dazu wurde an der privaten Odenwaldschule bereits 1952 die sechsjährige Grundschule und 1967 die integrierte Mittelstufe eingeführt.

der weiterhin auf eine Oberschule zu schicken, ohne längere Anmarschwege bewältigen zu müssen"[3].

Die Initiative zur Errichtung der beiden Schulzentren ging in erster Linie von Mitgliedern der Gemeinde- und/oder Kreisverwaltungen aus. Durch die Gründung von Schulverbänden wurden u.a. die finanziellen Voraussetzungen für die Errichtung und Unterhaltung der großen Schulkomplexe geschaffen. Auch die in den Gemeinden tätigen Schulleiter und - in Kirchhain - die regionale Schulaufsichtsbehörde hatten an der Gründung der Schulzentren erheblichen Anteil[4].

Das Kultusministerium unterstützte die Errichtung beider Schulzentren mit finanziellen Mitteln; obgleich zu diesem Zeitpunkt eine derartige Förderung noch nicht gezielt im Rahmen des Ausbaus des ländlichen Schulwesens erfolgte. Zum Programm wurde die Beseitigung der Zwergschulen und ihr Ersatz durch Mittelpunktschulen erst im 'Großen Hessenplan' von 1964. Dieser Strukturplan, der das Regierungsprogramm der Landesregierung darstellt, ist der Versuch, die Entwicklung in den Bereichen Wirtschaft, Soziales und Kultur für einen Zeitraum von 10 Jahren - bis 1974 - vorauszuplanen und zu koordinieren.

Im Bereich des Bildungswesens ging die Planung von drei Voraussetzungen aus:

1. der Projektion der Bevölkerungsentwicklung,
2. einer Prognose der Entwicklung des Sozialprodukts,
3. einer Schätzung des Finanzbedarfs.

Bei der Aufstellung der Planziele wurden nach dem Selbstverständnis des Kultusministeriums sowohl der Arbeitskräftebedarf der Wirtschaft als auch das Bildungsbedürfnis der Bevölkerung berücksichtigt[5]. Danach rechnet der Große Hessenplan mit einer Steigerung des relativen Schulbesuchs von Realschule und Gymnasium um 20 %, in den Berufsfachschulen um 100 %[6]. Die Einführung des 10. Pflichtschuljahres wurde aus ökonomischen

---

3 Gesamtschule Kirchhain. Festschrift zur Einweihung der Schule. Marburg 1962, S. 11.

4 Z.B. stammte der erste vorläufige Plan für das Schulzentrum Kirchhain von dem damaligen Schulrat; der spätere "Kirchhainer Plan" (1954) wurde von einem Regierungsrat ausgearbeitet.

5 Ernst Schütte (Hrsg.): Kulturpolitik in Hessen. Ein Beitrag zum Großen Hessenplan. Frankfurt, Berlin, Bonn, München 1966. S. 1 ff.

6 ebda. S. 5.

Gründen nicht in den Planungszeitraum einbezogen[7]. Empfohlen wurde dagegen die Einrichtung von Förderstufen und die Zusammenfassung aller weiterführenden Schulen in Schulzentren, in denen die Eigenständigkeit der Schularten erhalten bleibt.

Kernstück des Bildungsplans war die *Landschulreform*. Für den Bau von Mittelpunktschulen, bei denen es sich teilweise lediglich um zentrale Hauptschulen handelte, gab das Land Beihilfen von durchschnittlich 65 % der Baukosten. 1964 beliefen sich diese Beihilfen auf insgesamt 115 Millionen DM. 1965 hatten bereits 100 Mittelpunktschulen mit Schülern aus 500 Gemeinden den Unterricht aufgenommen[8], 1966 bereits 150, während sich ca. 130 weitere Schulen im Bau oder in der Planung befanden[9]. Im Februar 1967 besuchte jedes fünfte Landkind eine Mittelpunktschule; dagegen war der Anteil der Schüler, die in einklassigen Dorfschulen unterrichtet wurden, auf 2 % gesunken[10]. Bis 1974 sollten insgesamt 300 Mittelpunktschulen fertiggestellt sein[11].

Den Mittelpunktschulen lag die Intention zugrunde, die schulische Situation und damit zugleich die Infrastruktur in ländlichen Gebieten zu verbessern. Die Strukturmängel des bestehenden Schulsystems wurden dagegen nicht gesehen. Die *Einrichtung von Förderstufen* stellte allerdings einen ersten, vorsichtigen Schritt zur Behebung dieser Mängel dar; obgleich sie lediglich als Instrument betrachtet wurde, "um Begabungsreserven zu erschließen, eine für Kinder und Schule vorteilhafte Begabungslenkung zu ermöglichen sowie den weiterführenden Schulen geeignete und gut vorbereitete Schüler zuzuführen"[12]. Nachdem das Schuldorf Bergstraße und das Schulzentrum Kirchhain bereits Förderstufen eingerichtet hatten, wurde ihre Einführung 1959 vom Deutschen Ausschuß für das Erziehungs- und Bildungswesen im "Rahmenplan" allgemein empfohlen. Erst das Hamburger Abkommen der Kultusminister von 1964 schaffte jedoch für Hessen die Möglichkeit, Förderstufenversuche in größerer Anzahl durchzuführen.

---

7 ebda. S. 12.

8 Schule in unserer Zeit. Hrsg. v. Hessischen Kultusminister, Wiesbaden o.J. S. 2 ff.

9 Kulturpolitik in Hessen, a.a.O., S. 17.

10 Allgemeine Deutsche Lehrerzeitung (ADLZ), 12/67.

11 Kulturpolitik in Hessen, a.a.O., S. 23.

12 ebda. S. 9.

Im Schuljahr 1965/66 bestanden bereits 37 solcher Versuche in diesem Bundesland[13], 1967/68 60, in denen 11 % aller Schüler der fünften und sechsten Klassen unterrichtet wurden[14] und im Schuljahr 1969/70 hatte sich diese Zahl mehr als verdoppelt[15], so daß fast ein Viertel aller Schüler des fünften und sechsten Schuljahres in Hessen die Förderstufe besuchten[16].

Allerdings wurde in diesen Förderstufen in den meisten Fällen nach dem streaming-System differenziert. Nach einer Umfrage des Hessischen Philologen-Verbandes vom Oktober 1966 arbeiteten 38 von 48 Förderstufen nach diesem System[17]. Diese Form der Förderstufe stellte nur eine geringe Verbesserung im Rahmen des bestehenden Schulsystems dar, indem sie den Übergang zu den weiterführenden Schulen in gewissem Maß erleichterte. Zu diesem Ergebnis kamen Geißler u.a. in ihrer Untersuchung; sie forderten daher die fachspezifische Kurszuweisung, d.h. das setting für die Förderstufe. Darüber hinaus stellten sie das dreigliedrige Schulsystem grundsätzlich in Frage und bezeichneten die integrierte Gesamtschule als eine möglicherweise "pädagogisch sinnvollere Lösung"[18].

Bereits vor Veröffentlichung dieser Untersuchung war die *Forderung nach Einführung der Gesamtschule* in Hessen von verschiedenen Seiten erhoben worden, als erstes vom Hessischen Landesverband der GEW in seiner 'Darmstädter Entschließung' von 1965[19]. Nachdem sich die Landesbezirkskonferenz des DGB 1966 dieser Forderung angeschlossen hatte, verlangte die GEW 1967 die Integration der Berufsausbildung in die Gesamtschule

13 Schule in unserer Zeit. Bildungswege in Hessen. Hrsg. Hess. Kultusminister Wiesbaden o.J. S. 43.

14 E. Schütte: Warum neue Schulgesetze? In: Die Schule in der veränderten Welt. Schriftenreihe des Hess. Kultusministeriums Nr. 1/1968.

15 Hessen '80, 1. Fassung a.a.O., S. 14.

16 Welt der Arbeit vom 25.7.69.

17 Mitteilungsblatt des Hess. Philologen-Verbandes e.V. 17. Jg. (1967) H. 7/8, S. 19; vgl. auch F. Uplegger, H. Götz: Die förderstufenähnlichen Versuche in Hessen. Hannover 1963 und E.E. Geißler, R.P. Krenzer, A. Rang: Fördern und Auslesen. Eine Untersuchung an hessischen Schulen mit Förderstufe. Frankfurt, Berlin, Bonn, München 1967.

18 a.a.O., S. 31.

19 ADLZ, Febr. 1968. - Aufgrund dieser Forderung trat der damalige Staatssekretär im Hessischen Kultusministerium, Walter Müller, aus der GEW aus.

und schlug dem Kultusministerium zehn geeignete Schulen für entsprechende Versuche vor[20]. Im gleichen Jahr machte sich der DGB in seinen 'Jugend- und Bildungspolitischen Leitsätzen' ebenfalls diese Forderung zu eigen. Auch die Parteien begannen, für die Gesamtschule einzutreten. Nachdem sich bereits der Parteitag der SPD Hessen-Süd für die Gesamtschule entschieden hatte, beschloß die SPD-Fraktion im hessischen Landtag im Herbst 1967, sowohl die Förderstufe als auch die Gesamtschule bei der geplanten Novellierung im Schulgesetz zu verankern. Im Frühjahr des gleichen Jahres hatte bereits die FDP-Fraktion Förderstufe und Gesamtschule als Ziele der künftigen Bildungspolitik gefordert[21]. Die CDU trat demgegenüber für die Einrichtung von "kooperativen" Gesamtschulen ein, in denen die Dreigliedrigkeit des Schulsystems erhalten bleibt; sie befürwortete lediglich einzelne Versuche mit integrierten Gesamtschulen[22].

Das Jahr 1967 brachte auch auf Regierungsebene eine verstärkte Aktivität für die Gesamtschule. Im Oktober 1967 erließ der Kultusminister "Richtlinien zur Förderung der Entwicklung von Gesamtschulen in Hessen"[23]. Darin wurden eine 'Arbeitsgruppe Gesamtschulen' unter der Leitung des damaligen Staatssekretärs Hildegard Hamm-Brücher und ein 'Ministerialbeauftragter für Gesamtschulen" berufen, die dazu beitragen sollten, "schulorganisatorische Fehlentwicklungen zu vermeiden und zu pädagogisch-optimalen Lösungen zu gelangen"[24]. Zu den Aufgaben des Ministerialbeauftragten, zu dem der damalige Leiter der Ernst-Reuter-Schule in Frankfurt-Nordweststadt, Dr. Rommel, berufen wurde, gehörten u.a. "die Beratung bei der Planung und beim Aufbau von Gesamtschulen" und die "Koordination der wissenschaftlichen Begleituntersuchungen an den Gesamtschulen einschließlich der Verbindung zur Lehrplanforschung, sowie der terminologischen Fragen im Bereich der Gesamtschule"[25].

---

20 Dr. Karl Bungardt: Grund- und Organisationsformen von Gesamtschulen. Dokumentation Nr. 1; o.O., o.J. S. 41 ff.

21 ADLZ, Febr. 68.

22 Leitlinien für die Entwicklung des hess. Schulwesens der CDU-Fraktion von 1968.

23 Amtsblatt des Hess. Kultusministeriums 11. Jg. (1967) S. 854 f.

24 ebda.

25 ebda. S. 855.

1968 wurden Hellmut Becker, Saul B. Robinson und Hartmut von Hentig als ständige wissenschaftliche Berater für die Planung und Durchführung der Schulreform in Hessen berufen[26]. Im gleichen Jahr bildete die 'Arbeitsgruppe Gesamtschule' Unterausschüsse für einzelne Probleme der Gesamtschule, wie "anthropogene Voraussetzungen und Ansätze in Gesamtschulen, Betriebsgröße von Gesamtschulen sowie Förderung und Beratung der Gesamtschüler"[27] und für die Fächer Arbeitslehre und Wirtschaft/Technik.

Inzwischen wurden zur Beratung der Gesamtschulen bzw. Planungsgruppen sogenannte Expertengruppen berufen, da diese Beratung von einem Ministerialbeauftragten allein nicht mehr geleistet werden konnte. Außerdem wurde 1969 ein Arbeitsausschuß unter dem Vorsitz der Staatssekretärin Hamm-Brücher gegründet, der die Einrichtung eines 'Instituts für automatisiertes Lehren und Lernen' vorbereitete[28].

Entscheidend für die Gesamtschul-Entwicklung in Hessen war die *Novellierung des hessischen Schulgesetzes*. Bereits im Februar 1968 war der Referentenentwurf den interessierten Organisationen zugeleitet worden[29]; im Juni wurde er vom Kabinett verabschiedet und im darauffolgenden Monat in erster Lesung im hessischen Landtag beraten.

Die wichtigsten Bestimmungen dieses Entwurfs waren die Einführung der obligatorischen Förderstufe als Bestandteil der Hauptschule überall dort, wo "die persönlichen, sachlichen und schulorganisatorischen Voraussetzungen vorliegen"; die Einrichtung von Gesamtschulen, wenn dies die örtlichen Verhältnisse zulassen; die Ausbildung von Stufenlehrern und die Begrenzung des Studiums für die Lehrer der Sekundarstufe I auf drei Jahre; die Übertragung der Schulträgerschaft auf die Landkreise und kreisfreien Städte[30].

Dieser Entwurf wurde von SPD und FDP, DGB und GEW, dem Städte- und dem Landkreistag unterstützt; FDP und GEW - ebenso die Studentenvertretungen - sprachen sich allerdings gegen das sechssemestrige Studium der Lehrer der Sekundarstufe I aus. Gegen das Gesetz als Ganzes traten CDU

---

26 ADLZ, 11/68.

27 ebda.

28 Dieses Institut ist inzwischen unter dem Namen 'Institut für Unterrichtstechnologie' in Wiesbaden gegründet worden.

29 ADLZ, 8/68.

30 Gesetz- und Verordnungsblatt für das Land Hessen, Teil I, Nr. 12/1969.

und NPD auf. Die CDU propagierte die 'kooperative' Gesamtschule anstelle der integrierten und schlug statt der obligatorischen Förderstufe die Einrichtung von Förderstufen an Hauptschulen und von Eingangsstufen an Realschulen und Gymnasien vor. Zu den das Gesetz ablehnenden Interessenverbänden gehörten der Philologenverband, die Gymnasialelternvertreter und der Landeselternbeirat. Der hessische Gemeindetag sprach sich gegen die Übernahme der Schulträgerschaft durch die Landkreise und kreisfreien Städte aus[31].

Die Meinungsverschiedenheiten innerhalb und außerhalb des Landtages verzögerten die Verabschiedung des Gesetzes. Die zweite Lesung fand erst im Februar 1969 statt. Die SPD hielt entgegen allen Protesten an der Studienzeitverkürzung für Lehrer fest. Im August 1969 wurde das Gesetz im Parlament, in dem die SPD die absolute Mehrheit hatte, verabschiedet. Damit war die gesetzliche Grundlage für die Einführung der Gesamtschule als Regelschule geschaffen.

Bereits zwei Jahre vorher hatten einzelne additive Gesamtschulen Schritte zur Integration der verschiedenen Schultypen über die Förderstufe hinaus unternommen: in Frankfurt-Nordweststadt wurden nach Versuchen mit Wahlpflichtkursen, die für alle Schüler zugänglich waren, auch in den Fachleistungskursen teilweise Schüler aus allen Schulformen zusammen unterrichtet; in Baunatal und Babenhausen wurden Haupt- und Realschüler in einem Kern-Kurs-System ganz oder teilweise integriert. Nach der Verabschiedung des neuen Schulgesetzes wurde im Schuljahr 1969/70 an vier Schulen mit dem Aufbau einer vollintegrierten Mittelstufe begonnen, und zwar in Babenhausen, Baunatal, Frankfurt-Nordweststadt und Wiesbaden-Kastel. In die für das Schuljahr 1970/71 geplanten Sekundarstufen werden - mit wenigen Ausnahmen - Schüler aufgenommen, die bereits eine Förderstufe durchlaufen haben, so daß die Förderstufe, deren Besuch seit August 69 obligatorisch ist, in Hessen immer häufiger der erste Schritt zur Einführung integrierter Gesamtschulen wird[32].

---

31 ADLZ, 8/68.

32 Im Schuljahr 1970/71 hatten insgesamt 15 integrierte Gesamtschulen in Hessen den Unterricht aufgenommen. Vgl. GESAMTSCHULEN Informationsdienst 4/70, S. 4 f.

2. Die *Standorte* der fünfzehn bereits eröffneten Gesamtschulen liegen in der Mehrzahl im südlichen Teil Hessens; fünf wurden im nördlichen bzw. östlichen Teil des Landes gegründet. Die meisten Gesamtschulen liegen im Industriegebiet zwischen Rhein und Main, und zwar vorwiegend in kleineren Städten und Gemeinden, in denen sich in den letzten Jahren zunehmend größere Industriebetriebe ansiedeln und die eine starke Bevölkerungszunahme zu verzeichnen haben. Auch im nordhessischen Raum spielte die Industrialisierung bei der Einrichtung von Gesamtschulen eine Rolle, z.B. in Kirchhain[33] und Baunatal, wo 1957 eine Niederlassung des VW-Werks gegründet worden war, die Mitte der 60er Jahre bereits 12 500 Arbeitskräfte beschäftigte; 1969 waren 70 % der Erwerbstätigen von Baunatal und Umgebung Arbeiter dieses Betriebes[34].

Nur drei der hessischen Gesamtschulen liegen in größeren Städten. Die älteste wurde in der Nordweststadt Frankfurts errichtet, einer Satellitenstadt mit inzwischen mehr als 20 000 Einwohnern. Die meisten Bewohner der Nordweststadt gehören zur unteren oder mittleren Mittelschicht; ca. 5 % der Einwohner dagegen lebten vorher in Notunterkünften oder hatten keinen festen Wohnsitz. Die Gesamtschule in Wiesbaden-Kastel liegt ebenfalls in einem städtischen Randgebiet, dessen Bewohner vorwiegend der unteren Sozialschicht angehören. Die Gesamtschule in Gießen-Ost wurde in einem Neubaugebiet am Rande der Stadt errichtet, in dem vor allem Angehörige der oberen Mittelschicht leben; außerdem wird diese Gesamtschule von Schülern aus den umliegenden Gemeinden besucht.

Im großen und ganzen lassen sich in Hessen bisher drei Standorttypen unterscheiden:

---

33 Vgl. Zitat S. 76 f.

34 Welt der Arbeit vom 25.7.69. - Die dort abgedruckte Charakterisierung des Ortes veranschaulicht, wie sich die Gründung eines Großbetriebes in einer kleinen Gemeinde auswirkt: "Wer nach Baunatal kommt, sieht VW-Werk, VW-Werk und noch einmal VW-Werk, vor zwölf Jahren mitten in grüner Wiese aus dem Boden gestampft, dann lange Reihen einheitlicher, im Typ des sozialen Wohnungsbaus erstellter Häuser, dazwischen und davor gut renovierte Einfamilienhäuser, die früher einmal allein Baunatal ausmachten. Nicht nur optisch ist dieser Industriebetrieb der dominierende Faktor in dieser Landschaft. Er ist auch verantwortlich für die nahezu einheitliche soziale Struktur von Baunatal und der umliegenden Dörfer .... Die Kinder gehören weit in der Mehrheit der untersten sozialen Schicht an."

1. Gemeinden ohne größere örtliche Industrie mit einem relativ großen Anteil in der Landwirtschaft arbeitender Erwerbstätiger (Babenhausen, Beerfelden, Schlitz, Oberkaufungen);
2. Gemeinden, in denen sich größere Industriebetriebe angesiedelt haben (Baunatal, Bruchköbel-Nord, Dörnigheim, Lampertheim, Ober-Roden);
3. Randzonen größerer Städte, vorwiegend Neubaugebiete (Frankfurt-Nordweststadt, Gießen-Ost, Wiesbaden-Kastel).

3. Bei den meisten hessischen Gesamtschulen, die sich aus schon bestehenden Schulen entwickelten, wurde und wird die *organisatorische und pädagogische Planung* fast ausschließlich von Mitgliedern des Kollegiums geleistet. In einigen Gemeinden gehören auch Eltern- und/oder Kommunalvertreter zum Planungsausschuß (Lampertheim, Oberkaufungen, Schlitz, Wiesbaden-Kastel). Einige Gruppen haben Lehrer anderer Schulen an der Planung beteiligt, z.B. Gießen-Ost, wo 14 Gymnasiallehrer, 12 Haupt- und Realschullehrer, 2 Berufsschullehrer und 6 Studienreferendare aus verschiedenen Schulen der Stadt im Planungsausschuß mitarbeiten.

Zwischen bereits bestehenden und für das Schuljahr 1970/71 geplanten Gesamtschulen bestehen sogenannte Patenschaften, die sich vor allem in der *Beratung* durch einzelne Fachlehrer konkretisieren. Solche Patenschaften sind z.B. Frankfurt-Nordweststadt und Bruchköbel-Nord, Babenhausen und Ober-Roden, Baunatal und Oberkaufungen eingegangen[35].

Ein gewisser *Kontakt der Schulen* untereinander und mit Planungsgruppen ergibt sich aus der Tatsache, daß jede der bestehenden Gesamtschulen einen besonderen didaktischen Schwerpunkt hat, für den sie Unterrichtsmodelle entwickelt. Babenhausen hat den Schwerpunkt Englisch, Wiesbaden-Kastel Deutsch, Frankfurt-Nordweststadt Gesellschaftskunde (einschließlich Technisch-naturwissenschaftliche Wirtschaftslehre - TNW) und Baunatal Arbeitslehre.

Seit der Eröffnung der ersten integrierten Gesamtschule ist die *Beratung* der örtlichen Planungsgruppen *durch wissenschaftliche Experten*

---

35 Einer effektiven Beratungsarbeit stehen allerdings gewisse Hindernisse entgegen; z.B. stehen dafür offenbar keinerlei finanzielle Mittel zur Verfügung, so daß nicht einmal die Fahrtkosten der beratenden Lehrer gedeckt werden können.

vom Kultusministerium zunehmend organisiert worden. Im Januar 1969 gab der Kultusminister einen Erlaß zur 'Wissenschaftlichen Begleitung der Gesamtschulversuche'[36] heraus, der die Grundlage zur Koordinierung der einzelnen Planungen schafft. Zugleich bietet das Kultusministerium darin an, die Vermittlung zwischen Praktikern auf der einen und Theoretikern auf der anderen Seite zu übernehmen.

Inzwischen wurden für die einzelnen Fachbereiche und bestimmte fächerübergreifende Probleme - z.B. Leistungsmessung und -bewertung, Organisationssoziologie - "Expertengruppen" gebildet, denen Lehrer, Mitglieder der Schulverwaltung und Wissenschaftler angehören. Die Zusammensetzung dieser Gruppen wird weitgehend vom Gesamtschul-Referat im Kultusministerium bestimmt. Die Expertengruppen treffen sich in turnusmäßigem Wechsel an den Gesamtschulen, deren jeweilige Probleme sie zu lösen und die Lösungen zu koordinieren versuchen. Eine besondere 'Expertengruppe für wissenschaftliche Beratung' hat die Aufgabe, Fragen, die von den Expertengruppen nicht geklärt werden können, sondern einer intensiveren wissenschaftlichen Bearbeitung bedürfen, an das Gesamtschul-Referat weiterzuleiten. Dieses nimmt den Kontakt zu den für die jeweiligen Probleme kompetenten Wissenschaftlern oder Instituten auf. Umgekehrt legen interessierte Wissenschaftler dem Gesamtschul-Referat begonnene oder geplante Projekte zur wissenschaftlichen Begleitung von Gesamtschulen vor, die den Schulen zur Stellungnahme zugeleitet werden[37].

In Zusammenarbeit mit den Expertengruppen gibt das Kultusministerium 'Arbeitspapiere für die Praxis' heraus, die "den an der Gesamtschulentwicklung beteiligten Lehrern eine grundlegende Hilfe sein"[38] sollen. Der Weiterbildung und Beratung von Lehrern gelten außerdem Veranstaltungen des Hessischen Instituts für Lehrerfortbildung.

Eine Reihe von Gesamtschulen und Planungsgruppen werden durch das Deutsche Institut für Internationale Pädagogische Forschung beraten, und zwar vor allem im Bereich der Leistungsmessung und -beurteilung und bei der Anwendung von Tests. An einzelnen Gesamtschulen besteht

36 Amtsblatt des Hessischen Kultusministers, 22. Jg. (1969), Nr. 2 S. 143.

37 B. Frommelt: Wissenschaftliche Begleitung der integrierten Gesamtschulversuche in Hessen, in: Gesamtschulen-Informationsdienst 4/1969, S. 61 ff.

38 Informationen zur Gesamtschule. Arbeitspapiere für die Praxis II. Hrsg. Hessischer Kultusminister. S. 1.

eine mehr informelle Zusammenarbeit mit Pädagogischen Hochschulen und Universitäten oder ist künftig vorgesehen.

Folgt man der Darstellung des Kultusministeriums, so erscheint die wissenschaftliche Beratung und Begleitung der hessischen Gesamtschulen gut organisiert. In der Praxis jedoch sieht es anders aus. Ein Teil der Lehrer kritisiert, daß die Expertengruppen mehr oder weniger bloß als Ventil für das Unbehagen der Gesamtschul-Kollegien an den unzureichenden Voraussetzungen der Schulreform fungieren. Die in den Expertengruppen tätigen Lehrkräfte wurden außerdem nur unzureichend von ihren Unterrichtsverpflichtungen entlastet (3-5 Wochenstunden); demgegenüber fordern eine Reihe von Gesamtschullehrern eine angemessene Freistellung vom Unterricht bzw. die Einbeziehung von Projekten der wissenschaftlichen Begleitung in die Lehreraus- und -weiterbildung. Außerdem kritisieren diese Lehrer die Versuche zur Zentralisierung der wissenschaftlichen Begleitung, da auf diese Weise die Bedürfnisse und Interessen der Lehrer und Schüler nicht genügend berücksichtigt werden: während die Lehrer die Ziele der Gesamtschule überprüfen möchten, ist das Kultusministerium in erster Linie an einer Effektivitätskontrolle interessiert[39].

Aus dieser Diskrepanz der Interessen haben Lehrer der Ernst-Reuter-Schule die Konsequenz gezogen und eine Arbeitsgruppe gebildet, die das Problem der Schulleitung als organisationssoziologische Fragestellung bearbeitete[40] und eine Untersuchung der Situation der Schüler an Gesamtschulen plant. Diese Initiative der Lehrer wurde vom Kultusministerium bisher nur ungenügend unterstützt[41].

4. Die Bemühungen des hessischen Kultusministeriums und die Koordinierung der Gesamtschulentwicklung haben zur Folge, daß keine großen Unterschiede zwischen den einzelnen Schulen bestehen. *Besonderheiten von*

---

39 Vgl. Tagung über wissenschaftliche Begleitung und Beratung von Gesamtschulen, 19.-21.11.1971, Protokolle; Hrsg. Arbeitsgruppe Gesamtschule im PZ Berlin, Kurzinformationen/Arbeitspapiere 3/1971, bes. S. 11.

40 M. Bernhardt, G. Kaczenski, K. Weigelt: Organisationsstrukturen und Selbstverständnis von Mitgliedern der Schulleitung und Lehrern in Gesamtschulen, DIPF, April 1971 (hektographierter Forschungsbericht).

41 Vgl. Tagung über wissenschaftliche Begleitung und Beratung von Gesamtschulen, 19.-21.11.1970, Protokolle, a.a.O., S. 11.

überregionaler Bedeutung finden sich vereinzelt im Bereich der kompensatorischen Erziehung und der Schulverfassung.

An der Ernst-Reuter-Schule wurde am 18. November 1969 - nach der Berufung des Leiters der Schule zum Staatssekretär im hessischen Kultusministerium - von der Personalversammlung und am 4. Dezember 1969 von der Gesamtkonferenz der Lehrer die *Abschaffung der Direktorialverfassung* beschlossen. Zugleich wurden die seit dem Schuljahr 69/70 amtierenden 5 Stufenleiter und die 3 Leiter für zentrale Bereiche gebeten, die Schulleitung bis zur Ausarbeitung einer neuen Schulverfassung zu übernehmen.

Der hessische Kultusminister kam dem erklärten Willen des Kollegiums, mit einer neuen Form der Schulleitung die Demokratisierung der Gesamtschule voranzutreiben, mit seinem Erlaß vom 6.1.1970[42] nach. Darin wurde "vorläufig folgendes bestimmt:

1. Es werden berufen:
   1.1. ein ständiger Vertreter des Schulleiters (Personalleiter)
   1.2. ein Pädagogischer Leiter
   1.3. ein Lehrer zur Wahrnehmung von Verwaltungsaufgaben
   1.4. Leiter der Klassenstufen 11 bis 13 (Studienstufe)
   1.5. Leiter der Klassenstufen 7 bis 10 I
   1.6. Leiter der Klassenstufen 7 bis 10 II
   1.7. Leiter der Förderstufe I
   1.8. Leiter der Förderstufe II
2. Die in der Allgemeinen Dienstordnung für Schulleiter, Lehrer und Erzieher vom 7.8.1963 beschriebenen Aufgaben des Schulleiters werden von den oben bezeichneten Mitgliedern der Schulleitung gemäß der beigefügten Geschäftsverteilung wahrgenommen....
3. Die Mitglieder der Schulleitung wählen aus ihrer Mitte für einen von ihnen festzulegenden Zeitabschnitt einen Vorsitzenden.....
4. ... Der Erlaß zu § 29 der Allgemeinen Dienstordnung für Schulleiter, Lehrer und Erzieher vom 18.7.1964 wird für die Ernst-Reuter-Schule ... aufgehoben."

---

42 E IV - 1002/50 - 6

Inzwischen war von der Gesamtkonferenz der Lehrer eine Arbeitsgruppe mit dem Entwurf einer neuen Schulverfassung beauftragt worden, der Ende April 70 fertiggestellt war[43]. Dieser - so heißt es in der Vorbemerkung - beruht auf folgenden Überlegungen:
"Mitbestimmung aller Lehrenden und Lernenden in der Organisation ihrer Arbeit und Interessen;
Abbau der hierarchischen Schulstrukturen durch Kooperation der beteiligten Gruppen;
Durchsichtigkeit und Kontrolle der Entscheidungsprozesse;
Verbesserung der Organisationsstruktur"[44].

Am 5. Mai 1970 stimmte die Gesamtkonferenz der Lehrer dieser Verfassung zu. Der Elternbeirat dagegen, der den Entwurf billigen muß, bevor er ans Kultusministerium weitergeleitet werden kann, hat seine Zustimmung erst kürzlich gegeben[45]. Allerdings wurde nach einem Wahlverfahren, das sich an der neuen Verfassung orientierte, bereits eine neue Leiterin für die Förderstufe von Lehrern und Schülern gewählt und von der vorgesetzten Behörde im Amt bestätigt; demnach bestehen von dieser Seite keine Bedenken gegen die neue Schulverfassung.

Ein Modell zur *kompensatorischen Erziehung* wurde in Bruchköbel-Nord entwickelt und soll ab Herbst 1970 erprobt werden[46]. Die Fördermaßnahmen beginnen in der Vorschulklasse; der Schwerpunkt liegt dabei auf der Beseitigung von Sprachbarrieren und Verhaltensstörungen. Das Einschulungsalter richtet sich nach dem Entwicklungsstand der Schüler. Kinder, die auch nach Durchlaufen der Vorschule noch in stärkerem Maß behindert sind, werden in der Grundschule in einer besonderen Klasse mit niedriger Frequenz zusammengefaßt und sollen durch intensive Fördermaßnahmen allmählich in die Lage versetzt werden, am regulären Unterricht teilzunehmen.

In der Grundschule gibt es außerdem vier verschiedene Kursformen, die einzelne Lernbehinderungen kompensieren sollen. Schüler, die Schwie-

---

43 Der Entwurf ist abgedruckt in: Gesamtschulen-Informationsdienst 3/1970.

44 Informationen über die Schulleitung der ERS: Vom Direktorialsystem zur Kollegialen Schulleitung. Manuskript November 1970, S. 6.

45 Die Zustimmung erfolgte am 1.3.1971. M. Bernhardt, G. Kaczenski, K. Weigelt: Organisationsstrukturen ..., a.a.O., S. 21.

46 Vgl. Gesamtschulen-Informationsdienst, 3/1970.

rigkeiten im Lesen und Schreiben haben, werden im 1. und 2. Schuljahr in Gruppen von maximal 10 Kindern gesondert gefördert; parallel zum regulären Unterricht erhalten sie fünf Stunden in der Woche gezielte 'Lernhilfen'. Für Schüler der Klassen 2 - 4 werden 'Legastheniekurse' eingerichtet, in denen Schüler verschiedener Jahrgänge zusammengefaßt und drei Stunden pro Woche zusätzlich zum normalen Unterricht gefördert werden. 'Förderkurse zur Entwicklung der Sprachfähigkeit' werden für Schüler der 3. und 4. Klasse durchgeführt, in denen die Sprachförderung in den beiden ersten Schuljahren fortgesetzt wird; dabei steht der Umgang mit der Sprache im Vordergrund. Diese Kurse werden parallel zum regulären Unterricht an vier Wochenstunden erteilt. Für verhaltensgestörte Schüler des 1. bis 4. Schuljahrs werden außerhalb des Unterrichts 'Spielgruppen' eingerichtet; sie stehen unter der Leitung des Schulpsychologen, können jedoch auch von anderen Personen - z.B. Eltern - durchgeführt werden. Dieses System von Fördermaßnahmen soll auch an den zum Einzugsbereich der Gesamtschule gehörenden Grundschulen durchgeführt werden.

Auch in der Sekundarstufe I sind spezielle Fördermaßnahmen vorgesehen; z.B. Einzel- und Gruppenberatung bzw. -therapie und Unterrichtsveranstaltungen über sozialpsychologische Fragen. Auch Lehrer und Eltern sollen einbezogen werden, um bei allen Beteiligten ein entsprechendes Problembewußtsein zu wecken. Personelle Voraussetzung für die Realisierung dieser Pläne ist ein Team von Psychologen, Psychagogen und Sozialarbeitern, das für den gesamten Einzugsbereich tätig werden soll.

Ein besonderes Experiment führt die Gesamtschule Babenhausen durch: sie richtete für ältere Schüler einen besonderen Kurs im Wahlpflichtbereich ein, in dem diese zu *'Schulassistenten'* ausgebildet werden. Dabei werden die Schüler in 'Lehr- und Lerntechniken' (LLT) - so die Bezeichnung für diesen Kurs - eingeführt und hospitieren in verschiedenen Klassen der Gesamtschule. Nach Beendigung des Kurses werden die 'Assistenten' in Gruppen von jüngeren Schülern eingesetzt. Von der Schule werden die bisherigen Erfahrungen mit diesen Schülerassistenten positiv beurteilt.

5. Im *Juli 1970* veröffentlichte das hessische Kultusministerium den *'Schulentwicklungsplan I'*, in dem die Entwicklung des Schulsystems -

mit Ausnahme der Sonderschulen und der berufsbildenden Schulen[47] - bis 1985 dargestellt ist. Danach sollen innerhalb der nächsten 15 Jahre 400 Gesamtschulen (damit sind nach der hessischen Terminologie die Klassen 5 bis 10 gemeint) errichtet und damit praktisch 100 % der Schüler dieser Jahrgänge in Gesamtschulen unterrichtet werden. Dabei handelt es sich jedoch nicht durchweg um integrierte Gesamtschulen; deren Einführung wird vielmehr u.a. von der Anzahl der zur Verfügung stehenden Lehrkräfte abhängen, die innerhalb der nächsten 15 Jahre verdoppelt werden müßte[48]. Abgesehen von diesem Problem und anderen - z.B. finanziellen - ist mit dem Schulentwicklungsplan die Einführung der Gesamtschule als Regelschule eingeleitet.

Das hessische Schulsystem soll künftig folgendermaßen gegliedert sein: die zweijährige Eingangsstufe wird als Teil der reformierten Grundstufe bis 1985 für alle fünf- und sechsjährigen Kinder obligatorisch sein; nach der 4. Klasse besuchen alle Schüler bis zur 10. Klasse die Gesamtschule; daran schließt die Studienstufe an, die nach den Vorstellungen des Kultusministeriums mit den verschiedenen Zweigen des beruflichen Bildungssystems zu einer 'gemeinsamen Sekundarstufe II' vereinigt werden soll. Außerdem ist die Einführung eines Berufsgrundschuljahres vorgesehen. Die Studienstufe wird künftig - anders als die gymnasiale Oberstufe - nicht allein auf ein Hochschulstudium, sondern zugleich auf den Eintritt in den Beruf vorbereiten[49]. Inwieweit sich diese Pläne und in welchem Zeitraum sie sich verwirklichen lassen, wird sich in der Zukunft erweisen müssen[50].

---

47 Ende 1970 erschien die zweite verbesserte und erweiterte Auflage des Schulentwicklungsplans, in dem auch Sonder- und berufsbildende Schulen berücksichtigt sind.

48 Vgl. Hessen '80, a.a.O. S. 20 ff.

49 ebda. S. 11-18.

50 Eine ausführliche Kritik des Schulentwicklungsplans: G. Bühlow: Hessen '80. Moderne Schule - Bildung für alle; in: Gesamtschul-Informationen 1/71; im gleichen Heft findet sich eine Kritik der Kritik aus dem hessischen Kultusministerium.

6. Länderbericht Nordrhein-Westfalen

1. Im folgenden wird versucht, den bildungspolitischen Hintergrund für die Einführung von Gesamtschulen in Nordrhein-Westfalen zu skizzieren. Dies kann - wegen der fehlenden politisch-ökonomischen Untersuchungen über den Verlauf von Bildungsreformen - in zweifacher Hinsicht nur sehr oberflächlich geschehen: erstens verzichten wir auf die notwendige *historische* Analyse der Bildungsreform auf Landesebene seit 1945, und zweitens ist es in diesem Rahmen nicht möglich, die ökonomischen und politischen Tendenzen auf Bundes- und Länderebene umfassend zu beschreiben, die die Auseinandersetzungen der verschiedenen Interessengruppen (Kapital- und Regierungsinteressen, Interessen von Parteien, Gewerkschaften, Lehrerverbänden etc.) über Richtung und Ausmaß der Bildungsreform bestimmen. So oberflächlich die Beschreibung der bildungspolitischen Ausgangssituation der Gesamtschulreform bleiben muß, so ist sie dennoch aus zwei Gründen wichtig: sie relativiert die gegenwärtig zu beobachtende Gesamtschulentwicklung, indem sie sie als noch geringen, aber an Bedeutung gewinnenden Teil bisheriger Bildungspolitik begreift; und sie verdeutlicht ein Hauptproblem künftiger technokratischer Bildungspolitik: die Umstellung des bisherigen Schulsystems auf ein System integrierter Gesamtschulen bei *gleichzeitig verlaufenden*, schon früher begonnenen Teilreformen der Schulorganisation, die keine Integration zum Ziel hatten.

Die folgende Darstellung ist in zwei Abschnitte unterteilt: Bildungspolitik unter CDU-FDP-Regierung (1962 bis 1966) und unter SPD-FDP-Regierung (ab 1966).

Die Forderung nach Gesamtschulen vonseiten einzelner Organisationen - vor allem GEW und SPD - gehen bis in die Jahre 1964/65 zurück. Aus der Kritik am Festhalten der CDU-FDP-Landesregierung am dreigliedrigen Schulsystem entwickelte die GEW zunächst Vorstellungen, die einer Gesamtschulkonzeption vorangehen, ohne daß diese ausdrücklich erwähnt wurde[1]. Der ständische Aufbau verschiedenartiger Schulformen wurde aus politischen und wissenschaftlichen Gründen abgelehnt; stattdessen die Einheit der Schule, ihre horizontale Gliederung nach Stufen und ihr Bezug auf wissenschaftliches Lernen als allgemeines Prinzip gefordert. Solange jedoch keine umfassende Reform des Bildungswesens stattfinde, begrüße die GEW jede "Auflockerung des bestehenden Bildungswesens", die zur Aktivierung von Bildungsreserven führt. In die gleiche Zeit, Anfang 1964, fällt die Forderung des Hauptausschusses der GEW (AGDL), dem Lehrermangel im Lande und den gestiegenen Ausbildungsanforderungen in der modernen Wirtschaft und Industrie duch eine "neue innere Struktur" der Schule Rechnung zu tragen[2]. 1965 forderte die GEW, in den Schulgesetzen die Rechtsgrundlage für Gesamtschulversuche zu schaffen[3].

Demgegenüber lehnten die Landesregierung und der Philologenverband die integrierte Gesamtschule eindeutig ab: den "Leitsätzen" des Philologenverbandes[4] und den Plänen der Landesregierung zum Ausbau von Grund- und Hauptschule, Realschule und Gymnasium[5] lag die Absicht zugrunde, das dreigliedrige Schulsystem zu erhalten und lediglich seine "Durchlässigkeit" zu verbessern. Kultusminister Mikat wollte allenfalls Versuche mit "gegliederten", d.h. additiven, nicht integrierten Gesamtschulen zulassen[6], lehnte die "nivellierende Tendenz eines ausschließlich horizontal gegliederten Gesamtschulwesens (ab), das die Struktur-

---

1 Die Schule in der Industriegesellschaft. Die GEW nimmt Stellung zur Landesdrucksache 696, Bochum 1964, S. 12.

2 Vgl. Neue Deutsche Schule (NDS), 7/1964, S. 136.

3 NDS, 18/1965, S. 355.

4 Philologenverband Nordrhein-Westfalen: Leitsätze für eine organische Ausgestaltung des gegenwärtigen Schulwesens, Düsseldorf 1961 und (2. Fassung) 1964.

5 Vgl. Strukturförderung im Bildungswesen des Landes Nordrhein-Westfalen. Eine Schriftenreihe des Kultusministers, Heft 1: Ausbau der Höheren Schule und der Realschule, Ratingen 1966; Heft 3: Ausbau der Grundschule und der Hauptschule, Ratingen 1966.

6 P. Mikat: Grundlagen, Aufgaben und Schwerpunkte einer künftigen Kultur- und Schulpolitik im Lande Nordrhein-Westfalen, Ratingen 1966, S. 38.

merkmale der modernen Gesellschaft verkennt"[7](!) und fügte den Rechtfertigungsversuchen des traditionellen Schulsystems die Variante hinzu, daß gerade in den *Barrieren* des vertikalen Schulsystems die notwendigen harten Voraussetzungen für das Trainieren beruflicher Mobilität lägen[8]. Mit diesem neuen Argument, das nicht mehr von unterschiedlichen, den Schultypen zugeordneten Begabungen oder Berufsfeldern ausgeht, ist zweifellos eine Verbindung zur sozialdemokratischen Konzeption der Gesamtschule als eines *adäquateren* Mittels zum Einüben von Mobilität gegeben. Dem Philologenverband konnte man zum damaligen Zeitpunkt derartige Berührungspunkte mit den Vorstellungen der Sozialdemokratie und der GEW nicht nachsagen:

"Die Universalität erstrebt das Individuelle im Bereiche des Geistigen und Menschlichen und fügt es zu einer Ganzheit. Die Vereinheitlichung dagegen geht von einer eingeschränkten egalitären Auffassung aus, die Gleichheit der menschlichen Grundrechte schlösse eine Differenzierung nach der Begabungshöhe aus. In solcher Konzeption lebt offenbar der Kampf gegen eine längst nicht mehr existierende ständische Schulgliederung fort"[9].

Der Philologenverband hatte die Befürworter der Gesamtschule im Verdacht, mit ihrer Reform gegen die Klassengesellschaft angehen zu wollen, während diese - wie die GEW 1964 - gerade unter Berufung aus Schelskys "nivellierte Mittelstandgesellschaft" die Notwendigkeit der Gesamtschule mit dem Ende der Klassengesellschaft begründeten[10].

Die hier angedeuteten Auseinandersetzungen blieben - da an eine praktische Erprobung von Gesamtschulen unter der CDU-FDP-Regierung nicht zu denken war - ohne unmittelbar politische Bedeutung, zumal die Konflikte um die Konfessionsschule die Schulpolitik 1967 bestimmten. Daneben wurden andere Probleme des Schulsystems (vor allem: Lehrermangel und -ausbildung, Stadt-Land-Unterschiede im Ausbildungsniveau[11] und relativ schlechtes Abschneiden Nordrhein-Westfalens im Vergleich mit anderen

---

7 a.a.O., S. 27.

8 a.a.O., S. 27.

9 Leitlinien, 1964, S. 15.

10 Die Schule in der Industriegesellschaft, a.a.O., S. 7.

11 Vgl. hierzu z.B. als frühen Beitrag Marg. Schecker: Vom Bildungsgefälle innerhalb Nordrhein-Westfalens, in: NDS, H. 3, S. 51-53.

Bundesländern[12]). Durch einzelne, unkoordinierte Maßnahmen zu lösen versucht. Das Kultusministerium führte das 9. Schuljahr ein[13] und ergriff Initiativen zur Verbesserung der Durchlässigkeit: Beobachtungsstufe an der Volksschule, Erprobungsstufe an Gymnasium und Realschule anstelle einer allen gemeinsamen Förderstufe, Erleichterung der Übergänge zwischen den Schultypen[14]. Vorstöße der SPD-Opposition zur Einführung von Mittelpunktschulen (April 1964) wurden zunächst abgewehrt, später jedoch Versuche mit Mittelpunktschulen begonnen, die durch Zusammenlegung weltanschaulich gleicher Volksschulen geschaffen wurden. Im Januar 1965 forderte die SPD Verfassungs- und Schulordnungsgesetzänderungen, die die Trennung von Grund- und Hauptschule, den Ausbau der Hauptschule zur mehrzügigen, selbständigen Schulform weiterführender Bildung und die Auflösung der ungegliederten Zwergschule einleiten sollten. Dieser Antrag wurde im Landtag abgelehnt.

Erst mit dem Regierungswechsel 1966 konnte die SPD ihre Vorstellungen über die Reform der Hauptschule zu realisieren beginnen. Da die Hauptschule höheren Leistungsanforderungen genügen sollte als die konfessionelle Volksschuloberstufe und die durch Zusammenlegung konfessioneller Schulen entstandene Mittelpunktschule ineffektiv war, sollte sie nach Vorstellung der Regierung Gemeinschaftsschule sein. Auf die CDU-Schulpolitik rückblickend stellte Kultusminister Holthoff fest: das in der Verfassung und im Schulrecht kodifizierte Elternrecht habe Gliederung, Leistungsfähigkeit und staatliche Planung von Volksschulen erschwert[15]. Die CDU-Politik habe erfolglos bleiben müssen, solange sie dieses Prinzip nicht erschütterte.

Bevor es zur endgültigen Änderung der Schulgesetze und der Verfassung im Februar 1967 kam, gab es heftige Auseinandersetzungen zwischen der SPD-FDP und den sie stützenden Organisationen einerseits und Teilen der

---

12 Vgl. das Zahlenmaterial F. Holthoffs über voll ausgebaute Schulen in den einzelnen Bundesländern, Bildung und Politik, 1965, H. 2/3, S. 20. Fundierteres Material z.B. bei H.-J. Bargmann: Zur bildungspolitischen Situation in Nordrhein-Westfalen, Bild. u. Politik, 1967, S. 111-113, der auf Edding-Carnap verweist.

13 NDS, 8/1965, S. 3 f.

14 NDS, 1/1965, S. 163 f.

15 Fritz Holthoff: Zur Reform der Volksschule in Nordrhein-Westfalen, in: NDS, 4/1967, S. 129-130.

CDU und reaktionären Kräften des katholischen Klerus andererseits, der Kulturkampfstimmung zu erzeugen suchte und noch nicht verstanden hatte, daß das Elternrecht als Teil des rechtlichen Überbaus die Leistungssteigerung des Schulsystems und dadurch indirekt die der Wirtschaft behinderte und deshalb eingeschränkt werden mußte. Da die Regierungskoalition zur Verfassungsänderung auf CDU-Stimmen angewiesen war, mußte sie Kompromisse eingehen. In der Kritik eines GEW-Vertreters an einem dieser Kompromisse wird deutlich, daß eine so zentrale Reform wie der Aufbau der Hauptschule bereits unter dem Gesichtspunkt der allgemeinen Einführung der Gesamtschule in Frage gestellt wurde: "Wie stellt man sich eine gegliederte Sekundarstufe oder eine Gesamtschule vor, bei denen die Eltern der den Hauptschulzweig besuchten Schüler zu konfessionellen Antragsverfahren veranlaßt werden können, die Eltern der Schüler einer aufbauenden Berufsoberschule, eines Realschulzweiges oder eines gymnasialen Aufbauzweiges diese Möglichkeit nicht haben"[16]?

Die Landesregierung bzw. das Kultusministerium befürwortete prinzipiell die Umstrukturierung des dreigliedrigen Schulsystems zur integrierten Gesamtschule[17]. Konkreten Ausdruck fand dies im Nordrhein-Westfalen-Programm 1975 (erschienen 1970), in dem als langfristiges Ziel die Erprobung und - soweit das Ergebnis des Schulversuchs dies zuläßt - die allgemeine Einführung der Gesamtschule gesetzt wird[18]. Die jetzige Phase der Reform zur Realisierung dieses Ziel verrät ein vorsichtiges Vorgehen: Zwar wurden nach dem Regierungswechsel Gesamtschulen relativ schnell realisiert: 1969/70 nahmen sieben Gesamtschulen den Unterricht auf, 1970/71 zwei weitere. Im Anschluß an die Gesamtschulempfehlungen des Bildungsrates wurde 1969 die Errichtung von 30 Versuchsschulen bis 1975 angekündigt[19]; eine Zahl, die der neue Kultusminister Girgensohn 1970 auf ungefähr 45 erweiterte[20]. Im Vergleich zu den hessischen Plänen ist dies aber ein eher behutsames Verfahren,

---

16 F. Woschech, in: NDS, 1967, S. 223.

17 F. Holthoff: Zur Demokratisierung unseres Bildungswesens, in: NDS, 10/1968, S. 153-156.

18 Nordrhein-Westfalen-Programm 1975, S. 54.

19 Vgl. auch Nordrhein-Westfalen-Programm 1975, S. 53 f.

20 Interview mit Girgensohn: Makler mit Ultimatum, in: b:e, 2/1971, S. 10f.

nach dem die Gesamtschule erst nach längerer Erprobungszeit und der Gewöhnung der politischen Gegner an die neue Schulform allgemein eingeführt werden soll. Die Versuche mit Gesamtschulen sind in ihrer Funktion keineswegs mit dem "Hauptschulversuch" des Landes Nordrhein-Westfalen vergleichbar, der nach kürzester Zeit zur Umstrukturierung des gesamten Volksschulsystems führte[21]. Die Betonung des Versuchscharakters der Gesamtschule und der zentralen Rolle der wissenschaftlichen Beratung und Kontrolle trägt den - etwa im Vergleich zu Hessen - größeren politischen Hindernissen bei der Einführung der Gesamtschule als Regelschule Rechnung. Geht man davon aus, daß eine sozialdemokratische Landesregierung die Gesamtschule als Regelschule anstrebt und die wissenschaftliche Versuchskontrolle mit ihrer Außenwirkung vor allem gegnerische Interessen beruhigen soll, so wird die wissenschaftliche Kontrolle und Beratung innerhalb von Regierung und Verwaltung für die Entscheidung wichtig, *welche Form* der Gesamtschule letztlich eingeführt werden soll.

Die Einstellung der GEW zum Vorgehen der Landesregierung und des Kultusministeriums ist zunehmend kritisch geworden: Während sie 1967 noch vorsichtig formulierte, daß das Ziel der Schulreform die stetige und dynamische Entwicklung der differenzierten Sekundarschule sei und deshalb "baldmöglich an mehreren Stellen" Gesamtschulversuche beginnen sollten[22], forderte sie 1968 die Errichtung einer "großen Zahl" von Gesamtschulen[23].

Im März 1970 sprach sich der GEW-Vorsitzende schon in leichter Kritik an den zu langsamen Fortschritten der Schulpolitik dafür aus, die Zahl der Gesamtschulversuche nicht zu begrenzen, sondern unter Berücksichtigung der organisatorischen und pädagogischen Voraussetzungen alle Initiativen zu fördern[24]. Vom Vorstand übernommene Anträge einer GEW-Versammlung desselben Jahres sind noch deutlicher: die GEW fordert "unverzüglich" die gesetzliche Verankerung der Gesamtschule als Angebotsschule und den "zügigen Umbau" des Schulsystems in Richtung Gesamtschule als Regelschule. Die Landesregierung wird aufgefordert, die Zahl der Schul-

---

21 Vgl. hierzu die Zahlen in NDS, 16-17/1967, S. 350 f. und 19/1968, S. 300.

22 NDS, 16-17/1967, S. 311.

23 NDS, 6/1968, S. 81.

24 NDS, 7/1970, S. 124.

versuche "drastisch zu erhöhen" und die Initiative der Schulträger zu fördern, statt zu bremsen. Zu Beginn des Jahres 1971 stehen neun im Aufbau befindliche Schulen 51 Anträgen gegenüber[25].

Da die Gesamtschule in Nordrhein-Westfalen bis 1975 nur im engen Rahmen eines Versuchsprogramms ausgebaut wird, müssen bisher eingeleitete Veränderungen des traditionellen Schulsystems bereits für spätere Strukturreformen flexibel gehalten werden. Damit es beim Ausbau des allgemeinbildenden Schulwesens nicht zu Fehlinvestitionen kommt, erließ das Kultusministerium Ende 1968 Regelungen zur Errichtung von *Schulzentren*, in denen noch kein integrierter Unterricht stattfindet, jedoch schon Vorbedingungen für Gesamtschulen geschaffen werden: Ganztagsschule, gemeinsame Verwaltung, Austauschbarkeit von Klassenräumen[26]. Außerdem wird durch das Abkommen der Ministerpräsidenten der Länder und die Rahmenvereinbarung der KMK vom Februar 1969 über die Einführung von *Fachoberschulen* eine für die Sekundarstufe der Gesamtschule neue Situation geschaffen, die das Problem der Integration der Berufsausbildung in die Gesamtschule dringlich werden läßt[27].

2. Wendet man sich *Standort, Entstehung und Struktur der einzelnen Gesamtschulen* zu, so zeigt sich, daß sechs von sieben der zu Beginn des Schuljahres 1969/70 bestehenden Gesamtschulen im Landesteil Westfalen liegen; die siebte - Oberhausen - gehört zum Landesteil Nordrhein. Für das Schuljahr 1970/71 verschieben sich diese Relationen kaum; sieben von neun der Gesamtschulen liegen in Westfalen, die übrigen zwei im Landesteil Nordrhein. Von den drei westfälischen Regierungsbezirken ist nur noch der Regierungsbezirk Detmold ohne Gesamtschule; von den drei nordrheinischen Regierungsbezirken (Düsseldorf, Köln, Aachen) sind weder für Köln noch für Aachen 1970/71 Gesamtschulversuche genehmigt worden.

Die Gesamtschulen von Kamen und Fröndenberg liegen in Kleinstädten am Rande des Ruhrgebietes, die Gesamtschule von Kierspe im Bergischen Land. Diese Gebiete weisen - gemessen am Landesdurchschnitt - eine rela-

---

25 Girgensohn, in: b:e, a.a.O., S. 10.

26 NDS, 20/1968, S. 383-384.

27 W.G. Meyer: Gesamtschule - wie geht es weiter?, in: NDS, 23-24/1968, S. 453-456.

tiv geringe Zahl von Jugendlichen in wieterführenden Schulen und von Absolventen weiterführender Schulen auf. In den Gutachten zur Einrichtung dieser Gesamtschulen wird deutlich, daß der Gesamtschule eine zentrale Bedeutung bei der "infrastrukturellen Verbesserung" zukommt, die Anreize für eine Industrieansiedlung in größerem Umfang bieten soll.

Die großstädtischen Gesamtschulen liegen teils in Neubaugebieten, die neue Schulgebäude erforderten (z.B. Dortmund-Scharnhorst), teils in schon länger bestehenden Stadtteilen. Die Sozialstruktur der Einzugsgebiete ist außerordentlich unterschiedlich: entsprechend unterschiedlich werden die Unterrichtsprobleme an den Gesamtschulen sein. In den Einzugsgebieten von Münster und Gelsenkirchen z.B. liegt der Anteil von Angestellten, Beamten und Selbständigen (bzw. der Mittel- und Oberschicht im Falle Gelsenkirchens) bei 55 bzw. 44 %, der der Arbeiter bei 42 % bzw. 56 %. In Dortmund dagegen stehen 72 % Arbeiter, 20 % Angestellten, Beamten und Selbständigen gegenüber[28]. Auch die Gesamtschule Mühlheim liegt in einem Arbeiterbezirk[29].

Die meisten Planungsgruppen wurden 1968 institutionalisiert; nur Dortmund (1966) und Münster - bisher die einzige private (katholische) Gesamtschule des Landes - begannen zu einem früheren Zeitpunkt. Die Fülle der in einer Gesamtschule zu lösenden Probleme - als Beispiele seien nur die Bau- und Raumprogrammierung, die Differenzierung, die ihr entsprechenden Unterrichtseinheiten und Beurteilungsverfahren genannt - erfordert ein hohes Maß an *Kooperation unterschiedlicher Institutionen und Personengruppen*, wenn der Schulversuch erfolgreich begonnen und stabilisiert werden soll. Das gilt zum einen für die architektonische und pädagogisch-organisatorische Planung des Grundkonzepts der Gesamtschule, zum anderen für die Detailplanung der Fächer, Differenzierungs- und Organisationsformen etc. jeder Schule. Während im ersten Fall vor allem Planungsausschuß, Kommunal- und Landesbehörden (z.B. Stadt, Schulamt, Kultusverwaltung; Hochbauamt einer Stadt, Landesbauverwaltung), politische Organisationen auf kommunaler und Länderebene und von außen hinzuge-

---

28 Karl Egon Siepmann: Gesamtschulen in Nordrhein-Westfalen vor der Bewährung, in: NDS, 23-24/1969, S. 463.

29 Vorschlag des OV Mühlheim für die Errichtung einer gegliederten und integrierten Gesamtschule im Stadtgebiet Mülheim-Nord, in: NDS, 23-24/1968, S. 404-406.

zogene Experten zusammenarbeiten müssen, nicht jedoch die Lehrer der Gesamtschulkollegien, die es noch nicht gibt - steht im zweiten Fall die Kooperatioan zwischen Gesamtschulkollegien und -fachgruppen, Fachwissenschaftlern, die die wissenschaftliche Beratung der Schulversuche übernommen haben, und Vertretern der Kultusverwaltung im Mittelpunkt.

Die Analyse der mit der *Raum- und Bauprogrammierung* beauftragten Personen, Gruppen und Institutionen der 1969/70 bestehenden sieben Gesamtschulen zeigt die Reichweite der Kooperation an[30]: nur drei Gesamtschulen (Oberhausen, Kamen und Kierspe - bei den letzten beiden war die Entscheidung über die Bauplanung noch nicht gefallen) hatten ausschließlich kommunale Bauämter und Architekten oder Architekten aus dem eigenen Bundesland mit der Raum- und Bauprogrammierung beauftragt; alle anderen wiesen länderübergreifende Kontakte auf. Dabei war das Schulbauinstitut der Länder in Berlin (Münster, Dortmund, Gelsenkirchen) und das Schulbauinstitut der TH Stuttgart (Münster, Fröndenberg) am häufigsten an der Planung beteiligt. Die *didaktische und organisatorische Detailplanugn und -entwicklung* in schon bestehenden Gesamtschulen führten die Lehrerkollegien, Vertreter des Kultusministeriums und Fachwissenschaftler der Hochschulen und Institute durch.

Wie in anderen Bundesländern zeigen sich in der kurzen Geschichte dieser Zusammen- und Gegeneinanderarbeit auch in NRW bereits Interessenkonflikte und -koalitionen zwischen den einzelnen Gruppen, läßt sich eine Tendenz zur 'Konsolidierung' der Curriculumentwicklung und wissenschaftlichen Beratung nachweisen, die vor allem vom Kultusministerium vorangetrieben wird und Ausdruck einer im Hinblick auf Gesamtschulen expansiveren Bildungspolitik ist. Anders als in anderen Bundesländern sind die Interessen der Gesamtschullehrer in Nordrhein-Westfalen besser organisiert. Bei der unmittelbaren Kooperation der Kollegien und Fachgruppen übernimmt der 'Arbeitskreis Gesamtschulen in Nordrhein-Westfalen', der eng mit der Arbeitsgruppe Gesamtschule der GEW zusammenarbeitet, eine zentrale Funktion. Der Arbeitskreis hat kurz nach seiner Gründung mit beträchtlicher Intensität Entwicklungsarbeit auf der Ebene der einzelnen Schulen koordiniert, er hat Tagungen und Arbeitsgruppen orga-

---

30 Nach eigener Befragung der Gesamtschulen.

nisiert, in denen die didaktischen Schwerpunkte bestimmt, Materialien ausgetauscht und Planungen diskutiert werden[31]. Diese "Kooperation an der Basis", die zu einem demokratischen, gegen zentrale Lösungsversuche gerichteten Selbstbewußtsein der Lehrer geführt hat, fand schon zu einem Zeitpunkt statt, als das Kultusministerium noch nicht in der Lage war, die curriculare Entwicklung materiell und personell in größerem Umfang zu fördern. Eine weitergehende Unterstützung der einzelnen Kollegien erfolgt erst 1970 mit einem sog. 'Moderatorensystem', das in ein umfassenderes System der Organisation der Gesamtschulentwicklung integriert werden soll[32].

Nach dem vom Kultusministerium durch Erlaß eingeführten 'Moderatorensystem' soll sich jede der sieben bestehenden Gesamtschulen auf einen Fachbereich spezialisieren, jeweils ein Fachlehrer soll als 'Moderator' vom Unterricht freigestellt werden und die Planung zwischen der Schwerpunktgruppe der eigenen Schule und den Fachvertretern der übrigen Schulen koordinieren. Diese Koordination soll *im Rahmen* der Zielvorstellungen[33] von *Forschungsgruppen* erfolgen, die an der PH Westfalen-Lippe, Abteilung Münster, und an der PH Ruhr, Abteilung Dortmund, bestehen. In der Begründung für diese klare Unterordnung der curricularen Entwicklugn durch Moderatoren (und erst recht durch die übrigen Lehrer an den einzelnen Schulen) unter die Zielvorstellungen der Forschungsgruppen werden die Interessen des Kultusministeriums an der Organisation der Curriculumentwicklung und wissenschaftlichen Begleitung der Schulversuche deutlich: "So notwendig und begrüßenswert die von den Kollegien betriebene *eigenständige Entwicklung der Modelle* ist, so sehr muß andererseits Wert darauf gelegt werden, daß die Unterschiede zwischen den einzelnen Versuchen in der Gesamtkonzeption *und in den didaktischen Einzelplanungen* nicht so groß werden, daß überzeugende *Effektivitäts-*

---

31 Eine Übersicht über die Tätigkeit des Arbeitskreises gibt der Bericht des Vorsitzenden des Arbeitskreises, G. Bechert: Bericht über die Entwicklung des Arbeitskreises Gesamtschule in Nordrhein-Westfalen vom Dezember 1968 bis Mai 1970. Hekt. Manuskript, 30.6.1970.

32 Vgl. den Erlaß des Kultusministeriums I A 3, vom 15.4.1970, abgedruckt in: Gesamtschulen-Informationsdienst, 4/1970, S. 65-71.

33 Gesamtschulen-Informationsdienst, a.a.O., S. 70.

vergleiche nicht mehr möglich sind und das *Prinzip der Übertragbarkeit* auf weitere, regional gelagerte Versuchsansätze verletzt wird"[34].

Damit ist das Interesse der Kultusverwaltung an der *Vereinheitlichung* der didaktischen *Einzel*planung und der Schulorganisation klar ausgedrückt; denn Effektivitätskontrolle kann nur Sinn haben, wenn sich die Kultusverwaltung davon Hilfe für eindeutige Entscheidungen zwischen alternativen Curricula, Organisationsformen etc. verspricht. Daß eine solche Effektivitätskontrolle unter den jetzigen Bedingungen der Gesamtschulentwicklung methodisch nicht möglich ist[35], daß darüber hinaus die vereinheitlichende Effektivitätskontrolle die Entwicklungsarbeit an den Gesamtschulen unterdrücken kann, ist von Wissenschaftlern und Lehrern der Gesamtschulen häufig kritisiert worden[36], hat aber auf die Konzeption des nordrhein-westfälischen Kultusministeriums keine Wirkung gehabt. Für den Druck zur Rationalisierung und Vereinheitlichung der Gesamtschulentwicklung gibt es offenbar zwei Gründe: einerseits befürchtet das Ministerium schon jetzt, die Kontrolle über die wenigen Schulversuche zu verlieren; andererseits steht es unter dem politischen Druck der *allgemeinen* Einführung der Gesamtschule, für die es nach Vorstellungen des Ministeriums offenbar nur ein einziges, stabiles und erprobtes Modell geben soll. Nach der bisher nicht aufgegebenen Konzeption der Landesregierung und der maßgeblichen Bildungspolitiker soll diese allgemeine Einführung erst *nach* dem Abschluß des wissenschaftlich begleiteten Versuchsprogramms erfolgen[37]. In diesem Punkt unterscheiden sich die hessische und die nordrhein-westfälische Konzeption des Übergangs von der Versuchsschule zur Regelschule erheblich.

Während der Autonomie der Gesamtschule selbst bei der didaktischen Einzelplanung enge organisatorische Grenzen gesetzt werden sollen, wird die Tätigkeit der Forschungsgruppen zwar nicht innerhalb eines organi-

---

34 a.a.O., S. 57 f. Hervorhebung von den Verf.

35 Vgl. z.B. J. Raschert: Fragestellungen für die wissenschaftliche Kontrolle von Gesamtschulversuchen, in: H. Frommberger, H.-G. Rolff, W. Spies (Hrsg.): Gesamtschule - Wege zur Verwirklichung. Braunschweig 1969, S. 168-176.

36 Vgl. Resolution der Teilnehmer der Tagung "Wissenschaftliche Beratung und Begleitung von Gesamtschulen" zur Curriculumentwicklung, in: Gesamtschulen-Informationsdienst, 1/1971, S. 83.

37 Vgl. die jüngsten Äußerungen des Kultusministers von NRW, Girgensohn, in: b:e, 2/1971, S. 10 f.

satorischen 'Rahmens' eingeschränkt, aber das Kultusministerium entwickelt doch spezifische Aufgabenstellungen, die Leistungsziele der Gesamtschule einseitig betonen: so sollen psychologische und soziologische Daten erhoben und ausgewertet werden, die den Zusammenhang zwischen Leistung und "psychosozialen Bedingungen der Schülerpopulation" sichtbar machen; die Forschungsgruppen sollen sich an Lernzielbestimmung, Operationalisierung der Lernziele, Objektivierung der Methoden der Leistungsmessung und an Effektivitätskontrolle beteiligen. Nur am Rande werden nicht leistungsbezogene Aspekte wie "Sozialisation unter den Bedingungen einer heterogenen Schülerpopulation" genannt[38].

Bezogen sich die bisherigen Organisationsformen auf die Ebene der einzelnen Gesamtschule, so hat sich das Kultusministerium im *'Wissenschaftlichen Beirat Gesamtschule'* ein Gremium geschaffen, daß einerseits längerfristige Perspektiven für die Bildungspolitik auf Länderebene und für die wissenschaftliche Beratung im Schulsystem entwickeln, andererseits den Aufbau eines *zentralen Instituts* für Dokumentation, Koordination und curricularen Innovation vorbereiten soll[39]. Diesem Beirat gehören neben den beiden Leitern der Forschungsgruppen und acht weiteren Wissenschaftlern nur zwei Gesamtschulleiter an.

Das Protokoll eines Gesprächs von Gesamtschulleitern, Vertretern der Forschungsgruppen und des Kultusministeriums vom September 1970[40] bestätigt den Eindruck, daß die Kultusverwaltung verstärkt an der 'Konsolidierung' der Schulversuche im Sinne einer organisatorischen Rationalisierung unter Kontrolle des Ministeriums interessiert ist: so sind alle mit der Entwicklung von Gesamtschulmodellen beauftragten Gruppen und Personen verpflichtet, ihre Materialien der zentralen Dokumentationsstelle zur Verfügung zu stellen; die Forschungsgruppen erhalten den Auftrag, bis 1972 Curriculum-Modelle für die Klassen 7-10 zu entwickeln. Nimmt eine Schule wissenschaftliche Hilfe außerhalb der Forschungsgruppe in Anspruch, so hat sie Ministerien und zuständige Forschungsgruppe zu

---

38 Gesamtschulen-Informationsdienst, 3/1970, S. 68 f.

39 a.a.O., S. 65 ff.

40 Protokoll der Besprechung am 11.9.1970 mit dem Thema "Kooperation von Gesamtschulmodellen in Nordrhein-Westfalen", Der Kultusminister des Landes Nordrhein-Westfalen - I A 2.36 -20- 26/ o Nr. 7987/70. Hektographiertes Manuskript.

benachrichtigen. Auf eine Formel gebracht: Der Kultusminister "veranlaßt" die Koordination aller an der Innovation des Bildungswesens beteiligten Gruppen.

Die umfangreiche "horizontale Kooperation" der Gesamtschulen, die der 'Arbeitskreis' befürwortete, ist nach den Plänen des Kultusministeriums nur eingeschränkt und nicht institutionell abgesichert möglich. Die Reaktion des 'Arbeitskreises' auf das Moderatorensystem zeigt die widersprüchliche Lage von Lehrern am Ende der Verwaltungshierarchie: angesichts der akuten Notlage an den Schulen befürworten sie zwar die Unterstützung durch Moderatoren, lehnen aber "zentrale Planungsbefugnisse" und die Herausnahme der Moderatoren aus den Schulen ab[41]. Darüber hinaus plädieren sie dafür, den Arbeitskreis mit der Koordination der Entwicklungsarbeit zu beauftragen. Aber keine dieser Forderungen wird vom Ministerium erfüllt: im Protokoll vom September 1970 wird festgesetzt, daß die Forschungsgruppe, nicht die Schule, Arbeitsplatz der Moderatoren ist. Dem 'Arbeitskreis' werden keineswegs Koordinationsaufgaben übertragen, sondern es wird ihm lediglich bestätigt, daß e i n e seiner Aufgaben - die Information von Öffentlichkeit, Planungsgruppen und Schulträgern - für die Entwicklung der Gesamtschulen "hilfreich" sei[42].

4. Einige Gesamtschulen Nordrhein-Westfalens weisen Besonderheiten in der Entwicklung und in der Struktur auf, denen überregionale Bedeutung zukommt. Die Gesamtschulen von Fröndenberg, Kamen und Kierspe sind für die Lösung der Frage wichtig, ob Gesamtschulen auch in ökonomisch noch relativ schwachen, ländlichen bzw. kleinstädtischen Gebieten mit großem Einzugsbereich sinnvolle Organisationsformen sind[43], ob sie in solchen Gebieten zusammen mit anderen Bildungseinrichtungen (z.B. Volkshoch-

---

41 Vgl. den zitierten Tätigkeitsbericht des Leiters des Arbeitskreises, Bildungsberater Bechert, S. 14 f.
Vgl. auch die Entschließung der Arbeitsgruppe Gesamtschule in der GEW (ADLLV) Nordrhein-Westfalen, zitiert in: Gesamtschulen-Informationsdienst, 3/1970, S. 73.

42 Vgl. das schon zitierte Protokoll (Anlage: System der Kooperation für den Gesamtschulversuch in Nordrhein-Westfalen), S. 3.
Zu dem gesamten Themenbereich vgl. auch Klaus Nagel: Organisation wissenschaftlicher Begleitung der Gesamtschulversuche in Nordrhein-Westfalen, in: Gesamtschulen-Informationsdienst, a.a.O., S. 56-60.

43 Das wird vor allem auch für die geplante Gesamtschule Kamp-Lintfort gelten.

schule, Bibliotheken) zentrale Bedeutung für die kulturelle Entwicklung eines ganzen Gebietes erlangen und mit dazu beitragen, Industriebetriebe und qualifizierte Arbeitskräfte anzuziehen. D.h. die genannten Gesamtschulen werden gerade im Zusammenhang mit der kommunal-politischen Entwicklung von Interesse sein.

Unter pädagogischen und schulorganisatorischen Gesichtspunkten sind Kamen und Fröndenberg wegen des Versuchs einer weitgehenden inneren Differenzierung wichtig, die in den Fächern Deutsch, Englisch, Mathematik ab 5. Klasse erprobt wird. Beide Schulen stellen in der Bundesrepublik den ersten Versuch dar, auf das zunehmend kritisierte System von Fachleistungskursen ganz zu verzichten[44].

Die Gesamtschule *Dortmund-Scharnhorst* ist zum einen vom Planungsverfahren her interessant; es wurde durch ein mehrtätiges 'Pädagogisches Planspiel Gesamtschule' unterstützt, an dem Schulexperten, Lehrer und Schulleiter, Schulverwaltungsbeamte, Wissenschaftler und Bildungspolitiker teilnahmen, Erfahrungen über Gesamtschulen im In- und Ausland austauschten und in Gruppen erarbeitete Empfehlungen für die Gesamtschule vorlegten[45]. Zum anderen stellt die Schülerschaft der Gesamtschule Dortmund-Scharnhorst - ca. 70 % Arbeiterkinder - den traditionellen Mittelschichts-Charakter der Lernziele, -inhalte und -methoden, des Lehrerverhaltens und der Schulorganisation stärker in Frage als an den meisten anderen Gesamtschulen. Das Problem der Lernmöglichkeiten der Unterprivilegierten, insbesondere der Arbeiterkinder, steht dementsprechend im Vordergrund, wenn Dortmunder Gesamtschullehrer ihre Anforderungen an wissenschaftliche Untersuchungen und Beratung stellen: sie fordern didaktische Hilfen, die nicht den sprachlichen Vorteil der Mittelschicht reproduzieren, Mittel zur angstfreien Schaffung von Lern-

---

44 C. Edelhoff von der Gesamtschule Fröndenberg gibt eine anschauliche Beschreibung einer binnendifferenzierten Englisch-Unterrichtseinheit, in: Gesamtschulen-Informationsdienst, 2/1971, S. 55-73. In neueren Gesamtschulplanungen wird die Abkehr von der äußeren Differenzierung häufiger versucht. Vgl. Gesamtschule Bochum, Ziele - Aufgaben - Probleme, Bochum 1970.

45 Vgl. H. Frommberger, H.-G. Rolff (Hrsg.): Pädagogisches Planspiel: Gesamtschule. Braunschweig 1968; und H. Frommberger, H.-G. Rolff, W. Spies (Hrsg.): Gesamtschule - Wege zur Verwirklichung, Braunschweig 1970.

motivation, sozialpsychologisch-therapeutische Beratung der Schüler in Schule und Freizeit, Lehrertraining zum Abbau autoritären Verhaltens gegenüber Schülern bei Disziplinschwierigkeiten[46]. Lösung dieser Probleme - und seien es nur Teillösungen - sind für die Verwirklichung eines der zentralen Ziele der Gesamtschule - der größeren 'Chancengleichheit - von entscheidender Bedeutung. Wichtig ist, daß die Anforderungen der Dortmunder Lehrer über die rein organisatorischen Mittel (Kern-Kurs-System, Übergangsmöglichkeiten im Kurssystem durch 'Stütz'- und 'Lift'-kurse) hinausgehen und die soziale und psychische Situation der Schüler und der Lehrer, die überhaupt erst die Bedingungen für Lernprozesse schafft oder nicht schafft, stärker berücksichtigen.

Die Gesamtschule *Gelsenkirchen* ist zum Zeitpunkt der Befragung (Abschluß Frühjahr 1970) die einzige Gesamtschule in Nordrhein-Westfalen gewesen, die den Unterricht zugleich in den Jahrgangsstufen 5 (Beginn der 'Förderstufe') und 11 (Beginn der Studienstufe) aufgenommen hat. Welche Probleme der Koordination der Planungsarbeit in verschiedenen Schulstufen dieser gleichzeitige Beginn aufgeworfen hat und wie sie gelöst wurden, ist aus der Erhebung nicht ersichtlich. Eins zeigt sich jedoch sehr deutlich: der Beginn mit der Studienstufe zwingt die Planer, sich intensiv mit Fragen der Demokratisierung der Schulstruktur, der Schülervertretung und -rechte zu befassen. Diese Probleme liegen denjenigen Planern noch fern, die mit der 5. Jahrgangsstufe beginnen. Es ist durchaus denkbar, daß die Entscheidungen über die Schülervertretungen und -rechte in der Studienstufe Auswirkungen auf die Interessenvertretung der jüngeren Schüler in der Förder- und 'Differenzierungsstufe' (Jahrgangsstufen 7-10) haben.

Die Struktur der Studienstufe weicht erheblich von traditionellen Oberstufen ab[47]. Das gilt für die Fächer bzw. Lerninhalte und die Organisationsform, die sich bewußt universitären Strukturen annähert. Im Endausbau der Studienstufe wird es drei 'Großabteilungen' geben: die

---

46 Angaben bei der Erhebung.

47 Vgl. "Information-Diskussion" der Gesamtschule Gelsenkirchen, hekt. Manuskript 1970; Gesamtschule Gelsenkirchen: Studienstufe 1969/70. Unterrichtsverzeichnis Trimester 2., hekt. Manuskript 1970.

geisteswissenschaftlich/musische Abteilung (mit ihre wurde begonnen), die naturwissenschaftliche Abteilung und die Abteilung für Arbeitslehre/ Technologie mit Informatik und Datenverarbeitung. Die Schüler sollen Schwerpunkte in einer Abteilung mit den Fächern anderer Abteilungen frei kombinieren können. Es gibt 'Kernpflichtfächer' (Deutsch, Gesellschaftskunde, Englisch, Mathematik, Naturwissenschaften, Sport, Kunst oder Musik und Methodenlehre); in den meisten von ihnen werden verschiedene Kurse in Trimesterabfolge angeboten, zwischen denen die Schüler wählen können. Daneben gibt es 'Schwerpunktfächer' in den drei Großabteilungen, die größtenteils neu entwickelt werden müssen: Gesellschaftskunde, Sprache II, Pädagogik/Psychologie, Kunst, Literatur, Informatik. Die Fächer können nur in Zusammenarbeit mit wissenschaftlichen Institutionen (TH Aachen und Universität Bochum) entwickelt werden. Es ist geplant, die Studienstufe zu einer Gesamtoberstufe unter Einbeziehung der beruflichen Ausbildung auszubauen.

Die "Friedensschule" *Münster* ist bisher die einzige private, katholische Gesamtschule. Die katholische Trägerschaft und Unterstützung des Versuchs könnte für die Landespolitik insofern bedeutsam werden, als sie - in Nordrhein-Westfalen häufige - konfessionelle Schulkonflikte abschwächt. Dem möglichen taktischen Interesse der sozialdemokratisch geführten Landesregierung an dieser katholischen Gesamtschule steht allerdings die Schwierigkeit gegenüber, daß dieses Beispiel Schule machen kann und die staatliche Schulpolitik über Schulversuche konfessionell beeinflußt wird. Bisher ist es um die Gesamtschule in Nordrhein-Westfalen nicht zu einem heftigen konfessionellen Konflikt gekommen. Erst wenn er eintritt, wird sich zeigen, ob nur eine Minderheit katholischer Gruppen die Gesamtschule unterstützt oder ob die katholische Kirche in NRW generell die Gesamtschule befürwortet. Auch wenn dies der Fall sein sollte, ist immer noch zu fragen, welche Art von Gesamtschule, welche Ziele die katholische Kirche unterstützt.

Ein besonderes Kennzeichen des Schulversuchs Münster ist die intensive Beratung von Wissenschaftlern, die ein umfassendes, langfristiges Forschungsprogramm (es ist an 10 Jahre gedacht) geplant haben und sich nicht nur auf wissenschaftliche Kontrolle beschränken, sondern auch

Curricula entwickeln wollen[48]. Dadurch entsteht das Problem, daß die Gesamtschule Münster einerseits als private, katholische Gesamtschule spezifische Schulziele verfolgt, die sich von den Zielen öffentlicher Schulen unterscheiden; andererseits ist sie in das System der Kooperation mit den staatlichen Gesamtschulen integriert und übernimmt sogar durch die intensive Beteiligung der Forschungsgruppe eine koordinierende Funktion.

1970 hat sich die Zahl der bestehenden Gesamtschulen auf neun (Leverkusen und Mülheim/Ruhr sind hinzugekommen) erhöht. Rechnet man die in der Planung schon relativ weit vorangeschrittenen Schulversuche hinzu - etwa 40 bis 50[49] -, so kann die im Nordrhein-Westfalen-Programm vorgesehene Zahl von 30 Schulversuchen bis 1975 schon eher überschritten werden. Zwar werden sich in Nordrhein-Westfalen nicht derartig heftige, offene Konflikte ergeben wie in Hessen, wo die Diskrepanz zwischen der allgemeinen, gesetzlichen Einführung der Gesamtschule und den tatsächlichen Realisierungsmöglichkeiten deutlich geworden ist - aber auch die wachsende Tendenz der Kommunen in Nordrhein-Westfalen, Schulneubauten oder umfangreiche Umbauten als Gesamtschulen zu planen, stellt im Zusammenhang mit den beschränkten Möglichkeiten ihrer Verwirklichung ein erhebliches Konfliktpotential dar. Die Erweiterung der Zahl der Schulversuche von 30 auf 45 dürfte dieses Konfliktpotential nur zum Teil abschwächen. Für die Mobilisierung des öffentlichen politischen Bewußtseins wird es entscheidend sein, wie die Diskrepanz zwischen den Wünschen, die die Gesamtschuldiskussion freigesetzt hat, und den Realisierungsmöglichkeiten verarbeitet wird: ob sie zu einer vorschnellen Anpassung der Zielvorstellungen an die angeblich unabänderliche Realität führt oder ob die Unmöglichkeit der Zielverwirklichung zu politischem Handeln führt, das die gesellschaftlich bedingten Hindernisse der Schulreform in Angriff nimmt.

---

48 Vgl. A. Regenbrecht und J. Dikow (Hrsg.): Friedensschule. Programm einer Gesamtschule, München 1970.

49 Vgl. ein Interview mit dem nordrhein-westfälischen Kultusminister Girgensohn, in: b:e, a.a.O.

Die bildungspolitische Diskussion um die Gesamtschule hat 1970 zu Erweiterungen geführt, die sich vermutlich in den kommenden Schulversuchen niederschlagen werden.

Das gilt vor allem für die Integration von Sonderschülern und für die Integration der Berufsausbildung in der Gesamtoberstufe. In einer Entschließung zur Aufnahme der Sonderschüler in die Gesamtschule fordert der Vorstand des Landesverbandes Nordrhein-Westfalen des Verbandes Deutscher Sonderschulen u.a.[50]: Sonderschullehrer müßten der Gesamtschule angehören; alle Lehrer sollten eine sonderpädagogische Orientierung erhalten; die Gesamtschule müßte ein Rehabilitationszentrum besitzen. In einer Resolution der Teilnehmer der Pädagogischen Woche Unna zur Sonderschule werden die Forderungen an die Gesamtschule präzisiert[51]: Die additive Eingliederung der Sonderschule wird abgelehnt; Verhaltens- und Lernstörungen sollen so weit wie möglich in der Stammklasse beseitigt werden; bei stärkeren Lernstörungen werden Förderklassen und spezielle ständige Fördereinrichtungen geschaffen. Für die Planung von Gesamtschulen wird die Teilnahme von Sonderschullehrern und -fachleuten gefordert.

Die Planung von Gesamtoberstufen, in denen Allgemein- und Berufsausbildung integriert sind[52], trifft sich mit der Absicht der Landesregierung, die Oberstufe zu reformieren und Versuche mit Kollegstufen zu initiieren[53].

Bei der Planung der Oberstufe der Gesamtschule werden Unterschiede zwischen Großstädten und Kleinstädten in ländlichen Gebieten auftreten: In Großstädten geht die Tendenz dahin, losgelöste, große Oberstufen*zentren* mit einem vielfältigen Angebot von Allgemein- und Berufsausbildung für einen großen Einzugsbereich zu planen; Kleinstädte dagegen, die bisher kein Gymnasium hatten, zeigen Interesse an einer Studienstufe, auch wenn sie klein ist und ein relativ enges Fächerangebot aufweist.

---

50 Vgl. Gesamtschulen-Informationsdienst 4/1970, S. 17.

51 Vgl. Gesamtschul-Informationen 1/1971, S. 87-89.

52 Vgl. dazu U. Böhme, C. Edelhoff, K. Goehrke: Die Integration von Berufsvorbildung und Allgemeinbildung in der Gesamtoberstufe, in: NDS 4/1971, S. 81-83.

53 Vgl. Nordrhein-Westfalen-Programm, a.a.O., S. 51.

7. Tabellarischer Überblick über ausgewählte Strukturmerkmale integrierter Gesamtschulen in der BRD und West-Berlin im Frühjahr 1970

Zwischen November 1969 und Frühjahr 1970 wurden von der Arbeitsgruppe Gesamtschulen im PZ durch einen Fragebogen Daten an schon bestehenden integrierten Gesamtschulen und damals fortgeschrittenen und uns bekannten Gesamtschulplanungen erhoben. Dabei wurden meist die Leiter der Gesamtschulen bzw. der Planungsgruppen von einem Mitarbeiter der Arbeitsgruppe aufgesucht, in einzelnen Fällen erfolgte eine schriftliche Beantwortung des Fragebogens. Uns interessierten vor allem Informationen zur Planungssituation und zu Strukturmerkmalen. Angaben über Erwartungen an wissenschaftliche Beratung und Begleitung sind bereits ausgewertet worden und im GESAMTSCHULEN-INFORMATIONSDIENST 3/1970 abgedruckt.

Die hier vorgelegten tabellarischen Übersichten wurden als "Kurzinformationen" 2/1971 der Arbeitsgruppe Gesamtschulen im Pädagogischen Zentrum herausgegeben und den betroffenen Gesamtschulen mit der Bitte um Korrektur übersandt. Die eingegangenen Änderungen wurden in die Tabellen eingearbeitet. Allerdings ist damit zu rechnen, daß sich vor allem bei den in die Übersicht aufgenommenen *geplanten* Gesamtschulen einzelne Strukturmerkmale inzwischen verändert haben bzw. in Zukunft noch revidiert werden.

Aufgrund unseres begrenzten Informationsstandes im Herbst 1969 wurden einige *bestehende* Gesamtschulen nicht in die Dokumentation aufgenommen, von den *geplanten* Gesamtschulen nur ein Teil. Von den *im Schuljahr 1970/71* bestehenden integrierten Gesamtschulen fehlen: München-Nord; Bremerhaven; Bremen-West; Baunatal[1]; Grünberg; Hungen; Bad Solden-Salmünster; Leverkusen; Mülheim.

---

1 Von dieser Gesamtschule wurde unsere Bitte, den Fragebogen zu beantworten, leider nicht erfüllt. - Die im Schuljahr 1971/72 bestehenden 84 integrierten Gesamtschulen sind abgedruckt in: Gesamtschulen-Informationen 4/1971.

Tabelle 1: Namen, Standorte und Unterrichtsbeginn der untersuchten Gesamtschulen

	Unterrichtsbeginn
1. *Baden-Württemberg*	
1.1 Gesamtschule Freiburg-Haslach	Herbst 1970
1.2 Gesamtschule Weinheim	Herbst 1970
2. *Berlin-West*	
2.1 Gesamtschule Neukölln (Britz-Buckow-Rudow)	
Walter-Gropius-Schule	Frühj. 1968
2.2 Gesamtschule Charlottenburg-Nord	Herbst 1973
2.3 Gesamtschule Spandau (Falkenhagener Feld)	
Martin-Buber-Oberschule	Frühj. 1968
2.4 Gesamtschule Neukölln (Britz)	
Fritz-Karsen-Schule	1948
2.5 Gesamtschule Tempelhof (Lichtenrade)	
Carl-Zeiß-Oberschule	Frühj. 1969
2.6 Gesamtoberschule Reinickendorf (Märkisches Viertel)	
Thomas-Mann-Oberschule	Frühj. 1969
2.7 Gesamtschule Kreuzberg Neu	Frühj. 1975
2.8 Gesamtschule Kreuzberg Alt	Frühj. 1971
3. *Hamburg*	
3.1 Albert-Schweitzer-Schule	Frühj. 1950
3.2 Gesamtschule Alter Teichweg	Frühj. 1968
3.3 Gesamtschule Horn	Frühj. 1969
3.4 Gesamtschule Mümmelmannsberg	Frühj. 1973+
3.5 Peter-Petersen-Schule	Frühj. 1968
3.6 Gesamtschule Steilshoop	Herbst 1971

+ Grundstufe und Vorlaufklassen ab Herbst 1971

	Unterrichtsbeginn
4. *Hessen*	
4.1 Gesamtschule Babenhausen	1961 Fst.++) Herbst 1969 Sk.+++)
4.2 Gesamtschule Beerfelden	Herbst 1968 Fst. Herbst 1970 Sk.
4.3 Gesamtschule Bruchköbel-Nord	Herbst 1968 Fst. Herbst 1970 Sk.
4.4 Gesamtschule Dörnigheim	Herbst 1963 Fst. Herbst 1970 Sk.
4.5 Gesamtschule Frankfurt-Nordweststadt	Herbst 1963 Fst. Herbst 1969 Sk.
4.6 Gesamtschule Gießen-Ost	Herbst 1968 Fst. Herbst 1970 Sk.
4.7 Gesamtschule Lampertheim-West	Herbst 1968 Fst. Herbst 1970 Sk.
4.8 Gesamtschule Oberkaufungen	Herbst 1970 Sk.
4.9 Gesamtschule Oberroden	Herbst 1968 Fst. Herbst 1970 Sk.
4.10 Gesamtschule Schlitzer Land	Herbst 1968 Fst. Herbst 1970 Sk.
4.11 Gesamtschule Wiesbaden-Kastel	Herbst 1969 Sk.
5. *Nordrhein-Westfalen*	
5.1 Gesamtschule Fröndenberg	Herbst 1969
5.2 Gesamtschule Dortmund (Scharnhorst)	Herbst 1969
5.3 Gesamtschule Gelsenkirchen	Herbst 1969
5.4 Gesamtschule Kamen	Herbst 1969
5.5 Gesamtschule Kamp-Lintfort	noch offen
5.6 Gesamtschule Kierspe	Herbst 1969
5.7 Gesamtschule Münster (Friedensschule)	Herbst 1969
5.8 Gesamtschule Oberhausen	Herbst 1969

++) Fst. = Förderstufe
+++) Sk. = Sekundarstufe ab Kl. 7

Zusammenfassung der untersuchten Gesamtschulen:

Baden-Württemberg	2
Berlin	8
Hamburg	6
Hessen	11
Nordrhein-Westfalen	8
	35

Unterrichtsaufnahme bis einschließlich Herbst 1970:

Baden-Württemberg	2
Berlin	5
Hamburg	4
Hessen	11
Nordrhein-Westfalen	7
	29

Erläuterungen zu Tabelle 1: Namen, Standorte und Unterrichtsbeginn der untersuchten Gesamtschulen

Die Tabelle gibt Aufschluß über die Zahl der in der Befragung erfaßten Gesamtschulen (GS), über die Standorte der GS und deren Unterrichtsbeginn.

Die Tabellen beziehen sich auf die untersuchten GS oder GS-Planungen der Länder Baden-Württemberg, Berlin, Hamburg, Hessen und Nordrhein-Westfalen.

Jede dritte GS gehört zum Land Hessen. NRW und Berlin folgen mit je 8, Hamburg mit 6 GS bzw. GS-Planungen. In Baden-Württemberg gibt es nur 2 GS. Von den 35 untersuchten GS haben 29 bis einschließlich Herbst 1970 den Unterricht aufgenommen. Von den 29 bestehenden GS haben 27 innerhalb eines Zeitraums von 3 Jahren (1968/69/70) mit dem Unterricht begonnen. Die ältesten GS befinden sich in Berlin-Neukölln (Fritz-Karsen-Schule, 1948) und in Hamburg (Albert-Schweitzer-Schule, 1950).

Tabelle 2 INTEGRATION VON STUFEN UND KULTURELLEN EINRICHTUNGEN (Endphase)

Gesamtschule	Vorklassen	Grundstufe 1-4 a)didakt. Koord. b)form. Integr.	5-6	7-10	Berufsst. 11 - 13	Studienst. 11 - 13	öffentl. Bücherei	Volkshoch-schule	Jugend-freizeit-heim	andere Nutzung
1.1 Freiburg-Haslach	-	a) - b) -	x	x	noch offen	x	-	x	x	-
1.2 Weinheim	x	a) x b) x	x	x	-	x	x	x	-	Nutzung durch Kammermusikverein; Fernstud. zentrale
2.1 GS Neukölln (Britz-Buckow-Rudow)	x	a) x b) x	x	x	noch offen	x	x	x	-	-
2.2 GS Charlottenburg-Nord	-	a) x b) -	-	x	Berufsfachschule u. Soz.Päd.	x	x	x	x	Kind.tagesstätte; Schulgesundh.fürsorge; Bildg.-zentrum f. Erw.
2.3 GS Spandau (Falkenhagener Feld)	-	a) - b) -	-	x	-	x	-	x	-	-
2.4 GS Neukölln (Britz) Fritz-Karsen-Schule	x	a) x b) x	x	x	-	x	-	x	-	(Sport-)Vereine
2.5 GS Tempelhof (Lichtenrade)	-	a) x b) -	-	x	-	noch offen	-	x	-	Parteien u.a.
2.6 GS Reinickendorf (Märkisches Viertel)	-	a) - b) -	-	x	-	-	x	x	-	Sportplätze
2.7 GS Kreuzberg Neu	-	a) x b) -	-	x	Gesamtoberstufe		x	x	x	Musikschule; Studienseminar; Bezirksbildst. Landesbildstelle
2.8 Kreuzberg Alt	-	a) x b) -	-	x	-	-	-	x	-	-

x = ja
- = nein

Tabelle 2 (Forts.) INTEGRATION VON STUFEN UND KULTURELLEN EINRICHTUNGEN (Endphase)

Gesamtschule	Vorklassen	Grundstufe 1-4 a) didakt.Koord. b) form. Integr.	5-6	7-10	Berufsst. 11 - 13	Studienst. 11 - 13	öffentl. Bücherei	Volkshoch-schule	Jugend-freizeit-heim	andere Nutzung
3.1 Albert-Schweitzer-Schule	noch offen	a) x b) x	x	x	-	-	-	-	-	-
3.2 GS Alter Teichweg	Schul-kinderg.	a) x b) x	x	x	Gesamtoberstufe		-	x	-	-
3.3 GS Horn	Schul-kinderg.	a) x b) x	x	x	Gesamtoberstufe noch offen		-	-	-	-
3.4 GS Mümmelmanns-berg	noch offen	a) x b) x	x	x	noch offen	x (mit Fach-oberschule)	x	x	x	Erz.ber.stelle. El-ternbild.stätte d. Jug.behörde; Mütter-ber.; Kindertagesheim
3.5 Peter-Petersen-Schule	noch offen	a) x b) x	x	x	Gesamtoberstufe		x	x	-	-
3.6 GS Steilshoop	noch offen	a) x b) x	x	x	noch offen	x (mit kfm. Fachober-schule)	x	x	x	wie 3.4 außerdem Ju-gendmusikschule
4.1 GS Babenhausen	-	a) x b) -	x	x	-	-	-	x	-	Sportvereine
4.2 GS Beerfelden	-	a) x b) -	x	x	-	-	-	-	-	Sportvereine
4.3 GS Bruchköbel-Nord	x	a) x b) x	x	x	-	noch offen	-	-	-	-
4.4 GS Dörnigheim	-	a) x b) -	x	x	-	-	-	-	-	Sportvereine
4.5 GS Frankfurt-Nordweststadt	-	a) x b) -	x	x	-	x	-	-	-	Jugendmusikschule; Sportvereine
4.6 GS Gießen-Ost	x	a) x b) x	x	x	noch offen	x	-	-	-	Sportvereine

Tabelle 2 (Forts.) INTEGRATION VON STUFEN UND KULTURELLE EINRICHTUNGEN (Endphase)

Gesamtschule	Vorklassen	Grundstufe 1 - 4 a) didakt. Koord. b) form. Integr.	5-6	7-10	Berufsst. 11 - 13	Studienst. 11 - 13	öffentl. Bücherei	Volkshoch-schule	Jugend-freizeit-heim	andere Nutzung
4.7 GS Lampertheim-West	-	a) x b) -	x	x	-	x	-	-	-	-
4.8 GS Oberkaufungen	noch offen	a) x b) noch offen	x	x	noch offen	-	-	-	-	-
4.9 GS Oberroden	-	a) x b) -	x	x	-	noch offen	-	x	-	Sportvereine
4.10 GS Schlitzer Land	-	a) x b) -	x	x	kfm.+haus-wirtsch. Berufs-fachsch.	-	x	x	-	Sportvereine; Erwachsenenbildungszentrum
4.11 GS Wiesbaden-Kastel	-	a) x b) -	-	x	-	-	-	x	-	Nutzung durch 2. Bildungsweg und Berufsumschulung
5.1 GS Fröndenberg	-	a) x b) -	x	x	-	x	x	x	-	-
5.2 GS Dortmund (Scharnhorst)	-	a) - b) -	x	x	noch offen	x	x	x	x	-
5.3 GS Gelsenkirchen	-	a) x b) -	x	x	x	x	-	x	x	Sportvereine
5.4 GS Kamen	-	a) x b) -	x	x	noch offen	x	x	x		Schwimmbad, noch offen, Freizeit- u. Bildungszentrum

Tabelle 2 (Forts.) INTEGRATION VON STUFEN UND KULTURELLEN EINRICHTUNGEN (Endphase)

Gesamtschule	Vorklassen	Grundstufe 1 - 4 a) didakt. Koord. b) form. Integr.	5-6	7-10	Berufsst. 11 - 13	Studienst. 11 - 13	öffentl. Bücherei	Volkshoch-schule	Jugend-freizeit-heim	andere Nutzung
5.5 GS Kamp-Lintfort	-	a) x b) -	x	x	noch offen	x	noch offen	x	-	Vereine, Stadt-bildstelle
5.6 GS Kierspe	noch offen	a) x b) noch offen	x	x	Gesamtoberstufe		x	x	-	Mediothek
5.7 GS Münster (Friedensschule)	noch offen	a) x	x	x	x (Gesamtoberstufe noch offen)	x	-	-	-	Schwimmhalle f. Vereine
5.8 GS Oberhausen	-	a) x b) -	x	x		x	x	x	-	Jugendärztliche Bera-tung f.d. Stadtteil; Bild.veranst. freier Träger; Jugendmusik-hochschule

Erläuterungen zu Tabelle 2: Integration von Stufen und kulturellen Einrichtungen (Endphase)

Die Tabelle bezieht sich auf die räumliche und organisatorische Integration von Stufen und kulturellen Einrichtungen, wie sie für den Endausbau der Gesamtschulen geplant ist. Nur ein Viertel der bestehenden oder geplanten GS verfügen über eine eigene Grundstufe. Allerdings soll im Einzugsbereich der meisten Gesamtschulen ohne Grundstufe der Unterricht der betroffenen Grundschulen didaktisch mit dem der Gesamtschule koordiniert werden. Die Mehrzahl der GS mit Grundstufe hat Vorschulklassen eingerichtet.

Bei zwei Dritteln der GS schließt sich der Mittel- oder auch ersten Sekundarstufe die Studienstufe an. Die Frage der Einbeziehung der Berufsstufe ist noch weitgehend ungeklärt. Die Hälfte der GS hat oder plant keine Berufsstufe. Die meisten übrigen GS haben die Frage der Berufsstufe noch nicht entschieden. Bisher planen nur vier GS eine Gesamtoberstufe.

Die Räume der meisten GS sollen im Endausbau außerhalb des Schulbetriebs von anderen Institutionen genutzt werden: Vor allem von Volkshochschulen, von Sportvereinen und durch die Einrichtung von öffentlichen Büchereien. Jugendfreizeitheime sollen nur jeder siebten GS angegliedert werden.

Tabelle 3 FORM DER INTEGRIERTEN GESAMTSCHULEN

Gesamtschule	bei Unterrichtsaufnahme			nach Endausbau		
	Halbtagsschule 6-Tagewoche mit/ohne Nachmittagsaktivität	Halbtagsschule 6-Tagewoche 2 x wöchentl. mit Nachmittagsunterr.	Ganztagsschule 5-Tagewoche mit/ohne Essen	Halbtagsschule 6-Tagewoche mit freiw. Nachmittagsaktivität	Halbtagsschule 6-Tagewoche mit 2x wöchentl. Nachmittagsunterricht	Ganztagsschule 5-Tagewoche mit Essen
1.1. GS Freiburg-Haslach			x mit E.			x
1.2. GS Weinheim			x mit E.			x
2.1 GS Neukölln (Britz-Buckow-Rudow)			x mit E.			x
2.2 GS Charlottenburg Nord			x mit E.			x
2.3 GS Spandau (Falkenhagener Feld)	x mit freiw. N.a.+)					x
2.4 GS Neukölln (Britz) Fritz-Karsen-Schule)	x mit freiw. N.a.			x		
2.5 GS Tempelhof (Lichtenrade)			x mit E.			x
2.6 Gesamtoberschule Reinickendorf (Märk. Viertel)	x mit freiw. N.a.					x
2.7 GS Kreuzberg Neu			x mit E.			x
2.8 GS Kreuzberg Alt			x mit E.			x
3.1 Albert-Schweitzer-Schule	x ohne N.a.[1]			x		
3.2 GS Alter Teichweg	x ohne N.a.				x[2]	Ganztagsschule noch offen 5-Tagewoche
3.3 GS Horn	x ohne N.a.				x	

+) N.a. = Nachmittagsaktivität
N.u. = Nachmittagsunterricht

1) Jeder 2. Sonnabend ist unterrichtsfrei

2) 1.-4. Schuljahr: bleibt Halbtagsschule
5.-10. Schuljahr: bleibt Halbtagsschule mit schulischer Hausarbeitsbetreuung
11.-13. Schuljahr: Ganztagsschule ohne Essen, 5-Tagewoche

Tabelle 3 (Forts.) FORM DER INTEGRIERTEN GESAMTSCHULEN

	bei Unterrichtsaufnahme					
	Halbtagsschule 6-Tagewoche mit/ohne Nachmittagsaktivität	Halbtagsschule 6-Tagewoche 2 x wöchentl. mit Nachmittagsunterr.	Ganztagsschule 5-Tagewoche mit/ohne Essen	Halbtagsschule 6-Tagewoche mit freiw. Nachmittagsaktivität	Halbtagsschule 6-Tagewoche mit 2x wöchentl. Nachmittagsunterricht	Ganztagsschule 5-Tagewoche mit Essen
3.4 GS Mümmelmannsberg			x mit E.			x
3.5 Peter-Petersen-Schule	x freiw. N.a.				noch offen	
3.6 GS Steilshoop			x mit E.			x
4.1 GS Babenhausen	x ohne N.a.				x	
4.2 GS Beerfelden	x mit freiw. N.a.				noch offen	
4.2 GS Bruchköbel-Nord		x				x
4.4 GS Dörnigheim		x			noch offen	
4.5 GS Frankfurt-Nordweststadt	x ohne N.a.					x ohne E.
4.6 GS Gießen-Ost		x (3 x wö. N.u.)				x
4.7 GS Lampertheim-West	x mit freiw. N.a.				noch offen	
4.8 GS Oberkaufungen		x				x
4.9 GS Oberroden		x		x mit Hausaufgabenbetreuung		
4.10 GS Schlitzer Land	x mit freiw. N.a.				noch offen	
4.11 GS Wiesbaden-Kastel	x mit freiw. N.a.					x

Tabelle 3 (Forts.) FORM DER INTEGRIERTEN GESAMTSCHULEN

	bei Unterrichtsaufnahme					
	Halbtagsschule 6-Tagewoche mit/ohne Nachmittagsaktivität	Halbtagsschule 6-Tagewoche 2 x wöchentl. mit Nachmittagsunterr.	Ganztagsschule 5-Tagewoche mit/ohne Essen	Halbtagsschule 6-Tagewoche mit freiw. Nachmittagsaktivität	Halbtagsschule 6-Tagewoche mit 2x wöchentl. Nachmittagsunterricht	Ganztagsschule 5-Tagewoche mit Essen
5.1 GS Fröndenberg			x mit E.			x
5.2 GS Dortmund (Scharnhorst)			x mit E.			x
5.3 GS Gelsenkirchen			x mit E.			x
5.4 GS Kamen	5-Tagewoche x ohne N.a.					x
5.5 GS Kamp-Lintfort		noch offen				x
5.6 GS Kierspe			x mit E.			x
5.7 GS Münster (Friedensschule)			x mit E.			x
5.8 GS Oberhausen	x ohne N.a.		x			x

Erläuterungen zu Tabelle 3: Form der Integrierten Gesamtschulen

In der Tabelle über die Form der Gesamtschulen wird unterschieden nach Unterrichtsaufnahme und nach Endausbau. Betrachtet man die Form der GS *bei Unterrichtsbeginn*, so ergeben sich drei Modelle:

1. die Halbtagsschule mit 6-Tagewoche mit oder ohne freiwilligen Nachmittagsaktivitäten,
2. die Halbtagsschule mit 6-Tagewoche und 2 x wöchentlichem Nachmittagsunterricht,
3. die Ganztagsschule mit 5-Tagewoche mit oder ohne Essen.

Etwa ein Drittel der GS entspricht dem ersten Modell. Je die Hälfte davon haben freiwillige bzw. keine Nachmittagsaktivitäten. GS ohne zusätzliche Nachmittagsaktivitäten gibt es nur in Hessen.

Ein gutes Drittel der GS sind Ganztagsschulen, in denen die Schüler in der Regel ein Mittagessen erhalten. Die beiden GS Baden-Württembergs und die meisten nordrhein-westfälischen GS haben diese Form, wie die letzte Spalte der Tabelle zeigt. Im Endausbau werden die meisten GS Ganztagsschulen mit 5-Tage-Woche und Mittagessen sein (23 von 35).

Tabelle 4 ZÜGIGKEIT UND FREQUENZ DER KERNGRUPPEN bzw. KLASSEN

Gesamtschule	Zügigkeit / Frequenz im Endausbau (pro Jahrgang) Vorklasse	1. - 4.	5. - 6.	7. - 10.	11. - 13.	geplante Größe
1.1 GS Freiburg-Haslach	-	-	8/30	8/30	noch offen	1700
1.2 GS Weinheim	-	2/35	10/30	7.-9. 10/30 10. 6/30	4/25	2200
2.1 GS Neukölln (Britz-Buckow-Rudow)	2/20[1)]	4/35	4/35	5/30	3/30	1700
2.2 GS Charlottenburg-Nord	-	-	-	8/30	8/25	1560
2.3 GS Spandau (Falkenhagener Feld)	-	-	-	5/32	6/25	1100
2.4 GS Neukölln (Britz) Fritz-Karsen-Schule	6/25	3/35	3/36	5/29	2/20	1500
2.5 GS Tempelhof (Lichtenrade)	-	-	-	5/30	noch offen	noch offen
2.6 Gesamtoberschule Reinikkendorf (Märk. Viertel)	-	-	-	10/30	4/22	1500
2.7 GS Kreuzberg Neu	-	-	-	10/30	6/20	1860
2.8 GS Kreuzberg Alt	-	-	-	6/30-33	-	750
3.1 Albert-Schweitzer-Schule	-	2/35	2/35	2/32	-	660
3.2 GS Alter Teichweg	-	6/30	6/30	6/30	3-4/20	1700 - 1800
3.3 GS Horn	3/25	5/30-35	6/30	6/30	3-4/20	ca. 2000
3.4 GS Mümmelmannsberg	-	10/30	9/33	9/33	10/20	2400
3.5 Peter-Petersen-Schule	-	6/35	6/35	6/30	6/20	2340
3.6 GS Steilshoop	-	10/30	10/30	10/30	10/20	2400
4.1 GS Babenhausen	-	4/noch offen	8/30	8/30	4/noch offen	1400
4.2 GS Beerfelden	-	-	6/30	6/30	-	1080
4.3 GS Bruchköbel-Nord	k.A.	k.A.	8/35	10-11/25	noch offen	1800 - 2200
4.4 GS Dörnigheim	-	-	noch offen	-	-	-
4.5 GS Frankfurt-Nordweststadt	-	-	12/30	15/30	6/25	3000
4.6 GS Gießen-Ost	2/25	4/30-35	8/30	8/30	noch offen	2400
4.7 GS Lampertheim-West	-	-	8-9/35	8-11/30	noch offen	1500
4.8 GS Oberkaufungen	-	-	7-8/35	7-8/30	noch offen	2000
4.9 GS Oberroden	-	-	4-5/35	7-10/30	noch offen	2400
4.10 GS Schlitzer Land	-	-	5-6/30	5-6/30	noch offen	900
4.11 GS Wiesbaden-Kastel	-	-	-	10/30	-	1200
5.1 GS Fröndenberg	-	-	6/35	6/35	3/25	1800
5.2 GS Dortmund (Scharnhorst)	-	-	8/35	8/35	4-6/25	2100
5.3 GS Gelsenkirchen	-	-	10/35	10/35	8/20	2500 - 2700
5.4 GS Kamen	-	-	16/35	16/35	4/25	3700 - 3800
5.5 GS Kamp-Lintfort	-	-	20/35	14/35	noch offen	3600
5.6 GS Kierspe	noch offen	6-8/ noch offen	8/35	8/35	5/25	2000
5.7 GS Münster (Friedensschule)	noch offen	noch offen	6/35	6/35	11.-12. 7/25 13. 4/25	1700
5.8 GS Oberhausen	-	-	8/35	10/noch offen	5/noch offen	2000 - 2200

1) außerdem 60 Kinder in Spielgruppen

Erläuterungen zu Tabelle 4: Zügigkeit und Frequenzen der Kerngruppen bzw. Klassen

Über Zügigkeit und Frequenz der Vorklassen liegen nur von der Fritz-Karsen-Schule und der GS Britz-Buckow-Rudow und der GS Hamburg-Horn Zahlenangaben vor. In diesen Schulen liegen die Gruppengrößen bei 20 - 25 Kindern.

Für das 1. - 4. Schuljahr sind im Endausbau durchschnittlich 4 parallele Klassen geplant (die Zahlen schwanken zwischen 2-7). Die Klassenfrequenzen liegen bei 30 bis 35 Schülern. Im 5. und 6. Schuljahr liegt das Minimum bei 2 Kernkursen (Albert-Schweitzer-Schule, Hamburg), das Maximum bei 20 Kernkursen pro Schuljahr (Kamp-Lintfort); die meisten GS haben 6-8 parallele Kurse eingerichtet. In Nordrhein-Westfalen liegt der Durchschnitt bei 10-11 Zügen. Bei Berlin muß berücksichtigt werden, daß die Klassen 5 und 6 noch zur Grundstufe gehören.

Die Frequenzen liegen zwischen 30 und 35 Schülern pro Kernkurs bzw. Klasse. Nur in Gießen-Ost sollen 40 Kinder in einer Klasse unterrichtet werden.

Im 7.-10. Schuljahr werden diese Klassenfrequenzen zumeist beibehalten; nur in Hessen werden sie um ca. 5 Schüler gesenkt. Unterschiede zwischen dem 5.-6. und dem 7.-10. Schuljahr hinsichtlich der Anzahl der parallelen Kernkurse treten außer in Berlin (bedingt durch die 6jährige Grundschule) und in Hessen kaum auf. Hessen erhöht z.T. die Zahl der Kernkurse um 2 bis 3 Züge. Als einzige GS plant Kamp-Lintfort, die Zahl der Kernkurse beim Übergang vom 6. zum 7. Schuljahr (von 20 auf 14) zu verringern.

Über die Studienstufe liegen aus Hessen kaum Angaben über Frequenz und Zügigkeit vor. An den übrigen GS bewegt sich die Zahl der Kernkurse zwischen 2 und 10. Von den durchschnittlich 5 Kernkursen weichen besonders die Berliner Fritz-Karsen-Schule (2zügig) und die beiden Hamburger GS-Planungen Mümmelmannsberg und Steilshoop (je 10zügig) ab. Die Frequenzen sollen nahezu einheitlich bei 20 bis 25 Schülern liegen. Betrachtet man die Frequenzen aller Schuljahre, so fällt auf, daß die Frequenzen in Hamburg kaum 30 Schüler pro Kernkurs überschreiten und damit Hamburger GS fast immer 5 Kinder weniger in die Kernkurse aufnehmen werden als andere Bundesländer.

Die Tendenz bei der Planung der Sekundarstufe II in Nordrhein-Westfalen geht eindeutig in Richtung Gesamtoberschule. Ab 1972 sollen 30 Kollegstufen-Modelle begonnen werden, die z.T. mit schon bestehenden oder neuen Gesamtschulen verbunden werden sollen.

Die für den Endausbau geplanten Gesamtschülerzahlen der GS variiert stark. Besonders hoch sind die Zahlen in der GS Kamen und Kamp-Lintfort (3600 + 3800), extrem niedrig in der Albert-Schweitzer-Schule und der GS Schlitzer Land (unter 1000). Der Mittelwert liegt bei 1500 bis 2000 Schülern pro Schule.

Tabelle 5 AUFNAHMEKRITERIEN

Gesamtschule

1.1 GS Freiburg-Haslach	Einzugsbereich; evtl. Berücksichtigung sozialer Gesichtspunkte
1.2 GS Weinheim	Einzugsbereich; evtl. Berücksichtigung sozialer Gesichtspunkte
2.1 GS Neukölln (Britz-Buckow-Rudow) Walter-Gropius-Schule	Einzugsbereich; Geschwister; Losverfahren
2.2 GS Charlottenburg-Nord	Einzugsbereich; Berücksichtigung sozialer Gesichtspunkte
2.3 GS Spandau (Falkenhagener Feld) Martin-Buber-Oberschule	Einzugsbereich; Grundschulempfehlung
2.4 GS Neukölln (Britz) Fritz-Karsen-Schule	Einzugsbereich; Geschwister; Sonderfälle: z.B. Kinder, die lange im Ausland waren; Krankheiten; Empfehlung durch schulpsych. Dienst
2.5 GS Tempelhof (Lichtenrade) Carl-Zeiß-Oberschule	Einzugsbereich; Losentscheid
2.6 Gesamtoberschule Reinickendorf (Märkisches Viertel) Thomas-Mann-Oberschule	Einzugsbereich; Geschwister
2.7 GS Kreuzberg Neu	noch offen
2.8 GS Kreuzberg Alt	noch offen
3.1 Albert-Schweitzer-Schule	Einzugsbereich; Geschwister; Kinder ehemaliger Schüler; Sonderfälle; Losentscheid; je 50 % Jungen und Mädchen
3.2 GS Alter Teichweg	Einzugsbereich; Geschwister; z.T. IQ-Test
3.3 GS Horn	keine Auswahl
3.4 GS Mümmelmannsberg	Einzugsbereich
3.5 Peter-Petersen-Schule	Einzugsbereich; Geschwister; pädagogisches Interesse der Eltern
3.6 GS Steilshoop	Einzugsbereich
4.1 GS Babenhausen	keine Auswahl
4.2 GS Beerfelden	keine Auswahl
4.3 GS Bruchköbel-Nord	noch keine Auswahl, evtl. später
4.4 GS Dörnigheim	keine Auswahl
4.5 GS Frankfurt-Nordweststadt	Einzugsbereich
4.6 GS Gießen-Ost	Einzugsbereich und freie Wahl von Schülern aus dem Umland.
4.7 GS Lampertheim-West	keine Auswahl
4.8 GS Oberkaufungen	keine Auswahl
4.9 GS Oberroden	keine Auswahl
4.10 GS Schlitzer Land	keine Auswahl
4.11 GS Wiesbaden-Kastel	keine Auswahl
5.1 GS Fröndenberg	keine Auswahl
5.2 GS Dortmund (Scharnhorst)	Einzugsbereich; Absolventen der 5. Klasse einer naheliegenden Hauptschule
5.3 GS Gelsenkirchen	Einzugsbereich; je 50 % Jungen und Mädchen; 50 % Unterschicht, 40 % Mittelschicht; 10 % Selbständige; 20 % Sonderfälle: z.B. Kinder berufstätiger alleinstehender Mütter, Geschwister
5.4 GS Kamen	keine Auswahl
5.5 GS Kamp-Lintfort	keine Auswahl
5.6 GS Kierspe	Einzugsbereich
5.7 GS Münster (Friedensschule)	Unvollständigkeit der Familie; Kinderreichtum; Geschwister von geistig Behinderten
5.8 GS Oberhausen	Einzugsbereich; Reihenfolge der Anmeldung

Erläuterungen zu Tabelle 5: Aufnahmekriterien

Bei den wenigen in die Untersuchung mit einbezogenen geplanten GS ist die Frage nach den Auswahlkriterien zumeist noch offen; die Hälfte der bestehenden GS trifft keine Auswahl. Dies heißt einerseits, daß die GS keine Auswahl treffen können: alle Schüler der Grundschulen im Einzugsbereich müssen aufgenommen werden - so vor allem in Hessen und Nordrhein-Westfalen; andererseits heißt das, daß die GS keine Auswahl zu treffen brauchen, weil die Zahl der Anmeldungen die Zahl der Plätze nicht übersteigt. Diesen 14 GS ohne Auswahlkriterien stehen 14 GS gegenüber, bei denen aufgrund der großen Zahl der Anmeldungen eine Auswahl notwendig ist. Unter den Auswahlkriterien steht der Einzugsbereich an erster Stelle.

Daneben werden vor allem folgende Kriterien angegeben:

1. verschiedene soziale Gesichtspunkte - besonders bei der Friedensschule Münster, der Gesamtschule Gelsenkirchen und der Fritz-Karsen-Schule Berlin.
2. Leistungskriterien wie IQ bzw. Grundschulempfehlung - z.B. bei der GS Alter Teichweg Hamburg und der Martin-Buber-Oberschule Berlin-Spandau.

Tabelle 6

KURSZUWEISUNG UND KURSWECHSEL

Gesamtschule	Schule maßgeblich: bei Erst-zuw.	Schule maßgeblich: spä-ter	Eltern maßgeblich: bei Erst-zuw.	Eltern maßgeblich: spä-ter	probeweise nach dem Wunsch der Eltern: bei Erst-zuw.	probeweise nach dem Wunsch der Eltern: spä-ter	probeweise nach dem Wunsch der Eltern: Dauer der Pro-bezeit	probeweise nach dem Wunsch der Eltern: endg. Ent-schei-dung	Kriterien für Kurs-wechsel nach: Zeug-nis-noten	Kriterien für Kurs-wechsel nach: Norm-arbei-ten	Kriterien für Kurs-wechsel nach: Tests	Häufigkeit mögl. Umstufungen pro Jahr: 2 x	Häufigkeit mögl. Umstufungen pro Jahr: 3 x	Häufigkeit mögl. Umstufungen pro Jahr: 4 x	Häufigkeit mögl. Umstufungen pro Jahr: beliebig oft
1.1 GS Freiburg-Haslach					x	x		Schule	noch offen			x			x[1]
1.2 GS Weinheim		x	x							x	x	x[3] (Auf)			
2.1 GS Neukölln (Britz-Buckow-Rudow)	x	x									x	x			
2.2 GS Charlottenburg-Nord						noch offen									
2.3 GS Spandau (Falkenhagener Feld)		x	x						x	x		x			
2.4 GS Neukölln (Britz) Fritz-Karsen-Schule			x	x					entfällt				entfällt		
2.5 GS Tempelhof (Lichtenrade)	x	x							x	x	x				x
2.6 Gesamtoberschule Reinickendorf (Märkisches Viertel)	x	x							x			x			
2.7 GS Kreuzberg Neu						noch offen									
2.8 GS Kreuzberg Alt						noch offen									
3.1 Albert-Schweitzer Schule					x	x									x
3.2 GS Alter Teichweg					x	x		Schule	x	x	x	x			
3.3 GS Horn					x	x	6-8 Wo.	Schule	noch offen			x			
3.4 GS Mümmelmannsberg						noch offen									
3.5 Peter-Petersen-Schule					x	x	10-14 Wo.	Schule	x	x		x			x
3.6 GS Steilshoop						noch offen									

1) geplant

3) Abstufung jährlich

Tabelle 6 (Forts.) KURSZUWEISUNG UND KURSWECHSEL

Gesamtschule	Schule maßgeblich		Eltern maßgeblich		probeweise nach dem Wunsch der Eltern				Kriterien für Kurswechsel nach			Häufigkeiten mögl. Umstufungen pro Jahr			
	bei Erstzuw.	später	bei Erstzuw.	später	bei Erstzuw.	später	Dauer der Entscheidung	endg. Entscheidung	Zeugnisnoten	Normarbeiten	Tests	2 x	3 x	4 x	beliebig oft
4.1 GS Babenhausen		x			x		noch offen			x	x				x
4.2 GS Beerfelden					x	x	6 Wo.	noch offen	x	x	x	x			
4.3 GS Bruchköbel-Nord	x	x			nur in Math.			Schule		x	x	x			
4.4 GS Dörnigheim		x	x						x		x	x (Auf)			x (Ab)
4.5 GS Frankfurt-Nordweststadt					x		4 Wo.	Schule	x	x	x			x	
4.6 GS Gießen-Ost		x	x								x				x[5]
4.7 GS Lampertheim-West			x	x					x			x	x		
4.8 GS Oberkaufungen	x[4]	x							x	x					8x
4.9 GS Oberroden					x	x	1/2 Jahr			x	x				x
4.10 GS Schlitzer Land	x	x							x	x	x		x		
4.11 GS Wiesbaden-Kastel		x	x							x	x	x	x	x	
5.1 GS Fröndenberg					entfällt, da Binnendifferenzierung										
5.2 GS Dortmund (Scharnhorst)							noch offen								
5.3 GS Gelsenkirchen		x	x						x	x	x	x			
5.4 GS Kamen	gemeinsame Beratung von Lehrern, Schülern und Lehrern geplant. Entscheidungsmodi noch offen									x	x				
5.5 GS Kamp-Lintfort	x	x							x	x	x		x		
5.6 GS Kierspe		x	x							x	x	x			
5.7 GS Münster (Friedensschule)		x	einm. Vetorecht						x[2]			x			
5.8 GS Oberhausen					noch offen							x			

2) Lehrerbeurteilung zusätzlich

4) maßgeblich für die Erstzuweisung sind: Grundschulgutachten, Tests in Deutsch u. Math., Elternwunsch

5) In Englisch u. Mathematik abwechselndes System von Kern- und Kursunterricht; 1. Phase: Kernunterricht; 2. Phase: Kurseinstufung aufgrund von Testergebnissen

Erläuterungen zu Tabelle 6: Kurszuweisung und Kurswechsel

Über die Erstzuweisung in die Niveaukurse und den Kurswechsel liegen von 26 GS Angaben vor[1].

Bei der Erstzuweisung in die verschiedenen Niveaus ist bei unterschiedlichen Auffassungen zwischen Elternhaus und Schule der Wunsch der Erziehungsberechtigten ausschlaggebend (an 10 Gesamtschulen). An 7 GS entscheidet in erster Linie die Schule über die Erstzuweisung zu den Kursen. An den restlichen 9 GS können Eltern ihre Kinder probeweise einstufen lassen. In diesen Fällen beträgt die Dauer der Probezeit 4 bis 26 Wochen (in der Regel 6-10 Wochen). Danach trifft die Schule die endgültige Entscheidung.

Umstufungen in ein anderes Niveau werden nach Zeugnisnoten, Normarbeiten, informellen bzw. normierten Tests vorgenommen. Dabei werden in 3 Schulen nur eines dieser Verfahren, in 7 Schulen alle 3 und bei den übrigen 2 Verfahren angewandt. Ergeben sich wegen der Umstufung Differenzen mit den Eltern, so ist in den meisten Fällen die Entscheidung der Schule maßgeblich.

Die Umstufungen werden in der Regel halbjährlich vorgenommen (an 15 von 26 GS). Ein beliebig häufiger Kurswechsel ist an 7 GS vorgesehen; 5 GS ermöglichen den Kurswechsel 3 mal im Jahr. In den GS Weinheim und Dörnigheim erfolgen Auf- bzw. Abstufungen in unterschiedlichen Zeitabständen: in Weinheim können Aufstufungen halbjährlich vorgenommen werden, Abstufungen nur einmal im Jahr: in Dörnigheim dagegen können Abstufungen jederzeit vorgenommen werden, Aufstufungen aber nur zweimal jährlich.

---

1 Besonders bei diesen Angaben muß beachtet werden, daß sich aufgrund der Erfahrungen der Schulen vermutlich rasch Änderungen ergeben werden.

Tabelle 7

VORAUSSETZUNGEN UND FORMEN DER ABSCHLÜSSE

Gesamtschule	späteste Wahl der 2. Fremdspr. für		Abschlüsse				2jährige Berufsfachschule			Akademie bzw. Fachhochschulreife
	die allg. HSR	die fachgeb. HSR	Haupt-schule	Real-schule	Vers. nach 11. Kl. Gymn.	Hoch-schul-reife	ge-werbl.	kauf-männ.	sozial.	
1.1 GS Freiburg-Haslach	11. Kl.	nicht erforderlich	x	x	x	x				noch offen
1.2 GS Weinheim	7 Kl. notf. 9.		x	x	x	x				
2.1 GS Neukölln (Britz-Buckow-Rudow)	11.		x	x	x	x				noch offen
2.2 GS Charlottenburg-Nord	noch offen	noch offen	x	x	x	x			x	sozialpädagogisch
2.3 GS Spandau (Falkenhagener Feld)	11.		x	x	x	x				
2.4 GS Neukölln (Britz) Fritz-Karsen-Schule	9.		x	x	x	x				
2.5 GS Tempelhof (Lichtenrade)	11.	11.	x	x	x					
2.6 Gesamtoberschule Reinickendorf (Märkisches Viertel)	9.	9.	x	x	x	x				
2.7 GS Kreuzberg Neu	11.	11.	x	x	x	x	x	x		wirtschaftstechn., graph., elektrotechn.
2.8 GS Kreuzberg Alt	11.	11.	x	x	x					
3.1 Albert-Schweitzer-Schule	7.	7.	x	x	x					
3.2 GS Alter Teichweg	noch offen	nicht erforderlich	x	x	x	x				noch offen
3.3 GS Horn	noch offen		x	x	x	x	noch offen			
3.4 GS Mümmelmannsberg	11.	nicht erforderlich	x	x	x	x	noch offen			technisch und wirtschaftskundlich
3.5 Peter-Petersen-Schule	7.	7.	x	x	x	x				sozialpädagogisch, wirtschaftskundlich
3.6 GS Steilshoop	11.	nicht erforderlich	x	x	x	x	noch offen			ja, Ausgestaltung noch offen

Tabelle 7 (Forts.) VORAUSSETZUNGEN UND FORMEN DER ABSCHLÜSSE

Gesamtschule	späteste Wahl der 2. Fremdspr. für		Abschlüsse				2jährige Berufsfachschule			Akademie bzw. Fachhochschulreife
	die allg. HSR	die fachgeb. HSR	Hauptschule	Realschule	Vers. nach 11. Kl. Gymn.	Hochschulreife	gewerbl.	kaufmänn.	sozial.	
4.1 GS Babenhausen	7.		x	x	x	x				
4.2 GS Beerfelden	9.		x	x	x					
4.3 GS Bruchköbel-Nord	11.		x	x[1]	x	x	noch offen			
4.4 GS Dörnigheim	7.		x	x	x					
4.5 GS Frankfurt-Nordweststadt	11.	11.	x	x	x	x				
4.6 GS Gießen-Ost	11.		x	x	x	x	in Planung			noch offen
4.7 GS Lampertheim-West	11.		x	x	x	x				
4.8 GS Oberkaufungen	9.		x	x	x		noch offen			noch offen
4.9 GS Oberroden	9.		x	x	x	x				
4.10 GS Schlitzer Land	9.		x	x	x			x	hauswirtschaftl.	
4.11 GS Wiesbaden-Kastel	7.		x	x[1]	x					
5.1 GS Fröndenberg	9.	nicht erforderlich	x	x	x	x				
5.2 GS Dortmund (Scharnhorst)	11.		x	x	x	x		x		
5.3 GS Gelsenkirchen	11.		x	x	x	x		x		
5.4 GS Kamen	7.	7.	x	x	x	x	noch offen			
5.5 GS Kamp-Lintfort	noch offen	nicht erforderlich	x	x	x	x				technisch und wirtschaftskundlich
5.6 GS Kierspe	11.	11.	x	x	x	x				
5.7 GS Münster (Friedensschule)	11.	nicht erforderlich	x	x	x	x				sozialpädagogisch, technisch und wirtschaftskundl.
5.8 GS Oberhausen	9.	nicht erforderlich	x	x	x	x				noch offen

1) Realschulabschluß als erweiterter Hauptschulabschluß angestrebt

Erläuterungen zu Tabelle 7: Voraussetzungen und Formen der Abschlüsse

An allen untersuchten Gesamtschulen können die Schüler den Haupt- oder Realschulabschluß erwerben. Außerdem bieten alle GS einen Abschluß, der zu einer Versetzung in die 11. Klasse eines Gymnasiums berechtigt. Nur an 8 GS haben die Schüler nicht die Möglichkeit, direkt das Abitur zu erwerben.

Um sich die Möglichkeit zum Erwerb der allgemeinen HSR offenzuhalten, muß der Schüler nach den geltenden Bestimmungen eine 2. Fremdsprache erlernen. An jeder zweiten GS ist das 11. Schuljahr der späteste Zeitpunkt für die Wahl dieses Faches. In den übrigen GS liegen die Termine früher (7. oder 9. Schuljahr).

Die Akademie- bzw. Fachhochschulreife wird nach dem jetzigen Stand an jeder fünften GS möglich sein. Sofern für die fachgebundene HSR überhaupt eine 2. Fremdsprache erforderlich ist, gelten die gleichen Termine wie für die allgemeine HSR. Bei jeder zweiten GS, die die Möglichkeit zu einer fachgebundenen HSR offenhält, ist eine zweite Fremdsprache nicht erforderlich.

Nach der bisherigen Planung bietet keine GS einen Lehrabschluß; dagegen planen 5 GS eine zweijährige Berufsfachschule. Die meisten dieser Berufsfachschulen sind kaufmännisch ausgerichtet.

Teil II

8. Zur politischen und ökonomischen Funktion der Gesamtschule – ein Literaturbericht

I. Eine Zusammenfassung kritischer Analysen der Schulreform, wie sie im vorliegenden Kapitel unternommen wird, hat sich mit einem Einwand auseinanderzusetzen, den F. Nyssen gegen die derzeitige linke Schulkritik erhoben hat. Er weist darauf hin, "daß sie *fast ausschließlich* Reformkritik ist und die Kritik bestehender Mißstände fast überhaupt keine Rolle mehr spielt"[1]. Bei den Autoren der 20er Jahre dagegen habe diese Kritik bei aller gleichzeitigen Reformkritik immer klar im Vordergrund gestanden.

Dieser Einwand erscheint insofern berechtigt, als die Gesamtschule zwar vom Konzept her eine strukturelle und inhaltliche Modifikation der bestehenden Schule bedeutet, in der Realität jedoch bisher noch ein Randdasein fristet und am miserablen Zustand des gesamten Schulsystems kaum etwas ändert. Sie ist im Gegenteil - wenn auch z.T. auf andere Weise - mit den gleichen Problemen konfrontiert wie die herkömmlichen Schulen, besonders Grund-, Haupt- und Realschulen: dem Mangel an Lehrern, Ausstattung, Lernmitteln, an Zeit und Freiheit zum Experimentieren, an politischen Handlungsmöglichkeiten, der unzureichenden Lehrerausbildung usw. Aus folgenden Gründen erscheint es dennoch gerechtfertigt, sich mit der Kritik der Gesamtschule zu befassen:

1. Die linke Kritik an der Schulreform in der Bundesrepublik hat die wichtige Aufgabe, die vor allem von der Sozialdemokratie verbreiteten Illusionen über die Veränderbarkeit der Gesellschaft durch Bildungsreform zu zerstören. Indem die Grenzen einer solchen Reform aufgezeigt werden, die kapitalistische Wirtschaft und Klassenstruktur setzen, werden Ansätze zur Veränderung der Gesellschaft in die Bereiche verwiesen,

---

1 F. Nyssen: Zum Verhältnis von ökonomischer Basis und Überbau - Politische Ökonomie und Pädagogik in den zwanziger Jahren und heute, in: F. Nyssen (Hrsg.): Schulkritik als Kapitalismuskritik, Göttingen 1971, S. 34.

in denen sie letztlich nur erfolgreich sein können: in Betriebe und politische Organisationen, nicht in Schulen und Hochschulen, die höchstens vorbereitende Aufgaben übernehmen können.

2. Sind die gesellschaftsverändernden Auswirkungen der Bildungsreform skeptisch zu beurteilen, so ist diese Skepsis bei der Reform selbst ebenfalls angebracht: die im folgenden dargestellten politökonomischen Analysen des Ausbildungssektors sollen verdeutlichen, wie langsam und widersprüchlich die angestrebte umfassende Bildungsreform verlaufen wird. Indem die Realisierungschancen und -zeiträume der Gesamtschule relativiert werden, bekommt die bestehende Schule in der kritischen Auseinandersetzung mit Bildungsinstitutionen das Gewicht, das ihrer noch wenig gebrochenen Vorherrschaft entspricht. Die aus der Kritik der Schulreform gewonnenen Thesen und Erkenntnisse können dabei nützlich sein; sie ermöglichen darüber hinaus die Einschätzung der schulpolitischen Entwicklung und damit der Vorbereitung auf zukünftige Veränderungen. Auf diese Weise sind Reformkritik und Kritik bestehender Mißstände verknüpft.

3. Die aus der Analyse der Schulreform gewonnenen Erkenntnisse sind nicht nur für die Einschätzung der zukünftigen Entwicklung, sondern auch für die politische Praxis der im bestehenden Schulsystem und in Gesamtschulen handelnden Schüler, Lehrer und Eltern wichtig. Wie zu zeigen sein wird, versuchen besonders die politökonomischen Analysen Ansatzpunkte, Ziele und Bündnispartner einer politischen Praxis im Ausbildungssektor zu bestimmen, die mit den politischen Auseinandersetzungen außerhalb der Schule zusammenhängt und sich von der Fixierung auf schulinterne Autoritätsverhältnisse löst.

Die in den letzten Jahren von sozialistischen Lehrern und Wissenschaftlern veröffentlichten Analysen der Schulreform sind inhaltlich von der an den Universitäten entstandenen Linken und ihrer Entwicklung deutlich beeinflußt. Sie lassen sich in zwei Gruppen einteilen: einigen von ihnen liegt ein letztlich idealistischer, von Phänomenen des Überbaus, ihrer historischen Entwicklung und ihren Widersprüchen ausgehender Ansatz zugrunde, der im Rahmen der Ideologiekritik als Instrument zur Entlarvung von Herrschaftsinteressen bleibt; sie betonen die politische Funktion der Schule einerseits und - im Rahmen der Strategiediskussion - die der

Bewußtseinsveränderung als der wichtigsten Voraussetzung jeder gesellschaftlichen Veränderung andererseits. Diese Analysen zeigen deutlich den Einfluß der Frankfurter Schule, deren Kritische Theorie die antiautoritäre Phase in der Entwicklung der neuen westdeutschen Linken prägte. Diese Phase ist auch heute weder praktisch noch theoretisch völlig überwunden, obwohl aufgrund der Erfahrungen der Konflikte an den Schulen und Hochschulen und aufgrund der Auseinandersetzung mit den Theorien von Horkheimer, Adorno, Habermas und Marcuse Ansätze dazu bestehen. Diese gehen theoretisch von der Politökonomie von Marx aus und zielen darauf ab, eine antikapitalistische Strategie zu entwickeln, die den Kampf an Schulen und Hochschulen im Zusammenhang mit dem politischen Kampf der Arbeiterklasse bestimmt. Aus dieser Phase geht die zweite Gruppe von Analysen der Schulreform hervor, die mit Hilfe politökonomischer Kategorien den Zusammenhang von Schulreform und kapitalistischer Produktion aufzeigen.

Wenn im folgenden nur die zweite Gruppe von Analysen ausführlich dargestellt wird, so deshalb, weil sich der idealistische Ansatz als zu beschränkt erweist, um die Funktion der Gesamtschule umfassend zu bestimmen und kollektive Strategien zur Veränderung der Gesellschaft entwickeln zu können. An den Arbeiten von Heydorn und Koneffke[2] soll dies kurz nachgewiesen werden.

Heydorn zeigt, daß der Begriff der Bildung bereits seit dem klassischen Altertum den Anspruch auf allseitige und freie Entfaltung des Menschen einschloß, der im Widerspruch zur bestehenden Herrschaft stand.

---

2 H.J. Heydorn: Über den Widerspruch von Bildung und Herrschaft. Frankfurt a.M. 1970. - G. Koneffke: Integration und Subversion. Zur Funktion des Bildungswesens in der spätkapitalistischen Gesellschaft. In: Das Argument Nr. 54 (1969). S. 389 ff. - Im gleichen Heft findet sich der Vorabdruck des vorletzten Kapitels aus dem Buch von Heydorn, in dem er sich mit der Gesamtschule befaßt. - Den gleichen Ansatz - wenn auch mit gewissen Modifikationen - haben die Arbeiten von H. Stubenrauch: Zur Kritik der Gesamtschule. In: D. Dehm (Hrsg.): Schulreport. Frankfurt a.M. 1970, S. 9-57; H.-J. Gamm: Zur Frage der Gesamtschule. In: Kritische Schule. Eine Streitschrift für die Emanzipation von Lehrern und Schülern. München 1970, S. 107-131. J. Beck: Demokratische Schulreform in der Klassengesellschaft? In: J. Beck u.a.: Erziehung in der Klassengesellschaft. München 1970, S. 90-123.

Dieser Widerspruch entfaltet sich im Verlauf der Geschichte: "... Bildung (mußte) ihre notwendigen historischen Stadien durchlaufen, die Momente ihres Begriffs nacheinander entwickeln ..., um zu sich selbst freizuwerden ..."[3]. Für Heydorn ist demnach - ganz im Sinne Hegels - Geschichte die Entwicklung (Bildung) des Geistes, der durch Entäußerung und Zurücknahme der Entäußerung zum Bewußtsein seiner selbst kommt. Die materielle Reproduktion der Gesellschaft und ihre Widersprüche, die nach Marx Geschichte konstituieren, sind demgegenüber sekundär. Sie ordnen sich dem Zweck unter, den Geist allseitig zu entwickeln und dadurch den Menschen von materieller Not und äußerem Zwang zu befreien. Die Entwicklung dahin betrachtet Heydorn als einen notwendigen Prozeß, d.h. jedes einzelne Stadium dieser Entwicklung muß als inhaltliche Bestimmung in den Begriff eingehen. Ein Aufgeben der alten Bildungsinhalte bedeutet für ihn daher die Zerstörung der Grundlagen einer weiteren Entwicklung des Menschen.

Wie die Entwicklung des Geistes ein notwendiger Prozeß ist, so ist auch der Widerspruch zwischen Bildung und Herrschaft zunächst ein notwendiger. Herrschaft ist der Bildung komplementär, d.h. sie ist aufgrund des Mangels an Bildung überhaupt nur möglich und zugleich solange notwendig, wie aufgrund der unvollendeten Entwicklung des Geistes noch nicht die materiellen Bedingungen für die Befriedigung aller gesellschaftlichen Bedürfnisse geschaffen sind. Mit der "Überflußproduktion" wird Herrschaft jedoch "historisch funktionslos"[4]. Demnach existiert sie heute nach Auffassung Heydorns nur noch deswegen, weil die Individuen noch nicht genügend gebildet sind, um das zu durchschauen und aufgrund dieses Bewußtseins Herrschaft abzuschaffen.

Zu dieser absurden Konsequenz führt der Widerspruch zwischen Bildung und Herrschaft, weil Heydorn aufgrund seiner philosophischen Voraussetzungen nicht sieht, daß sowohl Bildung als auch Herrfschaft durch ökonomische Bedingungen bestimmt sind und sich der Widerspruch zwischen ihnen nicht selbständig entfaltet, sondern abhängig von den Widersprüchen, unter denen sich die gesellschaftliche Reproduktion vollzieht. Unter dem Primat des Geistes muß für ihn der Widerspruch auf der Ebene von Begriffen allerdings relevanter sein als die konkreten Formen, die sich ihm als

3 Heydorn a.a.O., S. 325.

4 Heydorn a.a.O., S. 322.

bloße Erscheinungen darstellen; umgekehrt gehen unter dieser Voraussetzung die realen gesellschaftlichen Verhältnisse bruchlos in den Begriffen auf.

Die Bestimmung der Funktion der Schulreform im Rahmen des Widerspruchs von Bildung und Herrschaft führt zu einem einfachen Ergebnis: die Veränderung der Bildungsinstitutionen durch die Herrschenden zielt auf Abschaffung der Bildung und dient somit der Herrschaftssicherung. Gesamtschule stellt sich für Heydorn angesichts der heute möglichen Realisierung einer allgemeinen Mündigkeit als der Versuch dar, den Widerspruch zugunsten der Herrschaft aufzuheben. Da sie für ihn allein durch Bewußtsein und Bildung der Individuen begrenzt wird, würde mit der Abschaffung der Bildung Herrschaft total werden[5].

Aufgrund seines Ansatzes kommt Heydorn also nur zu einer Bestimmung der politischen Funktion der Schule. Zweifellos erfüllt die Gesamtschule - wie jede Schule in der Vergangenheit und Gegenwart - u.a. die Funktion, durch ideologische Beeinflussung der Schüler zur Stabilisierung der Herrschaftsverhältnisse beizutragen. Darin ihre einzige Aufgabe zu sehen, stellt eine Verkürzung dar, die aus der Vernachlässigung der ökonomischen Grundlagen der Gesellschaft resultiert. Die Möglichkeit, daß die in der Gesamtschule vermittelten Kenntnisse eine Weiterentwicklung des Bildungsbegriffs sein könnte, scheidet für Heydorn schon deshalb aus, weil er erstens diese Entwicklung als abgeschlossen betrachtet und weil sie zweitens nur auf der Grundlage der alten Bildungsinhalte erfolgen könnte. Mit deren Beseitigung und ihrer Ersetzung durch spezialisierte und an den Erfahrungswissenschaften orientierte Inhalte ist für Heydorn Bildung als solche in der Gesamtschule liquidiert.

Die einzige Chance, diese Entwicklung aufzuhalten, sieht Heydorn darin, die alten Bildungsinhalte und die in ihnen aufgehobene Entwicklung des menschlichen Geistes weiter zu tradieren. Obwohl dies von seinem Ansatz her die einzig mögliche Konsequenz ist, hält er es dennoch für nötig zu begründen, warum er eine Abschaffung der Herrschaft auf revolutionärem Weg nicht mehr für möglich hält. Dabei zeigt sich, wie wenig er den Unterschied zwischen dem Hegelschen Idealismus und dem dialekti-

---

5 Vgl. Heydorn a.a.O., S. 316 und 337.

schen Materialismus von Marx begriffen hat. Sein wichtigstes Argument ist, daß das Proletariat nicht mehr als revolutionäres Subjekt in Frage kommt, weil es sich in der Überflußgesellschaft nicht mehr als ausgebeutet *erfahre*[6]. Demgegenüber hat Marx den Klassenbegriff nicht aus der Erfahrung und dem Bewußtsein von Individuen, sondern aus den Produktionsverhältnissen abgeleitet und die historische Funktion des Proletariats aus den Widersprüchen der kapitalistischen Produktion bestimmt. Sein Mißverständnis führt Heydorn dazu, in dem "gebildeten Lehrer" den neuen Proletarier zu sehen, der aufgrund seiner Erfahrung, ins "Massenlos" zurückgestoßen und als Genie zur Ware geworden zu sein, zum revolutionären Subjekt wird[7]. Da Abschaffung der Herrschaft allein durch Veränderung des Bewußtseins und durch Bildung erfolgen kann, besteht seine Aufgabe darin, diese zu vermitteln. Anknüpfungspunkt dafür ist nach Heydorn die psychische Verkrüppelung der Individuen, die anstelle der materiellen Not zum Ausdruck gesellschaftlicher Widersprüche geworden sei[8]. Die Gesamtschule, die den "Entfremdungsprozeß in der Bildung erst wirklich"[9] macht, bietet daher günstigere Voraussetzungen für die Einleitung von Bildungsprozessen als das alte Schulsystem. Die Betonung psychologischer Faktoren liegt in der Konsequenz des Heydornschen Ansatzes: da die total werdende Herrschaft sich nun auch der Inhalte des Bewußtseins bemächtigt, kann sich der Widerspruch zur Bildung, die aufgrund der Bestimmung des Menschen als eines geistigen Wesens sein Bedürfnis bleibt, nur noch im Unbewußten niederschlagen. Anknüpfend an diese "unterbewußten Vorgänge" soll der Lehrer die Schüler "einem wachen, inhaltlich anspruchsvollen Lernvorgang unterwerfen"[10], der es ihm ermöglicht, die Entwicklung des Bildungsbegriffs nachzuvollziehen, und sich auf diese Weise seine eigene Geschichte anzueignen. Sie führt zu der Erkenntnis, daß Herrschaft überflüssig geworden sei und in der Praxis zur Abschaffung der Institution, die für Heydorn die Verkörperung von Herrschaft ist. Dieses Ziel entspricht dem der Schüler- und Studentenbewegung während der antiautoritären Phase, deren Scheitern Heydorn darin begründet sieht, daß ihr die

---

6 Heydorn a.a.O., S. 317 ff.

7 Vgl. Heydorn a.a.O., S. 318 f, S. 329 und S. 334.

8 Vgl. Heydorn a.a.O., S. 320 f.

9 Heydorn a.a.O., S. 320.

10 Heydorn a.a.O., S. 325.

subjektiven Voraussetzungen der Mündigkeit als Ergebnis einer Bildung, wie er sie versteht, fehlten. In Wirklichkeit liegt der Grund darin, daß dieser Kampf praktisch auf die Bildungsinstitutionen beschränkt war und theoretisch von der falschen Voraussetzung ausging, daß Schüler und Studenten die angeblich fehlende Klassenbasis ersetzen könnten und müßten.

Im Gegensatz zu seinem Lehrer Heydorn unternimmt Koneffke den Versuch, nicht nur die politische, sondern auch die ökonomische Funktion der Schulreform zu bestimmen. Zwar geht auch er von einem Widerspruch innerhalb der Bildung aus, doch leitet er ihn aus dem Klassenwiderspruch ab, wie er sich zur Zeit der bürgerlichen Revolution darstellt. Im Kampf gegen den Feudalismus wurde Bildung als Weg zur Mündigkeit als ein allgemeines Recht postuliert und war mit der Forderung nach rationaler Gestaltung der Gesellschaft - auch ihrer ökonomischen Basis - verbunden; darin liegt das subversive Moment. Andererseits diente sie der Durchsetzung und Sicherung bürgerlicher Klasseninteressen, was die integrative Tendenz der Bildung ausmacht[11]. Koneffke versucht nachzuweisen, daß sowohl Integration als auch Subversion in der Geschichte bürgerlicher Bildung bis heute wirksam geblieben sind. In Bezug auf die Integrationstendenz ist dies relativ einfach; die Subversion dagegen läßt sich nicht ohne weiteres nachweisen, was letztlich daran liegt, daß Koneffke sie nicht aus ökonomischen Verhältnissen ableitet und die Bindung des Widerspruchs an den Klassengegensatz nicht konsequent weiterverfolgt.

Die Integrationstendenz belegt Koneffke durch verschiedene ökonomische Aspekte, die eine Schulreform erforderlich machen. Sein Vorgehen ist für die ersten Versuche einer politökonomischen Analyse der Bildungsinstitutionen charakteristisch und soll daher kurz dargestellt werden. Koneffke nennt folgende Aspekte[12]:

1. Die Verwertung des Kapitals erfordert eine ständige Weiterentwicklung von Produktionsverfahren und damit von Wissenschaft und Technik. Insbesondere die höheren Stufen des Bildungssystems werden daher zunehmend zur "Produktionsstätte von Wissen und wirtschaftlich verfügbarer Intelligenz".
2. Die Revolutionierung der technischen Basis erfordert die Veränderung der Bedarfs- und Qualifikationsstruktur der Arbeitskräfte und wirkt sich

11 Vgl. Koneffke a.a.O., S. 390 f. und 412 f.

12 Vgl. Koneffke a.a.O., S. 393 ff.

damit auf das gesamte Bildungssystem aus. Höherqualifizierung der Arbeitskräfte kann die Produktion herrschaftsgefährdenden Wissens implizieren.
3. Der spätkapitalistische Staat muß zunehmend Stabilisierungsfunktionen übernehmen, bei denen sich zwei Aspekte unterscheiden lassen: a) Absorption von Mehrwert durch Kauf von Investitionsgütern (Rüstungsindustrie, Weltraumforschung), b) Regulierung des Arbeitsmarktes durch die Bindung von Arbeitskräften, die durch die Rationalisierung der Produktion überflüssig werden, in Bildungswesen und Militär. Das Bildungssystem erhält dadurch zwei einander widersprechende Funktionen: Produktion von Qualifikationen und Vernichtung der so geschaffenen Produktivität. Der Versuch, den Widerspruch zu lösen, besteht in der Verlängerung der Schulzeit.
4. Durch möglichst frühe und intensive Manipulation individueller Bedürfnisse soll die ökonomische Effektivität des Konsumenten mit Hilfe der Schule künftig noch gesteigert werden.
5. Die internationale Kapitalverflechtung erfordert eine Angleichung der Bildungssysteme in den kapitalistischen Staaten, deren Ausrichtung am amerikanischen Schulsystem nicht nur der Vormachtstellung der USA entspricht, sondern von der amerikanischen Wirtschaft auch direkt gefördert wird.

Koneffke versucht nicht, diese Aspekte, die auf sehr unterschiedlichen Ebenen liegen, in einen systematischen Zusammenhang zu bringen. Er kann daher auch nicht angeben, welche Relevanz sie im einzelnen für die Schule haben. Der wichtigste Unterschied zu den politökonomischen Ansätzen liegt jedoch darin, daß Koneffke - bis auf den dritten Punkt, den er allerdings nicht weiterverfolgt -, nicht die *Widersprüche* kapitalistischer Produktion und ihre Auswirkungen auf die Schule zu analysieren versucht, sondern von einer *relativ bruchlosen Integration* des Bildungssystems unter ökonomische Interessen ausgeht und nun vor dem Problem steht, die subversiven Momente auf andere Weise zu bestimmen. Die Versuche, die er dazu unternimmt, liegen auf ganz unterschiedlichen Ebenen.

Der erste dieser Versuche geht von der Voraussetzung aus, daß der Widerspruch von Subversion und Integration, der aus der Genese der bürgerlichen Klasse hervorging, stets Bestandteil bürgerlicher Geschichte geblieben ist. Daß der heutige Monopolkapitalismus noch im Kontinuum bürgerlicher Geschichte steht, begründet Koneffke nicht mit dem Fortbestehen des Klassengegensatzes aufgrund der Produktionsverhältnisse, sondern tautologisch: bürgerliche Geschichte, deren eigentlicher Gegenstand das Subjekt und seine Macht über die Geschichte sei, sei noch nicht ad acta gelegt[13]. Gewiß gehört es zum Anspruch des Bürgertums, das Subjekt zur Freiheit und Mündigkeit zu führen, doch war in der Realität die Unterdrückung des Subjekts Kennzeichen bürgerlicher Gesellschaft. Demnach kann Koneffke die Kontinuität der bürgerlichen Gesellschaft nur durch die Beibehaltung gewisser Inhalte bürgerlicher Ideologie belegen.

Der nächste Versuch, Subversivität im Bildungswesen nachzuweisen, setzt bei dessen Struktur an. Koneffke ist der Auffassung, daß das subversive Moment zunächst in den Bildungsinhalten zum Ausdruck kam. Klassische Bildung führte über das faktisch Gegebene hinaus und hielt in ihrer Betonung der Spracherziehung an der Möglichkeit und dem Anspruch rationaler Kommunikation fest[14]. Durch die ständische Organisation der Bildung wurde das durch ihre Inhalte geschaffene subversive Potential jedoch auf eine Elite beschränkt. In dem Augenblick aber, in dem aufgrund der ökonomischen Entwicklung das Bildungsprivileg sozialisiert und der Zugang zu einer qualifizierten Bildung erweitert werden müssen, müssen die subversiv wirkenden Inhalte beseitigt werden. Damit kehrt sich das Verhältnis von Form und Inhalt um: der größeren formalen Gleichheit der Bildung, die frühbürgerlich demokratischen Vorstellungen nahekommt, steht in der Gesamtschule die Funktionalisierung der Inhalte gegenüber. Diese Umkehrung des Verhältnisses von Inhalt und Form beschreibt Koneffke als bewußtes Ziel der Reform, die damit zum Instrument der Herrschaftsstabilisierung wird. Es muß jedoch bezweifelt werden, daß die Form der Gesamtschule wirklich diejenige Gleichheit der Bildung mit sich bringt, die bürgerliche Herrschaft gefährdet[15]; denn aufgrund der unterschiedlichen Qualifikationsanforderungen der Wirtschaft wird die Selektion in der Schule beibehalten, wenn auch in anderer Form praktiziert. Die Unbrauchbarkeit des Ansatzes beim Gegensatz von Inhalt und Form wird vor allem daran deutlich, daß es Koneffke nicht gelingt, die Wirkung sub-

---

13 Vgl. Koneffke a.a.O., S. 412, S. 417.

14 Vgl. Koneffke a.a.O., S. 410.

15 Vgl. Koneffke a.a.O., S. 409.

versiver Tendenzen aufgrund der Form der Gesamtschule nachzuweisen. Er verfolgt diesen Gegensatz daher nicht weiter und versucht stattdessen, Subversivität in dem Verhältnis von Pädagogik und Ökonomie nachzuweisen[16].

In den Anfängen des Bürgertums waren Ökonomie und Pädagogik im Bildungswesen miteinander verbunden; "geistige Ermächtigung" des Individuums und "rationelle Entwicklung wirtschaftlicher Triebkräfte" bildeten eine Einheit, die nach Koneffke erst durch die neuhumanistische Schulreform endgültig beseitigt wurde. In der spätkapitalistischen Bildungsreform sieht er eine "moderne Wiederherstellung des Verhältnisses von Pädagogik und Ökonomie", da sich im Prinzip der Profitmaximierung "pervertiert der Anspruch" auf Befriedigung der materiellen Bedürfnisse der gesamten Gesellschaft erhalte. Nachdem also der Versuch gescheitert ist, Subversität aus strukturellen Merkmalen der Gesamtschule abzuleiten, endet der dritte Versuch Koneffkes beim Nachweis eines Anspruchs, der als pervertierter jedoch gar nicht mehr wirksam sein kann. Dazu müßte er allererst bewußt gemacht werden, wie Koneffke selbst feststellt. Subversivität läge dann jedoch in den damit verbundenen Lernprozessen.

Der letzte Versuch Koneffkes, Subversivität als wirksamen Faktor innerhalb des Bildungssystems aufzuweisen, besteht in der Unterscheidung zwischen intentionaler und funktionaler Subversivität. Er führt ihn mit denselben Argumenten, mit denen er die Kontinuität bürgerlicher Geschichte zu belegen versucht hatte. Koneffke stellt fest, daß mit der Konsolidierung des Bürgertums intentionale Subversivität zunehmend ausgeschaltet wurde, funktionale Subversivität jedoch nicht beseitigt werden konnte. "Aber funktionale Subversivität des Bildungswesens ist von dieser Gesellschaft nicht aufkündbar, sofern sie per definitionem Freiheit, Gleichheit, menschliche Würde zu verwirklichen behauptet und sich der zu diesem Zweck geschaffenen politischen und juristischen Institutionen nicht begibt"[17]. Das bedeutet das Eingeständnis, daß Subversivität lediglich in bestimmten nie eingelösten Versprechen - und vom Bürgertum

---

16 Vgl. Koneffke a.a.O., S. 412 f.

17 Koneffke a.a.O., S. 417.

nicht einlösbaren, wie hinzugefügt werden muß - überlebt, also zur Ideologie des Bürgertums gehört. Ideologie als solche wird jedoch in der Realität solange keinerlei subversive Wirkung entfalten, als die in ihr formulierten Ansprüche nicht von einer Klasse in politische Forderungen umgemünzt und durchgesetzt werden.

Das weiß auch Koneffke[18]. Doch ist er wie Heydorn davon überzeugt, daß das Proletariat in die bürgerliche Gesellschaft integriert sei und als revolutionäres Subjekt deswegen nicht mehr in Betracht komme, weil das "sinnenfällige Elend als Ferment revolutionärer Praxis"[19] beseitigt sei. Eine Veränderung der Gesellschaft kann daher nur noch über ein Bewußtmachen der gesellschaftlichen Widersprüche erreicht werden, das im Bildungssystem erfolgen muß. Die Lehrer scheiden für diese Aufgabe nach Auffassung Koneffkes aufgrund ihrer mangelhaften Ausbildung aus. Somit kann die Bewußtseinsbildung allein von den Schülern selbst ausgehen. Den Anstoß dafür bietet nach Koneffke eine Erfahrung, die durch die Verlängerung der Schulzeit zustandekommt. Indem diese zur Verlängerung der Jugend und deren unterprivilegiertem Status führt, "wird der Raub an verantwortlicher Mitbestimmung unmittelbar und als unentrinnbare Perspektive erfahrbar und wirksam"[20]. Diese Erfahrung der Beraubung wird nach Ansicht Koneffkes, der sich dabei, wenn auch mit Vorbehalten, auf die Protestbewegung der Schüler und Studenten stützt, zum "Katalysator, an dem sich die Reaktualisierung der Subversivität vollzieht"[21]. Diese Erfahrung, von der nach Koneffke alles abhängt, ist jedoch nur dann unausweichlich, wenn die Vorenthaltung der Mitbestimmung einem unverzichtbaren Bedürfnis der Jugendlichen widerspricht. Damit bleibt Subversivität letzten Endes abhängig von einer Wesensbestimmung des Menschen, die auch dem Ansatz Heydorns zugrunde lag. Das Ziel, das Koneffke den bewußten, ihre Lernprozesse selbst organisierenden Schülern und Studenten setzt, stimmt ebenfalls mit dem von Heydorn formulierten Ziel überein: "Die Wiederherstellung der Subversivität im Bildungswesen erscheint tendenziell als radikale Umwälzung des Autoritätsverhältnisses"[22]. Das

---

18 Vgl. Koneffke a.a.O., S. 148.

19 Koneffke a.a.O., S. 419.

20 Koneffke a.a.O., S. 426.

21 Koneffke a.a.O., S. 427.

22 Koneffke a.a.O., S. 429.

bedeutet den Abbau von Herrschaft, die Beseitigung der Institutionen. Die Analyse der Schulreform von Koneffke führt in ihren Ergebnissen somit nicht über die von Heydorn hinaus. Sie kann es deswegen nicht, weil er die ökonomischen Verhältnisse nur sehr oberflächlich berücksichtigt, ohne ihnen den Widerspruch von Subversion und Integration systematisch verbinden zu können.

II. Einleitend wurde darauf hingewiesen, daß die politökonomische Kritik der Schulreform sich in ihrem historischen Ursprung, in der zugrundeliegenden Gesellschaftstheorie und in ihren praktischen Zielsetzungen von dem stärker idealistischen, in der antiautoritären Phase der Studenten- und Schülerbewegung entstandenen Ansätze unterscheidet. Da eine Tradition marxistischer politökonomischer Theorie in der Bundesrepublik weitgehend fehlt, erfolgten Wiederentdecken der Grundgedanken und Methode Marx' und Engels' und ihre Anwendung auf Probleme des Ausbildungssektors nahezu gleichzeitig. Dies und der unterschiedliche Abstraktionsgrad der Marxschen Theorie selbst erklären, daß ein Teil der politökonomischen Ansätze bewußt darauf beschränkt ist, zunächst die Wechselbeziehung von kapitalistischer Produktion und Ausbildung nur auf der Ebene des allgemeinen Begriffs des Kapitals abstrakt zu entwickeln (vgl. z.B. Altvater und Huisken[23]), während ein anderer Teil schon weiter geht und historische Erscheinungsformen jener Wechselbeziehung - wie z.B. die Gesamtschule - analysiert (z.B. M. Schmidt, V. Hoffmann, Hanf, Hülsebusch u.a.[24]). Auch wenn die Vermittlung zwischen den konkreten, historischen

---

23 Vgl. E. Altvater und F. Huisken: Einleitung: Programmatische Aspekte einer politischen Ökonomie des Ausbildungssektors, in: E. Altvater und F. Huisken (Hrsg.): Materialien zur politischen Ökonomie des Ausbildungssektors, Erlangen 1971, S. XXI.

24 M. Schmidt: Zum Verhältnis von Ausbildung und Bildung im Spätkapitalismus, unveröff. Diplomarbeit, Berlin 1971.
V. Hoffmann: Der Klassencharakter der Gesamtschule. Bildungsökonomische, soziologische und erziehungswissenschaftliche Analysen zu einem schulpolitischen Reformprojekt im Spätkapitalismus, unveröff. Diplomarbeit, Berlin 1970/71.
G. Hanf, H. Hülsebusch, B. Kurz, B. Rademacher und T. Wentke: Die differenzierte Gesamtschule. Darstellung und Kritik, in: E. Altvater und F. Huisken (Hrsg.): Materialien, a.a.O., S. 370 - 404.

Erscheinungsformen und dem "Bewegungsprozeß des Kapitals, als Ganzes betrachtet" noch nicht zufriedenstellend geleistet ist[25], enthalten die politökonomischen Ansätze eine Fülle von Fragestellungen und Thesen, die zu dieser Vermittlung hinführen können.

Bildung und Erziehung werden in den politökonomischen Ansätzen als Teil des Gesamtprozesses verstanden, durch den sich eine Gesellschaft reproduziert und weiterentwickelt. Im Mittelpunkt der gesellschaftlichen Reproduktion steht die Produktion der materiellen Grundlagen des Lebens. Hierin sind sich alle Gesellschaften gleich; aber die Voraussetzungen, Formen und Ergebnisse des Reproduktionsprozesses unterscheiden sich in den einzelnen Gesellschaften erheblich aufgrund der Produktionsverhältnisse. Kapitalistische Produktion ist durch Privateigentum gesicherte Produktion von Waren[26]. Der Kapitalist läßt sie um ihres Tauschwertes willen produzieren; ihr Gebrauchswert - der Nutzen für die Erfüllung der Bedürfnisse des Verbrauchers - interessiert ihn nur so weit, als er Mittel zur Erzielung von Tauschwert ist.

Kapitalistische Produktion ist jedoch nicht nur Produktion von Waren, sondern auch von Mehrwert: indem der Kapitalist dem Arbeiter nur die Lebenskosten in Form des Lohnes ersetzt, ihn darüber hinaus unbezahlte Mehrarbeit leisten läßt und sich diese ausbeuterisch aneignet, kann er Kapital akkumulieren, in Produktionsmittel und Lohn für zusätzliche Arbeitskräfte verwandeln, die Akkumulation des Kapitals zur Erzielung weiteren Mehrwerts aufgrund weiterer Ausbeutung steigern und so die allein von den Arbeitern geschaffenen Werte *gegen* sie anwenden. Notwendige Voraussetzung für dieses System ist, daß auch die Arbeitskraft eine Ware - und damit Einheit von Gebrauchswert und Tauschwert - ist; der Markt, auf dem sie getauscht wird, ist der Arbeitsmarkt. Ihr Gebrauchswert für das Kapital liegt darin, Quelle von Wert und Mehrwert zu sein;

---

25 Vgl. K. Marx: Das Kapital, Bd. 3, MEW, S. 33. Das hier angeschnittene Problem besteht ganz allgemein für die marxistische Theorie, vgl. J. Bischoff, H. Ganssmann, G. Kümmel, G. Löhlein: Mystifikation und Klassenbewußtsein, in: Sozialistische Politik, 8, 1970, S. 23 ff.

26 Eine gründlichere Darstellung der Marxschen Grundkategorien und -erkenntnisse ist in diesem Rahmen nicht möglich. Verwiesen sei auf "Das Kapital" selbst und - zur Einführung in den ersten Band - auf: Autorenkollektiv, Marx-Arbeitsgruppe Historiker: Schulungstext zur Kritik der politischen Ökonomie, "Das Kapital", Band I, 3. erweiterte Auflage, Berlin (West) 1971.

ihr Tauschwert wird zu einem wesentlichen Teil durch die gesellschaftlich notwendige Erziehungsarbeit bestimmt, die zu ihrer Herstellung nötig ist. Ist sie - wie im Fall der Gymnasialbildung - länger und intensiver als die einfache, durchschnittliche Ausbildung - z.B. die Hauptschulbildung -, so ist der Wert der Arbeitskraft höher. Politökonomische Ansätze zur Interpretation des Ausbildungssektors begreifen Lernen, Bildung und Erziehung daher konsequent als Teil der Produktion der Ware Arbeitskraft: "Die Ausbildung als Vorbereitung des Arbeitsvermögens ... impliziert bereits, daß der Ausbildungsprozeß selbst keinen Eigenwert besitzt, sondern nur eine spezielle Phase in der Heranbildung des Arbeitsvermögens darstellt, das dazu befähigt werden soll, sich als Ware Arbeitskraft auf dem Markt gegen Lohn auszutauschen, und dem Kapital seinen qualifizierten Gebrauchswert zu liefern"[27]. Zum Gebrauchswert der Arbeitskraft gehören nicht nur fachliche Qualifikationen, sondern auch allgemeinere "Arbeitstugenden"; sie regeln im Interesse des Kapitals das Verhältnis des Arbeiters zu den Produktionsmitteln und -prozessen (z.B. Genauigkeit, Ordentlichkeit, Leistungsbereitschaft, Konzentration) und zu den Kapitaleignern (Gehorsam, Identifikation mit Unternehmerinteressen, Verantwortungsbewußtsein, Anerkennung der herrschenden Ideologien). In allen politökonomischen Ansätzen wird die Schule dementsprechend unter dem doppelten Aspekt untersucht, Qualifikationen für den Arbeits- und Verwertungsprozeß und Identifikationen mit Kapitalinteressen zu erzeugen[28]. Besonders beim zweiten Aspekt berühren sich der

---

27 E. Altvater und F. Huisken, a.a.O., S. XIX.

28 Diese Unterscheidung wird häufig gemacht. Vgl. z.B. F. Huisken: Anmerkungen zur Klassenlage der pädagogischen Intelligenz, in: E. Altvater und F. Huisken (Hrsg.): Materialien, S. 408 ff. Vgl. auch M. Schmidt: a.a.O., S. 90 ff.
Auch die Untersuchungen von M. Baethge und F. Nyssen über den Einfluß von Unternehmerverbänden auf Schul- und Berufsausbildungspolitik gehen von beiden Funktionen aus. M. Maethge: Ausbildung und Herrschaft, Frankfurt 1970, S. 76 ff. F. Nyssen: Schule im Kapitalismus, Köln 1969, S. 18 ff. Vgl. hierzu auch allgemeiner M. Baethge, W. Eßbach, E. Sander und H.W. Stein: Zur analytischen Bedeutung der politökonomischen Kategorien hinsichtlich der Erfassung bildungspolitischer Entscheidungsprozesse in der BRD, in: E. Altvater und F. Huisken (Hrsg.), a. a.O., S. 440 ff. In diesem Zusammenhang siehe auch C. Offe: Leistungsprinzip und industrielle Arbeit, Frankfurt 1970, S. 21 ff. O. geht zwar von einem andern theoretischen Rahmen aus als die Politökonomen, aber seine Unterscheidung von technischen Regeln, regulativen Normen und extrafunktionalen Orientierungen, die den Produktionsprozeß regeln, ist auch für Qualifikationsprobleme wichtig.

politökonomische und Heydorns und Koneffkes Ansatz; jedoch werden Herrschaftsinteressen im politökonomischen Ansatz spezifisch auf Kapitalinteressen begrenzt und die ideologisch - herrschaftssichernden Funktionen der Schule weniger stark betont.

Aus der Betrachtung der Ausbildung als Teil des gesellschaftlichen Reproduktionsprozesse ergeben sich zwei Schwerpunkte politökonomischer Analysen. Auf der einen Seite werden die *Institutionen* untersucht, in denen Arbeitsvermögen hergestellt wird, z.B. unter der Frage: aus welchen Gründen und in welche Richtung verändern sich Ziele, Organisationsform, Methoden und Lerninhalte der allgemeinbildenden, dreigliedrigen Schule? Auf der andern Seite versuchen politökonomische Ansätze, die *Stellung und Praxis von* bestimmten *Gruppen* im Schulsystem, z.B. der Lehrer, vor dem Hintergrund einer Klassenanalyse der Gesellschaft zu interpretieren. Im Fall der Lehrer schließt dies z.B. die spezifische, unproduktive Form ihrer Erziehungsarbeit, ihre Stellung zu den Eigentumsverhältnissen und ihre Position im Staatsapparat ein[29]. Beide Aspekte - die politökonomische Analyse der Institutionen, in denen Arbeitsvermögen hergestellt werden, und der Klassenlage und Praxis ihrer "Produzenten" - gehören selbstverständlich auf das engste zusammen: man kann die Klassenlage von Lehrern nicht bestimmen, ohne gleichzeitig die institutionellen Bedingungen ihrer Arbeit zu untersuchen, und Veränderungen der Institutionen werden nur im Zusammenhang mit der Klassenlage der in ihr Tätigen verständlich. Trotzdem können Akzente verschieden gesetzt werden; bei der politökonomischen Analyse der Gesamtschule liegen sie noch klar auf dem institutionellen Aspekt der Schulreform.

Erweitert wird die Untersuchung der institutionellen Änderungen durch den weitgehend staatlichen Charakter der Ausbildung: der Staat übernimmt im Interesse des gesamten Kapitals allgemeine, langfristige Qualifikationsaufgaben, die zu lösen die kürzerfristig profitorientierten Einzelkapitale unfähig sind. Darüber hinaus erfüllt die staatliche Bildungspolitik das Interesse einzelner Kapitalfraktionen an der Produktion bestimmter Qualifikationen. Der Versuch, die divergierenden Interessen einzelner Kapitalfraktionen und des Staates an Ausbildung zu erfüllen,

29 Vgl. F. Huisken: Anmerkungen zur Klassenlage der pädagogischen Intelligenz, in: F. Huisken u. E. Altvater (Hrsg.): Materialien, a.a.O., S. 405-438.

bleibt widersprüchlich; dies spiegelt sich in der staatlichen Bildungspolitik wider. - Die staatliche Produktion der Ware Arbeitskraft erbringt zwar keinen Mehrwert und kein sich verwertendes Kapital wie die übrige kapitalistische Warenproduktion - insofern ist die staatliche Schule kein Instrument des Kapitals für die unmittelbare Erzielung von Profiten[30]. Jedoch besteht ein enger Zusammenhang zwischen Mehrwertprodukten und Kapitalakkumulation auf der einen, und Ausbildung auf der anderen Seite: die Ausbildung dient der Herstellung von Arbeitsvermögen, das Werte erzeugt, und stellt zugleich einen Kostenfaktor dar. Da die kapitalistische Produktion durch grundlegende, antagonistische Widersprüche bestimmt ist, die innerhalb des Kapitalismus nicht lösbar sind, müssen sich diese Widersprüche nach Ansicht der politökonomischen Theoretiker auch im Ausbildungssektor als Teil der gesellschaftlichen Reproduktion auswirken - dies um so stärker, je mehr Ausbildungsprozesse Kapitalinteressen unterworfen werden und je mehr sich die Widersprüche kapitalistischer Produktion verschärfen. Der Nachweis von systembedingten Widersprüchen innerhalb des Ausbildungssektors hat für die Bestimmung der politischen Praxis in der Schule Folgen: die Widersprüche, die Schüler, Lehrer, Eltern zu ertragen haben, können Anknüpfungspunkte für eine Politisierung sein, die zum Kampf gegen die gesellschaftlichen Ursachen der widersprüchlichen Situation führt und damit den Konflikt zwischen Lohnarbeit und Kapital in den Betrieben ergänzt.

Für die Aufarbeitung politökonomischer Untersuchungen des Ausbildungsbereichs stellt sich damit die Frage: von welchen Widersprüchen kapitalistischer Produktion gehen die einzelnen Autoren aus und welche Erscheinungsformen im Ausbildungsbereich, insbesondere bei der Reform der dreigliedrigen, allgemeinbildenden Schule werden im Rahmen dieser Widersprüche interpretiert? Beim Versuch, diese Frage zu beantworten, gehen wir nach Autoren vor. Wir beginnen mit der allgemeinen Analyse von Altvater und Huisken, die Ausgangspunkt für zahlreiche Erklärungsansätze anderer Autoren geworden ist (1.); danach schildern wir den Versuch der Konkre-

---

30 Vgl. auch: SDS - Kiel: Schule und Kapitalverwertungsprozeß (1970), in: F. Nyssen (Hrsg.): Schulkritik als Kapitalismuskritik, S. 40 ff. Es bestehen allerdings Tendenzen, die Arbeit des Lehrers durch Lerntechnologien zu ersetzen, die unmittelbar profitabel sind. (dazu F. Huisken, a.a.O., S. 226 f., 425).

tisierung und Erweiterung dieses Ansatzes im Zusammenhang mit der Gesamtschule (2.) und fassen dann die Ergebnisse zusammen (3.).

1. *Allgemeine ökonomische Bestimmung des Ausbildungsbereichs: Altvater und Huisken*[31]

Altvaters und Huiskens Beitrag zur politischen Ökonomie des Ausbildungsbereichs liegt darin, den Zusammenhang zwischen kapitalistischer, Mehrwert erbringender Produktion und Ausbildung als unproduktiver Herstellung von Arbeitsvermögen *wertmäßig* zu erfassen. D.h., sie sind weniger daran interessiert zu untersuchen, inwieweit das Bildungssystem die notwendigen Qualifikationen für die konkret nützliche Arbeit im kapitalistischen Produktionsprozeß vermittelt[32], welche Veränderungen der Qualifikationen durch Veränderungen der objektiven Produktionsbedingungen notwendig werden und wie Diskrepanzen zwischen schulischer Qualifikation und Arbeitsplatzstruktur zu erklären sind. Stattdessen wird von ihnen der Wertaspekt der Beziehung von Ausbildung und Produktion unter zwei zusammenhängenden Fragestellungen untersucht: 1. Welche Auswirkungen haben die Kosten für die Qualifizierung der Ware Arbeitskraft im Ausbildungsbereich auf die Verwertung des Kapitals im Produktionsprozeß? 2. Wie hängen Qualifizierungskosten und Fähigkeiten der Arbeitskraft zur Wertbildung in der Produktion zusammen? Die Beantwortung dieser Fra-

---

31 Wir beziehen uns auf: E. Altvater und F. Huisken: Einleitung, a.a.O., dies.: Die Kategorien produktive und unproduktive Arbeit im Rahmen der Reproduktionsbedingungen des Kapitals, in: E. Altvater und F. Huisken (Hrsg.): Materialien ..., a.a.O., S. 228-252.

32 Die Unterscheidung des Doppelcharakters der kapitalistischen Produktion gehört zu den Grundeinsichten der Marxschen Theorie: unter dem Aspekt der zweckmäßigen Erzeugung nützlicher Produkte ist die kapitalistische Produktion *Arbeits*prozeß, unter dem Gesichtspunkt der Wert- und Mehrwertbildung jedoch *Verwertungs*prozeß, dem der Arbeitsprozeß als bloßes Mittel der Kapitalverwertung untergeordnet ist. Der doppelten Bestimmung der Produktion liegt der Doppelcharakter der Arbeit zugrunde: Während konkret nützliche, zweckmäßige Arbeit zur Herstellung von Gebrauchswerten für die Befriedigung menschlicher Bedürfnisse "ewige Naturbedingung des menschlichen Lebens" (K. Marx, Das Kapital, Bd. 1, S. 198) und damit unabhängig von jeder Gesellschaftsform ist, wird in der kapitalistischen Warenproduktion der Tauschwert der Waren durch die Menge der in ihnen vergegenständlichten abstrakt wertschaffenden Arbeit bestimmt.

gen ist eine Voraussetzung dafür, den wertmäßigen Zusammenhang zwischen Ausbildung und kapitalistischer Produktion zu begreifen.

zu 1: Die Kosten für die Ausbildung (d.h. Lehrergehälter, Schulbauten, Einrichtungen, Lernmittel u.a.) werden aus Steuern bestritten, die der Staat vom Kapital und vor allem von der Arbeiterklasse erhebt[33]. Die mit diesen Mitteln finanzierte staatliche Ausbildung (Privatschulen bleiben unberücksichtigt) ist unproduktiv, d.h. sie selbst erbringt keinen Mehrwert und damit kein sich verwertendes Kapital. Die Ausbildungskosten sind jedoch für die Kapitalverwertung in zweifacher Beziehung wichtig:
a) für die *Akkumulation* des Kapitals, d.h. für den absoluten Zuwachs an konstantem (Maschinen, Rohstoffe usw.) und variablem Kapital (Löhne und Gehälter). Indem die Kapitalisten Steuern zur Bildungsfinanzierung abgeben müssen, verkleinert sich die Wertsumme, die sie in konstantes und variables Kapital umsetzen können. Erhöhte Steuern der "Lohnempfänger" bedeutet für das Kapital, daß ihre Konsummöglichkeiten eingeschränkt werden und damit die Möglichkeit zur Realisierung der Warenwerte sinkt. Von der möglichen *zukünftigen* gleichen oder höheren wertbildenden Potenz einer höher- bzw. andersqualifizierten Arbeitskraft haben die Kapitalisten zunächst nichts, sondern es reduziert sich für sie nur der akkumulationsfähige Teil des Mehrwerts. Da die Zunahme des konstanten Kapitals bei gleichzeitigem, langsamerem Wachstum des Mehrwerts die Profitrate senkt[34], bedeutet die *Beschränkung* der Zunahme konstanten Kapitals durch Steuern ein *langsameres* Fallen der Profitrate[35]. Wie wirksam Ausbildungsinvestitionen im Vergleich zu anderen Mitteln (z.B. Rüstungsausgaben)

---

33 Vgl. dazu F. Huisken: Kurzdarstellung marxistischer Kategorien, die zur Kritik der bürgerlichen Bildungsökonomie dienen können, in: E. Altvater und F. Huisken (Hrsg.): Materialien, a.a.O., S. 192 f.

34 Die Profitrate ist definiert als $\frac{m}{c + v}$, in Worten: Quotient aus Mehrwert und Summe aus konstantem und variablem Kapital. Da die kapitalistische Produktion durch wachsende Anwendung konstanten Kapitals bei gleichzeitiger Reduzierung des variablen Kapitals und langsameren Wachstums des Mehrwerts gekennzeichnet ist, sinkt die Profitrate langfristig. Diese Entwicklung zwingt das Kapital zu Gegenmaßnahmen. Vgl. ausführlicher K. Marx: Das Kapital, Bd. 3, MEW, S. 221 ff.; E. Mandel: Marxistische Wirtschaftstheorie, Frankfurt 1970, S. 178 ff. Siehe auch Anm. 36 auf der nächsten Seite.

35 Altvater und Huisken weisen noch darauf hin, daß höhere Kosten für unproduktive, staatliche Dienste erweiterte Konsummöglichkeiten

zur Abschwächung des tendenziellen Falls der Profitrate sind, bleibt jedoch offen. Es muß bezweifelt werden, daß die Ausbildungskosten hierbei gegenwärtig eine entscheidende Rolle spielen[36], da ihr Anteil an öffentlichen Ausgaben noch relativ gering ist.

---

schaffen. (Die Kategorien produktive und unproduktive Arbeit ..., a.a.O., S. 235) Auf den Ausbildungssektor angewandt hieße das z.B.: erhöhter Lehrerbedarf, größere Beschäftigtenzahlen in Lernmittel und Schulbauten produzierenden Branchen erweitern die Konsummöglichkeiten. Es ist jedoch zu bedenken, daß es sich hierbei um eine *Umverteilung*, nicht Erweiterung der Konsummöglichkeiten handelt, denn gleichzeitig sinkt über die erhöhten Steuern der Konsum der übrigen Bevölkerung.

36 Hier liegt eine der Schwächen des Ansatzes von K.H. Roth und E. Kanzow (Unwissen als Ohnmacht. Zum Wechselverhältnis von Kapital und Wissenschaft, o.O., o.J.), der hier nicht näher berücksichtigt wird, weil die Autoren sich vor allem mit der Entwicklung von Wissenschaft und Technik befassen, Probleme der Strukturreform des allgemeinbildenden Schulwesens nur am Rande behandeln (S. 272 ff., S. 321 ff.) und nicht mit der Analyse der Widersprüche kapitalistischer Produktion verbinden, obwohl sie dies in Anspruch nehmen (vgl. z.B. S. 19). Roth und Kanzow gehen von dem Widerspruch aus, der dem tendenziellen Fall der Profitrate zugrundeliegt: das Kapital kann den Mehrwert nur durch steigende Produktivkraft, durch zunehmende Anwendung von Maschinerie zu erhöhen versuchen; damit wird jedoch die lebendige Arbeit, die Grundlage allen Wertes, zunehmend eingeschränkt. Durch die Forcierung technischen Fortschritts und wirtschaftlichen Wachstums versucht das Kapital erfolglos, den tendenziellen Fall der Profitrate abzuschwächen. Dabei bedient es sich auch der Ausbildungsinstitutionen: indem das Kapital die Kosten für eine erweiterte Ausbildung der Arbeiterklasse aufbürdet und die Qualifikation der Arbeitskräfte nahezu gratis bekommt, erzielt es "Extraprofite" (S. 90), die die Widersprüche kapitalistischer Produktion kurzfristig neutralisieren, aber nicht lösen können (S. 99, vgl. auch S. 133). Roth und Kanzow betonen damit in ihrer Analsyse die *Ausweitung* des Bildungssystems, die durch zunehmende Belastung vor allem der Einkommen der Arbeiter erreicht wird; demgegenüber stellen Altvater und Huisken gerade die Begrenzung einer Expansion des Bildungssystems in den Mittelpunkt, die Roth und Kanzow nur unzureichend analysieren können. Vor allem zwei Fragen werden nicht ausreichend beantwortet: 1. Welche anderen, möglicherweise wirkungsvolleren Mittel zum Aufhalten des tendenziellen Falls der Profitrate gibt es außer des Erzielens von "Extraprofiten" über das Bildungssystem? 2. Wie wirken sich die erhöhten Bildungsausgaben auf die Produktion von Mehrwert aus? Roth und Kanzow stellen zwar dar, daß die Kosten für die Ausbildung nicht aus variablem Kapital der Kapitalisten bezahlt werden, sondern vor allem aus Steuern der Lohnabhängigen (damit beeinflussen sie die Produktion von Mehrwert nicht, S. 90 f.). Aber die Autoren übersehen völlig, daß zwischen der Finanzierung der Ausbildung und der Bezahlung der ausgebildeten Ware Arbeitskraft ein Unterschied besteht: eine Verlängerung der zur Produktion der Ware Arbeitskraft gesellschaftlich notwendigen Ausbildungszeit erhöht den Wert der Arbeitskraft, der als Lohn vom Kapital gezahlt wird.

b) Ausbildungsinvestitionen beeinflussen darüber hinaus die Mehrwertrate[37]. "Jede Erhöhung der Bildungskosten ... würde zugleich den Wert der Arbeitskraft des Gesamtarbeiters erhöhen und somit unmittelbar durch die Erhöhung von v auf die Mehrwertrate der verschiedenen Einzelkapitale wirken." Wenn steigende Bildungskosten sich nicht in einer höheren "wertbildenden Potenz" der Arbeitskraft im Produktionsprozeß niederschlagen, oder wenn sie nicht durch eine Produktivitätssteigerung die Lebensmittel (i.w.S.) der Arbeiterklasse verbilligen, "die die Erhöhung des Werts der Arbeitskraft durch vermehrte Bildungsausgaben zu kompensieren vermag, bedeutet die Erhöhung des Werts der Arbeitskraft für das Kapital eine Umverteilung innerhalb des geschaffenen Wertprodukts (bei konstantem c) zugunsten von v und zu ungunsten des Mehrwerts"[38]. Aus diesem Grund hat das Kapital größtes Interesse daran, nur die unabdingbar notwendige Qualifizierung zuzulassen, "die sich aus den durch die internationale Konkurrenz aufgeherrschten Veränderungen der Arbeitsplatzstruktur" ergibt[39] und diese so billig wie möglich zu halten.

Schul- und Hochschulreform stehen damit unter einem Widerspruch, an dem ihre Kritik nach Altvater und Huisken ansetzen muß: "Staatliche Bildungspolitik ist ... in den *Notwendigkeiten* des Arbeitsprozesses, die Arbeiter den technischen, organisatorischen und kommunikativen Bedingungen permanent anzupassen ('Veränderung der Berufsstruktur'), und den *Grenzen*, die durch die Folge einer Wertsteigerung der Ware Arbeitskraft für den Verwertungsprozeß auferlegt sind, befangen"[40]. Folge dieses Widerspruchs sind "Kompressionstendenzen" im Ausbildungssektor; d.h. staatliche Anstrengungen, innerhalb des Spielraums von Notwendigkeiten der Qualifizierung und Grenzen der Verwertung ein Höchstmaß an Effizienz zu erreichen. Welche Erscheinungen damit interpretiert werden können,

---

37 Die Mehrwertrate ist der Quotient aus Mehrwert und variablem Kapital. Um den Mehrwert zu steigern, ist der Kapitalist bemüht, die zur Reproduktion des Arbeiters (Ernährung, Wohnung, Urlaub, Ausbildung usw.) notwendige Arbeit, die den Wert der Arbeitskraft bestimmt, so niedrig wie möglich zu halten.

38 Altvater und Huisken, a.a.O., S. 239.

39 a.a.O., S. 241. Vgl. auch F. Huisken, in: E. Altvater und F. Huisken (Hrsg.): Materialien, S. 424.

40 Altvater und Huisken: Einleitung ..., a.a.O., S. XII.

deuten Altvater und Huisken kurz an: technologische Lehr- und Lernmethoden, Verkürzung des Studiums, Zwischenprüfungen, Gesamtschule, erhöhter Leistungsdruck[41]. Im Rahmen des genannten Widerspruchs können Erscheinungen auf schulpolitisch-institutioneller und auf schulinterner Ebene erklärt werden; die Entwicklung der Gesamtschule wäre danach nur ein Aspekt der allgemeinen Kompressionstendenzen im gesamten Ausbildungsbereich.

Altvater und Huisken untersuchen nicht den Zusammenhang zwischen dem Einfluß der Bildungsausgaben auf die Akkumulationsrate und auf die Mehrwertrate. Es liegt z.B. nahe, den Widerstand von Kapitalisten gegen Bildungsausgaben mit einem kurzfristigen Interesse an der durch Steuerabgaben möglichst wenig eingeschränkten Akkumulation zu erklären, während langfristig die Erhaltung und Steigerung der Mehrwertrate wichtig ist.

zu 2: In Altvaters und Huiskens Argumentation drücken Ausbildungskosten nur dann auf die Mehrwertrate und bewirken damit "Kompressionstendenzen" im Ausbildungssektor, wenn die höheren Qualifizierungskosten *nicht* die Fähigkeit der Arbeitskraft erhöhen, in der Produktion größere Werte zu schaffen, oder *nicht* die Lebensmittel (im weitesten Sinne) der Arbeiterklasse, die ebenfalls in den Wert der Ware Arbeitskraft eingehen, kompensierend verbilligen. Altvater und Huisken formulieren diesen Zusammenhang konditional; *ob* die wertbildende Potenz der Arbeit erhöht wird oder *ob* die Verbilligung der Lebensmittel tatsächlich erfolgt, untersuchen sie nicht. Für die empirische Untersuchung von Bildungsreformen wäre dies notwendig. Jedoch wird der Zusammenhang zwischen Ausbildungskosten und wertbildender Potenz der Arbeit im Produktionsprozeß - das zweite allgemeine Problem der wertmäßigen Beziehung von Produktion und Ausbildung - theoretisch behandelt. Hier unterscheidet Altvater zwei Fragestellungen[42]: 1. In welchem Zusammenhang stehen die wertbildenden Potenzen von Arbeitskräften mit unterschiedlichen Qualifizierungskosten *zu einem bestimmten historischen Zeitpunkt*. Hier wird der Zusammenhang von Ausbildungskosten und wertbildender Potenz von Gruppen unterschied-

---

41 Vgl. auch E. Altvater und F. Huisken: Die Kategorien produktive und unproduktive Arbeit ..., a.a.O., S. 239 f.

42 E. Altvater: Qualifikation der Arbeitskraft und Kompliziertheit der Arbeit - Bemerkungen zum Reduktionsproblem, in: Materialien, S. 268, 278 f., 282 ff.

lich qualifizierter Arbeiter untersucht. 2. Welche Auswirkungen hat eine allgemeine Erhöhung der Bildungskosten für geänderte Qualifikationen *aller* Arbeitskräfte auf die Wertbildung in der Produktion? Ist diese größer als *vor* der allgemeinen Erhöhung der Bildungskosten? Unter dieser Fragestellung werden Ausbildungsaufwand und Wertbildung in *verschiedenen historischen Perioden* verglichen.

Die erste Frage wird von den Politökonomen relativ übereinstimmend dahingehend beantwortet, daß höhere Bildungskosten für qualifiziertere Arbeiter eine höhere wertbildende Potenz dieser Arbeiter bewirken als diejenige der unqualifizierten Arbeiter[43]. Voraussetzung dafür ist allerdings, daß qualifizierte und unqualifizierte Arbeiter entsprechend den objektiven Produktionsbedingungen (Arbeitsmittel und -gegenstände) eingesetzt werden[44]. Die zweite Frage beantwortet Altvater dahingehend, daß die Erhöhung der Qualifikationskosten der Gesamtarbeiterschaft *nicht* zu einer höheren wertbildenden Potenz führt, als sie vor der Erhöhung der Bildungskosten bestand: In dem Maße, in dem eine zu einem früheren Zeitpunkt komplizierte Arbeit zu einem späteren Zeitpunkt gesellschaftliche Durchschnittsarbeit wird, sinkt ihr Wert auf den Durchschnitt; "obwohl also - in der Regel - die Kosten der Heranbildung eines Arbeitsvermögens (Wert der Ware Arbeitskraft) gestiegen sind, liegt deren wertbildende Potenz um keinen Deut höher das dasjenige der einfachen Arbeit gestern; die wertbildende Potenz des Analphabeten zu Beginn der Industrialisierungsperiode (einfache Durchschnittsarbeit gestern) liegt nicht niedriger oder höher als die wertbildende Potenz des Arbeiters heute, der eine achtklassige Volksschule besucht hat (einfache Durchschnittsarbeit heute), obwohl der Wert der Arbeitskraft entsprechend den höheren Bildungskosten zugenommen hat"[45]. Obwohl sich die gesellschaftliche Durchschnittsarbeit heute in Bezug auf ihren konkreten Cha-

---

43 E. Altvater, a.a.O., S. 292 f., schließt sich hier Marx, Das Kapital, Bd. 1, MEW, S. 211 f. an. Vgl. auch D. Hinrichsen: Zum Problem der Reduktion komplizierter auf einfache Arbeit, in: E. Altvater und F. Huisken (Hrsg.): Materialien ..., S. 303-341; K.H. Roth und E. Kanzow: Unwissen als Ohnmacht. Zum Wechselverhältnis von Kapital und Wissenschaft, Berlin o.J., S. 66.

44 E. Altvater, a.a.O., S. 291, 293; D. Hinrichsen, a.a.O., S. 328.

45 E. Altvater, a.a.O., S. 283.

rakter und ihre Ausbildungskosten erheblich von derjenigen in früheren Epochen unterscheidet, bleibt das Wertprodukt von gesellschaftlich durchschnittlicher Arbeit gleich. Damit ist eine Bedingung der Kompressionstendenzen im Ausbildungssektor, von denen wir ausgingen, theoretisch geklärt: die wertbildende Potenz der Gesamtarbeiterschaft wird durch die Erhöhung der Ausbildungskosten, die zu einer Verallgemeinerung früherer überdurchschnittlicher Qualifikationen oder zur Entwicklung neuartiger Qualifikationen führt, nicht tangiert. Aber der Wert der Arbeitskraft steigt und drückt damit auf die Mehrwertrate.

Abschließend sei gefragt, wie der Widerspruch zu kennzeichnen ist, den Altvater und Huisken als Ansatzpunkt für die Analyse der Schul- und Hochschulreform hervorheben und was er zu ihrer Interpretation leistet. Er war als Widerspruch zwischen den Notwendigkeiten der Qualifizierung für den Arbeitsprozeß und den Grenzen der Verwertung beschrieben worden. Der Widerspruch lag darin, daß das Kapital bestimmte Qualifikationen für den Arbeitsprozeß braucht (Gebrauchswert der Ware Arbeitskraft), um durch Kombination von lebendiger Arbeit und Maschinerie Mehrwert zu erzielen. Gleichzeitig reduzieren die Ausbildungskosten unter bestimmten Bedingungen (s.o.) die Mehrwertrate. Die Herstellung der Qualifikationen ist damit stets dem Verwertungsinteresse untergeordnet, kann nicht zur Entfaltung der menschlichen Produktivkräfte führen. Diese Unterwerfung und Begrenzung verweist auf einen allgemeineren Widerspruch der kapitalistischen Gesellschaft[40]: auf den Widerspruch zwischen den objektiven Möglichkeiten der Entwicklung von Gesellschaft und Individuum aufgrund eines bestimmten Standes der Produktivkräfte und der tatsächlichen, durch Verwertungsinteressen beschränkten Entwicklung. Die "Kompressionstendenzen" im Ausbildungssektor sind damit eine Erscheinungsform dieses gesamtgesellschaftlichen Widerspruchs.

Es dürfte deutlich geworden sein, daß Altvaters und Huiskens Ansatz beim Widerspruch von Notwendigkeiten der Qualifikation und Grenzen der Verwertung vorerst nur globale, begründete Thesen liefert, die die Richtung für Detailuntersuchungen angeben. Der Schwerpunkt liegt dabei auf dem Wertaspekt der Beziehung von Ausbildung und Produktion, weniger auf dem Verhältnis von schulischer Qualifikation und konkret nützlicher Ar-

---

46 Vgl. dazu auch: M. Schmidt, a.a.O., S. 58 f.

beit im Arbeitsprozeß. Der Ansatz geht über diese Thesen nicht hinaus; spezifische Inhalte, Strukturen, Abläufe und Ergebnisse von Bildungsreformen sind damit noch nicht erklärt. Die Kompressionstendenzen werden allgemein und keineswegs systematisch beschrieben; ihre Ableitung aus dem Ausgangswiderspruch, der das Verhältnis von kapitalistischer Produktion und Ausbildung überhaupt kennzeichnet, ist historisch unspezifisch: weder werden Veränderungen der Qualifikationserfordernisse - sieht man von dem vagen Hinweis auf die internationale Konkurrenz ab - noch Veränderungen der Mehrwertproduktion und -realisation historisch bestimmt, obwohl erst diese Bestimmung einzelne Reformen des Ausbildungssektors, bestimmte Formen und Intensitätsgrade der Kompression erklärlich machen kann. Eine solche historische Analyse würde ein grundsätzliches Problem aufwerfen: der von Altvater und Huisken formulierte Widerspruch zwischen Qualifikationsnotwendigkeiten und Grenzen der Verwertung folgt sehr eng der Marxschen Analyse des *allgemeinen* Begriffs des Kapitals. Berücksichtigt man - in einer historischen Untersuchung ist das unumgänglich - stärker die Konkurrenz der Einzelkapitale, sucht man ihre "konkreten Formen" auf und nähert sich damit der "Oberfläche der Gesellschaft" (Marx), so müssen zusätzlich Kategorien einbezogen werden, die dieser Oberfläche entsprechen und nach denen Kapitalisten ihr ökonomisches Handeln orientieren, ohne seine grundlegenden Bewegungsgesetze zu durchschauen. Auf dieser Ebene der "Oberfläche" müßte man z.B. vom Profit anstelle des Mehrwerts oder vom Preis der Ware Arbeitskraft anstelle ihres Wertes ausgehen. Der von Altvater und Huisken in den Mittelpunkt gestellte Widerspruch stellt sich den Kapitalisten, deren Interesse an oder Widerstand gegen eine bestimmte Bildungsreform interpretiert werden soll, dann in anderer Form.

Die Lösung all dieser Fragen lag nicht in der Absicht der Autoren, ist aber im Rahmen einer historischen politökonomischen Analyse notwendig. Die im folgenden referierten Untersuchungen, die sich mit der Einführung der Gesamtschule befassen, versuchen ihrer Lösung näher zu kommen.

2. *Ansätze zur politökonomischen Analyse der Gesamtschule*

Eine nicht abgeschlossene, gerade begonnene Strukturreform des Schulsystems, deren Ziel in Umrissen erkennbar ist, kann prinzipiell unter drei historischen, ökonomischen Fragestellungen untersucht werden: 1. von der *Ausgangssituation* her: welches sind die ökonomischen Gründe für die Initiierung der Reform? 2. Vom vermuteten *Endergebnis* aus: welches werden die ökonomischen Ursachen für die allgemeine Einführung einer anderen Schulform sein und wie sind ihre Merkmale (Ziele, Lerninhalte, Organisation usw.) zu erklären? 3. Vom *gegenwärtigen Zustand* her: warum ist die Reform noch nicht weiter fortgeschritten, was verhindert die allgemeine Einführung des neuen Schulsystems? Zu erklären ist immer zweierlei: warum die Reform sich in einer bestimmten Richtung entwickelt und warum sie noch nicht weiter vorangeschritten ist.

Die hier skizzierten Ansätze zur politökonomischen Analyse der Gesamtschule von M. Schmidt[47], V. Hoffmann[48] und G. Hanf u.a.[49] versuchen zumindest die zweite und dritte Frage systematisch zu beantworten, betrachten die Gesamtschule unter dem langfristigen Aspekt, daß sie als Regelschule eingeführt werden wird, und dem kürzerfristigen, daß dies nur in einem langwierigen, widersprüchlichen, nicht kontinuierlichen Prozeß erfolgen kann. Beide Aspekte sind in der Darstellung nicht zu trennen. Die erste Frage nach den Entstehungsgründen der Reform, die gleichzeitig eine Analyse der Mängel des traditionellen Schulsystems und seiner partikularen, ineffektiven Reparaturen einschließt, wird dagegen meist nur sehr allgemein beantwortet, weil zwei Voraussetzungen für spezifischere Thesen immer noch fehlen: eine wirtschaftshistorische Analyse der Veränderungen der Ökonomie der BRD nach dem 2. Weltkrieg[50]

---

47 M. Schmidt, a.a.O.

48 V. Hoffmann, a.a.O.

49 G. Hanf, H. Hülsebusch u.a., a.a.O.

50 Ansätze dazu bei F. Janossy: Das Ende der Wirtschaftswunder, Frankfurt/M. 1969; J. Huffschmid: Die Politik des Kapitals. Konzentration und Wirtschaftspolitik in der Bundesrepublik, Frankfurt/M. 1969; J. Hirsch: Wissenschaftlich-technischer Fortschritt und politisches System, Frankfurt/M. 1970.

und entsprechende schulhistorische Untersuchungen[51]. Folgt man der Logik des von Altvater und Huisken formulierten Widerspruchs staatlicher Bildungspolitik, von dem die hier beschriebenen Autoren ausgehen, so muß eine Analyse der Umwandlung des dreigliedrigen Schulsystems in eine integrierte Gesamtschule folgende Untersuchungsschritte einschließen:
1. die Ableitung von sich wandelnden Qualifikationsanforderungen aus den sich ändernden Verwertungsbedingungen des westdeutschen Kapitals und der damit verbundenen Veränderung der objektiven Produktionsbedingungen;
2. den Nachweis, daß die geänderten Qualifikationsanforderungen eine Erhöhung der Ausbildungskosten, damit des Werts der Ware Arbeitskraft und demzufolge eine Verringerung der Mehrwertrate bewirken; 3. den Nachweis, daß die Gesamtschule *zugleich* den sich wandelnden Qualifikationsanforderungen und den durch die Grenzen der Verwertung bestimmten Interessen an einer Effektivitätssteigerung (Kompressionstendenzen) genügen kann;
4. die Darstellung der inneren Widersprüchlichkeit der Schulreform auf schulpolitischer und schulinterner Ebene, aufgrund des Ausgangswiderspruchs und anderer Widersprüche kapitalistischer Produktion. Die hier beschriebenen Ansätze folgen mehr oder weniger der Logik dieser Schritte, betonen sie aber unterschiedlich. Allgemein läßt sich feststellen, daß bei allen Ansätzen der Akzent auf dem dritten und vierten Schritt liegt. Die folgende Darstellung orientiert sich an den genannten vier Stufen, der vierte Schritt kann nicht gesondert nachvollzogen werden, weil er alle vorherigen Stufen der Analyse kennzeichnet.

1. Welche Entwicklungstendenzen der westdeutschen Wirtschaft Veränderungen der Produktionsbedingungen und damit der Qualifikationsanforderungen bewirkt haben, deutet M. Schmidt an[52]: während die Rekonstruktionsperiode des Kapitalismus nach dem 2. Weltkrieg durch einen genügenden Umfang und einen ausreichenden Qualifikationsstand der westdeutschen Arbeiterschaft gekennzeichnet war, wurden Ende der 50er Jahre die Arbeitskräfte zunehmend

---

51 Eine erste umfassendere Darstellung findet sich bei C. Kuhlmann: Schulreform und Gesellschaft in der Bundesrepublik Deutschland 1946-1966, in: S.B. Robinsohn u.a.: Schulreform im gesellschaftlichen Prozeß, Bd. I, Stuttgart 1970, S. 1-206. Bei der Erklärung der Stagnation und Reform des Schulsystems geht Kuhlmann jedoch von einem fragwürdigen Faktorenpluralismus aus. (Vgl. S. 169 ff.)

52 a.a.O., S. 67 ff. Vgl. auch J. Hirsch, a.a.O., S. 65 ff.

knapper, mußte die Industrie zur kapitalintensiven Steigerung der Arbeitsproduktivität übergehen, um die Stagnation des Arbeitskräftereservoirs auszugleichen. Steigende Arbeitsproduktivität ließ sich nur durch zunehmende Anwendung von Technik und Wissenschaft, durch Halb- und Vollautomatisierung von Produktionsprozessen erreichen. Folge des "technischen Fortschritts" sind veränderte - nicht unbedingt höhere[53] - Anforderungen an die Qualifikation der Arbeitskräfte, die Schmidt in zwei Tendenzen zusammenfaßt[54]: Zurückgehen körperlicher Belastungen bei gleichzeitiger Erhöhung der psychischen Beanspruchung und Ersetzung spezifischer Fachkenntnisse und Berufsfertigkeiten durch branchenübergreifende Verhaltensweisen, die als Fähigkeit zu Mobilität und Flexibilität, als intellektuelle Wendigkeit, Bereitschaft zum Um- und Weiterlernen beschrieben werden[55]. Hanf u.a. charakterisieren diese Tendenz im Anschluß an Altvater als Verschiebung von Fertigkeiten, die im Arbeitsprozeß selbst vermittelt werden können, zu Kenntnissen, die dem Arbeitsprozeß vorgelagert sind, und im Kapitalismus nur im Ausbildungssystem erlernt werden können[56]. Hanf u.a. und Schmidt betonen damit neue Qualifikationsanforderungen an die "einfache", durchschnittliche Arbeit; neue Anforderungen und erhöhter Bedarf an höherqualifizierten Arbeitskräften nicht nur in der Produktion, sondern auch im Staatsapparat stehen demgegenüber im Hintergrund, obwohl dieser spezielle Bedarf in den Begründungen für Gesamtschulen hervorgehoben wird[57]. - Im Vergleich zu den Aussagen der idealistischen Theoretiker, z.B. Koneffkes, sind die Thesen über die historischen Bedingungen der Schulreform etwas spezifischer. Wie unabweisbar Qualifikationen wie Mobilität, Flexibilität, intellektuelle Wendigkeit usw. geworden sind, wie dringend das Kapital demnach auf dem Erwerb dieser Qualifikationen bestehen muß, wird jedoch nicht deutlich.

2. Daß die Produktion der veränderten Qualifikationen im Ausbildungssektor erhöhte Bildungsausgaben erfordert, wird in den politökonomischen Analysen der Schulreform unterstellt, nicht im einzelnen nachgewiesen. Dabei könnte

---

53 Siehe dazu F. Huisken, in: Materialien, S. 181 ff.

54 a.a.O., S. 91.

55 a.a.O., S. 93.

56 a.a.O., S. 371 f.

57 Vgl. dazu H.-G. Rolff: Auf dem Wege zur integrierten Oberstufe, in: b:e, 1969, 12, S. 13.

man sich auf den allgemeinen Trend des wachsenden Anteils von Bildungsaufgaben am Sozialprodukt stützen[58], in den sich auch die Gesamtschule einfügen oder den sie sogar noch verstärken wird. M. Schmidt konkretisiert das Argument, daß wachsende Bildungsausgaben auf die Mehrwert- bzw. Profitrate drücken, indem sie einzelne Kapitalfraktionen berücksichtigt, die in unterschiedlichem Maß an Bildungsinvestitionen interessiert und unterschiedlich von den Ausbildungskosten betroffen sind[59]. Da sie darüber hinaus auf die unterschiedliche Langfristigkeit der Interessenorientierung von einzelnen Kapitalfraktionen und Staat hinweist, eröffnet sie über Altvaters und Huiskens Ausgangswiderspruch hinaus eine zusätzliche Dimension von Widersprüchen zwischen einzelnen Kapitalfraktionen und zwischen diesen und dem Staat, die über die Kompressionstendenz hinaus andere Entwicklungen der Schulreform erklärlich machen: 1. die Planlosigkeit und das Stückwerkhafte von Schulreformen in der BRD, 2. die Langsamkeit und Unsicherheit, mit der sich eine Struktur wie die Gesamtschule trotz ihrer internen Effektivität (dazu unten S. 164 f.) nur gegen den Widerstand einzelner Kapitalfraktionen durchsetzen kann.

Zwar ist die ökonomische Notwendigkeit einer planmäßigen Weiterentwicklung des Bildungswesens erkannt worden, aber die Regierungsaktivität beschränkt sich häufig "auf sporadische und unsystematische Anstrengungen, die lediglich partielle Krisen notdürftig überbrücken helfen. Es kann nicht davon ausgegangen werden, daß eine gradlinige Entwicklung von der Einsicht in ökonomische Erfordernisse zur Ergreifung praktischer Maßnahmen besteht"[60]. Eine der Ursachen für diese planlose und behelfsmäßige Entwicklung sieht Schmidt in der Konkurrenz der verschiedenartigen politischen und wirtschaftlichen Interessengruppen um den Einfluß auf Staats- und Länderfinanzen[61]. Dabei steht die SPD den forschungsintensiven Großkonzernen, die CDU den mittleren und kleineren Unternehmen

58 Vgl. Bildungsbericht '70 der Bundesregierung zur Bildungspolitik, Bonn 1970, S. 26 und 28. Danach ist der Anteil der Bildungsausgaben am Sozialprodukt von 2,2 % im Jahre 1950 auf 4,0 % im Jahre 1968 gewachsen.

59 Schmidt, a.a.O., S. 53 ff. Vgl. dazu auch: M. Baethge, a.a.O. und F. Nyssen, a.a.O.

60 Schmidt a.a.O., S. 54.

61 Ebenda.

näher. Während forschungsintensive Großkapitale an der Ausbildung von Forschern und qualifizierten Arbeitskräften interessiert sind, ist der Bedarf hieran bei kleinen und mittleren Unternehmen geringer, sind systematische Aus- und Weiterbildungsmaßnahmen weniger notwendig und finanziell schwerer zu verkraften als bei Großkonzernen, so daß steigende Bildungsausgaben bei Klein- und Mittelbetrieben auf starken Widerstand stoßen. Schmidt geht davon aus, daß forschungsintensive Großkonzerne, mittlere Industrie- und Handwerksbetriebe schwerpunktmäßig unterschiedliche Interessen an Gymnasium, Realschule und Hauptschule haben; daß, solange die Unterschiede der Kapitalfraktionen so groß sind, auch zukünftig prinzipiell an der Dreigliedrigkeit des Schulsystems festgehalten wird[62] und erwartet erst von einer zunehmenden Monopolisierung der Wirtschaft, daß sich Interessen verschiedener Kapitalfraktionen an Qualifikationen angleichen[63] und damit bessere Voraussetzungen für ein integriertes, zur Steuerung von Qualifikationen differenziertes Schulsystem geschaffen werden[64].

Als eine weitere Ursache für die Planlosigkeit von Schulreformen in der kapitalistischen BRD nennt Schmidt Unterschiede in der Langfristigkeit der Interessenorientierung von einzelnen Kapitalfraktionen und Staat. "Investitionen in Bildung und Ausbildung, die eine grundlegende Strukturreform des Bildungswesens zum Ziel haben, wirken sich ökonomisch erst nach längeren Zeiträumen aus und entsprechen nicht den kurzfristigen Verwertungsbedürfnissen des Kapitals"[65]. Obwohl dies besonders für

---

62 a.a.O., S. 70 f.

63 a.a.O., S. 81 f.

64 a.a.O., S. 82.

65 a.a.O., S. 55.

66 a.a.O., S. 56. Vgl. dazu auch die Analyse der weitgehend ablehnenden Stellungnahme des Deutschen Industrieinstituts (BDA und BDI) zum Strukturplan des Bildungsrates in: G. Bühlow, W. Hopf und U. Preuss-Lausitz: Widersprüche in der Strukturreform des Bildungssystems am Beispiel der Gesamtschule, in: alternative, 77, 1971, S. 78 ff.

67 Hoffmann weist auf einen zusätzlichen Widerspruch zwischen den Interessen einzelner Kapitalfraktionen hin: während für einen großen Teil der Einzelkapitale Bildungsausgaben nur die Profitrate verringern (unter bestimmten Bedingungen), sind steigende Bildungsausgaben für eine kleinere Gruppe von Einzelkapitalen unmittelbar profitabel: vor allem für die Bau- und Lernmittelindustrie. (vgl. a.a.O., S. 63 ff., insbes. S. 70). In der gegenwärtigen Phase der Technisierung von Lernprozessen und des Ausbaus des Schulsystems dürfte dieser Konflikt jedoch nicht bedeutsam sein.

die kleinen und mittleren Kapitale gilt, die ein größeres Interesse an kurzfristiger Profitmaximierung haben als die Großkonzerne, setzen auch diese den staatlichen Versuchen zur Reorganisation des Ausbildungswesens Widerstand entgegen, sofern ihre kurz- und mittelfristigen Profite geschmälert werden[66]. Aufgrund dieser Widersprüche[67] gelangt Schmidt zu einer sehr vorsichtigen Einschätzung der Gesamtschulentwicklung[68]: der Staat wird auch weiterhin versuchen, die Qualifikationsprobleme über die Reformierung der Grund- und Hauptschule zu lösen, aber mit zunehmender Monopolisierung wird sich die Notwendigkeit der Schulreform verstärken. Entscheidend für die Einführung der Gesamtschule als Regelschule werden die effektivere Ausnutzung von Bildungsinvestitionen und die bessere Angepaßtheit dieses Schulsystems an Anforderungen des Arbeits- und Verwertungsprozesses sein. Beide Bedingungen werden im nächsten Untersuchungsschritt analysiert. Wir beginnen mit der ersten Bedingung, die im Vergleich zur zweiten relativ unproblematisch ist und in den politökonomischen Ansätzen weniger weitreichende Folgen für die Untersuchung der internen Widersprüche der Gesamtschule hat.

3. Vor allem V. Hoffmann hat im Zusammenhang mit der Frage nach den "Kompressionstendenzen" systematisch untersucht, welche Möglichkeiten zur kostensparenden Effektivitätssteigerung die Gesamtschule bietet[69]. Er kommt zu dem Ergebnis, daß die Bau- und Personalmittel in der Gesamtschule effektiver genutzt werden können und daß das Organisationsprinzip der Gesamtschule im Vergleich zu dem der traditionellen dreigliedrigen Schule effektiver ist. Der Schulraum kann in Gesamtschulen mit zunehmender Größe und mit zunehmender Realisierung des Fachraumprinzips besser genutzt werden[70]. Indem die Gesamtschule zum "Bildungszentrum" erweitert wird, das z.B. Bibliothek, Volkshochschule und ein Jugend- und Freizeitzentrum einschließt, können durch die Mehrfachnutzung Kosten gespart werden. Obwohl der Lehrerbedarf in Gesamtschulen höher liegt als in zu größeren Komplexen zusammengefaßten Hauptschulen, Realschulen und Gym-

---

68 a.a.O., S. 81 ff.

69 a.a.O., S. 52 ff. Wir folgen nicht genau Hoffmanns Unterscheidung von "externer" und "interner" Effizienz.

70 Vgl. z.B. J. Lohmann: Mehr Schule für Ihr Geld, in: b:e, 12/1969, S. 18-21.

nasien, wird die fachliche Spezialisierung der Lehrer aufgrund der Arbeitsteilung, die in der Gesamtschule weiter vorangetrieben werden kann als in traditionellen Schulen, die Rentabilität der Personalausgaben steigern. Auch die Organisationsform der Gesamtschule dient einer Effektivitätssteigerung des Systems: durch Abschaffen des Sitzenbleibens, durch Differenzierung des Unterrichts, flexible Durchlaufzeiten durch das Schulsystem, durch erhöhten Leistungsdruck aufgrund permanenter Leistungskontrolle kann die Effektivität bei gegebenen Kosten gesteigert werden. Wegen all dieser Strukturmomente, so schließt Hoffmann, kann die Gesamtschule zu Recht als erfolgreichere Kompressionsmaßnahme als das bisherige Schulsystem bezeichnet werden, selbst wenn ihre Kosten absolut höher liegen sollten[71]. Wie wir jedoch oben sahen (Punkt 2) liegt hierin eines der größten Hindernisse, die Gesamtschule trotz ihrer höheren Effektivität gegen den Widerstand der Kapitalfraktionen durchzusetzen. Die Schwächung dieses Widerstandes wird davon abhängen, inwieweit neue Qualifikationsanforderungen unabweisbar geworden sind und im traditionellen Schulsystem nicht mehr erzeugt werden können. Damit gelangen wir zur zweiten der oben genannten Bedingungen.

Politökonomische Analysen der Gesamtschule stimmen mit den idealistischen Ansätzen zwar darin überein, daß die intendierten Organisationsstrukturen und Lerninhalte der Gesamtschule eine bessere Anpassung der Ausbildungsprozesse an gewandelte Qualifikationsanforderungen des Produktionsprozesses ermöglichen. Aber diese Anpassung wird in den politökonomischen Ansätzen nie so bruchlos gesehen wie von einigen idealistischen Theoretikern. Unsere Darstellung erfolgt in drei Stufen: a) zunächst werden die *Grenzen* einer engen, einlinigen Verknüpfung von Anforderungen des Produktionsprozesses und schulischer Ausbildung aufgezeigt; b) dann wird im Rahmen dieser Grenzen die trotzdem vorhandene Funktionalität von Organisationsformen und Lerninhalten der Gesamtschule für Kapitalinteressen beschrieben und schließlich schildern wir c) die abgeleiteten internen Widersprüche, die den politökonomischen Ansätzen zufolge die Gesamtschule beherrschen.

a) Alle Autoren stimmen darin überein, daß die Entwicklung der kapitalistischen Produktion aufgrund der Konkurrenz der Einzelkapitale so plan-

---

71 a.a.O., S. 62.

los verläuft, daß eine unmittelbare "Übersetzung" exakt prognostizierbarer Qualifikationsanforderungen in Ziele der Ausbildung unmöglich wird[72]. Die Berufsprognostik erlaubt allenfalls vage Tendenzprognosen und kann auch bei Verbesserung der Methoden an dem grundlegenden Mangel, der in der Planlosigkeit kapitalistischer Produktion liegt, nichts ändern. Hoffmann kommt zu dem Schluß, "daß die Gesamtschule im Kontext des anarchischen, widersprüchlichen Prozesses kapitalistischen Fortschritts nur bedingt einen Konsolidierungsfaktor darstellt. Entgegen dem äußeren Anschein einer auf wissenschaftlicher Systematik und gesicherten Erkenntnissen beruhenden Reform ... ist mit der Gesamtschule keine *prinzipiell* andere Beziehung zur ökonomischen Basis hergestellt worden"[73]. Im Rahmen dieser Grenzen ist jedoch eine bedingte, im Vergleich zum traditionellen Schulsystem geänderte Anpassung der Ausbildung an Qualifikationsanforderungen möglich.

b) Als einer der wichtigsten schulischen Anpassungsmechanismen an die im Kapitalismus notwendige, unaufhebbare Lücke zwischen Qualifikationsanforderungen und Ausbildungsprozessen wird die Erziehung zur Mobilität und Flexibilität, zum "Lernen des Lernens" bei gleichzeitiger Entleerung von spezifischen Inhalten angesehen. Diesen Aspekt kennzeichnet Hoffmann: "Was .. in der Gesamtschule als pädagogische Entsprechung von Mobilität und Flexibilität zustande gekommen ist, stellt in jeder Beziehung nicht das Ergebnis einer lückenlosen Determination aus Notwendigkeiten des Arbeitsprozesses dar, sondern ist nicht mehr als eine empirisch und theoretisch sehr ungesicherte, allgemeine Annäherung an ebenso ungesicherte Qualifizierungsnormen und kapitalistischen Bedarf"[74]. Jedoch ist die Unsicherheit nicht total: berücksichtigt man, was Politökonomen über die Tendenz zur Verwissenschaftlichung der Produktion, zur Verschiebung von Fertigkeiten zu Kenntnissen bemerken (s.o., S. 161), so wird der Unterschied zwischen zwei Formen der Anpassung der Ausbildung an Erfordernisse

---

72 Hoffmann, a.a.O., S. 24 ff. Schmidt, a.a.O., S. 84 f. Hanf u.a., S. 384. Vgl. auch W. Armbruster: Arbeitskräftebedarfsprognosen als Grundlage der Bildungsplanung, Berlin 1971, S. 138 f. A. betont die Geschwindigkeit und Nichtvorhersagbarkeit technologischer Veränderungen, die in Diskrepanz zur Länge von Ausbildungsprozessen stehen.

73 Hoffmann, a.a.O., S. 35.

74 a.a.O., S. 29.

des Produktionsprozesses deutlich: im einen Fall - Verwissenschaftlichung der Produktion und Theoretisierung der Ausbildung - bezieht sich die schulische Ausbildung auf zwar nur vage bestimmbare, aber immerhin angebbare Entwicklungstrends der Produktionsbedingungen; im zweiten Fall der Mobilität und Flexibilität dagegen sollen gerade die Diskrepanzen zwischen nicht bestimmbaren Qualifikationsanforderungen und Ausbildung aufgefangen werden. Die Mobilitätsbereitschaft und die Flexibilität erscheinen in den politökonomischen Ansätzen vor allem als Ergebnis der *Organisation* der Gesamtschule, während die Vermittlung bereits bestimmbarer Qualifikationen dem *Curriculum* zugeschrieben wird[75].

Auf welche Weise innerhalb der Gesamtschule die Disposition zu Mobilität und Flexibilität einerseits und die mehr inhaltlich bestimmte Theoretisierung der Ausbildung andererseits erreicht werden soll, beschreiben die Politökonomen ähnlich wie die idealistischen Theoretiker: das erste durch das System des Wechsels von Kern- und Kursunterricht, durch den Aufstieg in den Fachleistungskursen, durch Lernen in flexiblen Gruppen und durch das Lernen des Lernens; das zweite durch eine allgemein stärkere Betonung von Naturwissenschaften, technischer Bildung und Arbeitslehre und durch eine an bürgerlichen Verhaltenswissenschaften orientierte politische Bildung bzw. Sozialkunde[76].

Während sich die bisher genannten Qualifikationen unmittelbar auf den kapitalitischen Arbeitsprozeß bezogen, weist M. Schmidt darüber hinaus auf die zweite zentrale Funktion der Schule hin, die auch die Gesamtschule erfüllen muß: die der ideologischen Identifikation mit Kapitalinteressen und der Vermittlung von allgemeinen "Arbeitstugenden" wie Disziplin, Unterordnung, Fleiß, Ordentlichkeit, Leistungsbereitschaft, Arbeitseinsatz u.a.[77]. Im Rahmen des kapitalistischen Produktionsprozesses als Einheit von Arbeits- und Verwertungsprozeß beziehen sich diese "Tugenden" stärker auf den Verwertungsprozeß: in der Anerkennung kapitalistischer Herrschaft im Betrieb und in der abstrakten, nicht inhaltlich gebundenen Leistungsbereitschaft von bestimmter Intensität, die eine psychische Voraussetzung für abstrakt wertschaffende Arbeit bildet.

---

75 Vgl. z.B. Hoffmann, a.a.O., S. 94.

76 Vgl. Schmidt, S. 84; Hoffmann, S. 37 ff.; 157 ff.; Hanf u.a., S. 384 ff.

77 a.a.O., S. 99 ff.

All diese plausiblen Thesen über die Anpassung der Schüler an die Erfordernisse des Arbeits- und Verwertungsprozesses haben hypothetischen Charakter - ähnlich wie die idealistischen Theoretiker stützen sich die politökonomisch orientierten Autoren auf Modelle der Gesamtschule, nicht auf tatsächliche Erfahrungen.

c) Da politökonomische Analysen der Gesamtschule von der nicht reibungslosen Unterwerfung des Schulsystems unter den widersprüchlichen kapitalistischen Produktionsprozeß ausgehen, folgt daraus der Anspruch, nicht nur auf schulpolitischer, sondern auch auf schulinterner Ebene die Reproduktion und Folge der Ausgangswidersprüche nachzuweisen, um so politisches, antikapitalistisches Potential einschätzen zu können. Bei der Darstellung dieser Widersprüche wird deutlich, daß die Trennung einer politökonomischen Analyse des institutionellen Aspekts der Schulreform und der Klassenlage von Schülern, Eltern und Lehrern nicht sinnvoll ist (vgl. dazu oben, S. 149). Neben V. Hoffmann, der beide Aspekte einbezieht, und vor allem am Konfliktpotential der Schüler interessiert ist, berücksichtigen wir daher auch Huiskens Überlegungen zur Klassenlage und Politisierung der Lehrer, die - allgemein formuliert - auch für Gesamtschullehrer gelten. Hoffmann betont von vornherein, daß die nur mittelbare Unterordnung der allgemeinbildenden Schule unter Kapitalinteressen (im Unterschied zur unmittelbaren Indienstnahme der Universität) die Erfahrbarkeit der Widersprüche kapitalistischer Gesellschaft in der Schule abschwächt[78]. Er untersucht die Widersprüche innerhalb der Gesamtschule, die den Grundwiderspruch von Lohnarbeit und Kapital "virtuell enthalten", auf der Ebene 1. der Organisation und Leistungsmessung, 2. der Inhalte und 3. der Methoden. Dabei gelangt er zu den folgenden, von uns verkürzt dargestellten Thesen, denen wir Ergebnisse einer eigenen Analyse hinzufügen, die schon jetzt in bestehenden Gesamtschulversuchen auftretende Widersprüche zu berücksichtigen sucht[79].

zu 1. Organisation[80]: Der Versuch, Schüler verschiedener Klassenzugehörigkeit "sozial zu integrieren" wird an den klassenintern verlaufenden Sozialbeziehungen der Jugendlichen scheitern und, sollte er trotzdem

---

78 a.a.O., S. 12 f.

79 Vgl. G. Bühlow, W. Hopf und U. Preuß-Lausitz, a.a.O.

80 V. Hoffmann, a.a.O., S. 134 ff.

forciert werden, nur über die Entfremdung des Arbeiterkindes von seiner Klasse möglich sein. Dieser Versuch wird nur unter dem Druck der Anpassung an bürgerliche Normen erfolgreich sein und individuelle Konflikte bei Arbeiterkindern auslösen, die durch ihr massenhaftes Auftreten in der Gesamtschule politische Formen annehmen können.

In den Differenzierungsformen der Gesamtschule wird die Auslesefunktion des dreigliedrigen Schulsystems aufrechterhalten, weil sich Kapitalinteressen an unterschiedlich qualifizierten Schulabgängern nicht geändert haben. Die Fortsetzung der Auslese innerhalb einer einzigen Schulform - der Gesamtschule - erhöht die Möglichkeiten, den Klassencharakter der Schule zu erfahren; die Formen und Begründungen der Selektion erschweren dies jedoch gleichzeitig. Während im dreigliedrigen Schulsystem unterschiedliche Qualifikationen in getrennten Schultypen unter Bevorzugung der Mittelschicht und Diskriminierung der Arbeiterklasse vermittelt werden, so daß ein Vergleich für die Beteiligten kaum möglich ist, treten Qualifikationsunterschiede und Diskriminierung an der Gesamtschule in einem einzigen Schultyp auf[81]. Reflex der Reproduktion von Anforderungen an Mindestqualifikationen der Masse der zukünftigen Arbeitskräfte und an Höherqualifikationen technischer, wissenschaftlicher, politischer und ideologischer Eliten sind neben den gestuften Schulabschlüssen und der Leistungsbewertung die organisatorische und curriculare Differenzierung in der Gesamtschule. Nach dem am weitesten verbreiteten Modell der "äußeren Differenzierung" findet der "Kernunterricht" für leistungsheterogene Schülergruppen in den leistungsmäßig unwichtigen Fächern wie Musik, Sport, Sozialkunde statt. Er soll *allen* Schülern soziale Qualifikationen wie Kooperationsfähigkeit in flexiblen Gruppierungen, Vorurteilslosigkeit und rationale Lösung von Konflikten vermitteln. Qualifikationsunterschiede werden dagegen im System der "Fachleistungskurse" gefördert, nach dem die wichtigsten Fächer (Mathematik, Deutsch, Englisch) organisiert sind. Innerhalb des Curriculums erscheint das Interesse an Mindest- und Höherqualifikationen als Unterscheidung eines stofflichen "Fundaments", das alle Schüler lernen sollen, von "Zusatzstoffen", die qualifiziertere Schüler in höheren Fachleistungskursen erlernen können.

---

81 Bühlow, Hopf, Preuß-Lausitz, a.a.O., S. 80 ff.

Dieses System der Steuerung von Minimal- und Maximalqualifikationen enthält vor allem durch die Forderung nach "größerer Chancengleichheit" und durch bürgerliche Schichten bevorzugende Lerninhalte und Leistungsbeurteilung klassenbedingte Widersprüche, die Ansatzpunkte für Politisierungsprozesse sein können. Im ökonomischen Interesse an gehobenen oder andersartigen Qualifikationen der Ware Arbeitskraft heißt "größere Chancengleichheit" lediglich, daß mehr Arbeiterkinder als im dreigliedrigen Schulsystem, aber längst nicht alle, gehobene Abschlüsse erreichen oder daß das Niveau der minimalen, für alle Arbeitskräfte notwendigen Qualifikationen allgemein angehoben wird[82]. Zur Motivation aufstiegswilliger und lernbereiter Kinder aus der Arbeiterschaft ist die Gesamtschule gezwungen, die Ideologie der Chancengleichheit zu verbreiten und sich den Lernvoraussetzungen der Arbeiterkinder partiell anzupassen (durch organisatorische "Durchlässigkeit", Abkehr vom Sitzenbleiben und getrennte Bewertung von Leistungen, Zurückdrängen der literarisch-sprachlichen Tradition der weiterführenden Bildung und Betonung der technisch-naturwissenschaftlichen Fächer, Arbeitslehre). Gleichzeitig enthält die Forderung nach tatsächlicher *Gleichheit* der Bildungschancen, wird sie wirklich in politischen Auseinandersetzungen von denjenigen vertreten, die von der Gleichheit ausgeschlossen sind - also der Arbeiterklasse - ein gegen bürgerlich-kapitalistische Interessen an Qualifikationsungleichheiten gerichtetes Moment, das mit den Barrieren für gleiche und umfassende Ausbildung in Widerspruch gerät. Leistungsmeßverfahren und mittelschichtspezifische Lerninhalte sind die Methoden, mit denen die emanzipatorischen Möglichkeiten einer gleichen Bildung für alle eingedämmt und das Prinzip der größeren Chancengleichheit bei gleichzeitiger Förderung von Leistungsunterschieden zu einem rein technischen Regulationsprinzip für Mindest- und Höchstqualifikationen zurückgeschraubt wird.

Seit Beginn der Gesamtschulentwicklung stehen neben Fragen der Differenzierung Probleme "objektivierter" Leistungsmessungsverfahren im Mittelpunkt des praktischen Interesses von Lehrern, Fachdidaktikern, Schulpsychologen usw. Ähnlich wie bei der Differenzierung ist auch hier dieselbe Tendenz der Konzentration auf die technische Machbarkeit bei gleichzeitiger Verschleierung fortwirkender Widersprüche zu beobachten.

---

82 Vgl. auch das folgende Kapitel Zur Ideologie der Gesamtschule. Analyse von Begründungen und Zielsetzungen

Schon das sogenannte "schulische Leistungsprinzip" ist widersprüchlich. Auf der einen Seite bedeutet es, daß Schüler nur nach ihren Leistungen ohne Rücksicht auf ihre Klassenzugehörigkeit beurteilt werden sollen, daß durch "objektivierte" Meßverfahren wie Tests die Zensurengebung gerechter, vergleichbar, gültig und zuverlässig werden soll. Dabei entsteht der Eindruck, als ob es möglich sei, klassenunabhängige, "reine" Leistungskriterien aufzustellen und als ob es nicht ein Ziel der Gesamtschule sein muß, die Schüler an bestimmten bürgerlichen Zielen und Normen zu messen, um so Kriterien für die Kooptation von Arbeiterkindern zu gewinnen. Auf der andern Seite heißt "Leistungsprinzip" in der Schule, daß überhaupt Leistungen erbracht und Leistungsmotivation und -bewußtsein entwickelt werden, die Voraussetzung für eine bestimmte Form der Arbeit und Arbeitsintensität im Produktionsprozeß sind. In diesem Sinne werden Tests als "Sondierungsverfahren", weniger als Beurteilungsverfahren, entwickelt, die Leistungsausfälle registrieren und die Angleichung an Lernziele ermöglichen sollen. Die vorwiegend technische Behandlung des Fetischs "objektive Meßverfahren" - sei es als "gerechtes" Verfahren der puren Leistungsmessung, sei es als Diagnoseverfahren - verdeckt ihre klassenspezifischen Inhalte, ihren Sanktionscharakter und - darauf weist Hoffmann hin - ihre Begrenzung auf Bedürfnisse des Arbeitsmarktes, die eine allgemeine Entfaltung der Fähigkeiten der Schüler verhindert.

zu 2. Inhalte. Nach Auffassung Hoffmanns gerät die zunehmende Durchrationalisierung von Lernprozessen in Richtung auf ein kontrolliertes Endverhalten bei gleichzeitigem Zurücktreten der Inhalte in Widerspruch zu den sozialen Erfahrungen und Erwartungen der Schüler, qualitativ Neues zu lernen, statt einem strukturell ähnlichen, stereotypen Lernangebot unterworfen zu sein. Das "relevanteste Widerspruchspotential" im Curriculum sieht er im Prinzip des Lernens des Lernens und der darin angelegten Gleichgültigkeit gegen die bestimmte Arbeit[83]. Analog zum Abstraktwerden der Arbeit im Produktionsprozeß, das das Ausbeutungsverhältnis durchschaubar macht, werden im Prinzip des inhaltlich entleerten Lernens des Lernens Entqualifizierung und Entfremdung von der Arbeit schon innerhalb

---

83 a.a.O., S. 162.

der Schule vorbereitet. Der von Hoffmann angedeutete Widerspruch dürfte jedoch erst dann auftauchen, wenn die Curriculumentwicklung tatsächlich ein Stadium erreicht hat, in dem man ernsthaft von einer Realisierung des Lernens des Lernens sprechen kann. Gegenwärtig ist das nicht der Fall. Dasselbe gilt für Widersprüche, die im noch nicht verwirklichten Ziel der "Verwissenschaftlichung" der Lerninhalte angelegt sind[84]. Die "Verwissenschaftlichung" wird aus der zentralen Bedeutung der Wissenschaft für den "technischen Fortschritt" abgeleitet. Daß der technische Fortschritt seinerseits von einer bestimmten Gesellschaftsstruktur und ihren Zwängen - vor allem die Erhaltung und Erhöhung der Profite durch Produktivitätssteigerung - abhängt und daß diese Zwänge im Widerspruch zur Entfaltung der Produktivkräfte durch Wissenschaft und Technik stehen, kann Ausgangspunkt für Politisierungsprozesse werden.

zu 3. Auf der Ebene der *Methoden* hebt Hoffmann den Widerspruch zwischen den die Schüler isolierenden, individuellen Lern- und Leistungsbeurteilungsverfahren einerseits und kooperativen Lernsituationen andererseits hervor. Im Interesse des Kapitals am Kauf individueller Arbeitskraft werden kollektive Lernprozesse unterdrückt. Das in dieser Unterdrückungserfahrung liegende, zunächst ungerichtete Potential muß zum antikapitalistischen Bewußtsein weiterentwickelt werden. Damit ist die Frage einer antikapitalistischen Praxis in der Gesamtschule angesprochen[85].

Hoffmann geht davon aus, daß alle Schüler ungeachtet ihrer Klassenlage die Entfremdung in der Schule, die Einschränkungen der wirklichen Entfaltung ihrer Fähigkeiten erfahren. Es ist daher naheliegend, die allen Schülern gemeinsamen Interessen am Kampf gegen die Manipulation durch das System zu betonen. Hoffmann bleibt auf dieser Stufe, die auch z.B. Koneffkes Überlegungen zur politischen Praxis kennzeichnen, jedoch nicht stehen, sondern fordert, daß die Sensibilität für solche Widersprüche geschärft werden muß, die den Antagonismus von Bourgeoisie und Proletariat virtuell enthalten, d.h. die Konflikte, die oben skizziert wurden. Konsequenz daraus ist eine für proletarische und bürgerliche Kinder differenzierte Strategie innerhalb der Schule. Obwohl die objektiven Voraussetzungen für die Aktualisierung von politischem Poten-

---

84 Vgl. Bühlow, Hopf, Preuß-Lausitz, a.a.O., S. 83.

85 Vgl. Hoffmann, a.a.O., S. 179 ff.

tial in der Gesamtschule aufgrund der sie bestimmenden Widersprüche günstig sind, gelangen diese nicht mechanisch zum Ausbruch. Die Aktualisierung der Widersprüche wird vielmehr durch bestimmte Mechanismen verhindert: Hoffmann verweist vor allem auf die Leistungsideologie und das differenzierte Kurssystem, das den Schülern unbegrenzten Aufstieg vorgaukelt. Die Entlarvung einer derartigen Ideologie durch politische Agitation ist daher eine Voraussetzung für die Entfaltung der inneren Widersprüche.

Die politische Praxis der *Lehrer* diskutiert vor allem F. Huisken in seinen "Anmerkungen zur Klassenlage der pädagogischen Intelligenz"[86]. Seine These lautet, daß der die kapitalistische Produktion beherrschende Grundwiderspruch von gesellschaftlichen Produktivkräften und sie fesselnden, auf Privateigentum an Produktionsmitteln beruhenden Produktionsverhältnissen für die Inhalte, Ziele und Bedingungen der Arbeit aller Lehrer von Bedeutung ist[87]. Auf der Ebene der Ziele und Inhalte trägt die qualifizierende Arbeit des Lehrers zur Erhöhung der gesellschaftlichen Produktivkraft der Arbeit bei: die von ihm ausgebildeten Schüler können später als Wissenschaftler, Ingenieure, technisch qualifizierte Arbeiter zur Entfaltung der Produktivkräfte beitragen. Aber diese Entfaltung ist durch kapitalistische Produktionsverhältnisse beschränkt (nicht das wird produziert, was gesellschaftlich nützt, sondern was privat verwertbar ist). Der Lehrer ist in diesen Widerspruch eingespannt, seine Position ist der Kontrolle der herrschenden Klasse unterworfen; seine Arbeit besteht nicht darin, für die allgemeine Entfaltung der Produktivkräfte, sondern für Kapitalinteressen beschränkt zu qualifizieren und die Schüler darüber hinaus mit kapitalistischer Ideologie zu indoktrinieren.

Auf der Ebene der Arbeitsbedingungen ist die Situation aller Lehrer durch den schon von Altvater und Huisken genannten Widerspruch von Qualifikationsnotwendigkeiten und Grenzen der Verwertung gekennzeichnet: die unproduktiven, den Mehrwert reduzierenden Kosten der Ausbildung führen zu Kompressionstendenzen, die alle Lehrer aller Schultypen spüren: überfüllte Klassen, unzureichende Ausbildung, unzulängliches Lernmaterial, Lehrermangel, veraltete Schulbauten usw.[88]. Aber die Volksschul-

---

86 In: E. Altvater und F. Huisken (Hrsg.), a.a.O., S. 405-438.

87 a.a.O., S. 410, 431.

88 a.a.O., S. 424 f.

lehrer bekommen diese Unzulänglichkeiten schärfer zu spüren als die Gymnasiallehrer: der Klassencharakter des dreigliedrigen Schulsystems diktiert den Lehrern verschiedener Schultypen unterschiedliche Grade der Unzulänglichkeit ihrer Arbeitsbedingungen zu. So findet der gesellschaftliche, Antagonismus von Lohnarbeitern und Bourgeoisie sein Pendant, "wenn auch nicht in antagonistischer Form", in der Lehrerschaft[89].

Obwohl Lehrer den Widersprüchen kapitalistischer Produktion unterworfen sind, führt dies nicht automatisch zu politischem, gegen die Kapitalherrschaft gerichtetem Handeln. Ähnlich wie Hoffmann untersucht auch Huisken die Mechanismen, die kritisches politisches Bewußtsein der eigenen Lage verhindern[90]: das Arbeitsverhältnis des Lehrers (Beamtenstatus, Gehaltsform) privilegiert ihn gegenüber dem Lohnarbeiter und verdeckt den Warencharakter seiner Arbeitskraft und ihren Käufer; die Inhalte und Formen seiner Arbeit als unproduktive, keinen Mehrwert schaffende Kopfarbeit, seine Privilegierung gegenüber den Lohnarbeitern verhindern die Erkenntnis, daß auch der Lehrer ausgebeutet wird, allerdings in anderer Weise als der produktive Arbeiter. Wie der sog. neue Mittelstand ist auch der Lehrer langfristig der Proletarisierung ausgesetzt, ohne das Bewußtsein davon zu haben. Da bei Lehrern bei zunehmender Proletarisierung die Gefahr einer noch engeren Bindung an den Staat besteht, von dem sie ökonomisch abhängen, ist die Aufhebung der ideologischen Bindung an den fälschlich als neutral verstandenen Staat die vordringlichste Aufgabe der politischen Agitation der Lehrer[91].

Was würde sich durch die Einführung der integrierten Gesamtschule an der widersprüchlichen Situation der Lehrer und den Möglichkeiten ihrer Politisierung ändern? Huisken deutet drei Tendenzen an:
1. In dem Maße, in dem die Curricula der allgemeinbildenden Schulen Elemente enthalten, "die unmittelbarer die Bestimmung ihrer produktiven Verwertbarkeit im Beruf in sich tragen"[92], kann einer größeren Gruppe von Lehrern die Verwertbarkeit der Resultate ihrer Dienstleistungen bewußt werden. 2. Die Differenzierung innerhalb der Lehrerschaft nach

89 a.a.O., S. 413.

90 a.a.O., S. 418 ff.

91 a.a.O., S. 427.

92 a.a.O., S. 428.

Schularten wird zwar langfristig durch eine geänderte Lehrerausbildung für die Gesamtschule abgebaut werden; aber neue Trennungen lassen die Vereinheitlichung der Lehrerschaft fraglich erscheinen: vor allem die Differenzierung nach Stufen und Funktionen infolge größerer Arbeitsteilung (Lehrer, pädagogische Mitarbeiter, technische Assistenten u.a.).
3. Die Rolle des Lehrers als Kontrolleur wird durch die Verfahren der objektivierten Leistungsmessung verändert werden; die Verwissenschaftlichung der Kontrollmechanismen führt zur Verdinglichung von Herrschaft, entlastet den Lehrer von Verantwortung und könnte dazu führen, daß der Schein der nicht-entfremdeten Arbeit des Lehrers verschwindet.

Huisken diskutiert die Frage der politischen Praxis von Lehrern nicht speziell für Gesamtschullehrer, sondern allgemein[93]. Er lehnt syndikalistische Forderungen ab, die Interessen von Berufsgruppen im Kampf gegen den Staat zu verwirklichen suchen und befürwortet Übergangsforderungen, die Lehrer und Proletariat gemeinsam vertreten können: so enthält der Protest gegen Lehrermangel, gegen schlechte Ausstattung der Schulen usw. stets auch die Interessen der Auszubildenden, die unter derartigen Bedingungen zu leiden haben. Ähnlich wie in Hoffmanns Überlegungen zur Politisierung der Schüler steht damit auch bei Huisken die politische Zusammenarbeit der Lehrer mit einer bestimmten gesellschaftlichen Gruppe - der Arbeiterschaft - im Mittelpunkt, nicht eine politische Praxis, die nur innerhalb der Schule Interessen von Lehrern oder Schülern, unabhängig von ihrer sozialen Lage, gegen staatliche Repression vertritt.

3. Zusammenfassung der politökonomischen Ansätze

Fragen wir abschließend, worin die wichtigsten Beiträge der politökonomischen Analysen des Bildungssystems, insbesondere der Gesamtschule, liegen und welche Probleme sie aufwerfen. Um die spezifischen Thesen und Ergebnisse der politökonomischen Kritiker der Gesamtschule sichtbar zu machen, ist es notwendig, noch einmal kurz auf Altvaters und Huiskens allgemeinen Ansatz einzugehen: Der von ihnen formulierte Widerspruch zwischen Qualifikationsnotwendigkeiten und Verwertungsgrenzen diente

93 a.a.O., S. 430 ff.

zunächst zur Erklärung der Restriktionen des Bildungswesens auf schulpolitischer, institutioneller Ebene[94]. Er wurde von uns als Ausdruck des allgemeinen Widerspruchs zwischen der Entwicklung der Produktivkräfte und den sich auf Waren- und Wertform und Privateigentum an den Produktionsmitteln gründenden kapitalistischen Produktionsverhältnissen bezeichnet. Dieser Widerspruch charakterisiert zunächst vor allem die unmittelbare Produktion - d.h. die kapitalistische Wirtschaft -, nimmt hier seine schärfste Form an, führt zu Krisen, die letzlich zum Zusammenbruch der auf Tauschwert beruhenden Produktion[95] und zur Aufhebung des Privateigentums führen. Erst dann können auch die Widersprüche im Bildungssystem, die durch die kapitalistische Produktionsform bedingt sind. aufgehoben werden. Bis es jedoch dahin kommt, trägt das System von Bildung, Wissenschaft und Technik durch die Entwicklung der Produktivkräfte zur Verschärfung des Grundwiderspruchs bei und ist gleichzeitig einer bestimmten Entwicklungsstufe dieses Widerspruchs ausgesetzt: obwohl der Stand der Produktivkräfte eine Ausbildung zuließe, die die Entfaltung der menschlichen Fähigkeiten in weit höherem Maße ermöglichen würde als bisher, bleibt sie unter kapitalistischen Produktionsverhältnissen auf die möglichst billige Qualifikation der Ware Arbeitskraft beschränkt. In den Worten Huiskens: der Widerspruch zwischen Produktivkräften und Produktionsverhältnissen macht sich im Ausbildungssektor zeitweilig gerade da-

---

94 Vgl. hierzu ergänzend H. Karras: Die Grundgedanken der sozialistischen Pädagogik in Marx' Hauptwerk "Das Kapital", Berlin (Ost) 1958, hrsg. von Rote Zelle Pädagogik Hannover, S. 17 ff, 64 ff.

95 Vgl. dazu K. Marx: Grundrisse der Kritik der politischen Ökonomie, Frankfurt/M. o.J., S. 592 ff. "Das Kapital ist selbst der prozessierende Widerspruch (dadurch), daß es die Arbeitszeit auf ein Minimum zu reduzieren sucht, während es andererseits die Arbeitszeit als einziges Maß und Quelle des Reichtums setzt ... Nach der einen Seite hin ruft es also alle Mächte der Wissenschaft und der Natur, wie der gesellschaftlichen Kombination und des gesellschaftlichen Verkehrs ins Leben, um die Schöpfung des Reichtums unabhängig (relativ) zu machen von der auf sie angewandten Arbeitszeit. Nach der anderen Seite will es diese so geschaffnen riesigen Gesellschaftskräfte messen an der Arbeitszeit, und sie einbannen in die Grenzen, die erheischt sind, um den schon geschaffnen Wert als Wert zu erhalten. Die Produktivkräfte und gesellschaftlichen Beziehungen - beides verschiedene Seiten der Entwicklung des gesellschaftlichen Individuums - erscheinen dem Kapital nur als Mittel, und sind für es nur Mittel, um von seiner bornierten Grundlage aus zu produzieren. In fact aber sind sie die materiellen Bedingungen, um sie in die Luft zu sprengen." (593 f.)

durch geltend, daß die menschliche Arbeitskraft *nach Maßgabe* der sich unter bestimmten Produktionsverhältnissen entwickelnden Produktivkräfte qualifiziert wird[96].

Die Untersuchungen zur Gesamtschule bleiben bei diesem allgemeinen Widerspruch nicht stehen; über die Analyse des "Allgemeinen des Kapitalverhältnisses"[97] hinaus werden kürzerfristige, abweichende Interessen einzelner Kapitalfraktionen am Ausbildungssystem und längerfristige Interessen des Gesamtkapitals berücksichtigt und zur Interpretation der Schulentwicklung auf schulpolitischer und schulinterner Ebene herangezogen. Auf schulpolitischer Ebene wird besser verständlich, wieso sich die Gesamtschule trotz der sehr wahrscheinlich größeren ökonomischen Effektivität als die der dreigliedrigen Schule nur langsam, noch planlos und unsicher durchsetzen kann. Der Hinweis auf den unterschiedlichen Widerstand einzelner Kapitalfraktionen ergänzt damit das Argument, daß das Kapital nur aufgrund unabdingbarer Notwendigkeiten Bildungsreformen und damit Einschränkungen der Profiterzielung zulassen kann. Die Berücksichtigung der Einzelkapitale und der Konkurrenz zwischen ihnen weist darüber hinaus darauf hin, daß die zukünftigen Qualifikationsanforderungen des Produktionsprozesses nicht nahtlos in Ausbildungsinhalte und -methoden umzusetzen sind.

Ein noch ungenügend geklärtes Problem im Rahmen dieser Argumentation ist das historisch je verschiedene Verhältnis von staatlicher Bildungspolitik im Interesse des Gesamtkapitals und abweichenden Interessen aller oder einzelner Kapitalfraktionen. Es mag prinzipiell zutreffen, daß die vom Staat eingeleitete Strukturreform des Bildungssystems erst dann in voller Breite erfolgt, wenn bei zunehmender Monopolisierung die bildungspolitischen Interessen einzelner Kapitalfraktionen angeglichen werden; eine für die Interpretation konkreter Schulreformen wichtige Frage lautet dann: in welchen Bereichen gleichen sich die Interessen welcher Kapitalfraktionen in welcher Phase vermutlich an? Ebenso wird zutreffen, daß die staatliche Bildungspolitik auch auf den Widerstand der ihr am nächsten stehenden Großkapitale stößt, wenn deren Profitinteressen tangiert werden. Für die Analyse des Ablaufs von Bildungsreformen wäre je-

---

96 F. Huisken: Anmerkungen zur Klassenlage der pädagogischen Intelligenz, a.a.O., S. 411.

97 Altvater und Huisken, in: Materialien, S. XXI.

doch wichtig zu wissen, in welchem Ausmaß und durch welche bildungspolitischen Einzelmaßnahmen die Profitinteressen eingeschränkt werden. Oder es mag plausibel sein, daß Kapitalisten besonders wegen des kürzerfristigen Interesses an der Akkumulationsrate gegen kostspielige Reformen des Bildungssystems eingestellt sind, während der Widerstand unter dem längerfristigen Profitinteresse schwächer ist; zu klären sind dann die Bedingungen für die unterschiedlich starke Ausprägung bestimmter ökonomischer Interessen. Derartige Fragen sind nur durch historische Untersuchungen beantwortbar, die über Konzentration, Größe, Forschungsintensität, Langfristigkeit der Profitinteressen der Einzelkapitale hinaus weitere Kennzeichen wie z.B. Branchenzugehörigkeit, Trends der technologischen Entwicklung, Marktsituationen berücksichtigen.

Die Thesen über die Widersprüche zwischen unterschiedlichen bildungspolitischen Interessen von Kapitalfraktionen und Staat[98] sind zwar noch allgemein, aber historisch etwas spezifischer als die von Altervater und Huisken. Ihre Bedeutung liegt darin, daß sie sich nicht auf Widersprüche im *Konzept* von Gesamtschulen oder auf vereinzelte, noch nicht voll verwirklichte Schulversuche beziehen, sondern daß sie stärker die tatsächlich ablaufenden vorbereitenden Planungs- und Entscheidungsprozesse (z.B. die Arbeit der Bund-Länder-Kommission; Veränderungen in der Position der Unternehmerverbände) zum Gegenstand haben können. Darin unterscheiden sie sich von allen Aussagen über die Widersprüche innerhalb der Gesamtschule, die noch stark hypothetisch sind.

Allgemein fällt in allen Ansätzen auf, daß die schulpolitische Entwicklung nur im Rahmen derjenigen Widersprüche interpretiert wird, die zwischen einzelnen Kapitalfraktionen oder zwischen ihnen und dem Staat bestehen, nicht jedoch im Rahmen des Widerspruchs von Lohnarbeit und Kapital. Nur das Kapital scheint unter dem Aspekt der Qualifizierung der Ware Arbeitskraft am Ausbildungssystem interessiert zu sein, nicht jedoch die Organisationen der Arbeiterschaft (Parteien und Gewerkschaften), obwohl es zu ihrer historischen Aufgabe gehört hat, durch politischen Kampf die Verwirklichung der "notwendigen Bedürfnisse" und "Lebens-

---

98 Zur Auswirkung der Widersprüche des Kapitalismus im Staat vgl. allgemeiner: W. Müller, C. Neusüß: Die Sozialstaatsillusion und der Widerspruch von Lohnarbeit und Kapital, in: Sozialistische Politik, 1970, 6/7, S. 4-67.

ansprüche" der Arbeiterklasse zu verteidigen und zu erweitern[99]. Es spricht vieles dafür, daß die politökonomischen Ansätze auf die Interessen der Arbeiterschaft am allgemeinbildenden Schulsystem deshalb nicht eingehen, weil sie nur schwach entwickelt sind oder mit Kapitalinteressen an Ausbildung identisch sind (Gewerkschaften)[100], weil Arbeiterparteien (KPD) unterdrückt wurden und vorläufig noch zu schwach sind und weil der linke Flügel der SPD in der Partei keine Rolle spielt. Für die Untersuchung der Reform des Bildungssystems wäre es wichtig zu wissen, warum diese Interessen - vor allem die der Gewerkschaften - nur schwach artikuliert sind. Auch dann ist immer noch zu fragen - was in den vorliegenden Ansätzen nur unzureichend geschieht -, in welchem Maß die Schulreform die Ausbildungssituation der Arbeiterklasse angesichts sich ständig ändernder Technologien zumindest nicht verschlechtert, der Staat insofern Schutzfunktionen für die Reproduktion der Lohnabhängigen übernimmt und damit zugleich die Voraussetzungen für ihre langfristige Ausbeutung sicherstellt[101]. Für die politische Praxis in der Schule und die Zusammenarbeit mit Arbeitern und ihren Organisationen ist die Beantwortung dieser Fragen von erheblicher Bedeutung; sie kann bei einseitiger Fixierung auf Interessen des Kapitals an Ausbildung nicht geleistet werden.

Worin sind die wichtigsten Thesen über Widersprüche und politisches Potential *innerhalb* der Gesamtschule zu sehen? Auch wenn die Entwicklung von Produktivkräften im Bildungssystem nur "nach Maßgabe" der kapitalistischen Verwertungsinteressen erfolgt, ist der Widerspruch damit noch nicht aufgelöst. Denn Ausbildung, Wissenschaft und Technik sind Teile des gesellschaftlichen Reproduktionsprozesses; sie sind gesellschaftliche, durch Kooperation von Lehrern, Schülern, Wissenschaftlern, Studenten, Technikern erbrachte Produktion von gesellschaftlichen Produktivkräften - eine Produktion, die unter kapitalistischen Verhältnissen zu Konkurrenz und Isolation der Produzenten und zu Produkten führt, deren Inhalte von Privatinteressen bestimmt und vom Kapital privat, als Ware Arbeitskraft, angeeignet werden. Vor allem Hoffmann weist auf die-

---

99 K. Marx: Das Kapital, Bd. 1, MEW, S. 185.

100 Vgl. dazu vor allem F. Nyssen: Schule im Kapitalismus, Köln 1969.

101 Eine solche Interpretation würde analog zur Marx'schen Analyse des Kampfes um die Verkürzung des Arbeitstages erfolgen; vgl. Das Kapital, Bd. 1, S. 279 ff.

sen Widerspruch zwischen Kooperation als Produktivkraft und Vereinzelung aufgrund kapitalistischer Produktionsverhältnisse hin. Huisken deutet darüber hinaus zusätzliches Konfliktpotential an, das jedoch erst am Arbeitsplatz entsteht: selbst unter den eingeschränkten Bedingungen des Bildungssystems ist immer noch die Entwicklung von Fähigkeiten möglich, die am Arbeitsplatz aus Verwertungsinteressen unterdrückt werden. Galt dies vor allem für die Schüler, so sind auch die Lehrer diesem Widerspruch ausgesetzt, wenn sie nach ihrer - zwar schlechten - Ausbildung in die Schulpraxis gelangen, die noch weniger Entfaltungsmöglichkeiten bietet. So sinnvoll es demnach ist, die Gemeinsamkeiten von unmittelbarer Produktion und der Produktion von Wissen und Qualifikation hervorzuheben[102], so deutlich müssen jedoch auch die Unterschiede gesehen werden, wenn man der Gefahr der falschen Analogisierung von Produktion und Ausbildung entgehen will: nur in der unmittelbaren Produktion von Mehrwert und Kapital führt die auf dem Wert beruhende Produktion zum direkten Gegensatz von Lohnarbeit und Kapital - nicht im Ausbildungsbereich, wo er nur vermittelt auftritt; allein in der unmittelbaren Produktion kann die Wertform aufgrund des Widerspruchs von Produktivkräften und Produktionsverhältnissen zusammenbrechen - im Ausbildungssystem nimmt dieser Widerspruch andere Formen an und führt zu anderen Ergebnissen.

Ebenso wie die schulpolitisch-institutionelle Entwicklung des allgemeinbildenden Schulwesens ist auch die innere Struktur der Gesamtschule durch unterschiedliche Interessen einzelner Kapitalfraktionen an Qualifikationen bestimmt: das Selektionsprinzip, das der unterschiedlichen Qualifizierung für den Produktionsprozeß dient und im traditionellen Schulsystem in den drei Schularten seinen sichtbarsten Ausdruck findet, wird auch in der Gesamtschule verankert sein[103], weil sich an den unterschiedlichen Qualifikationsinteressen des Kapitals nichts geändert hat. Die Auslese wird allerdings in anderer Form in Erscheinung treten, wenn die drei bestehenden Schulabschlüsse von Abitur I und II mit zusätzlichen differenzierenden "Abschlußprofilen" für verschiedene Berufsbereiche abgelöst werden. Den unterschiedlichen Qualifikationen, die auch

---

102 Dies betonen zurecht K.H. Roth und E. Kanzow, a.a.O.

103 Vgl. dazu G. Bühlow, W. Hopf, U. Preuss-Lausitz, a.a.O.

die Gesamtschule vermittelt, ist die gesamte Organisation (z.B. Leistungskurse und Tests) und das Curriculum (Unterscheidung in Stoffe, die alle lernen müssen, und "Zusatzstoffe" für die Qualifizierteren) zugeordnet. Insofern ist es zutreffend, von der Reproduktion der bestehenden Klassenschule innerhalb der Gesamtschule zu sprechen, auch wenn "Durchlässigkeit" und Mobilität in ihr größer sind als im dreigliedrigen Schulsystem. Es ist jedoch fragwürdig, die ungleichen Abschlüsse und Lernchancen innerhalb der Gesamtschule, die bürgerlichen Inhalte und Leistungsbeurteilungsverfahren einfach als Ausdruck des Gegensatzes von Lohnarbeit und Kapital zu begreifen, so wie man die Volksschule als Schule der Arbeiterschaft und das Gymnasium als Schule der Bourgeoisie versteht. Je mehr die höheren Abschlüsse für wissenschaftliche und technische Berufe im Dienst der Unternehmer qualifizieren anstatt für traditionelle ideologische und herrschaftssichernde Funktionen (z.B. Juristen), desto deutlicher wird, daß durch das Ausleseprinzip unterschiedlich qualifizierte Gruppen des *Gesamt*arbeiters gebildet werden. Zwar sind die Höherqualifizierten eindeutig privilegiert, aber - da sie nicht über Produktionsmittel verfügen - Lohnabhängige wie die weniger Qualifizierten. Wenn man das auch in der Gesamtschule herrschende Selektionsprinzip als Ausdruck des Antagonismus von Lohnarbeit und Kapital versteht, fördert man Spaltungstendenzen zwischen Lohnabhängigen der Arbeiterschaft und der "Mittelschicht".

Wie sich der Widerspruch von Bourgeoisie und Arbeiterschaft in der Gesamtschule vermittelt reproduziert - auf der Ebene von Orientierung und Verhaltensweisen - deutet Hoffmann an: Individualisierung, Konkurrenz, Aufstiegs- und Leistungsstreben, allgemeine Anpassung an bürgerliche Normen treffen auf andere Orientierungen und Handlungsweisen des Arbeiterkindes, die seiner Klassenlage entsprechen. Aus diesem Widerspruch ergeben sich zunächst psychische Konflikte, die Voraussetzung für politisches Handeln sind. Hoffmann unterstreicht damit, daß die "Integration der Arbeiterschaft" in das Gesellschaftssystem der BRD keineswegs erreicht ist und daß sich unter der Oberfläche von Integration und Befriedung der Antagonismus von Arbeiterschaft und Kapitalisten bewahrt hat. Die hier nur angedeutete empirische Klassenanalyse, die mit der ökonomischen Analyse der Entwicklung von Produktivkräften und Produkduktionsverhältnissen eng zusammenhängt[104], ist eine notwendige Voraussetzung für die noch ausstehende Untersuchung des Konfliktpotentials an Gesamtschulen. Daß die hier genannten Widersprüche nicht ohne weiteres zur Politisierung von Schülern und Lehrern führen, ist übereinstimmendes Ergebnis der politökonomischen Ansätze. Sie betonen die objektiv bedingten Verschleierungen und Verkehrungen des Bewußtseins der in der Schule Tätigen, die die Einsicht in die eigene soziale Lage erschweren und durchbrochen werden müssen, um eine bewußte politische Praxis zu ermöglichen.

Die Erzeugung von Ideologien über die Funktion des Bildungssystems in der kapitalistischen Gesellschaft verweist auf die eingangs genannte Unterscheidung der qualifikatorischen und ideologischen Aufgaben des Schulsystems. Im Mittelpunkt der politökonomischen Analysen der Gesamtschule steht zweifellos der Aspekt der veränderten Qualifikation der Ware Arbeitskraft. Dieser Wandel vollzieht sich jedoch - darauf weisen Schmidt und Huisken hin - im Rahmen einer die kapitalistische Produktion ideologisch absichernden Indoktrination, die für das traditionelle Schulsystem und die Gesamtschule gleich sein muß: Unterordnung und Anerkennung der Kapitalherrschaft, Verinnerlichung von "Arbeitstugenden", Akzeptierung der Aufstiegs- und Leistungsideologie sind notwendige Voraussetzungen, die die Arbeitskräfte für die kapitalistische Produktion erfüllen müssen. Ökonomische und politische Funktion der Schulreform sind kaum zu trennen, weil sich die herrschaftssichernde Funktion des Schulwesens in den politökonomischen Ansätzen nicht auf die abstrakte Herrschaft "des Systems" oder die vorhandenen politischen Institutionen bezieht, sondern auf die Herrschaft des Kapitals bzw. der Kapitalistenklasse. Es hieße die Absichten politökonomischer Analysen des Ausbildungssektors mißverstehen, wenn man ihnen "Einseitigkeit" der Perspektive vorwerfen und - wie in bürgerlichen Sozialisationstheorien - darauf hinweisen würde, daß die Schule über die Produktion von Arbeitsvermögen hinaus zusätzliche Funktionen der Sozialisation in Normen, Werte, Rollenvorschriften aller übrigen gesellschaftlichen Bereiche ausübe. Gegenüber einem solchen pluralistischen Ansatz, der idealistisch ver-

---

104 Vgl. dazu vor allem F. Deppe: Das Bewußtsein der Arbeiter. Studien zur politischen Soziologie des Arbeiterbewußtseins, Köln 1971.

standene Normen und Werte nur unzureichend mit den materiellen Reproduktionsbedingungen der Gesellschaft verbindet und der das Verhältnis der Sozialisationsbereiche zueinander ungeklärt läßt, betont der politökonomische Ansatz die zentrale Bedeutung der ökonomischen Funktion der Ausbildung für die gesamte Sozialisation.

In allen politökonomischen Ansätzen werden die - wenn auch widersprüchliche - Funktionalität der Gesamtschule für Kapitalinterssen und die Ähnlichkeit mit dem traditionellen Schulsystem hervorgehoben: die Qualifikationsanforderungen verändern sich, eine andere Schulstruktur wird langfristig unvermeidlich, reproduziert aber die alten Widersprüche der bisherigen Schule. Was jedoch in den meisten Ansätzen systematisch zu kurz kommt, ist die Darstellung der objektiv emanzipatorischen Momente der Schulreform gegenüber der traditionellen Schule, die auf anderer Ebene zu neuen Widersprüchen führen wird. Marx hat die dieser Argumentation zugrunde liegende Logik im Zusammenhang mit den Auswirkungen der "großen Industrie" auf die "allseitige Beweglichkeit" der Arbeiter und auf die Emanzipation der Frauen und Kinder dargestellt[105]: die große Industrie macht es durch ihre eigenen Katastrophen selbst "zur Frage von Leben oder Tod, den Wechsel der Arbeiten und daher möglichste Vielseitigkeit der Arbeiter als allgemeines gesellschaftliches Produktionsgesetz anzuerkennen ...; das Teilindividuum, den bloßen Träger einer gesellschaftlichen Detailfunktion, (zu ersetzen) durch das total entwickelte Individuum, für welches verschiedene gesellschaftliche Funktionen einander ablösende Betätigungsweisen sind"[106]. Ein naturwüchsiges Moment dieser Umwälzungsprozesse waren die polytechnischen und agronomischen Schulen und die Berufsschulen, in denen Kinder Unterricht in Technologie erhielten. Erst die Eroberung der politischen Gewalt durch die Arbeiterklasse kann zur vollen Entwicklung der emanzipativen Momente dieses naturwüchsigen Prozesses führen. Die kapitalistische Form der Produktion jedoch steht im "diametralen Widerspruch" zu solchen Umwälzungsprozessen und ihrem Ziel, "der Aufhebung der alten Teilung der Arbeit". Ähnlich der Widerspruch bei der Frauen- und Kinderarbeit: die große Industrie schafft "mit der entscheidenden Rolle, die sie den Weibern, jungen Per-

---

105 K. Marx: Das Kapital, Bd. 1, MEW, S. 508 ff.

106 a.a.O., S. 511 f.

sonen und Kindern beiderlei Geschlechts in gesellschaftlich organisierten Produktionsprozessen jenseits der Sphäre des Hauswesens zuweist, die neue ökonomische Grundlage für eine höhere Form der Familie und des Verhältnisses beider Geschlechter"[107]. Der kapitalistische Produktionsprozeß mit seiner brutalen Ausbeutung von Frauen- und Kinderarbeit verhindert dies jedoch.

Zwar findet man in politökonomischen Analysen des Ausbildungssektors und der Gesamtschule immer wieder vereinzelte Hinweise auf die emanzipatorischen Möglichkeiten im Schulsystem, die die kapitalistische Produktion selbst hervorbringt, gleichzeitig jedoch zu unterdrücken sucht[108]; aber als systematische Perspektive, die die fortschrittlichen Merkmale des Gesamtschulkonzepts gegenüber dem traditionellen Schulsystem hervorhebt (z.B. ihr höherer Grad an Vergesellschaftung und an bewußter Planung, der Einsatz entlastender Lerntechnologien, die Integration von Allgemein- und Berufsausbildung, die Verwissenschaftlichung und Theoretisierung der Inhalte und Methoden), fehlt in den politökonomischen Ansätzen weitgehend[109]. Dieses emanzipative Moment - das zeigt Marx' kurze Schilderung sehr deutlich - wird erst vor dem Hintergrund der Beschränkungen durch frühere Produktionsformen deutlich; für die Gesamtschule heißt das, ihre emanzipatorischen Möglichkeiten werden nur im Zusammen-

---

107 a.a.O., S. 514.

108 Am deutlichsten bei der Verwissenschaftlichung der Ausbildung und bei der Erziehung zu Mobilität und Flexibilität, die unter kapitalistischen Verhältnissen auf Anforderungen des Arbeitsplatzes beschränkt werden, so daß wissenschaftliche Ausbildung und Flexibilität nicht zur Systemkritik führen. Vgl. dazu F. Huisken: Anmerkungen zur Klassenlage der pädagogischen Intelligenz, a.a.O., S. 411 f. (emanzipatives Moment der Verwissenschaftlichung); M. Schmidt, a.a.O., S. 95 f. (Emanzipatives Moment und Widerspruch im Prinzip des Lernens des Lernens). Vgl. auch F. Huisken, a.a.O., S. 428 (Integration von beruflicher und Allgemeinausbildung); Hanf u.a., a.a.O., S. 374. Zur Frage empanzipatorischer Momente in der kapitalistischen Entwicklung vgl. auch F. Huisken, in: Materialien, a.a.O., S. 187 ff.

109 Einen Versuch, die besonderen Widersprüche zwischen den emanzipatorischen Tendenzen der Schulreform und ihrer Restriktionen unter kapitalistischen Produktionsverhältnissen zu bestimmen, stellt C. Händles Aufsatz "Vergesellschaftung und Rationalisierung. Zur Analyse der historischen Veränderung von Bildungs- und Produktionssystemen", Manuskr. Mai 1971, dar.

hang mit dem traditionellen Schulsystem deutlich. Damit ist nicht gesagt, daß die Gesamtschule tatsächlich zur weitergehenden Emanzipation führt; aber die neue Stufe des Widerspruchs von Produktionsverhältnissen und Produktivkräften in einem geänderten Bildungssystem würde sichtbar werden.

9. Zur Ideologie der Gesamtschule. Analyse von Begründungen und Zielsetzungen

1. Vorbemerkung

Im folgenden Kapitel wird untersucht, mit welchen Argumenten die Gesamtschule von ihren Befürwortern gefordert und wie die Notwendigkeit ihrer Einführung begründet wird. Obwohl diese Argumentation sich im Laufe der Zeit geändert hat und an die Stelle einer mehr sozialreformerischen zunehmend eine technokratische Begründung tritt, wird der historische Aspekt in der vorliegenden Darstellung nicht berücksichtigt. Stattdessen beschränken wir uns auf eine ideologiekritische Analyse einer Reihe von Texten aus den letzen Jahren, die in zwei Gruppen eingeteilt und einander gegenübergestellt wurden. Bei der ersten Gruppe handelt es sich um folgendes Material:

a) Entwürfe von Planungsgruppen, die teils veröffentlicht wurden[1], teils im Manuskript vorliegen[2].
b) Darstellungen von bereits bestehenden Gesamtschulen durch die dort tätigen Lehrer bzw. Schulleiter[3].

---

1 Gesamtschule Nordweststadt. Frankfurt a.M. 1968. (Wege zur neuen Stadt. Schriftenreihe der Dezernate Planung und Bau- und Stadtwerke und Verkehr der Stadt Frankfurt Bd. 5); Raum- und Ausstattungsprogramm der Gesamtschule Berlin-Kreuzberg. Hrsg. von der Planungsgruppe 1969; Planungsentwürfe der Gesamtschule Weinheim und Freiburg-Haslach, in: Modellschulen in Baden-Württemberg. Hrsg. Kultusministerium Baden-Württemberg. (Bildung in neuer Sicht, Bd. 15). Villingen 1968.

2 Frankfurt-Nordweststadt; Hamburg-Mümmelmannsberg; Berlin-Spandau; Berlin-Reinickendorf II; Planungsbericht der Gesamtschule Freiburg-Haslach; Planungsbericht Weinheim.

3 H. Mastmann, W. Flößner, T. Teschner u.a. (Hrsg.): Gesamtschule. Ein Handbuch. Schwalbach bei Frankfurt a.M. 1968; H. Pflug: Strukturplan und didaktische Zielsetzung des Schulversuchs für eine Gesamtschule (Zehnjahresschule) an der Th.-Heuß-Schule in Baunatal. In: Forschungsberichte der Max-Traeger-Stiftung. Frankfurt a.M. 1968.

c) Gutachten und Schulentwicklungspläne für einzelne Kreise oder Gemeinden[4].
d) Anträge von Schulträgern auf Errichtung einer Gesamtschule beim Kultusministerium[5].
e) Schriften der Kultusministerien zur Gesamtschule[6].

Diese Schriften werden der Einfachheit halber im folgenden als Äußerungen der *Praktiker* zur Gesamtschule bezeichnet; dies läßt sich insofern rechtfertigen, als die Schriften jeweils auf konkrete Gesamtschul-Projekte bezogen sind, die entweder bereits realisiert sind oder in die Praxis umgesetzt werden sollen; auch die Schrift des Hessischen Kultusministeriums wurde in diese Kategorie aufgenommen, da sie Anleitungen und Hinweise für die Schul- und Unterrichtspraxis geben will.

Allen diesen Unterlagen ist - da das neue Schulsystem noch nicht regelrecht etabliert ist - eine *Funktion* gemeinsam: die Durchsetzung und Rechtfertigung der Gesamtschule, und zwar sowohl gegenüber politischen und Verwaltungsinstanzen als auch gegenüber der 'Öffentlichkeit' - besser: den maßgeblichen Verbänden, Parteien, Institutionen - und gegenüber den von der Schulreform am unmittelbarsten Betroffenen - den Lehrern, Schülern und Eltern. Auch wenn diese Adressaten nicht ausdrücklich angesprochen werden, müssen ihre *Interessen* in den Begründungen doch berücksichtigt werden, zumal die Reform bisher noch in Gestalt einzelner Versuche durchgeführt wird[7]. Die Argumente für die Gesamtschule im vorliegenden Material stellen also nicht unbedingt die Überzeugung der jeweils bei einzelnen Gesamtschul-Gründungen initiativ gewordenen Personen

---

4 G. Bechert: Schulzentren für die weiterführenden Schulen. Erste Stufe eines Schulentwicklungsplans für den Landkreis Unna. 1968 (2. Aufl.); G. Bechert: Die Schulentwicklungsplanung des Landkreises Unna. In: Bildung und Politik. 4. Jg. (1968) H. 8/9; J. Lohmann: Schulzentrum Fröndenberg. Gutachten über die didaktische und bauliche Planung. Hrsg. Stadt Fröndenberg. 1967; J. Lohmann: Gesamtschule Fröndenberg. Stundentafel (1968); G. Bechert, J. Lohmann (Hrsg.): Gutachten zur Schulentwicklung der Stadt Neviges. 1968; J. Lohmann u.a.: Schulentwicklungsplanung der Stadt Kamen, Kamen 1968.

5 Fröndenberg, Kamen.

6 Informationen zur Gesamtschule. Arbeitspapiere für die Praxis II. Hrsg. Hessisches Kultusministerium. Wiesbaden 1969.

7 Ausnahmen bilden West-Berlin und Hessen, wo die Gesamtschule juristisch nicht mehr als Schulversuch gilt.

oder Gruppen dar, sondern enthalten zugleich die Antizipation von Interessen derjenigen, die für die Durchführung von Gesamtschul-Versuchen gewonnen werden sollen. Es ist davon auszugehen, daß diese Interessen unterschiedlich, u.U. sogar unvereinbar sind; das Interesse an bestimmten Qualifikationen (z.B. Spezialisierung) der zukünftigen Arbeitskraft etwa ist von dem des Individuums an "freier Entfaltung der Persönlichkeit" (Art. 2 GG) unter den herrschenden gesellschaftlich-ökonomischen Verhältnissen grundsätzlich verschieden - ebenso wie die Durchsetzungsmöglichkeit dieser Interessen. Eine der wichtigsten Aufgaben dieser Untersuchung wird es sein, herauszufinden

1. welche Interessen in die Begründungen und Ziele der Gesamtschule eingehen;
2. ob die Ziele als widersprüchlich erkannt werden;
3. ob und auf welche Weise die differierenden und gegensätzlichen Interessen harmonisiert werden.

Eine weitere Aufgabe der vorliegenden Analyse ergibt sich aus dem inhaltlichen Ansatz der Gesamtschul-Begründungen. Diese gehen davon aus, daß sich die gesellschaftlichen Bedingungen verändert haben und eine Reform der Schule erforderlich machen. Dabei werden die Veränderungen und die daraus resultierenden Anforderungen einzelner gesellschaftlicher Bereiche beschrieben, vor allem der Wirtschaft und des politischen Systems, ohne daß - wie noch zu zeigen sein wird - die in ihnen konstituierte Herrschaft problematisiert wird. Zum vollen Verständnis der Inhalte und Funktionen dieser Ideologie wäre es notwendig, ihren Zusammenhang mit den tatsächlichen gesellschaftlich-historischen Verhältnissen der BRD nachzuweisen. Eine solche umfassende historische Untersuchung ist uns jedoch nicht möglich; die Analyse der Begründungen von Gesamtschulen bleibt auf der Ebene von Textkritik stehen.

Die in dem oben beschriebenen Material vorliegenden Begründungen der Gesamtschule sind von den Praktikern meist nicht selbständig entwickelt worden; vielmehr finden diese eine ganze Reihe theoretischer und programmatischer Äußerungen über die Gesamtschule vor, insbesondere von einzelnen Wissenschaftlern oder von Gremien wie dem Deutschen Bildungsrat. Einige der einflußreichsten dieser Veröffentlichungen wurden in die Analyse einbezogen und bilden als Schriften der *Theoretiker* die zweite Gruppe der hier untersuchten Gesamtschul-Texte. Dabei handelt es sich vor allem um die Schriften von H. v. Hentig und H.-G. Rolff, um die Empfehlung "Einrichtung von Schulversuchen mit Gesamtschulen" und den Strukturplan des Deutschen Bildungsrates[8]. Andere Autoren werden nur gelegentlich herangezogen, sofern sie für einzelne Probleme relevant erscheinen.

Die weitgehende Übereinstimmung, die in den Gesamtschul-Begründungen der Praktiker auf der einen und der Theoretiker auf der anderen Seite festzustellen ist, macht auf die Bedingungen aufmerksam, unter denen die Planung von Gesamtschulen bisher erfolgt ist: schon aus Mangel an Zeit sind die Praktiker offensichtlich gezwungen, auf die Äußerungen der Theoretiker zurückzugreifen, ohne sich eingehend mit ihnen auseinandersetzen zu können. Es stellt sich die Frage, inwieweit diese Tatsache funktional ist für eine quantitative und qualitative Reduzierung der Innovationen und somit im Interesse derjenigen liegt, die nur gewisse Veränderungen, nicht aber eine grundlegende Reform der Institution Schule anstreben. Die zweite Frage, die sich in diesem Zusammenhang stellt, ist die nach der Funktion, die den Theoretikern bei der Schulreform zukommt.

Ausdrücklich muß darauf hingewiesen werden, daß die Begründungen der Gesamtschule mit ihren tatsächlichen Zielen und ihrer Praxis nicht identisch sind. Über Wirkung und Erfolg der Gesamtschule sagt die Analyse

---

8 H. v. Hentig: Systemzwang und Selbstbestimmung, 2. Aufl. Stuttgart 1969; ders.: Allgemeine Lernziele der Gesamtschule, in: Deutscher Bildungsrat. Gutachten und Studien der Bildungskommission, Bd. 12, Lernziele der Gesamtschule, Stuttgart 1969, S. 13-43.
H.-G. Rolff, T. Sander, G. Winkler: Die demokratische Leistungsschule, Hannover 1967; H.-G. Rolff: Vorbemerkungen: Die Gesamtschule - die Schule für die demokratische Industriegesellschaft, in: H. Frommberger, H.-G. Rolff (Hrsg.), Pädagogisches Planspiel: Gesamtschule, Braunschweig 1969, S. 39-46; ders.: Auf dem Wege zur integrierten Oberstufe, in: b:e, 1969, H. 12, S. 11-17; ders.: Bildungsplanung als rollende Reform, Frankfurt/M.-Berlin-München 1970; ders.: Die Demokratie der Unmündigen? Behinderungen und Chancen einer Erziehung zur Emanzipation, in: Kritik, Bd. I, Die autoritäre Gesellschaft, hrsg. v. G. Hartfiel, Köln, Opladen 1969, S. 97-125; ders.: Probleme der Leistung und der Sozialisation in der Gesamtschule, in: Beiträge zur Gesamtschule, Schriftenreihe der Hamburger Schulbehörde, VI, 1970, S. 17-31. - Deutscher Bildungsrat. Empfehlungen der Bildungskommission. Einrichtung von Schulversuchen mit Gesamtschulen, Bonn 1969; ders.: Strukturplan für das Bildungswesen, Bonn 1970.

der Argumente für dieses Schulsystem nichts aus; der Einfluß der Begründungen einer bestimmten Gesamtschule auf ihre spätere Praxis läßt sich ebenfalls nicht bestimmen. Wohl aber kann die Analyse dieser Begründungen die Interessen einflußreicher gesellschaftlicher Gruppen an dem neuen Schulsystem sichtbar machen, und diese werden ohne Zweifel die Praxis der Gesamtschule entscheidend beeinflussen. Die Hoffnung insbesondere von Praktikern, innerhalb der Gesamtschule ihre emanzipatorischen Vorstellungen verwirklichen zu können, nachdem die Strukturreform prinzipiell durchgesetzt ist, ist daher trügerisch. Die Gesamtschule ist - ebenso wie jedes Schulsystem in der Vergangenheit - ein abhängiges Teilsystem der Gesellschaft, das umso mehr der Kontrolle der Herrschenden unterworfen sein wird, je mehr Wissen und Ausbildung zum Produktionsfaktor werden.

2. *Ökonomische Argumente und Zielsetzungen*

Die Gesellschaft, auf die sich die neue Schulreform beziehen soll, erscheint in schlagwortartigen, vagen Formulierungen als "neue Wirklichkeit innerhalb einer veränderten Gesellschaft"[9] als "demokratisch, hochindustrialisierte Gesellschaft" oder "Leistungs- und Konsumgesellschaft"[10]. Diese Charakterisierung - erweitert um die "verwissenschaftlichte" oder "technische Zivilisation" - finden die Planer von Gesamtschulen bei den mehr theoretisch orientierten Begründungen vor[11]. Die Verkürzung des Gesellschaftsbildes auf Aspekte wie Technik, Verwissenschaftlichung, Leistung, Konsum etc. ist - so inhaltsleer sie sein mag - Ausdruck einer bestimmten Ideologie, die kapitalistische Produktionsverhältnisse dadurch in Vergessenheit zu bringen versucht, daß sie ihre Erscheinungs-

9 H. Mastmann u.a.: Gesamtschule. Ein Handbuch, a.a.O., S. 117.

10 Antrag der Stadt Kamen, Anl. 2. Vgl. auch Hamburg-Mümmelmannsberg.

11 Vgl. H.-G. Rolff: Vorbemerkung: Die Gesamtschule - die Schule für die demokratische Industriegesellschaft, in: H. Frommberger und H.-G. Rolff (Hrsg.): Pädagogisches Planspiel: Gesamtschule, Braunschweig 1968, S. 39 ff.; Deutscher Bildungsrat. Empfehlungen der Bildungskommission: Einrichtung von Schulversuchen mit Gesamtschulen, 1969, S. 21; H. v. Hentig: Systemzwang und Selbstbestimmung, 2. Aufl. Stuttgart 1969, S. 17.

formen zu allgemeinen Strukturmerkmalen verkehrt[12]. Fragt man genauer, welches die Bedingungen und Tendenzen der Gesellschaft sind, die ein neues Schulsystem erzwingen, so wird in den Äußerungen von Praktikern und Theoretikern die zentrale Rolle *wirtschaftlicher* "Anforderungen" deutlich, sei es auf der Ebene der Gesamtwirtschaft, einer regionalen Wirtschaftsstruktur oder auf der Ebene der beruflichen Anpassung von Individuen.

I. Es ist kennzeichnend für die Begründungen bestimmter Gesamtschulen, daß *regional- oder kommunalwirtschaftliche Interessen* an der Errichtung einer Gesamtschule nur in solchen Fällen offen geäußert werden, in denen sich die ökonomische Situation einer Region krisenhaft verschlechtert oder langsamer verbessert als in Vergleichsregionen. Als Beispiel für eine solche offene Darlegung konkreter Interessen an der Verbesserung der Infrastruktur durch Schulreform, die die Attraktivität einer Region für Wirtschaftsinteressen erhöhen soll, sei die Gesamtschulentwicklung im nordrhein-westfälischen Landkreis Unna genannt. Zu diesem Kreis, der am östlichen Rand des Ruhrgebietes liegt, gehören Kamen und Fröndenberg, Schulträger zweier Gesamtschulen. Aus den Planungsunterlagen für die Gesamtschulen und aus Veröffentlichungen des Bildungsberaters des Kreises[13] wird deutlich, daß die Produktivität und die Produktionsstruktur des Kreises gegenüber der Entwicklung des Landes zurückbleibt und daß die Krise im Bergbau eine ernsthafte Bedrohung darstellt. Die von den politischen Instanzen angestrebte Industrieansiedlung setzt ein Schulsystem voraus, das die Zahl der Absolventen weiterführender Schulzweige erhöht. Dementsprechend heißt es unter den "kommunalpolitischen Intentionen" des Gutachtens von Lohmann u.a. für Kamen: Eine "langfristige moderne Schulplanung" sei für Kamen dringend notwendig, um

"durch eine Verbesserung der Ausbildung die berufliche Mobilität zu fördern und damit die wirtschaftliche Strukturveränderung in Kamen zu erleichtern und ihre sozialen Härten zu verringern."
"Wegen der teilweisen Gefährdung von Arbeitsplätzen in Kamen wird hier als wirtschafts- und sozialpolitische Hauptintention (der modernen Schul-

---

12 Vgl. hierzu auch J. Raspe: Zur Analyse einiger wichtiger Aspekte der Sozialisationsbedingungen proletarischer Kinder. Diplomarbeit, Freie Universität Berlin, 1970, S. 5 ff.

13 Vgl. z.B. G. Bechert: Die Schulentwicklung des Landkreises Unna, in: Bildung und Politik, H. 8/9 1968, S. 161-163.

planung - d.Verf.) zu gelten haben, die Wirtschaftskraft Kamens zu stärken. Darum muß Kamen-Mitte attraktiver gemacht werden"[14].

Zwar wird betont, daß die "Reduktion sozialer Schichtunterschiede Kernstück der Reform" sei und daß eine durchgeführte Schulreform mit den verbesserten beruflichen und sozialen Chancen des Einzelnen die "politische, wirtschaftliche und soziale Dynamik des Ortes verstärken" wird[15]; aber der Versuch der Umkehrung des Einflusses von Wirtschaft und Bildungssystem und der Versöhnung von politischen Zielen und ökonomischen Interessen ist zu vordergründig, als daß man nicht erkennt, daß die "gesellschaftspolitische Intention" gerade in wirtschaftlich rückständigen Gebieten nur so weit verwirklicht werden kann, als es jene Interessen zulassen. Hier zeigt sich eine für viele Gesamtschulbegründungen typische Denkfigur: man versucht nicht nur, das ökonomische Interesse an Bildungsreform durch sozialpolitische, schulpolitische, pädagogische usw. Intentionen zu relativieren, sondern möchte es darüber hinaus als völlig irrelevant erscheinen lassen, indem man die volle, durch kein Kapitalinteresse begrenzte Verwirklichung jener nicht-ökonomischen Intentionen postuliert.

Diese Verharmlosung ökonomischer Interessen ist anscheinend umso stärker, je relevanter Planungsentwürfe für die Errichtung konkreter Gesamtschulen werden. Mit anderen Worten: je allgemeiner und politisch folgenloser Begründungen für die Notwendigkeit von Gesamtschulen sind, desto eher ist es möglich, Wirtschaftsinteressen zu übergehen oder sich partiell von ihnen zu distanzieren. Umgekehrt: Politiker und Planungsexperten, die die Errichtung von Gesamtschulen durchsetzen wollen, können Wirtschaftsinteressen nicht mehr kritisch gegenübertreten, sondern befinden sich in der Position des Abhängigen: Stabilität und Handlungsmöglichkeiten des politischen Systems hängen entscheidend von den Entschlüssen der privaten Wirtschaft ab. Folge dieser Abhängigkeit ist eine sprachliche Kaschierung und Verharmlosung ökonomischer Interessen. So wird z.B. in dem hier näher geschilderten Beispiel die Erhöhung der wirtschaftlichen "Attraktivität" Kamens durch eine moderne Schulpolitik

14 J. Lohmann u.a.: Schulentwicklungsplanung der Stadt Kamen, a.a.O., S. 46.

15 a.a.O., S. 45.

betont - man fragt sich: "attraktiv" wofür? Die Antwort lautet nicht etwa: für Profitinteressen der in strukturschwache Gebiete mit niedrigem Lohnniveau ziehenden Kapitaleigentümer, sondern für die "wirtschaftliche Dynamik" eines Ortes, die durch die kommunale Industrieansiedlung zu "stimulieren" ist[16]. Die Bergbaukrise wird als notwendiger, quasi natürlicher "Schrumpfungsprozeß" beschrieben[17], der - so wird nur am Rande zugegeben - auch "soziale Härten" gebracht habe. Es ist von einer "teilweisen Gefährdung von Arbeitsplätzen" die Rede[18] - die Sprache verbirgt, wer denn aus welchen Gründen "Härten" bringt und Arbeitsplätze gefährdet.

Der Beitrag der Gesamtschule zur kommunalen Wirtschaftsentwicklung wird nur in wenigen Gesamtschulmodellen und Planungsunterlagen so deutlich geschildert wie in den Beispielen aus Nordrhein-Westfalen, in denen "Infrastrukturplanung" und regionale Wirtschaftsplanung vielleicht am weitesten integriert sind[19].

Fast alle Begründungen einzelner Gesamtschulen enthalten jedoch *volkswirtschaftliche* Argumente und verweisen auf entsprechende Berufsanforderungen. Zum Teil wird die Anpassung des Bildungswesens an den wachsenden "Bedarf unserer Wirtschaft und Gesellschaft nach besser ausgebildeten Erwerbstätigen"[20] als schlichte Selbstverständlichkeit bloß konstatiert[21]; in anderen Fällen dienen nichtssagende Kennzeichnungen wie z.B.

---

16 Gutachten Kamen, a.a.O., S. 70.

17 ebda.

18 a.a.O., S. 46.

19 Eine ähnliche Begründung, die die Bedeutung der Gesamtschule für die kommunale Wirtschaftsentwicklung betont, findet sich im Gutachten für die Gesamtschule in Nerviges. - Das Planungsmodell für die Gesamtschule Kamen hat insofern exemplarische Bedeutung, als es in einer Schrift der Gewerkschaft Erziehung und Wissenschaft (Landesverband Nordrhein-Westfalen): Wie plant und beantragt man Gesamtschulen? o.O., o.J., erschienen 1970, als Musterbeispiel für die Begründung eines Gesamtschulantrages einer Kommune an das Kultusministerium angeführt wird; vgl. S. 23 ff.

20 Gutachten Fröndenberg, a.a.O., S. 6.

21 Frankfurt-Nordweststadt, S. 1; Baunatal, a.a.O., S. 60; Antrag der Stadt Fröndenberg zur Errichtung einer Gesamtschule, S. 8; Antrag der Stadt Kamen, S. 7; Hamburg-Mümmelmannsberg, S. 6.

"veränderte und erhöhte Anforderungen einer sich dynamisch entwickelnden Industriekultur" der Schein-Begründung jener Anpassung[22]. Am konkretesten sind noch jene Ableitungen der Schulreform, die zwei - miteinander verbundene - Tendenzen der "Industriegesellschaft" betonen: 1. Veränderung in der Berufs- und Qualifikationsstruktur und 2. steigende Leistungsanforderungen der Wirtschaft an die Arbeitskraft des Einzelnen. So soll die Schule durch Erziehung zur Mobilität und Flexibilität der "dynamischen Wirtschaftsentwicklung" Rechnung tragen:

"Es (das deutsche Schulwesen - die Verf.) muß dem einzelnen eine längere Grundausbildung geben, damit er dem Wechsel der Arbeitsanforderungen, sowie den künftigen schwerwiegenden Wandlungen unserer Wirtschaftsstruktur - Landwirtschaft, Grundstoffindustrie, Kleinhandel - durch eine grössere berufliche Mobilität gewachsen ist und mehr Chancen zur politischen Mitbestimmung erhält"[23].

Hier wird der Eindruck erweckt, als ob die Erziehung zur Mobilität allein der sozialen Sicherheit des Einzelnen diene - wie es auch in dem Slogan "Sicherheit durch Ausbildung" zum Ausdruck kommt; das Interesse der Privatwirtschaft an einer absolut mobilen Arbeitskraft, die durch kein inhaltliches Interesse an der Arbeit und ihrem Produkt mehr gefesselt ist, wird unterschlagen oder als selbstverständlich unterstellt. Die so definierte Flexibilität und Mobilitätsbereitschaft ist für Herrschaftsinteressen doppelt wertvoll: da die ökonomischen Ursachen für die Veränderungen der Wirtschaftsstruktur unerkannt oder unerwähnt bleiben, folgt für die Erziehung zur Flexibilität und Mobilitätsbereitschaft, daß diese Fähigkeiten selbst unabhängig von jedem Inhalt sind - geschmeidige, weil blinde Anpassung an die "Dynamik" der Wirtschaft, an deren Veränderlichkeit als solche. Mobilität und Flexibilität sind darüber hinaus Qualifikationen vereinzelter Individuen; hierin liegt ihre zweite politische Bedeutung für Herrschaftsinteressen, für die die Aufhebung der Vereinzelung durch kollektives politisches Handeln gefährlich sein muß. Indem Gesamtschulbegründungen wie die zitierten allein die Anpassung mobiler Einzelner propagieren, dienen sie Herrschaftsinteressen des Kapitals, das durch keine kollektive Gegenmacht 'gestört' werden möchte. Gesamt-

22 Gutachten Neviges, S. 40.

23 Gutachten Fröndenberg, S. 6; vgl. auch Baunatal, S. 59; Hamburg-Mümmelmannsberg, S. 5.

schulbegründungen dieser Art sind damit latent gewerkschaftsfeindlich und teilen diese Tendenz mit dem traditionellen Schulsystem[24].

Der ungenügenden gesellschaftlichen Begründung von Zielen wie Mobilität und Flexibilität des Einzelnen stehen zahlreiche, fast konkretistische Angaben der Mittel gegenüber, mit denen jene Qualifikationen innerhalb der Schule verwirklicht werden sollen: das Fachleistungskurs-Prinzip mit seinem intendierten häufigen Wechsel des Niveaus, das Prinzip des lebenslangen Lernens und das Lesen im Lesesaal[25] oder die Fahrt mit dem Bus zur Schule, durch die sich die Schüler an einen Arbeitsplatz außerhalb des Wohnortes gewöhnen[26]. Auf diese Weise degenerieren Mobilität und Flexibilität offensichtlich zu Arbeitstugenden, die mit den herkömmlichen wie Pünktlichkeit, Gehorsam und Sauberkeit ohne weiteres vereinbar sind.

Während Flexibilität und Mobilität allgemeine Normen sind, die für alle Lern- und Lebensbereiche innerhalb der Schule gelten können, soll die Anpassung an die Erfordernisse der Wirtschaft auch über bestimmte Lerninhalte - vor allem in Arbeitslehre, Wirtschaftskunde etc. - gewährleistet werden. "Dabei müssen diejenigen Lernangebote stärker als bisher berücksichtigt werden, die den Schüler befähigen, sich in der Arbeitswelt zu bewähren"[27].

---

24 Vgl. dazu z.B. F. Nyssen: Schule im Kapitalismus, Köln 1969; E. Becker, S. Herkommer, J. Bergmann: Erziehung zur Anpassung? 2. Aufl. Schwalbach 1968, S. 151 ff.

25 "Mit dem langsamen Gewöhnen an ein 'Lesesaal-Verhalten' wird Lebenshilfe (!) geleistet für selbständige Weiterbildung, vor allem in der Berufs- und Arbeitswelt"; Lichtenrade, S. 8.

26 Gutachten Fröndenberg, S. 8.

27 Hamburg-Mümmelmannsberg, S. 1 f.; vgl. auch Frankfurt-Nordweststadt, S. 4; Antrag Kamen, Anl. 2; Gesamtschule Fröndenberg, Stundentafel, S. 3; Gutachten Neviges, S. 97; Berlin-Kreuzberg, S. 18. - In Weinheim dagegen wird die stärkere Berufsorientierung vor allem im Fach Arbeitslehre damit begründet, daß dadurch besonders Kinder aus den unteren Sozialschichten besser motiviert werden, was sich auf die gesamten Schulleistungen positiv auswirken könne. Vgl. Modellschulen in Baden-Württemberg, a.a.O., S. 53. Ähnlich wird auch in Baunatal argumentiert, wo allerdings mehr an einem statischen Begabungsbegriff festgehalten wird: die Arbeitslehre soll vor allem den Schülern zugute kommen, "deren Begabungsniveau zwischen Realschule und Hauptschule liegt". Vgl. Baunatal, S. 59 und 71.

Der Planungsgruppe der Gesamtschule Berlin-Kreuzberg erscheint eine stärkere Berufsorientierung der Schule noch aus einem anderen Grund erforderlich. Für die Integration von Berufs- und Studienstufe tritt sie mit folgenden Argumenten ein:

"Der ... durch die Bildungswerbung gestiegene Gymnasialbesuch, die höhere Erfolgsquote wie andere Faktoren haben die Hochschulen vor quantitative Probleme gestellt, die nur bei einer umfassenden Strukturreform des Hochschulbereiches zu lösen sind. Solange an einer solchen Reformbereitschaft zu zweifeln ist, muß davon ausgegangen werden, daß demnächst nur ein Teil der Abiturienten ein Hochschulstudium aufnehmen kann, obwohl das Abitur nicht als Abgang in die Berufswelt konzipiert ist. Die Länge und das Image der vorangegangenen Ausbildung - doch ohne stärkeren Bezug zur Berufswelt - muß (zu) einer starken Diskrepanz zwischen sozialem Anspruch und beruflicher Leistungsfähigkeit führen, die berufliche und soziale Frustration und soziale Konflikte herbeiführen kann"[28].

Die Integration von Berufs- und Studienstufe in der Gesamtschule hat nach der Intention der Planer die doppelte Funktion, einmal die Zahl der Abiturienten den Kapazitäten der Hochschulen anzupassen und sie damit - trotz erkannter schwerwiegender Strukturmängel - zu stabilisieren, und zum anderen soziale Konflikte zu vermeiden, die daraus entstehen können, daß Abiturienten keinen Studienplatz finden und gewissermaßen als 'Abiturientenproletariat' soziale Konflikte hervorrufen. Auch in anderen Planungsentwürfen wird die Gesamtschule aus Gründen der Krisenvermeidung für notwendig erachtet. Ihre differenzierte und flexible Organisation, die Entscheidungen über Schulabschlüsse hinauszögern hilft, ermöglicht eine raschere Anpassung an Schwankungen des Arbeitsmarktes als das traditionelle Schulsystem, in dem die Entscheidung über den weiteren Schulbesuch früher fällt (im 4. bzw. 6. Schuljahr) und so die Vorausplanung erschwert[29]. Daß diese Anpassung einer Unterwerfung unter ökonomische Interessen gleichkommt, wird in den einzelnen Planungsunterlagen nirgends gesehen oder gar problematisiert.

Die positive oder unkritische Einschätzung der 'Erfordernisse der Wirtschaft' durch Gesamtschulplaner erstreckt sich auch auf *Leistungs-*

---

28 Berlin-Kreuzberg, S. 18.

29 Vgl. Gutachten Fröndenberg, S. 15 ff.; Antrag Kamen, S. 7; Frankfurt-Nordweststadt, S. 7. Die theoretisch anspruchsvollere Begründung für die Gesamtschule als Krisensteuerungsinstrument findet man bei Hans-G. Rolff: Auf dem Wege zur integrierten Oberstufe, in: b:e 12/1969, S. 11.

ziele. Auch hier findet man wieder die schon bekannte Mischung aus Setzungen und Pseudo-Begründungen für die Erhöhung der Leistungsanforderungen an das Schulsystem und den einzelnen Schüler. Ein Beispiel für den ersten Fall sind die lakonischen Zielsetzungen der Gesamtschule Britz-Buckow-Rudow (West-Berlin): "Förderung jedes Einzelnen bis zum höchsten Maß seiner Leistungsfähigkeit". "Erhöhung der Zahl der zu gehobenen Abschlüssen verschiedenster Art geführten Jugendlichen"[30]. Beispiele für die zweite Form der Pseudo-Begründung sind etwa: "erhöhte Anforderungen einer sich dynamisch entwickelnden Industriekultur"[31], "steigende Anforderungen in Beruf und Gesellschaft"[32]. In seltenen Fällen wird noch ergänzt, daß die Leistungsanforderungen infolge "moderner leistungsfähiger Industrien"[33] oder durch die internationale und regionale Konkurrenz gestiegen sind. Da es kein *gesellschafts*kritisches Korrektiv gibt, das repressive Leistungsanforderungen zurückweist, sind die Motivationen und die psychische Belastbarkeit des Kindes die einzigen Schranken für die ungehinderte Durchsetzung gesellschaftlicher Leistungsansprüche. Diese wird dann als "pädagogischer Begriff der Leistung" bezeichnet. So heißt es im Planungsentwurf für die Gesamtschule Weinheim:

"Der Begriff der 'optimalen Förderung' meint daher nicht Leistungssteigerung um jeden Preis, sondern setzt einen pädagogischen Begriff der Leistung voraus ... Von diesem pädagogischen Leistungsbegriff her bedeutet Förderung u.a., daß die Lern- und Leistungsfähigkeit häufig erst zu entwickeln und in Einklang mit der geistig-seelischen Lage zu bringen ist. Eben deshalb wird viel davon abhängen, daß die Gefahren eines zu unmittelbaren Leistungsdrucks erkannt werden. Um zu verhindern, daß sich das Unterrichtssystem zum Kampfplatz permanenter Leistungskonkurrenz entwickelt, sollten die konkreten Lernsituationen soweit wie möglich von Druck und Frustration freigehalten werden"[34].

Ähnlich heißt es in der Begründung der Gesamtschule Freiburg-Haslach:

"Vom erzieherischen Standpunkt aus ist Leistungssteigerung durch primär subjektive Motivation wertvoller als solche, die durch Druck von außen erreicht wird ... Überforderungen führen wegen der dauernden Frustrationserlebnisse zu schwachen Bildungserfolgen"[35].

---

30 Gesamtschule. Ein Handbuch, a.a.O., S. 14.

31 Gutachten Neviges, S. 40.

32 Hamburg-Mümmelmannsberg, S. 1.

33 Gutachten Neviges, S. 39.

34 Modellschulen in Baden-Württemberg, a.a.O., S. 51.

35 Vgl. Planungsbericht Freiburg-Haslach, S. 10.

Die Analyse der "geistig-seelischen Lage" der Schüler entscheidet also über das Fehlen oder Vorhandensein eines "zu unmittelbaren Leistungsdrucks." Während in der Weinheimer Schrift immerhin die "Spontaneität" der Schüler gegen den Leistungsdruck gesetzt wird, ist die Argumentation in den Freiburger Äußerungen zirkulär: Psychische Leistungsüberforderungen, die zu "Frustrationen" führen, werden wieder als *Leistungs*ausfälle festgestellt. Wie noch zu zeigen sein wird, ist die Definition des "pädagogischen Leistungsprinzips" nicht nur für Praktiker, sondern auch für die Theoretiker der Gesamtschule problematisch, denen wir uns im folgenden zuwenden.

II. Wie bei den ökonomischen Begründungen der Praktiker stehen auch bei den Theoretikern inhaltliche Veränderungen von Berufsqualifikationen und die steigenden beruflichen Leistungsanforderungen am Anfang der ökonomischen Argumente für die Gesamtschule. So werden die immer schnellere Veränderung der Berufsstruktur, die Spezialisierung und Verwissenschaftlichung der Berufspraxis, die steigende Nachfrage nach mittleren Techniker- und Managerpositionen genannt[36]. Ganz ähnlich wie in den Begründungen der Praktiker wird die Analyse des Wirtschaftssystems damit individualisiert: ökonomische Veränderungen werden herrschaftsfrei und inhaltsleer, durch Qualitäten von und Anforderungen an Individuen beschrieben, z.B. ihre Flexibilität und Bereitschaft zur Mobilität. Die Ebene der gesellschaftlichen, in den Interessen herrschender Klassen, Gruppen und Institutionen liegenden Ursachen dieser individuellen Auswirkungen bleibt damit verdeckt. Die Konsequenzen für die allgemeine Zielsetzung der Gesamtschule sind damit ähnlich wie bei den Praktikern: Flexibilität und ähnliche Qualifikationen werden als Bereitschaft zur Veränderung und Anpassung vereinzelter Individuen bestimmt - eine Konzeption, die Herrschaftsinteressen in der Wirtschaft voll entspricht. Die Unfähigkeit, ökonomische Veränderungen nicht bloß in ihren individuellen Auswirkungen, sondern auf der ihnen eigenen Ebene von Kapitalinteressen, Produktionsverhältnissen und Produktivkräften zu analysieren, wird besonders deutlich, wenn Theoretiker den Versuch machen, die individualisierende Betrachtungsweise zu überschreiten und im "technischen Fort-

---

36 Vgl. z.B. H.-G. Rolff, T. Sander, G. Winkler: Die demokratische Leistungsschule, a.a.O., S. 21 f.; H.-G. Rolff: in: b:e, a.a.O., S. 12 f.

schritt" die eigentliche *gesellschaftliche* Ursache für die Veränderungen der Berufsstruktur sehen. Einerseits erscheint der "technische Fortschritt" als quasi unabhängige Variable, die politisch nicht mehr kontrollierbare Sachzwänge schafft, denen man sich notwendigerweise anpassen muß[37]. Dabei wird übersehen, daß Zeitpunkt, Ausmaß, Richtung und Inhalte technischer Veränderungen vom Zwang zur Akkumulation von Mehrwert auf Seiten des Kapitals - einem Grundtatbestand kapitalistischer Gesellschaften - abhängen. Andererseits wird zwar erkannt, daß der "technische Fortschritt ... ja bis heute weder bewußt kontrolliert noch gesteuert" wird[38] und damit indirekt zugegeben, daß er privaten Verwertungsinteressen und nicht rationaler gesellschaftlicher Kontrolle unterworfen ist. Aber diese Einsicht bleibt folgenlos: nirgendwo in den Schriften Rolffs und seiner Mitautoren ist ein Hinweis auf die Irrationalismen "technischen Fortschritts" auf privatwirtschaftlicher Grundlage zu finden, wie z.B. die im voraus eingeplante Produktveränderung und -veraltung oder das bewußte Zurückhalten von technischen Neuerungen, um mit alten Verfahren maximale Profite zu erzielen[39]. An keiner Stelle werden die Inhalte dieses "technischen Fortschritts" einer Kritik unterzogen; nirgends findet sich eine kritische Diskussion des Zusammenhangs zwischen "technischem Fortschritt" und Kapitalkonzentration, die die abhängige Stellung der Produzenten in einer hierarchischen Betriebsorganisation entscheidend bestimmt. Auch v. Hentig gelangt nicht zu einem angemessenen Verständnis der Interessen, die den technischen Fortschritt bestimmen, wenn er in ihm die Ursache für die gesteigerte Arbeitsproduktivität und darin infolge technischen Fortschritts eine der "Grundbedingungen" der Industriegesellschaft sieht. Zwar beklagt er sich darüber, daß Energien bevorzugt in wachstumsstarke Produktionsbereiche gepumpt würden, während die Erfüllung öffentlicher Interessen vernachlässigt werde. Aber v. Hentig erkennt nicht, daß dies weniger ein Problem der Produktivkräfte ("Produktivität") als der Produktions*verhältnisse* ist,

---

37 Vgl. z.B. den in "Gesamtschule. Ein Handbuch" zitierten H. Abel, a.a.O., S. 123.

38 H.-G. Rolff, T. Sander, G. Winkler, a.a.O., S. 24 f., vgl. auch S. 35.

39 Vgl. dazu P. Baran, P. Sweezy: Monopolkapital. Ein Essay über die amerikanische Wirtschafts- und Gesellschaftsordnung, Frankfurt 1967, S. 83 ff. und 114 ff.

in deren Rahmen Kapitalisten den "technischen Fortschritt" und die Produktivitätssteigerung lediglich als Mittel der Profitmaximierung einsetzen.

Werden einerseits widersprüchliche Interessen von Kapitaleigentümern, Arbeiterschaft und Staat am "technischen Fortschritt" aus den theoretischen Begründungen verdrängt, so erwecken diese andererseits manchmal den Eindruck, daß die Folgen des technologischen Wandels alle Gesellschaftsmitglieder gleich - unabhängig von ihrer sozialen Lage - treffen: "Da wegen des technischen Fortschritts der erlernte Beruf in aller Regel kein Lebensberuf sein wird, wird jeder Berufstätige hinzulernen und umlernen müssen - der Facharbeiter genauso wie der Professor"[40]. Daß diese Aussage jedoch zumindest ungenau ist, legt die Bemerkung von Abel nahe:

"Neben gründlich ausgebildeten Fachkräften mit ausgeprägten Berufsbefähigungen ... werden zunehmend Arbeitskräfte für wechselnde Aufgaben benötigt, die umstellungsfähig, wendig und aufgeschlossen für wiederholte Anlernungen und Einarbeitungen sind. Mit dem Zurückgehen besonderer fachlicher Zurüstungen bei den letzteren werden allgemeine Grundbefähigungen intellektueller, charakterlicher und auch manueller Art für den Berufserfolg wichtig, das heißt im hohen Maße ausbildungsbedingte Befähigungen, die gleicherweise für das gesellschaftliche und kulturelle Leben von Bedeutung sein können"[41].

Damit wird deutlich, daß Mobilitätsbereitschaft und Flexibilität für unterschiedliche Gruppen unterschiedlich, in Abhängigkeit von ihrer Stellung in einer hierarchischen Gesellschaftsstruktur definiert werden. - Abels Bemerkung über die intellektuellen und charakterlichen "Grundbefähigungen", die gleichzeitig ökonomischen Interessen dienen und positive Auswirkungen auf das "gesellschaftliche und kulturelle Leben" haben sollen, ist ein guter Ausgangspunkt für die Diskussion von zwei weiteren zentralen Argumenten der Gesamtschultheoretiker: der "Verwissenschaftlichung" der Berufspraxis und der Übereinstimmung von wirtschaftlichen Interessen an der Schulreform mit politischen Zielen.

Die Theoretiker schreiben der Verwissenschaftlichung der Lerninhalte und -prozesse eine größere Bedeutung zu als die Praktiker. Durch Verwissenschaftlichung wird nicht nur die Qualität der beruflichen Fähigkeiten erhöht, sondern die damit verbundene Fähigkeit zum Theoretisieren

---

40 C.-H. Evers, in: Gesamtschule. Ein Handbuch, a.a.O., S. 124.

41 Gesamtschule. Ein Handbuch, a.a.O., S. 123.

und Verallgemeinern ist gleichzeitig eine Voraussetzung für die höhere Verfügbarkeit von Arbeitskräften, die weniger inhaltlich festgelegt sind und mehr allgemeine Methoden beherrschen[42]. Dem entspricht das Argument, daß wissenschaftliche Ausbildung in der Schule "sozialpolitisch verantwortlicher" und "ökonomisch rentabler" als die Umschulung und Weiterbildung der erwachsenen Berufstätigen sei[43]. "Verwissenschaftlichung" wird jedoch nicht nur in ihrer Funktion für ökonomische Zwecke gesehen - für Rolff z.B. schließt sie ebenfalls ein, daß die Arbeitnehmer erkennen, wie die Arbeitsverhältnisse in das "gesamte technisch-ökonomische Gefüge eingebettet" sind[44]. Für v. Hentig ist Wissenschaft ("Verallgemeinerung, Vorausplanung, Verifizierung") ein Mittel zur Bewältigung von "Indirektheit und Abstraktion" der "Apparatewelt", die sie selbst mit erzeugt[45].

Insbesondere der Bildungsrat hat in der wissenschaftlichen "Weltorientierung" eines der wichtigsten inhaltlichen Ziele der Schulreform gesehen[46]. So fordert er die "Fähigkeit zur Aneignung wissenschaftlicher Erkenntnisse und zu ihrer Integration in das eigene Weltverständnis", die "Fähigkeit zur Kommunikation im Bereich verwissenschaftlichter Erfahrung", "die Fähigkeit zur Kritik von Informationen, die die Bedingung dafür ist, daß die Wissenschaften nicht unkritisch dogmatisiert werden" und die "Fähigkeit zum lebenslangen Lernen"[47]. Darin liege die emanzipatorische Bedeutung gegenüber "vorwissenschaftlichen Traditionen, seien sie volkstümlicher oder literarischer Art"[48]. Die Frage der Emanzipation durch Wissenschaft kann jedoch nur im Zusammenhang mit der Frage beantwortet werden, um welches Wissenschaftsverständnis es geht. Wie schon in v. Hentigs Skizzierung (Verallgemeinerung, Vorausplanung, Verifizierung) anklingt, handelt es sich vor allem um ein positivistisch-analytisches Wissenschaftsverständnis. Das wird auch deutlich, wenn der Bildungsrat

---

42 Vgl. H.-G. Rolff, T. Sander, G. Winkler, a.a.O., S. 22.

43 Vgl. Rolff, in: b:e, a.a.O., S. 12 f.

44 H.-G. Rolff, T. Sander, G. Winkler, a.a.O., S. 22.

45 Systemzwang und Selbstbestimmung, a.a.O., S. 51 ff.

46 Deutscher Bildungsrat. Einrichtung von Schulversuchen mit Gesamtschulen, a.a.O., S. 21 f.; Strukturplan für das deutsche Bildungswesen, a.a.O., S. 33.

47 Einrichtung von Schulversuchen, a.a.O., S. 22; vgl. auch H.-G. Rolff: Bildungsplanung als rollende Reform, a.a.O., S. 15.

48 Einrichtung von Schulversuchen ..., a.a.O., S. 21.

die "prinzipielle wissenschaftliche Orientierung" im Primarbereich kennzeichnet: "entdeckendes Lernen, selbständiges und kooperatives Arbeiten, Schulung im Problemlösen"[49] - jeder Schüler ein kleiner Forscher! Wie Habermas nachdrücklich erklärt hat[50], dient die empirisch-analytische Methodologie jedoch nur einem begrenzten Erkenntnisinteresse, das durch theoretische Erklärungen, bedingte Prognosen und strategische Kalküle auf die Beherrschung von Natur und Gesellschaft gerichtet ist. Der gesamte Bereich der Kommunikation über Bedeutungen intentionalen Handelns, den der Bildungsrat als vorwissenschaftliche literarische Tradition abqualifiziert, wird in dem beschränkten Wissenschaftsverständnis ebenso ausgeklammert wie das von Habermas beschriebene kritische Erkenntnisinteresse, das durch Aufklärung praktische Veränderungen der Gesellschaft ermöglichen soll. Die Theoretiker der Gesamtschule verwenden also dort, wo sie die wissenschaftliche Orientierung unabhängig von ihrer Bedeutung für ökonomische Interessen definieren, einen begrenzten Begriff, der als Kontrollwissen Herrschaftsinteressen dient[51].

Die Tendenz zur oberflächlichen Versöhnung widersprüchlicher Interessen, die wir am Beispiel der Verwissenschaftlichung aufgezeigt haben, ist in einigen theoretischen Begründungen außerordentlich stark; sie unterscheidet die affirmativen Gesellschaftsvorstellungen z.B. Rolffs von kritischeren, z.B. v. Hentigs. Der Zwang zur Harmonisierung ging so weit, daß ernsthaft behauptet wurde, durch Bildungsreform sei eine Umverteilung der Einkommen möglich: je mehr Menschen qualifizierte Abschlüsse erreichen, desto besser ihre Aufstiegs- und Verdienstchancen[52]. Daß sich die alten Einkommens- und Vermögensungleichheiten auf höherem Ausbildungsniveau wieder einstellen können, weil sie von Interessen bestimmt werden, die durch Bildung überhaupt nicht berührt werden, hat Rolff später eingeräumt[53]. Er hält aber daran fest, daß man sich durch

---

49 Strukturplan, a.a.O., S. 133.

50 Erkenntnis und Interesse, Frankfurt 1969; Technik und Wissenschaft als 'Ideologie', Frankfurt 1969.

51 Vgl. dazu auch: M. Clemens: Technik, Wissenschaft und Bildung im organisierten Kapitalismus, in: J. Beck, u.a., Erziehung in der Klassengesellschaft, München 1970, 52-89; S. 82.

52 Vgl. H.-G. Rolff, T. Sander, G. Winkler, a.a.O., S. 30.

53 Bildungsplanung als rollende Reform, a.a.O., S. 27, S. 102 ff.

Mobilität von ökonomischen Zwängen emanzipieren könne[54] - eine definitorisch erzwungene Harmonie von Mobilität und Emanzipation, die nur durch Verkürzung des Emanzipationsbegriffs auf die momentane Entlastung von unerträglichen Lohnverhältnissen erreicht wird. Ähnlich argumentiert Rolff, wenn er eine Chance zur Demokratisierung, zu Reformen und Innovationen - "ob es die Mächtigen dieser Gesellschaft wollen oder nicht" - dadurch gegeben sieht, daß Bildung ein ökonomisch-gesellschaftliches Grunderfordernis geworden sei[55]. Daß Bildungsreform im Gefolge der ökonomisch-technischen Entwicklung stattfindet, ist jedoch überhaupt nicht kontrovers - dies zu behaupten, ist trivial. Rolff verkennt jedoch, daß durch diese Entwicklung Inhalte und Ausmaß der Reform begrenzt werden können. Aufgrund der Tendenzen, gesellschaftliche Widersprüche zu versöhnen, die sich bis in das Bildungssystem hinein fortsetzen, gelangt Rolff weder zu einer begründeten Gesellschaftskritik noch zu jener kritischen Begründung der Ziele der Gesamtschule, wie sie v. Hentig immerhin versucht, wenn auch nicht konsequent zu Ende führen kann[56].

Ebenso wie die Praktiker setzen sich auch die mehr theoretisch argumentierenden Befürworter der Gesamtschule mit der Reaktion des Bildungssystems auf gestiegene *Leistungsanforderungen* der Gesellschaft auseinander. Hier gibt es in der Interpretation Unterschiede. Der Bildungsrat akzeptiert in seinem Strukturplan die gesellschaftlichen Leistungsanforderungen und will lediglich die sozialen und psychischen Störungen bei einer uneingeschränkten Verwirklichung des Leistungsprinzips in der Schule vermeiden. Ein "weicheres pädagogisches Leistungsprinzip", das die Schüler zu Leistungen "herausfordert", ohne Angst zu erzeugen, gewährleistet, "daß der Lernende am Ende seiner Schul- oder Ausbildungszeit den harten gesellschaftlichen Leistungsanforderungen nicht unvorbereitet gegenübersteht"[57]. Damit ist das langfristige Ziel des "pädagogischen

---

54 Vgl. H.-G. Rolff, in: b:e, a.a.O., S. 12 f.

55 Vgl. H.-G. Rolff: Die Demokratie der Unmündigen? Behinderungen und Chancen einer Erziehung zur Emanzipation, a.a.O., S. 97-125, S. 119. Bildungsplanung als rollende Reform, a.a.O., S. 142.

56 Vgl. dazu W. Hopf: Kritik der Begründungen von Gesamtschulen, in: Neue Sammlung, 5/1970, S. 441-459.

57 Strukturplan, a.a.O., S. 35 f.

Leistungsprinzips" offen ausgesprochen. Man fragt sich, was nach der Vorstellung des Bildungsrats denn anderes als Angst durch diese Aussicht auf die "harten Leistungsanforderungen" erzeugt werden kann. Daß diese Bemerkung kein Einzelfall ist, belegen andere Äußerungen im Strukturplan[58], die verdeutlichen, daß Leistungsgesichtspunkte hier stärker akzentuiert werden als in den früheren Empfehlungen zu Gesamtschulversuchen[59].

Rolff und v. Hentig dagegen bemühen sich um eine differenzierende Betrachtungsweise des "Leistungsprinzips", die jedoch voller Widersprüche steckt. Ebenso wie der Bildungsrat wenden sie sich gegen die "Verabsolutierung" und unbegrenzte Anwendung des Leistungsprinzips in der Schule[60]; im Unterschied zum Bildungsrat ist ihre Analyse der gesellschaftlichen Leistungsanforderungen jedoch zumindest ambivalent: Rolff kritisiert die herrschende betriebswirtschaftliche Version des Leistungsbegriffs, die Bildung nur an ihrem produktiven Beitrag zum Wirtschaftswachstum mißt, die Formung von Kritikvermögen und schöpferischer Phantasie unterbewertet und damit einer formiert-bürokratischen Gesellschaft entspricht, die ihre Subjekte zu entmündigen droht[61]. v. Hentig erkennt, daß diese weitreichende Unterwerfung der Schule unter das "Prinzip der Leistung" der Subsumtion der Individuen unter das Produktionssystem entspricht[62], das "stumpfsinnige und im Ergebnis triviale Arbeiten" fordert[63]. Beide Autoren halten jedoch an dem Allgemeinplatz fest, daß bestimmte Leistungen irgendwo sinnvoll sind[64] und wenden sich gegen "romantische" oder "utopische" Vorstellungen, die von marxistischen Kritikern am Leistungsdruck im Kapitalismus angeblich entwickelt worden sind[65]. v. Hentig zeigt,

---

58 Strukturplan, a.a.O., S. 43, 81, 83 f.

59 Zur Kritik am autoritären "pädagogischen Leistungsprinzip" vgl. auch Johannes Beck: Demokratische Schulreform in der Klassengesellschaft, München 1970, S. 90-123, S. 111 f.

60 Rolff: Probleme der Leistung und der Sozialisation in der Gesamtschule, a.a.O., S. 18 ff.; v. Hentig: Systemzwang und Selbstbestimmung, a.a.O., S. 141.

61 a.a.O., S. 18.

62 Vgl. v. Hentig: Systemzwang und Selbstbestimmung, 1. Auflage, S. 98.

63 a.a.O., S. 102.

64 Vgl. v. Hentig, a.a.O., S. 98, Rolff, a.a.O., S. 20.

65 Rolff, a.a.O., S. 19; v. Hentig, a.a.O., S. 98.

wie oberflächlich er diese Kritik, die zur Lösung der von ihm angeschnittenen Probleme beitragen könnte, zur Kenntnis genommen hat: "Leistung hat es immer gegeben und wird es auch weiter geben. An Herbert Marcuses Utopien kann ich nicht glauben, und jedenfalls liegt ihre Verwirklichung sehr fern"[66]. Während bei v. Hentig und auch bei Rolff die Frage der Abgrenzung "vernünftiger" und repressiv abverlangter, irrationaler Leistung völlig ungeklärt bleibt, versuchen z.B. Marcuse und Habermas nachzuweisen, daß beim gegenwärtigen Stand der Produktivkräfte das Maß der Arbeitsleistung reduziert, die Arbeitsbedingungen qualitativ verbessert und dennoch die Bedürfnisse der Gesellschaft besser erfüllt werden könnten, wenn nicht die kapitalistischen Produktionsverhältnisse, die auf der Aneignung von Mehrarbeit und -wert beruhen, dies verhinderten.

Rolff wirft immerhin die präzise Frage auf, "ob es überhaupt sinnvoll und verantwortbar ist, die Zwecksetzungen der Gesamtschulplanung in der Realisierung der Leistungssteigerung zu sehen"[67]. Dabei stellt er den schon genannten negativen Argumentationen positive Gründe für das Leistungsprinzip gegenüber, die jedoch nicht stichhaltig sind. Das unbestrittene Argument, daß Reformen der Gesellschaft Anstrengung, Leistung erfordern, verkehrt sich bei Rolff in die Legitimation bestehender Restriktionen, die durch erhöhte Leistungsfähigkeit kompensiert werden müssen. Die Alternative - politisch dafür zu kämpfen, daß die Restriktionen fallen - erörtert er nicht.

Als zweites Argument für das "Leistungsprinzip" führt Rolff den Abbau bloß ererbter oder zugeschriebener Privilegien an. Wenn weniger der soziale Status und mehr die erbrachte Leistung über den Schulerfolg entscheide, so sei das zu begrüßen. Drittens zitiert Rolff Freud, der betont hat, daß kulturelle Entwicklungen der Menschheit ebenso wie individuelle Bildungsprozesse nur durch Triebverzicht und -sublimierung zu erreichen sind. Rolff bringt hier zwei grundsätzlich verschiedene Bedeutungen des "Leistungsprinzips" durcheinander und rechtfertigt den einen durch die vermeintlich positiven Seiten des anderen. Das "Leistungsprinzip" in Rolffs zweitem Argument ist ein Prinzip der Rechtfertigung ungleicher *Belohnungen* ("Schulerfolg") für ungleiche Leistun-

---

66 a.a.O., S. 98.

67 Rolff, a.a.O., S. 19.

gen, es ist ein *Verteilungs*prinzip[68]. Beim ersten und dritten Argument für das "Leistungsprinzip" geht es jedoch nicht um die Rechtfertigung ungleicher Belohnungen, sondern um die Legitimation einer bestimmten Anforderung an Menge und Qualität von Leistungen überhaupt. Dies, nicht die Verteilungsfrage, ist das Problem, wenn die Gesamtschule aus Leistungsanforderungen der "Industriegesellschaft" begründet wird. Auch die These Freuds trifft auf die bisherige historische Entwicklung gewiß zu - problematisch sind jedoch Ausmaß und Bereich, in denen Triebverzicht jeweils für gesellschaftlich notwendig erklärt und abverlangt wird.

Zusammenfassend läßt sich sagen, daß sowohl Rolff als auch v. Hentig die Abhängigkeit bestimmter Leistungsanforderungen von privatwirtschaftlichen Verwertungs- und Profitinteressen nicht deutlich genug offenlegen; daß sie die Trennung von "irrationaler" und "vernünftiger" Leistung nicht belegen können und daß sie die "Humanisierung" des Leistungsprinzips in der Schule (Rolff) - durch Abbau von Prüfungsdruck, Betonung nicht-produktionsrelevanter Qualitäten, "emanzipatorische Sozialisation" (Rolff) - nicht genügend in ihren politischen Auswirkungen und Voraussetzungen innerhalb einer Gesellschaft reflektieren, die kein großes Interesse an einer solchen "Humansierung" hat.

3. Politische Argumente und Zielsetzungen

I. Neben dem wirtschaftlichen System stellt den Praktikern zufolge auch das *politische System* bestimmte Ansprüche an die Schule; auf die Beschreibung eines konkreten politischen Systems, auf Differenzierung zwischen einzelnen Strukturen und Entwicklungen verzichten sie allerdings; stattdessen wird die politische Verfassung - ähnlich wie die wirtschaftlichen Bedingungen - lediglich mit Schlagworten gekennzeichnet: "demokratische Industriegesellschaft", "gleiche und offene Gesellschaft", "sozialer Rechtsstaat"[69]. Unter Hinweis darauf werden bestimm-

---

68 Dazu und zur Problematisierung der größeren "Gerechtigkeit" der Verteilung von Belohnungen aufgrund von Leistungen vergleiche C. Offe: Leistungsprinzip und industrielle Arbeit. Frankfurt/M. 1970.

69 Hamburg-Mümmelmannsberg, S. 1; vgl. auch Antrag Kamen, Anl. 2; Gesamtschule. Ein Handbuch, S. 9 f.

te Erziehungsziele aufgestellt, wobei das Fehlen einer Analyse des politischen Systems zur Folge hat, daß diese Lernziele jede Beziehung zu konkreten historisch-politischen Verhältnissen vermissen lassen.

Das wird besonders deutlich bei der Zielsetzung, den Schüler - wie im "Handbuch" formuliert wird - "auf seine Rolle als politisch mündiger Bürger vorzubereiten"[70]. Zur Erläuterung dessen, was damit gemeint ist, wird der ehemalige Schulsenator von West-Berlin, C.-H. Evers, zitiert:

"Voraussetzung der offenen, demokratischen Gesellschaft ist die Mündigkeit des Bürgers. Dazu gehören Information, Wachheit, Wachsamkeit, Fähigkeit und Möglichkeit zur Distanzierung und zum Urteil; es gehören elementar dazu soziale Tugenden (Mitmenschlichkeit; Da-Sein, wenn jemand konkret einen Nächsten braucht)"[71].

Evers und mit ihm die Verfasser des "Handbuchs" sind also der Ansicht, daß von den einzelnen Individuen und ihrem Verhalten Form und Strukturen der Gesellschaft unmittelbar abhängen - eine Auffassung, die im günstigsten Fall als naiv bezeichnet werden muß. Darüber hinaus sind die Verhaltensweisen und Fähigkeiten, die Evers zur Erklärung seines Begriffs von "Mündigkeit" nennt, nicht nur allgemein und unverbindlich, sondern bezeichnen auch ein weitgehend passives Verhalten.

Demgegenüber beziehen die Verfasser des "Handbuchs" an anderer Stelle, in den "Thesen zur Didaktik des Faches Gesellschaftskunde", "politisches Tun" als Postulat in ihre Zielsetzung ein:

"Politischer Erkenntnis *sollte* politisches Tun folgen. Es gibt viele Möglichkeiten, politisch teilzunehmen"[72].

Was unter politischer Teilnahme verstanden wird, ist in einer anderen These erläutert:

"Zur politischen Willensbildung und zur Verwirklichung des Gewollten bedarf es ständiger Integration vieler unterschiedlicher Interessen (des einzelnen, von Gruppen, Verbänden, Parteien, Staaten).
Eine 'gesellschaftliche Ordnung' steht in der Spannung zwischen Freiheit und Gleichheit. Die Spannung ist umso schärfer, je stärker die Interessen bisher bevorzugter und bisher benachteiligter Gruppen aufeinanderstoßen. Der Ausgleich der Spannungen ist das 'Gemeinwohl', das nicht

---

70 a.a.O., S. 121; vgl. auch Hamburg-Mümmelmannsberg, S. 2; Hessischer Kultusminister: Informationen zur Gesamtschule, a.a.O., S. 9 ff; Gutachten Fröndenberg, S. 6.

71 Gesamtschule. Ein Handbuch, a.a.O., S. 122.

72 a.a.O., S. 146.

vorgegeben, sondern - durch Abstimmung der Interessen - aufgegeben ist"[73].

"Politisches Tun" soll also auf Herstellung des "Gemeinwohls" ausgerichtet sein, das in der Abstimmung der unterschiedlichen Interessen besteht, wobei die gleichfalls sehr unterschiedlichen Möglichkeiten etwa "des einzelnen" im Gegensatz zu "Verbänden, Parteien", seine besonderen Interessen durchzusetzen, gänzlich unerwähnt bleiben. Dagegen wird ausdrücklich hervorgehoben, daß es in der Politik verschiedene "Meinungen" gibt, nicht aber eine "richtige"[74].

Aus der Rivalität politischer "Meinungen" und der Instabilität des jeweils erreichten Interessenausgleichs wird das Ziel abgeleitet, die "Schüler zu Konfliktsituationen" zu erziehen. Dieses Ziel wird auch in anderen Planungsentwürfen als bedeutsam hervorgehoben, so etwa von der Planungsgruppe Weinheim:

"Zu dem, was hier bewußt gefördert und eingeübt werden sollte, gehört vor allem die Fähigkeit, Interessenlagen und Konflikte zu reflektieren und rationale und kooperative Lösungen für sie zu suchen. Voraussetzung dafür ist u.a., daß die 'privaten', aus der Familienerziehung stammenden Verhaltensmuster durch die Einübung öffentlicher Tugenden ergänzt und korrigiert werden"[75].

Wie im "Handbuch" wird auch hier dem individuellen Verhalten eine gesellschaftliche Relevanz zugeschrieben, die ihm angesichts der institutionalisierten Macht in allen Bereichen der Gesellschaft keineswegs zukommt. Die Konflikte, die durch unterschiedliche Interessen verursacht sind, werden auch von der Weinheimer Planungsgruppe vor allem als ein Problem individuellen Verhaltens begriffen; ihre rationale und kooperative Lösung erscheint grundsätzlich möglich und setzt lediglich die Beherrschung der richtigen Techniken voraus; im gleichen Sinn wird in Lichtenrade gefordert:

---

73 ebda.

74 ebda, 3. These, vgl. auch S. 122; vgl. dazu: H.-J. Heydorn: Ungleichheit für alle. In: Das Argument, 54, 1969, S. 361-388.

75 Modellschulen in Baden-Württemberg, a.a.O., S. 52.

"... die Schüler müssen lernen und üben, bei Konflikten aggressive Lösungen durch friedliche zu ersetzen"[76]. Die Gesamtschule bietet die "Chance, soziale Ungleichheit und soziale Konflikte nicht nur zu erfahren, sondern zu lernen, sie zu verstehen und zu bewältigen." Auch in Hessen wird das Ziel formuliert: "Sachliches Austragen von Konflikten unter Schärfung des Bewußtseins für Konfliktsituationen"[77].

Für die übrigen von den Schulreformern im Zusammenhang mit dem politischen System aufgestellten Lernziele gilt dasselbe, was für die Erziehung zu politischer Mündigkeit festgestellt wurde: weder werden die gesellschaftlichen Voraussetzungen der Entwicklung und Aktualisierung der gewünschten Fähigkeiten und Verhaltensweisen reflektiert[78], noch werden diese in Zusammenhang gebracht mit den konkreten Bedürfnissen bestehender sozialer Schichten oder Gruppen (z.B. Arbeiterkinder, Mädchen); damit werden sie zu allgemeinen Normen, die den Bürgern der "demokratischen Industriegesellschaft" angeblich angemessen sind. Diese Normen umfassen - stellt man aus den Planungsunterlagen einen Katalog zusammen - vor allem folgende Fähigkeiten und Verhaltensweisen:

"Selbständigkeit und Initiative, Kritik, Kooperationsfähigkeit, Toleranz[79]; Entscheidungsfreiheit, gegenseitiges Verständnis[80]; Übernahme von Verantwortung, Zuverlässigkeit, kooperatives Verhalten, Fairness[81], Mitverantwortung, partnerschaftlich-demokratisches Verhalten[82], Eigenverantwortung[83].

---

76 Berlin-Tempelhof (Lichtenrade), S. 7; vgl. auch Hamburg-Mümmelmannsberg, S. 5.

77 Hessischer Kultusminister: Informationen zur Gesamtschule, a.a.O., S. 9; vgl. auch: Gesamtschule Nordweststadt, a.a.O., S. 15.

78 Eine Ausnahme davon gibt es in "Gesamtschule. Ein Handbuch", wo der Erfolg der "Erziehung des Schülers für den gesellschaftlich-politischen Bereich" bezeichnenderweise einzig davon abhängig gemacht wird, daß es dem Lehrer gelingt, "vom verbalautoritären Unterricht zu Formen zu kommen, die ... ein 'politisch bildendes Klima' schaffen". (S. 123) - Dieselbe subjektivierende Betrachtungsweise liegt der Ansicht der Weinheimer Planungsgruppe zugrunde, daß die "konkrete Einlösung des Programms optimaler Förderung" davon abhänge, "daß Lehrer und Schüler zu einem neuen Stil und zu neuen Verhaltensformen finden". S. 52.

79 Gesamtschule Weinheim, in: Modellschulen in Baden-Württemberg, a.a.O., S. 52.

80 Hamburg-Mümmelmannsberg, S. 4 f.

81 Hessischer Kultusminister: Informationen zur Gesamtschule, a.a.O., S. 10.

82 Baunatal, a.a.O., S. 60.

83 Planungsbericht Freiburg-Haslach, S. 32. Vgl. dazu auch: Antrag Kamen, a.a.O., S. 1; Gesamtschule Frankfurt-Nordweststadt, a.a.O., S. 15, 25.

Der Grad von Allgemeinheit und Unverbindlichkeit dieser Lernziele darf allerdings nicht darüber hinwegtäuschen, daß sie gerade in dieser Form für die bestehenden gesellschaftlich-politischen Verhältnisse funktional sind.

II. Die bei den Praktikern der Gesamtschule festgestellte Ignoranz gegenüber dem politischen System ist bei den Theoretikern teilweise vorgegeben. So versucht v. Hentig, Herrschaftsphänomene mit einem völlig inhaltsleeren Begriff von "Interdependenz" zu erfassen, der gesellschaftlich bedingte Machtunterschiede verwischt. Hentig behauptet, die wachsende gegenseitige Abhängigkeit in einer zunehmend spezialisierten Gesellschaft habe den Charakter von Herrschaft verändert: "Interdependenz" bedeute, "daß keine Macht ausgeübt wird, ohne daß der von ihr Betroffene auch Macht erhielte"[84]. Zwar versuchen die Herrschenden dies durch harmlose und kontrollierbare Surrogate (Konsum, Aufstieg, Parteienwahl) zu verhindern, aber die Beherrschten seien auch selbst schuld: Sie lassen sich täuschen, verzichten auf Gegenmacht und räumen so den anderen Herrschaft ein. Demokratie sei dementsprechend "der dauernde Abbau von Herrschaft, die dauernd von allein wieder nachwächst"[85]. Diese groteske, einseitige Sicht des Problems der Entstehung von Herrschaft ist umso erstaunlicher, als v. Hentig in seiner Analyse des Wirtschaftssystems z.B. durchaus die radikal unterschiedlichen Möglichkeiten zur Herrschaftsausübung erwähnt, die der Besitz oder der Nichtbesitz von Produktionsmitteln verschafft. Im Begriff der "Interdependenz", von der alle politisch profitieren könnten, verschwimmen diese Unterschiede. Darüber hinaus wird damit eine Art Automatismus unterstellt - wachsende gegenseitige Abhängigkeit führt zur Macht eines jeden Teils -, der die Frage der politischen Organisation der Beherrschten als Voraussetzung von Gegenmacht völlig außer acht läßt. v. Hentigs Diskussion von Herrschaft ist durch eine Tendenz zur Psychologisierung gekennzeichnet. Das wird deutlich, wenn er eine wichtige Funktion von Politik, beruflicher Kompetenz und Wissenschaft darin sieht, "öffentlichen Terror" abzuwenden - d.h. die "Vergewaltigung von einzelnen und Minoritäten durch die Trägheiten und

---

84 v. Hentig: Systemzwang und Selbstbestimmung, a.a.O., S. 42.

85 v. Hentig, a.a.O., S. 40.

den Egoismus des Kollektivs (oder seiner jeweiligen Nutznießer)"[86]. So richtig die kritische, gegen destruktive Interessen gerichtete Begründung von Gesamtschulzielen ist, so verkehrt ist die Darstellung von "öffentlichem Terror" als Problem der "Trägheiten" und des "Egoismus" von Kollektiven, die einzelne oder Minoritäten unterdrücken; stattdessen ist umgekehrt davon auszugehen, daß Minderheiten in dieser Gesellschaft Kollektive unterdrücken. Ähnlich wie die individualisierende Sicht des Wirtschaftssystems, die wir in den Argumenten von Praktikern und Theoretikern fanden, verstellt auch die Tendenz zur Psychologisierung von Herrschaft die Erkenntnis ihrer gesellschaftlichen Bedingungen. Daß die gesellschaftliche "Grundbedingung" der wachsenden Interdependenz wenig zur Ableitung der Ziele von Gesamtschulen beiträgt, zeigen v. Hentigs Ausführungen über politische Lernziele, die er zu recht an erste Stelle rückt. Aufgrund seines Ansatzes müßte v. Hentig zu zeigen versuchen, wie die zunehmende Bedeutung von Wissenschaft und Bildung für die Kapitalverwertung die Interdependenz zwischen Wirtschafts- und Bildungssystem erhöht und damit den in ihm Tätigen "Macht" einräumt. So argumentiert v. Hentig jedoch nicht, sondern er geht von einer realistischeren Einschätzung der relativen Ohnmacht des Bildungssystems gegenüber ökonomischen und gesellschaftlichen Interessen aus und entwickelt aus seiner spezifischen Kritik an bestehenden "Industriegesellschaften" bei der Formulierung politischer Lernziele der Schule lediglich allgemeine Verhaltensnormen[87].

Ähnlich wie v. Hentig analysieren auch Rolff u.a. das politische System von Industriegesellschaften zunächst auf einer gänzlich abstrakten Ebene, so daß der Eindruck entsteht, die Befürworter der Gesamtschule wollten die Schulreform aus Merkmalen der "Industriegesellschaft überhaupt" ableiten. Folge dieser Abstraktion ist eine unhistorische, für keine bestimmte Gesellschaft nachgewiesene unverbindliche Aufzählung von quasi 'ewigen Herrschaftsproblemen', die Unterscheidungen z.B. zwischen einer faschistischen Diktatur und einer bürgerlichen Demokratie nicht mehr erlauben. Weitere Konsequenz sind allgemeingehaltene politische Lernziele, die keinerlei Orientierung für politisches Verhalten in bestimmten Systemen garantieren. So fordert z.B. Rolff, die Erziehung

---

86 v. Hentig, a.a.O., S. 16.

87 a.a.O., S. 97, 112 ff., 132 f.

zur "kritischen Mündigkeit" müsse den Heranwachsenden befähigen, diese Gesellschaftsordnung selbst beurteilen zu können, Unterdrückungen, Ungerechtigkeiten, unnötige Zwänge und Hierarchien zu erkennen sowie auf sinnvolle und faire Weise Opposition zu betreiben und Konflikte auszutragen[88]. Rolff hat in jüngster Zeit seine Kritik am parlamentarischen System präzisiert, allerdings nur im Zusammenhang mit Bildungsplanung[89]: in der stark bürokratisierten "Massengesellschaft" seien Öffentlichkeit und freie Diskussion im Parlament eingeschränkt; die bürokratische Verselbständigung von Partei- und Verbandsspitzen gegenüber ihren Mitgliedern verhindere "öffentliche Lernprozesse". Rolff hält aus diesen Gründen außerparlamentarische Protestaktionen gegen unhaltbare Zustände im Bildungswesen für legitim, leitet jedoch aus dieser Parlamentarismus-Kritik keine Konsequenzen für die politischen Lernziele der Gesamtschule ab, die er zur gleichen Zeit an anderer Stelle formuliert. Dort beschränkt sich sein Anspruch nach wie vor auf rationale Lösung von Konflikten, Vorurteilsfreiheit, Kooperationsfähigkeit[90], Ich-Identität und Selbstreflexion[91], d.h. auf solche individuellen Verhaltensweisen und psychischen Dispositionen, die ein von irrationaler Herrschaft und ungleicher Machtverteilung freies Gesellschaftssystem erst voraussetzen.

Wenn weiter oben gesagt wurde, daß das Fehlen einer Analyse des konkreten politischen Systems bei den Praktikern der Gesamtschule dazu führt, daß ihre politischen Zielsetzungen letztlich unverbindlich bleiben, muß nun ergänzt werden, daß andererseits aus einer derartigen Analyse - selbst wenn sie eine gewisse kritische Einstellung gegenüber dem bestehenden Gesellschaftssystem erkennen läßt - nicht notwendig Erziehungsziele folgen müssen, die über abstrakte Verhaltensnormen hinausgehen. Der Grund dafür ist, daß die Gesellschaftsanalyse bei Rolff und v. Hentig - wie gezeigt wurde - in sich widerspruchsvoll und zu kurz gegriffen ist, und zwar in erster Linie deshalb, weil sie die Zusammenhänge zwischen ökonomischer Herrschaft und politischer Macht nicht begreifen.

---

88 In: Frommberger, Rolff (Hrsg.); a.a.O., S. 41; vgl. auch Rolff, Sander und Winkler, a.a.O., S. 21.

89 Vgl. Bildungsplanung als rollende Reform, a.a.O., S. 138 ff.

90 Rolff, in: b:e, a.a.O., S. 13.

91 Rolff: Probleme der Leistung und Sozialisation in der Gesamtschule, a.a.O., S. 22 ff.

Die Tatsache, daß es auch den relativ kritisch eingestellten Theoretikern der Gesamtschule nicht gelingt, ihre politischen Erziehungsziele aus der Analyse der ökonomisch-politischen Verhältnisse abzuleiten, muß von den Praktikern nicht nur als Bestätigung verstanden werden; sie läßt überdies die Theoretiker besonders geeignet erscheinen, gewisse Alibifunktionen zu übernehmen: die Berufung auf Erziehungswissenschaftler - beispielsweise auf v. Hentig in den "Informationen zur Gesamtschule" des hessischen Kultusministeriums oder in "Gesamtschule. Ein Handbuch", - verleiht den politischen Zielsetzungen der Praktiker einen Anschein von Wissenschaftlichkeit, der leicht verschleiert, daß sie nicht aus einer kritischen Analyse des bestehenden politischen Systems gewonnen sind; zum anderen kann durch den Hinweis auf Wissenschaftler und Experten, die als progressiv gelten - neben den Genannten z.B. auch Habermas oder Dahrendorf - die von den Praktikern selbst in Anspruch genommene fortschrittliche Einstellung unterstrichen werden, die sich aber in Bezug auf die politischen Ziele der Gesamtschule als deklamatorisch erweist.

Umgekehrt werden solche Praktiker, die Erziehungsziele für die Gesamtschule aufstellen möchten, die zur politischen Realität und Praxis unmittelbar in Bezug stehen, vergeblich bei den Theoretikern Unterstützung suchen. Diese Tatsache wird jedoch in den vorliegenden Planungsunterlagen - im Gegensatz zu anderen Versäumnissen der Erziehungswissenschaft[92] - an keiner Stelle kritisiert.

4. Sozialpolitische Begründung der Gesamtschule: größere Chancengleichheit

I. Über die Lern- und Erziehungsziele hinaus stellt nach Auffassung der Praktiker die demokratische Verfassung der BRD einen weiteren Anspruch an das Bildungssystem: Es muß dem Grundsatz der "Chancengleichheit" genügen und das "Bürgerrecht auf Bildung" garantieren. Aus dem politischen System werden also neben bestimmten Verhaltensnormen auch solche Normen abgeleitet, die eine Veränderung von Struktur und Inhalt des bestehenden Schulsystems insgesamt erfordern und denen genügen zu können die Gesamt-

92 Vgl. z.B. Gesamtschule. Ein Handbuch, a.a.O., S. 11.

schule für sich beansprucht bzw. sich zum Ziele setzt. Während wir bei den ökonomischen und den allgemeinen politischen Argumenten für die Gesamtschule den Bezug auf die bestehende antagonistische Gesellschaftsstruktur vermißten, stellt die Diskussion von Problemen der Chancengleichheit eine der seltenen Gelegenheiten in den Gesamtschulbegründungen von Theoretikern und Praktikern dar, bei denen ihre Vorstellungen der Sozialstruktur sichtbar werden; bei denen sie Gesellschaft nicht nur in *Funktions*bereiche differenziert betrachten, sondern sich dem Problem von klassen- oder schichtspezifischer Herrschaft und Unterdrückung, Privilegierung und Diskriminierung stellen müssen.

Die sozialen Verhältnisse, unter denen die Schüler leben, werden von den Praktikern als Bedingung für ihre Entwicklung und damit auch für ihren Schulerfolg anerkannt:

"Das Recht auf Bildung birgt in sich die Pflicht der Gesellschaft, das Bürgerrecht des jungen Menschen für ihn wahrzunehmen und es zu verwirklichen, indem sie ihn fördert, ihm hilft, vor allem dann, wenn Herkunft und Milieu seine Möglichkeit zur Entfaltung schmälern oder beschneiden"[93].

Benachteiligt sind vor allem die Kinder aus den unteren Sozialschichten[94], d.h. die Unterprivilegierung im Bildungssystem wird von den meisten Gesamtschulplanern als schichtenspezifisches Problem erkannt. Dennoch werden die für die unteren Sozialschichten charakteristischen Existenzbedingungen, ihre Stellung innerhalb der gesamten Gesellschaftsstruktur und diese selbst ebenso wenig beschrieben, wie dies zuvor beim politischen und ökonomischen System der Fall war. Damit kann nicht nur die generelle Unterprivilegierung der Unterschicht verschleiert und eine Kritik an dem Klassencharakter der Gesellschaft umgangen werden, sondern es werden auch die Zusammenhänge zwischen sozialer Struktur und ökonomischen Verhältnissen von vornherein ausgeklammert.

Wenn in den Planungsunterlagen von sozialer Diskriminierung die Rede ist, so wird diese ausschließlich auf die Benachteiligung der Unterschichtenkinder in der Schule beschränkt und - abgesehen von den im Zu-

---

93 J. Lohmann, G. Bechert (Hrsg.): Gutachten Neviges, a.a.O., S. 40.

94 Vgl. bes. Weinheim, in: Modellschulen in Baden-Württemberg, a.a.O., S. 53; Gutachten Neviges, S. 41; G. Bechert: Schulentwicklungsplan Unna, a.a.O., S. 2; Gutachten Fröndenberg, a.a.O., S. 6 und 8; Antrag Kamen, a.a.O., S. 7.

sammenhang damit erwähnten Strukturmängen des bestehenden Bildungssystems - mit der Sozialisation und Interaktion innerhalb ihrer Familien begründet; indem dies losgelöst von ihren konkreten Lebensbedingungen betrachtet wird, werden also nur die *Auswirkungen* der sozialen Verhältnisse, ihr Reflex auf geistig-psychischer Ebene, gesehen und zur Begründung der schulischen Benachteiligung der Unterschichtkinder herangezogen. Diese Verkürzung korrespondiert mit der bei der Darstellung des ökonomischen und des poltischen Systems, die beide ebenfalls nur in ihren Auswirkungen auf bzw. Anforderungen an die Individuen - als Berufsanforderungen im einen, als allgemeine Verhaltensanforderungen im anderen Fall - gesehen wurden.

Doch selbst diese Psychologisierung des Problems der sozialen Benachteiligung wird nicht konsequent durchgehalten, denn es wird lediglich auf das Verhalten der Unterschicht eingegangen, nicht aber auf das der höheren Sozialschichten gegenüber dieser; der Einfluß sozialer Vorurteile, das Phänomen der "self-fulfilling prophecy"[95] u.ä. Probleme werden von den Praktikern übergangen.

Eine Ausnahme davon bildet der Planungsentwurf der Gesamtschule Freiburg-Haslach:

"Kinder aus sehr einfachem sozialen Milieu sind nicht nur durch geringere Welterfahrung und schlechteres Ausdrucksvermögen im Nachteil, sondern sie haben auch unter der geringen Bewertung ihrer sozialen Herkunftsgruppe zu leiden"[96].

Auf der einen Seite wird hier auf die Diskriminierung der Unterschicht aufmerksam gemacht; auf der anderen Seite werden mit der Behauptung, Unterschichtenkinder hätten eine "geringere Welterfahrung" und ein "schlechteres Ausdrucksvermögen", diese zugleich wiederum diskriminiert: nicht zuletzt ist es gerade die "Welterfahrung" dieser Kinder - die allerdings eine andere Welt erfahren als die der bürgerlichen Mittelschicht - die ihrem Schulerfolg im Weg steht; außerdem ist es keines-

---

95 Damit ist gemeint, daß die Voraussage eines bestimmten Erfolges den Charakter einer Erwartung annehmen kann, die dann dazu führt, daß der Erfolg eintritt, sich die Voraussage "selbst erfüllt." Im schulischen Bereich (Lehrererwartungen) haben sich vor allem R. Rosenthal und L. Jacobsen mit diesem Problem beschäftigt, vgl. Pygmalion in the classroom. Teacher expectation and pupils' intellectual development, New York 1968.

96 Planungsbericht Freiburg-Haslach, S. 10.

wegs ausgemacht, daß diese Kinder sich schlechter ausdrücken können, sie tun es nur mit anderen Mitteln und sicher nicht mit denen der "formalen Sprache", die sie - und vermutlich war dies gemeint - im Gegensatz zu Mittelschichtkindern allerdings nicht verwenden[97]. Die hier unversehens eingeflossenen Wertungen lassen sich nur so erklären, daß die Unterschichtenkinder an den Normen der Mittelschicht gemessen wurden. Dies kommt bei den Praktikern der Gesamtschule noch in einem anderen Zusammenhang zum Ausdruck: in mehreren Planungsentwürfen wird auf den positiven Einfluß hingewiesen, den Kinder aus der Mittelschicht auf Lernmotivation und Sprachverhalten der Unterschichtkinder ausüben können[98]; nirgends aber werden irgendwelche günstigen Einwirkungen von diesen auf jene erwähnt, d.h. anscheinend auch nicht für möglich oder erwünscht gehalten.

Mit dieser Kritik soll weder die Fähigkeit von Planern - in der Regel selbst Angehörige der Mittelschicht - überschätzt werden, den Standpunkt ihrer eigenen Klasse zu verlassen und positive Qualitäten der Unterschicht zu entdecken; noch sollen diese idealisiert werden[99]. Dazu sind diese zu sehr Ausdruck der Entfremdung und Ausbeutung. Es soll aber festgehalten werden, daß die Planer es häufig nicht für nötig halten, zu begründen, weshalb und in welcher Beziehung die Übernahme bürgerlicher Norm- und Sprachmuster grundsätzlich wünschbar und daher auch für Angehörige der Arbeiterklasse sinnvoll sein kann[100].

Als Beispiel dafür, wie von den Praktikern der Gesamtschule die Benachteiligung der Kinder aus unteren Sozialschichten in der Schule erklärt wird, soll eine Stelle aus dem Weinheimer Planungsentwurf zitiert werden:

"Der hohe Prozentsatz scheiternder Arbeiter- und Landkinder steht nicht selten zu deren durchaus vorhandener meßbarer Intelligenz in unpropor-

---

97 Vgl. dazu B. Bernstein: Der Unfug mit der kompensatorischen Erziehung, in: b:e, 1970, H. 9, S. 15-19.

98 Vgl. z.B. Gutachten Fröndenberg, a.a.O., S. 1; Gutachten Neviges, a.a.O., S. 49; Gesamtschule Weinheim, in: Modellschulen in Baden-Württemberg, a.a.O., S. 64; Baunatal, a.a.O., S. 59.

99 Vgl. dazu: U. Oevermann: Sprache und soziale Herkunft, Berlin 1970, S. 199 f.

100 Vgl. dazu: O. Negt: Soziologische Phantasie und exemplarisches Lernen, Frankfurt/M. 1968.

tionalem Verhältnis. Der eigentliche Grund des Scheiterns ist ... sehr häufig darin zu sehen, daß den Kindern aus bildungsfernem Milieu in der Regel ganz bestimmte Voraussetzungen der Bildungs- und Lernfähigkeit noch fehlen ... Wo die sozial bedingten Mentalitätssperren und das mangelnde Bildungsinteresse der Eltern die volle Entwicklung von Lernmotivation und formalem Sprachvermögen der Kinder hindern, sind Erfolge an weiterführenden Schulen sehr erschwert ... erfahrungsgemäß sind manche Eltern nicht imstande zu übersehen, ob sie auf ein frühes Mitverdienen ihrer Kinder werden verzichten können. Anmeldungen auf weiterführende Schulen unterbleiben noch öfter deshalb, weil man das Risiko des Scheiterns an der kulturell ferneren 'höheren' Schule fürchtet"[101].

Zunächst fällt auf, daß die sozialen Verhältnisse von Arbeiter- und Landkindern verkürzt als "bildungsfernes Milieu" erscheinen, also lediglich unter einem einzigen Aspekt charakterisiert werden; außerdem fehlt der Hinweis, daß diese "Bildungsferne" selbst erst eine Folge der gesellschaftlichen Unterprivilegierung der niedrigen Sozialschichten im allgemeinen und durch die bisher bestehenden Bildungseinrichtungen im besonderen ist. Anschließend wird zwar darauf hingewiesen, daß die "Mentalitätssperren" der Unterschicht - offenbar sind diejenigen gegenüber weiterführenden Schulen gemeint - sozial bedingt sind, doch bleibt unerwähnt, daß z.B. die "Mentalität" der nach Mittelschichtnormen sozialisierten Lehrer und ihr Verhalten gegenüber Schülern aus der Unterschicht ebenfalls deren Übergang zu und ihren Erfolg an weiterführenden Schulen sehr erschwert. Desgleichen müßte die Bemerkung des "mangelnden Bildungsinteresses" der Unterschichteneltern ergänzt werden durch den Hinweis auf das bisherige Desinteresse der herrschenden Schichten an einer besseren Schulbildung des größeren Teils der Bevölkerung. Als nächstes wird von der "Unfähigkeit" mancher Eltern gesprochen, zu überblicken, ob sie finanziell auf den Verdienst ihrer Kinder angewiesen sein werden, wobei unerwähnt bleibt, daß die materielle Lage der Unterschicht in vielen Fällen eine solche Übersicht tatsächlich nicht erlaubt und daß die Entscheidung für eine lange Schulbildung der Kinder diesen Eltern um so viel schwerer fallen muß, wie die finanziellen Opfer größer sind, die sie dafür bringen müssen. Schließlich wird von der Furcht der Unterschichten vor dem Scheitern in der höheren Schule - die zu Unrecht in Anführungszeichen gesetzt wird - gesprochen, ohne daß zugleich darauf hingewiesen würde, wie begründet diese Furcht tatsächlich ist.

---

101 Planungsbericht Weinheim, S. 15 f.

Nicht nur im Weinheimer Planungsentwurf, sondern auch in den übrigen wird - wenn auf das Problem überhaupt eingegangen wird - das Verhalten und Bewußtsein der Unterschichteneltern isoliert betrachtet und einseitig als Grund für die Benachteiligung ihrer Kinder in der Schule angegeben: so ist etwa von Kindern aus "weniger bildungs- und aufstiegs-*willigen* Elternhäusern"[102] die Rede, von Eltern, "die zu langfristigen schulischen Planungen *nicht bereit* sind"[103], von "*bildungsschwächeren* Elternhäusern"[104], von der "affektiven Distanz"[105] gegenüber weiterführenden Schulen etc. Praktisch wird also den Eltern aus der Unterschicht der schulische Mißerfolg ihrer Kinder angelastet. Ihr Verhalten gegenüber der Bildung und den Bildungseinrichtungen, isoliert von seinen Ursachen und Bedingungen, erscheint als persönliches oder kollektives Versagen oder schlicht als Unfähigkeit.

Die Tatsache, daß die Schulreformer die Benachteiligung der Unterschichtkinder in der Schule einseitig im Verhalten und Bewußtsein ihrer Eltern begründet sehen, ohne deren soziale Stellung selbst, deren ökonomische Ursachen und die bisherige Funktion des Schulsystems zu berücksichtigen, ist offenbar einer der Gründe dafür, daß in einer Reihe von Planungsentwürfen die Möglichkeit zur Herstellung der Chancengleichheit in der Gesamtschule überschätzt wird:

"Gesamtschulen wollen erreichen, ... daß die Chancengleichheit für Kinder aus allen sozialen Schichten gewährleistet ist"[106].

II. Die Psychologisierung des Problems sozialer Benachteiligung durch die Praktiker der Gesamtschule ist in einer Reihe einschlägiger Veröffent-

---

102 Gutachten Neviges, a.a.O., S. 49.

103 Gutachten Neviges, a.a.O., S. 95 und Gesamtschule Fröndenberg, Stundentafel, a.a.O., S. 2.

104 Berlin-Tempelhof (Lichtenrade), S. 6; alle Hervorhebungen von den Verf.

105 Gutachten Fröndenberg, a.a.O., S. 8; s.a. Antrag Kamen, Anl. 1; Baunatal, a.a.O., S. 59; Hamburg-Mümmelmannsberg, S. 6; Planungsgruppe Berlin-Kreuzberg, a.a.O., S. 18; Planungsbericht Freiburg-Haslach, S. 10.

106 Hessischer Kultusminister: Informationen zur Gesamtschule, a.a.O., S. 5. Vgl. auch Hamburg-Mümmelmannsberg, S. 5; Gesamtschule Weinheim, in: Modellschulen in Baden-Württemberg, a.a.O., S. 53; Gesamtschule. Ein Handbuch; a.a.O., S. 9; Gesamtschule Fröndenberg, Stundentafel, S. 1, 2; Gutachten Neviges, a.a.O., S. 95.

lichungen von Fachwissenschaftlern vorgegeben, die sich vor allem mit den Problemen der "Bildungsdistanz" der Arbeiter befaßt haben und in Bewußtseinsfaktoren (Informationsdistanz, affektive Distanz, Unsicherheit, fehlende langfristige Planung) die entscheidenden Gründe für die klassenspezifische Ungleichheit der Bildungschancen sehen[107]. Diese Betonung von Bewußtseins- und Einstellungsfaktoren war mit der Abkehr von der Erklärung durch materielle Faktoren verbunden, obgleich Adam nachgewiesen hat, daß die finanzielle Lage von Arbeitern die Wahl der Schulart ihrer Kinder erheblich einschränkt[108]. Baethge kritisiert zu recht an den bildungssoziologischen Untersuchungen zur "Bildungsferne des Arbeiters", daß diese in den meisten Fällen "in erster Linie als ein

> sozialpsychologisches Problem der Bildungsmotivation in der Arbeiterschaft und eventuell noch als ein Problem der Didaktik und Methodik der höheren Schulen (erscheint), während sie in Wirklichkeit wohl vornehmlich als ein bildungspolitisches Problem des institutionalisierten Bildungssystems im ganzen zu interpretieren ist"[109].

Selbst Theoretiker, die die sozialpsychologische Reduktion des Problems der Chancenungleichheit nicht vornehmen, sondern ihre sozialstrukturellen Ursachen erkennen, schätzen die Möglichkeiten der Schulreform falsch ein oder sind nicht in der Lage, angemessene Konsequenzen für eine politische Strategie zu ziehen. Ein Beispiel für den ersten Fall sind Rolff, Sander, Winkler: Sie behaupten, daß die "umfassendste am ehesten plausible" Erklärung für den geringen Schulerfolg der Arbeiterkinder durch den Begriff des "Sozialcharakters" gegeben worden sei[110] - aber in der daran anschließenden Darstellung werden die materiellen und sozialstrukturellen Bedingungen vernachlässigt, die den "Sozialcharakter" prägen. Da der gesellschaftliche Kontext vernachlässigt wird, in dem klassenspezifische Techniken der Disziplinierung, Modi des Sprachgebrauchs und

---

107 Vgl. R. Dahrendorf: Arbeiterkinder an deutschen Universitäten, Tübingen 1965; J. Hitpaß: Einstellungen der Industriearbeiterschaft zur höheren Bildung, Ratingen 1965; S. Grimm: Die Bildungsabstinenz der Arbeiter, München 1966.

108 Vgl. H. Adam: Soziale Unterschiede in der Schulausbildung begabter Kinder, Dipl. Arb. Frankfurt/M., 1960.

109 M. Baethge: Ausbildung und Herrschaft, Frankfurt/M. 1970, S. 109.

110 Rolff, Sander, Winkler, a.a.O., S. 55. - Demgegenüber berücksichtigt Rolff die Bedingungen des Sozialcharakters in: Sozialisation und Auslese durch die Schule. Heidelberg 1967, S. 26 ff.

Formen der Leistungsmotivation stehen, wird allzu leicht der Fehlschluß nahegelegt, durch gezielte Einwirkung der Schule auf diese Faktoren sei es möglich, Bildungsbarrieren umfassend zu beseitigen.

v. Hentig ist ein Beispiel für den zweiten Fall: zwar sieht er im individuellen Aufstieg, vermittelt durch das Bildungssystem, keine Lösung des Problems der gesellschaftlichen Ungleichheit, er betont daher die Wichtigkeit des politischen Kampfes zur Aufhebung der Ungleichheit[111]. Aber die Ansatzpunkte und Strategien dieses Kampfes kann er nicht nennen, weil er nicht nach den ökonomisch-gesellschaftlichen Ursachen der Ungleichheit weiterfragt. Er kann nur davor warnen, daß die Gesamtschule Alibifunktionen übernehme[112], wenn sie die Verwirklichung der Chancengleichheit verspreche. Für die Schule bleibe nicht mehr übrig, als die Chancenungleichheit wenigstens nicht zu verstärken, wenn sie sie schon nicht in einer bestimmten Richtung beeinflussen könne[113], und das Lernziel, die Schüler müßten im Rahmen der Gesamtschule soziale Ungleichheit erfahren und verstehen lernen.

Auch die Diskussion der potentiell konfliktreichen Realisierung des Ziels der größeren Chancengleichheit in der Gesamtschule zeigt ein Gesellschaftsverständnis von Theoretikern und Praktikern, das nicht in der Lage ist, ökonomische Interessen hinter ideologischen Zielkonflikten zu erkennen. Der zentrale Konflikt ist der zwischen der Realisierung größerer Chancengleichheit und der optimalen, individuellen Leistungsförderung. Er taucht als Differenzierungsproblem auf: *organisatorisch* als Trennung zwischen den 'sozialintegrativen' Zielen zugeordneten Kernkursen und den Leistungszielen unterworfenen Fachleistungskursen[114]; *inhaltlich* als die Unterscheidung zwischen einem für alle Schüler verbindlichen 'Fundamentum' und 'Zusatzstoffen', die sich leistungsstärkere Schüler aneignen können. Während z.B. der Bildungsrat im Struk-

---

111 Systemzwang und Selbstbestimmung, a.a.O., S. 118 ff, S. 124 f.

112 a.a.O., S. 128 f.

113 a.a.O., S. 123.

114 Das gilt für das System der äußeren Differenzierung. Vgl. dazu die Kritik von Raschert: Strukturelle Probleme der Gesamtschulentwicklung, in: Stadt Bochum (Hrsg.): Gesamtschule Bochum. Ziele - Aufgaben - Probleme, 2.-8. Aufl. Bochum 1970, S. 25-29.

turplan einen Konflikt zwischen beiden Zielsetzungen überhaupt nicht sieht und beide Ziele in Form eines Sowohl-als-auch bruchlos nebeneinanderstellt[115], vergleichen Anweiler, Kuebart und Liegle das Problem des "equal and excellent too" mit der Quadratur des Kreises[116], und H. Thomas bemerkt bündig: "Der Konflikt zwischen dem Anspruch auf soziale Gleichheit und gesellschaftlich wie wirtschaftlich gewünschte Leistungsfähigkeit ist bislang nirgends befriedigend gelöst worden"[117]. Während in Thomas' Bemerkung noch der Wunsch ausgedrückt wird, daß der genannte Widerspruch gelöst werde, geht es W. Schulz nur noch darum, die unterschiedlichen Zielsetzungen, die er als "ideologischen Widerspruch" zwischen der "sozialen Intention" und der "liberalen Intention" interpretiert, miteinander zu verbinden:

"Soweit wir sehen, lassen sich die liberale und die soziale Intention der Innovation des konservativen Schulwesens am ehesten dadurch *miteinander verbinden*, daß man sie jeweils auf einer Stufe des Schulwesens vorherrschen läßt: Die soziale Intention wird am besten auf der Unterstufe akzentuiert, weil die Milieubehinderung der Lerner durch Motivationsschwäche, sprachliche Mängel und geringe Betreuung hier am ehesten aufzufangen ist. Die liberale Intention wird am besten auf der Oberstufe akzentuiert, weil nach zehn Schuljahren mit bewußter Egalisierungsarbeit eine Annäherung an das Gleichheitsideal angenommen werden darf und unterschiedliche Bildungsgänge von den Jugendlichen und ihren Eltern dann nicht mehr aufgrund vor allem schichtenbedingter Orientierungs- und Verhaltensgrenzen bevorzugt werden"[118].

Es ist kennzeichnend, daß Schulz nur auf der "ideologischen" Ebene einen Konflikt zweier "Intentionen" sieht, ohne nach den ihnen zugrundeliegenden Interessen zu fragen. Sein Vorschlag zielt auf das technische Problem, wie die Schule ein möglichst optimales Verhältnis zwischen Minimal- und Maximalqualifikationen herstellen kann. Ein Schulsystem hat aus der Sicht der ökonomischen und politisch herrschenden Klassen grundsätzlich zwei Funktionen zu erfüllen: Qualifizierung der Arbeitskraft der Masse

---

115 Vgl. Strukturplan, a.a.O., S. 30, S. 150.

116 in: Gesamtschulsysteme im Ausland - Erfahrungen und Probleme, in: Stadt Bochum (Hrsg.), a.a.O., S. 8.

117 Schulstruktur und Chancengleichheit, in: Stadt Bochum (Hrsg.); a.a.O., S. 19.

118 Zur Differenzierung an Gesamtschulen, in: A. Rang und W. Schulz (Hrsg.): Die differenzierte Gesamtschule, München 1969, S. 181-204. (Hervorhebung durch die Verf.)

der zukünftig Werktätigen und Rekrutierung von Höherqualifizierten und einer Elite, die Herrschaftsfunktionen ausüben soll. Das Interesse der herrschenden Klassen am Ziel der Chancengleichheit kann als Ausdruck davon interpretiert werden, daß die minimalen Anforderungen aufgrund der Veränderung der Produktionsbedingungen gestiegen sind. Hinter dem Ziel der "optimalen Förderung des Einzelnen" dagegen stehen Interessen an *maximalen* Qualifikationen, die Absolventen des Schulsystems zugleich für Herrschaftspositionen prädisponieren. Der Regulierung dieses Verhältnisses entspricht es, wenn als Ziel der Gesamtschule lediglich eine *größere* Chancengleichheit gefordert wird.

Demgegenüber kommt in den Bemerkungen von Anweiler, Kuebart, Liegle und Thomas zum Ausdruck, daß zwischen dem Ziel der Chancengleichheit und dem der individuellen, optimalen Förderung ein antagonistischer Widerspruch besteht, der über das Ausbalancieren von Minimal- und Maximalqualifikationen hinausgeht: der Widerspruch zwischen dem Interesse der Arbeiterklasse an Gleichheit - einschließlich der Gleichheit der Bildung - und dem Interesse der herrschenden Klasse, die eine Reproduktion ungleicher Qualifikationen zur Aufrechterhaltung ihrer Herrschaft benötigt. Dieser Widerspruch ist nicht in der Schule, sondern nur gesellschaftlich zu lösen; die Zielsetzungen und Strukturen der Schule sind nur der mehr oder weniger angemessene Ausdruck dieses Widerspruchs.

5. Schlußbemerkung

Die Analyse der Begründungen der Gesamtschule zeigt, daß weder von den Praktikern noch von den Theoretikern eine Ableitung der Schulreform aus den veränderten gesellschaftlichen Bedingungen auch nur annähernd geleistet wird. Für die Charakterisierung gesellschaftlicher Bereiche wie Wirtschaft, Politik, Sozialstruktur, mit denen einzelne Zielsetzungen der Gesamtschule in Beziehung gesetzt werden, stehen den Schulreformern offenbar nur zwei Kategorien zur Verfügung: die des freien, autonomen Individuums und die der objektiven Notwendigkeit oder des 'Sachzwanges'. Bezeichnenderweise wird letztere zur Beschreibung des ökonomischen Bereichs herangezogen, indem die dort stattfindenden Veränderungen allein der technologischen Entwicklung als einem von gesellschaftlichen Bedingungen unabhängigen Faktor zugeschrieben werden. Gesellschaftsstruktur und politische Verfassung des Staates dagegen erscheinen den Schulreformern wesentlich bedingt durch das - angemessene oder unangemessene - Verhalten des Individuums; Herrschaft und Unterdrückung können von ihnen daher nur als psychologische Phänomene erfaßt werden.

Beide Kategorien - Autonomie des Individuums und Macht des Faktischen - haben schon immer zum festen Bestandteil der bürgerlichen Ideologie gehört. "Das Mittelater hatte die irdische Ordnung zum göttlichen Ratschluß in Beziehung gebracht und insofern als sinnvoll angesehen. In der neuen Zeit erscheinen alle Zustände der Wirklichkeit als bloße Fakten, die keinen Sinn erfüllen, sondern eben hinzunehmen sind ... Die in der Philosophie behauptete Freiheit ist eine Ideologie, das heißt ein durch die spezifische Form des gesellschaftlichen Lebensprozesses notwendig bedingter Schein. Die beiden kennzeichnenden gesellschaftlichen Gruppen (Kapitalisten- und Arbeiterklasse, d.V.) konnten ihm deshalb anheimfallen, weil einer jeden von ihnen ihre eigene Unfreiheit ebenso wie die der anderen auf eine bestimmte, ihrer Stellung im Produktionsprozeß entsprechende Weise verschleiert war ... Die Bejahung des Autoritätsverhältnisses zwischen den Klassen geschieht nicht in der direkten Form der Anerkennung eines ererbten Anspruchs der Oberklasse, sondern dadurch, daß die Menschen bestimmte ökonomische Erscheinungen ... als unmittelbare oder natürliche Tatsachen gelten lassen und sich vor diesen zu beugen meinen, wenn sie sich jenen unterordnen"[119].

Die 'Sachzwänge' des ökonomischen Bereichs und die Interessen des freien Individuums bilden für die Schulreformer keinen Widerspruch - im Gegenteil: Anpassung an die ökonomisch-technologische Entwicklung wird geradezu zum Gebot der Vernunft, da die damit verbundene Höherqualifizierung dem einzelnen nicht nur eine größere berufliche Mobilität und damit soziale Sicherheit gewährt, sondern ihm auch eine stärkere Beteiligung an politischen Entscheidungen ermöglicht, also seiner Emanzipation dient.

Dennoch sind in den Begründungen der Gesamtschule einzelne Bruchstellen sichtbar, die darauf hinweisen, daß die Harmonie zwischen der ökonomischen Entwicklung und den Bedürfnissen der Individuen eine bloß defi-

---

119 M. Horkheimer: Theoretische Entwürfe über Autorität und Familie. In: Autorität und Familie. Paris 1936, S. 31.

nitorische ist: so etwa wenn wirtschaftliche Interessen an der Gründung einzelner Gesamtschulen verharmlost werden, wenn das Schulsystem als Instrument der Krisensteuerung empfohlen oder wenn die Vereinbarkeit der beiden Ziele "Chancengleichheit" und "optimale individuelle Förderung" zum Problem wird. Während die Praktiker diese Bruchstellen grundsätzlich übergehen, werden sie von den Theoretikern teilweise zwar gesehen, doch sind diese weder in der Lage, sie als gesellschaftliche Widersprüche zu erkennen, noch Folgerungen für die Schule daraus abzuleiten. Weit davon entfernt, fortschrittliche Lehrer, Schüler, Kommunalpolitiker bei der Durchsetzung und beim Aufbau einer Schule zu unterstützen, die die Emanzipation ihrer Schüler fördert, sind die Schriften der Theoretiker daher geeignet, ein wissenschaftliches Alibi für die ökonomischen und politischen Ziele der Schulreform zu liefern. Objektiv vertreten sie - ebenso wie die Praktiker - die Interessen der herrschenden Klasse. Das wird dadurch unterstrichen, daß sie die Interessen der Arbeiterklasse an Bildung nirgends berücksichtigen - sieht man von der Verwässerung des Ziels der Gleichheit in dem der "Chancengleichheit" ab - und die affirmative Funktion des Schulsystems nie grundsätzlich in Frage stellen.

10. Demokratisierung in der Gesamtschule?

I. Einleitung

Die Gesamtschule wird in der Bundesrepublik nicht eingeführt, weil die Inhalte, Sozialisationsformen und Organisationsstrukturen des Schulwesens für eine demokratische Gesellschaft obsolet geworden sind. Die Analyse ihrer Funktion weist ebenso wie die der Begründungen der Gesamtschulverfechter darauf hin, daß es in erster Linie um die Anpassung der allgemeinbildenden und beruflichen schulischen Sozialisation an die gewandelten Produktivkräfte unter Aufrechterhaltung der Produktionsverhältnisse geht. Vokabeln wie Flexibilität, Mobilität, Verantwortung, Zuverlässigkeit, Kooperation, Toleranz beherrschen den Begriff von 'Mündigkeit', ohne ihn inhaltlich an eine konkrete Analyse des politischen Systems der BRD und der sich daraus ergebenden individuellen und kollektiven Handlungsmöglichkeiten unterschiedlicher sozialer Gruppen zu binden[1]. Dabei bleibt offen, inwieweit diese Begründungen Ausdruck eines politischen Bewußtseins oder inwieweit sie taktische Anpassung an ökonomisch artikulierte Interessen sind.

In der Annahme, durch die Beseitigung des vertikalen Schulsystems mit Hilfe der Gesamtschule und den Mitteln der individuellen Förderung, der Options- und Kooperationsmöglichkeit bringe Schule sich auf das Niveau einer bestehenden demokratischen Gesellschaft, rückt das Problem demokratischer politischer Sozialisation und der sie voraussetzenden demokratischen Organisationsstrukturen an den Rand der Überlegungen. So ist in "Gesamtschule. Ein Handbuch" bei der Darstellung der zentralen Ziele mit keinem Wort die Rede von einer Erziehung zur Demokratie, wenn man nicht allseitige "Toleranz", "gegenseitiges Verstehen" und "Kooperation"

---

1 Zur Analyse der Begründungen und der Funktion von Gesamtschulen vgl. die Kapitel 8 und 9 in diesem Buch.

als Sozialisation zur Demokratie mißversteht[2]. Auch im Gutachten des Deutschen Bildungsrates zur Gesamtschule sucht man in der einleitenden Begründung der Versuche mit Gesamtschulen vergebens nach einer Ableitung aus einem Demokratieverständnis. Erst in den Zielen der Oberstufe (Sekundarstufe II) für Politik auf S. 71 soll die wesentliche Fragestellung lauten, "wie wir Macht und Herrschaft bewältigen können, ohne dem scheinbaren Sachzwang oder der irrationalen politischen Entscheidung zu erliegen". Diesem noch zu analysierenden politikfeindlichen Lernziel steht in der Mittelstufe der Sozialkunde die Zielsetzung gegenüber, "die Fähigkeit zur selbständigen Informationsvermittlung, zur Erarbeitung und kritischen Bewertung von Informationen frühzeitig auszubilden" (S. 58). Politische Bildung gerinnt hier zur Datenverarbeitung, von Handeln ist so wenig die Rede wie von einer inhaltlichen Bestimmung. Wenn auch im "Strukturplan für das Bildungswesen" des Deutschen Bildungsrates nach dem wissenschaftsbestimmten Lernen, dem Lernen des Lernens, dem allgemeinen und beruflichen Lernen, dem theoretischen und praktischen Lernen, dem Lernen und Leisten, dem individuellen Lernen an letzter Stelle "soziales Lernen" erscheint - politisches Lernen ist nicht gesondert aufgeführt - und darin die Vorbereitung des "jungen Menschen auf das Leben in einer offenen Gesellschaft und in einem demokratischen Staat" in der Schule ausschließlich als - partnerschaftliches - Lehrer-Schüler-Verhältnis expliziert wird[3], dann wird man fragen müssen, welchem Begriff von Demokratie die verschiedenen Schriften zur Schulreform, insbesondere zur Gesamtschule, verpflichtet sind. Man wird weiter untersuchen müssen, welcher Stellenwert der unterschiedlich verstandenen Demokratie in der Gesamtschule zugeschrieben wird. Diese Analyse soll an - im Hinblick auf ihre Bedeutung für die allgemeine Entwicklung der Gesamtschule in der BRD und in Westberlin - ausgewählten Texten erfolgen. Die Diskussion um Demokratisierung der Schule geht aber über diese Schulform hinaus und ist auch schon in einigen Bereichen - etwa der Schülermitbestimmung, der Rolle von Lehrern und Eltern - seit Jahren geführt worden. Es wird daher

---

2 Gesamtschule. Ein Handbuch. Hrg. von H. Mastmann u.a., Schwalbach 1968, S. 14.

3 Deutscher Bildungsrat: Empfehlungen der Bildungskommission, Strukturplan für das Bildungswesen, Stuttgart 1970, S. 37.

zu fragen sein, inwieweit die schon bestehenden bzw. weit in der Planung fortgeschrittenen Gesamtschulen diese Diskussion aufgenommen, fortgeführt und in institutionellen Regeln für ihre Schulen festgehalten haben; inwieweit andere Sektoren des Schulwesens - etwa Schulaufsicht und Schulverwaltung, Curriculum-Revision und wissenschaftliche Begleitung von Schulversuchen - mit den Bestrebungen der hier untersuchten Gesamtschulen im Bereich der Demokratisierung übereinstimmen, ihnen voraus sind oder Schwierigkeiten in den Weg legen.

II. Der Demokratiebegriff und seine Bedeutung für das Schulwesen in ausgewählter Gesamtschulliteratur

1. Deutscher Bildungsrat: Gesamtschulempfehlung

Die Arbeiten des Deutschen Bildungsrates sind als gesellschaftliche Kompromisse zu betrachten. Divergierende Interessen, Strategie- und Taktikvorstellungen bestimmen seine Zusammensetzung, seine Arbeit und seine veröffentlichten Empfehlungen. Dies wird nicht nur an inhaltlichen Widersprüchen zwischen und in einzelnen Empfehlungen deutlich, sondern ließe sich leicht auch anhand einer Sprachanalyse aufzeigen.

In *der Empfehlung* der Bildungskommission des Deutschen Bildungsrates *zur Einrichtung von Schulversuchen mit Gesamtschulen*[4] erscheint das politische System, in dem Schulreform unternommen werden soll und auf das hin die Schüler erzogen werden sollen, überhaupt nicht. Sie begnügt sich mit dem Hinweis auf die "demokratische Industriegesellschaft" (S. 9, Vorwort) und die "offene Gesellschaft" (S. 29). Schulreform, so scheint damit nahegelegt zu werden, ist keine Angelegenheit politischer Zielsetzung und ihrer Ableitung aus einer bestimmten politisch-historischen Situation, sondern eine "rollende", also permanente Anpassung an - relativ ausführlich erörterte - gewandelte berufliche und technologische Bedingungen, die zu einer raschen Wissenveraltung führen. Die spärlichen Ausführungen für die Sozialkunde der Sekundarstufe I, von denen einleitend schon die Rede war, weisen auf die Ignoranz gegenüber dem

---

4 Bonn, 30./31. Januar 1969.

politischen System hin. Geht man realistisch davon aus, daß auch in Zukunft die Mehrheit der Schüler mit der Sekundarstufe I ihre allgemeine Ausbildung abschließt, dann kann man die Ausführungen zur Sozialkunde nur als Programm zur Entpolitisierung ansehen. Sozialkunde "muß sich ... auf den unmittelbaren Erfahrungsbereich der Schüler beziehen", was nicht als sinnvoller didaktischer Ansatz gemeint ist, sondern als Begrenzung: gesamtgesellschaftliche Reflexion fällt dabei unter den Tisch. Kritische Informationsverarbeitung (S. 58) als Ziel eines Faches, das ängstlich den Begriff der Gesellschaftskunde oder der politischen Bildung vermeidet, weist darauf hin, was in einem Interessenschnittpunkt dieser Gesellschaft der Mehrheit der Bevölkerung als politische Sozialisation verbal zugestanden wird. Die Ausklammerung politischer Ziele wird auch deutlich bei der Funktion der Sozialkunde im Rahmen des fachübergreifenden Unterrichts zusammen mit Arbeitslehre: Sozialkunde und Geschichte (!) sollen die (in erster Linie betriebswirtschaftlich verstandenen) "ökonomischen Aspekte" (S. 59) betonen, offenbar unter Vermeidung historischer und politischer Perspektiven.

Für den Unterricht der wenigen, die die Oberstufe (Sekundarstufe II) besuchen, wird die Verbindung von "historischer und sozialwissenschaftlicher Denkform" (S. 72) zugestanden. Auch hier wird kein Demokratieverständnis angedeutet, wohl aber sozialwissenschaftliches Denken vorsorglich neopositivistisch beschnitten: Die Reflexion dessen, "was den Schülern in ihrem täglichen Leben - und insbesondere in der Schule - widerfährt" soll "von vorn herein (!) mit den Denkweisen und Methoden der modernen Verhaltenswissenschaften" (S. 71)[5] betrieben werden.

In den Überlegungen zur Organisation von Gesamtschulen (Kap. VII) lassen sich zwar keine Äußerungen zum politischen Gesamtsystem, aber doch zur Art der Entscheidungsfindung innerhalb der Schule und Schulwesen finden, die u.a. auf das "Verfassungsgebot nach einer *demokratischen* und sozialstaatlichen Grundsätzen entsprechenden Schulverwaltung" (S. 108) Bezug nehmen und einen Demokratiebegriff andeuten, der auf die Mitwirkung und Mitbestimmung der je Betroffenen - hier der Lehrer, Schüler und Eltern - innerhalb der Institutionen verweist, auch wenn diese

---

5 Der Satz ist entnommen aus: H. v. Hentig; Systemzwang und Selbstbestimmung, Stuttgart 1968, S. 79, jedoch nicht als Zitat kenntlich gemacht.

(wie die Schule) nach Art. 7 GG "Angelegenheiten des Staates" sind. Die Empfehlung geht sogar so weit, nicht nur die Mitwirkung der Schüler und Eltern an der Selbstverwaltung der Schule (S. 19 u.a.) zu betonen, sondern die Aufgaben der Schülervertretung "in erster Linie auf die Inhalte der Schule selbst - nämlich auf die Auswahl und Organisation der Unterrichtsangebote" (S. 123) zu beziehen. Die Schüler sollen an der Entscheidung über die "Substanz der Schule, die Inhalte, Methoden und die Organisation des Unterrichts beteiligt werden" (S. 124). Zwar wird nicht gesagt, wie dies schon in der Planungsphase realisiert werden könnte und wie es mit anderen Teilen der Gesamtempfehlung übereinstimmt - z.B. einer überregionalen zentralen Curriculumentwicklung (S. 155 f.) -, dennoch ist damit Demokratie als Mitbestimmung der in Institutionen Tätigen bzw. von ihnen Betroffenen implizit beschrieben.

Die Gesamtschulempfehlung ist für ein Experimentalprogramm gedacht und will "nicht das bestehende Schulsystem insgesamt umwandeln" (S. 107). Insofern war es bildungspolitisch eher möglich, relativ weitreichende Formulierungen (im Kapital VII über die Organisation von Gesamtschulen) durchzusetzen. Der *Strukturplan für das Bildungswesen* ist jedoch als Gesamtkonzept für alle Schulen gemeint. Daher war von diesem ein Jahr nach der Gesamtschulempfehlung verabschiedeten Plan eine größere Zurückhaltung gegenüber institutionell garantierter Demokratie in der Schule zu erwarten. Dem Abschnitt V über Strukturreform und Verwaltungsreform sind nur vage Andeutungen über eine Veränderung der Rolle von Schulaufsicht und Schulverwaltung und einer damit verbundenen materiellen Selbstverwaltung der Schulen zu entnehmen; über die Mitwirkung von Schülern, Eltern und Lehrern und die Ableitung solcher Änderungen aus einem bestimmten Demokratieverständnis und Zielsetzungen politischer Bildung wird nichts gesagt. Auch in den grundsätzlichen Ausführungen wird keine Aussage über das tatsächliche politische System gemacht, sondern es werden die Grundrechte des Grundgesetzes als umfassende Bildungsziele genannt. Mit dem Strukturplan sollen "bestehende Ungleichheiten der Bildungs(!)-chancen so weit wie möglich (!) abgebaut werden" (S. 31); die Schule müsse "einerseits dem Bildungsstreben des einzelnen zur Verwirklichung verhelfen, andererseits aber auch den gesellschaftlichen Forderungen genügen" (S. 31). An diesen u.a. Stellen wird deutlich, daß die notwendige Erörterung fehlt, inwieweit der Abbau ungleicher Chancen in unserer Gesellschaft möglich ist und welche gesellschaftlichen Forderungen von den Grundrechten und dem Hinweis auf den "demokratischen und sozialen Rechtsstaat" (GG 20, 28; Strukturplan S. 29) legitimiert sind und welche nicht. Die unzureichende Verdeutlichung des Ziels, "den jungen Menschen auf das Leben in einer offenen Gesellschaft und in einem demokratischen Staat vorzubereiten" (S. 37), indem auf ein - partnerschaftliches - Lehrer-Schüler-Verhältnis und auf größere Selbständigkeit und Eigenverantwortung der Schüler hingewiesen wird, läßt sich in freundlicher Interpretation als Ausklammerung, in einer weniger freundlichen als Ignoranz gegenüber der Frage möglicher Diskrepanzen zwischen Verfassungsnorm und Verfassungswirklichkeit und der sich daraus ergebenden Folgen für die Ziele politischer Sozialisation in und durch die Schule bezeichnen.

2. *Hartmut v. Hentig*

H. v. Hentig kann als der prominenteste und kritischste des Establishments der Gesamtschulvertreter gelten. Seine Gedanken und Sätze tauchen in zahlreichen Einzelplänen wieder auf; er schrieb das grundlegende Kapitel für den Band "Lernziele der Gesamtschule" für den Deutschen Bildungsrat[6] und war Mitglied des Unterausschusses "Experimentalprogramm", der die Empfehlung zur Gesamtschule erarbeitet hat.

Bei v. Hentig wird die Gesamtschule nicht abstrakt auf demokratische Normen bezogen, sondern auf allgemeine gesellschaftliche Entwicklungsmomente: Mobilität, Spezialisierung, Rationalisierung, Interdependenz und Abstraktion. In "Lernziele der Gesamtschule" taucht erst an siebenter Stelle "Das Leben in der Demokratie, in der Politik, in der Öffentlichkeit"[7] auf. In diesem Passus, dessen leitende Kategorie die "Industriegesellschaft" ist, wird von eben dieser und ihrer konkreten Form in der BRD abgesehen. Stattdessen werden merkwürdige Aussagen über Demokratie gemacht: Sie sei "der ständige Abbau von Herrschaft, die stän-

6 H. v. Hentig: Allgemeine Lernziele der Gesamtschule, in: Deutscher Bildungsrat, Gutachten und Studien der Bildungskommission 12, Lernziele der Gesamtschule, Stuttgart 1969, S. 13-46. Außerdem H. v. Hentig: Systemzwang und Selbstbestimmung. Über die Bedingungen der Gesamtschule in der Industriegesellschaft, Stuttgart 1968.

7 Lernziele, a.a.O., S. 31-33.

dig wieder nachwächst", die aber "Politik an die Stelle von Herrschaft" setze. Diese Politik sei "die bewegliche Regelung der Verhältnisse von Menschen untereinander", wobei in der "Industriegesellschaft" "zunehmend alle Menschen von allen anderen" abhingen: "Jeder hat potentiell Macht über jeden anderen": "Interdependenz tritt also auch hier an die Stelle von Herrschaft". An diesen Sätzen stimmt nichts mehr. Begriffsverwirrung und fehlende polit-ökonomische Analyse gerinnen schließlich zur Apologie des bestehenden Systems: "Die demokratisch verfasste Gesellschaft wird (!) darum - als Demokratie - mit immer neuen Mitteln vor allem eines durchsetzen: die Gleichheit der Chancen." Hier wird das prinzipiell unentschiedene Ringen um Einfluß und Entscheidungen einer Gesellschaft von prinzipiell gleich Mächtigen unterstellt. Keine Rede ist von der Macht wirtschaftlicher Gruppen und Einzelner, keine Rede von der wachsenden und empirisch nachweisbaren Konzentration der Produktionsmittel, des privaten Reichtums und davon, daß daher die überwältigende Mehrheit dependenter ist als andere und die Ungleichheit der Chancen sich seit Gründung der BRD kontinuierlich verstärkt hat[8]. Angesichts solcher Tatsachen ist v. Hentigs zur Diskussion gestellte Frage, ob Pädagogik "die Erziehung für die 'normale Politik' *und* die Erziehung für den Ausnahmefall - für das politische Partisanentum"[9] erfüllen solle und könne, zumindest unverständlich, wenn nicht bloßer Verbalradikalismus. H. v. Hentig betont in 'Systemzwang und Selbstbestimmung'[10] die Notwendigkeit einer Politisierung der Schule, will sagen die Wahrnehmung und Reflexion der schon je politischen Funktion der Ausbildung und der politisch mitgeprägten Erfahrungen der Kinder und ihrer Eltern. Die Schule müsse daher auf den lebenslangen "politischen Kampf" vorbereiten[11]. Wenn aber Hentig den politischen Kampf, den Schüler lernen sollen, versteht als Kampf aller gegen alle um ihre Chancen in der "Industriegesellschaft", dann wiese das auch in diesem ausführlicheren Text zur Gesamtschule auf den liberalistischen Glauben, die Erfüllung individueller Lebensbedürfnisse

---

8 Vgl. dazu (mit zahlreichem statistischen Material) J. Huffschmidt: Die Politik des Kapitals. Konzentration und Wirtschaftspolitik in der Bundesrepublik. Frankfurt 1970.

9 v. Hentig: Lernziele, a.a.O., S. 32.

10 v. Hentig: Systemzwang und Selbstbestimmung, a.a.O., S. 69.

11 a.a.O., S. 82.

wie z.B. die Erringung von politischen und ökonomischen Herrschaftspositionen stehe prinzipiell allen offen, die die Fähigkeit zum "politischen Kampf" als Einzelne erlernt haben[12]. v. Hentig kennt - und nennt - klassenbedingte Ungleichheiten[13], über deren Ursachen wie über ihre Auswirkung auf den von ihm angestrebten "politischen Kampf" schweigt er sich aus, auch darüber, welcher Zusammenhang zwischen seinem individualistischen Konzept politischen Handelns, das dem gesellschaftlichen Konkurrenzprinzip entspricht, und spezifischen kollektiven Erfahrungen einzelner sozialer Schichten (etwa der Arbeiter) und der sich daraus ergebenden Orientierung an kollektiven politischen Verhaltensweisen besteht.

Man kann v. Hentig nicht den Vorwurf ersparen, zu abstrakt über das politische System und die daraus abgeleiteten politischen Lernziele zu sprechen. Eben das Fehlen einer Analyse politischer Realität ist vermutlich einer der Gründe, warum seine Sätze, unverbindlich und ohne zu verletzen, in zahlreichen Einzelplanungen, im Bildungsrats-Gutachten und in bildungspolitisch sich wissenschaftlich und fortschrittlich gebenden Reden von Politikern Verwendung finden.

3. *Gesamtschule. Ein Handbuch*

In "Gesamtschule. Ein Handbuch"[14] hat das damalige Planungsteam der Berliner Gesamtschule Britz-Buckow-Rudow eine der ersten und bekanntesten Gesamtschulen dargestellt. Das dort entwickelte Differenzierungsmodell hat vielfach Nachahmung gefunden; der Leiter der Schule hat als Mitglied des Unterausschusses "Experimentalprogramm" an der Gesamtschulempfehlung des Bildungsrates mitgearbeitet. Das Handbuch kann als Dokument des Problemstandes der Gründergeneration der Berliner Gesamtschulen gelten, eines Problembewußtseins, das auch jetzt noch in Planungsberichten neuer Gesamtschulen in der BRD anzutreffen ist.

Eine Analyse des politischen Systems oder des zugrundeliegenden Demokratieverständnisses wird im 'Handbuch' nicht dargestellt. Die "sozialen"

---

12 a.a.O., S. 89.

13 a.a.O., S. 78.

14 Gesamtschule. Ein Handbuch. Hrg. v. H. Mastmann, W. Flößner, W.-P. Teschner u.a., Schwalbach 1968.

Ziele (S. 14) sind in der Tat keine politischen, sondern sind der Partnerschaftsideologie (gegenseitiges Verstehen, Zusammenarbeit, Toleranz, Kooperation) verpflichtet. Bei den Überlegungen zum gesellschaftlich-politischen Bereich werden einander z.T. widersprechende Definitionen zum "Wesen der Politik" gemacht, die machtstaatlich verengt oder partnerschaftlich verharmlost sind: "Politik ist das Ringen um den Besitz von Macht, mittels derer ein bestimmtes Bild staatlicher (!) Ordnung verwirklicht werden soll ...". "In der Politik gibt es verschiedene Meinungen. Die 'richtige' Meinung gibt es nicht. Darum geht es politisch immer um 'besser' oder 'schlechter', niemals um 'gut oder schlecht'"[15]. - Das Gesellschaftssystem der BRD, gar das kapitalistische Wirtschaftssystem mit seinen politischen Implikationen oder auch nur die Hentigsche "Industriegesellschaft" kommt dieser damals "linken Berliner Pädagogengruppe" - "zur gleichen Zeit war die Studentenschaft auf der Straße"[16] - bei der Reflexion über die gesellschaftskundlichen Lernziele nicht in den Sinn. Konsequent wird gefolgert: "Die politische Wirklichkeit für den Schüler ist die Schule"[17]! Wie im Bildungsratsgutachten zur Gesamtschule, im Strukturplan und abgeschwächt bei v. Hentig wird in den Plänen zur politischen Bildung diese beschränkt durch zu große Allgemeinheit oder durch Verengung auf den Schulbereich. Das Unvermögen zu oder die Furcht vor konkreter Analyse und politischem Handeln von Heranwachsenden zeigt auch die im Handbuch zustimmend zitierte Definition von Mündigkeit von Carl-H. Evers als eines kritischen, informierten, distanzierten, aber eben nur zuschauenden, nicht aktiven, handelnden Bürgers[18].

4. Der hessische Kultusminister: Informationen zur Gesamtschule

Die 1969 vorgelegten "Informationen zur Gesamtschule"[19], sind als "Arbeitspapiere für die Praxis" gedacht; die Gesamtschulreferenten des KM

---

15 a.a.O., S. 122, S. 146 f. Die Zitate stammen aus Fischer-Herrmann-Mahrenholz: Der politische Unterricht, Bad Homburg v.d. Höhe, 1960. - Zur Kritik des gleichen Textes vgl. Heinz J. Heydorn: Ungleichheit für alle, in: Argument 54/1969, und ders.: Über den Widerspruch von Bildung und Herrschaft, Frankfurt 1970, S. 305 ff.

16 H. Heydorn: Über den Widerspruch ..., a.a.O., S. 307.

17 Handbuch, a.a.O., S. 123. Vgl. auch S. 148.

18 Handbuch, a.a.O., S. 122.

19 s. nächste Seite

wie zahlreiche Mitarbeiter von Gesamtschulplanungen bzw. Gesamtschulen äußern sich darin zu verschiedenen Problemen der Gesamtschule. Eine Darstellung des politischen Systems oder der anzustrebenden bzw. bestehenden Demokratie wird ebenfalls nicht expliziert. Auch hier werden Zielformulierungen von v. Hentig (und Saul Robinsohn) genannt. Einige Sätze in den "Zielsetzungen für die Gesamtschule" lassen vermuten, daß Demokratie als erreichter oder durch Bildung zu erreichender gesellschaftlicher Zustand betrachtet wird: Gesamtschulen sollen bewirken, "daß die Chancengleichheit für Kinder aus allen sozialen Schichten gewährleistet *ist*"[20]. In den Lernzielen für Gesellschaftslehre werden z.T. einander widersprechende Postulate aufgezählt, die jeden konkreten Bezug zu unserer Gesellschaft und jede Analyse tatsächlicher politischer Verhältnisse vermissen lassen, aber auch keine normativen Aussagen machen. Immerhin sollen soziale und individuelle Realität u.a. in ihrer "Abhängigkeit von der Herrschaft Weniger über die entwickelten Produktivkräfte" erarbeitet werden, was Teil der Grundlage der Lernziele "zur Erfüllung der in der industriellen Leistungsgesellschaft an ihn (den Schüler - d.Verf.) gestellten Forderungen" sein soll, nämlich: "Einhaltung tradierter Regeln und Normen der zwischenmenschlichen Kommunikation", Kooperation, Kommunikationsfähigkeit usw.; immerhin wird auf "die Ambivalenz der kritischen (emanzipatorischen) und affirmativen Gesichtspunkte"[21] hingewiesen. Diese Ambivalenz dient jedoch lediglich zur Begründung einer pluralistischen Konzeption politischer Bildung. Wertindifferenz und der *Verzicht* auf eine klare Konzeption politischer Bildung werden zum Konzept politischer Bildung hochstilisiert.

Den Überlegungen zur Organisation der Gesamtschule und der Rolle der Schüler in der Gesamtschule lassen sich keine Demokratie-Konzepte entnehmen. Das "Entwerfen von Verhaltensmustern des kritischen und nachdenklichen, distanzierten und engagierten Schülers mit Raum für Protest und Einordnung"[22] (vgl. Evers-Zitat im 'Handbuch') wird unter "Aktive Mitarbeit im Sinne des Systems" subsumiert. Wie sieht das im einzelnen aus?, fragt der Autor H.-G. Rommel, und antwortet: "So treten Lehrer

---

19 Der hessische Kultusminister: Informationen zur Gesamtschule. Arbeitspapiere für die Praxis II, Wiesbaden 1969.

20 a.a.O., S. 5. - Hervorhebung durch d. Verf.

21 a.a.O., S. 117.

22 a.a.O., S. 71.

und Schüler z.B. als Diskussionsleiter, Referenten, Berichterstatter oder Protokollanten auf"[23]. Und G. Rutz an anderer Stelle: "Eine gut funktionierende, lebendige, in allen Angelegenheiten der Schule mitbestimmende SMV ... ist der Schlüssel *zur interessierten Bindung der Schüler an die Schule*"[24]. Diese Art Mitbestimmung, die im Teil über Organisationsprobleme nur als Mitwirkung der Schüler in Ausschüssen erwähnt wird, hat offenkundig Integrationsfunktion, soll und kann aber weder demokratisches Verhalten noch demokratisches politisches Bewußtsein erzeugen.

5. Demokratisierung als Prozeß zur Überwindung der Fremdbestimmung

Die Analyse des Demokratieverständisses in den ausgewählten, von 'progressiven' Bildungsexperten verfassten Beiträgen zur Gesamtschule und in den Arbeiten des Deutschen Bildungsrates ergibt: das politische System und der Demokratiebegriff werden nirgends konkret untersucht, geschweige denn die politische Realität kritisiert. Politische Bildung enthält abstrakte, unverbindliche, z.T. entpolitisierende Ziele (wie jene wertindifferente 'Toleranz', 'Kooperationsbereitschaft', 'gegenseitiges Verstehen'), die schon die Partnerschaftsideologie seit Oetinger/Wilhelm geprägt haben. Möglicherweise wird die Wirklichkeit in den Schulen demokratischer aussehen als in den untersuchten Schriften angezielt. Dennoch ist das Ausweichen vor einer klaren Aussage zur Möglichkeit der Realisierung von Chancengleichheit und Verfassungsnormen (Grundrechten) und den aus solcher Aussage abzuleitenden eindeutigen Zielen politischer Sozialisation Ausdruck für das Bewußtsein und evt. die Taktik des Gesamtschul-Establishments.

Demgegenüber ist festzuhalten: Demokratisierung der Gesellschaft ist ein Prozeß und meint die immer weitergehende Selbstbestimmung von immer breiteren Schichten und Klassen der Bevölkerung bei der Entscheidung über ihre eigenen ökonomischen, politischen und gesellschaftlichen Interessen und Bedürfnisse[25].

---

23 a.a.O., S. 72.

24 a.a.O., S. 56 (Hervorhebung durch d. Verf.).

25 Vgl. E. Krippendorff: Die Rechte in der Bundesrepublik - Zehn Thesen, in: F. Duve (Hrg.): Die Restauration entläßt ihre Kinder oder Der Erfolg der Rechten in der Bundesrepublik, roroaktuell, Reinbeck 1968, S. 157 ff.

Diese zunehmende Selbstbestimmung (und mit ihr die Chancen im Bildungssystem wie in anderen gesellschaftlichen Bereichen) findet in kapitalistischen Staaten wie der BRD ihre Grenzen an den ökonomischen Interessen der Besitzer von Produktionsmitteln, d.h. am privaten Profitstreben der Kapitalisten. In das Schulsystem sind diese aufgrund ihrer Interessen insofern involviert, als ihnen daran gelegen sein muß, daß die künftige Produktivkraft Arbeit funktional begrenzte Qualifikationen erhält, diese sich aber entsprechend dem technologischen Wandel verändern lassen[26].

Selbstbestimmung, die auch die Bestimmung über die Produktivkräfte und eine Änderung der Produktionsverhältnisse impliziert, kann also innerhalb des Kapitalismus nur in dem beschränkten Maße möglich sein, als es die Grundlagen des Verwertungsprozesses des Kapitals nicht berührt. Von daher ergibt sich für die politische Sozialisation in der kapitalistischen Gesellschaft ein klares Ziel: "Emanzipation ... bedeutet ...: den Adressaten ihre *eigenen Bedürfnisse* vor Augen zu führen, und zu zeigen, inwieweit Tradition, Überlieferungen und Vorurteile der Unterdrükkung artikulierter Bedürfnisse dienen; sie bedeutet zu zeigen, welche Gruppen berechtigte gesamtgesellschaftliche Bedürfnisse zugunsten ihres eigenen Profitstrebens hintertreiben; sie bedeutet zu zeigen, wie inhuman eine solche Gesellschaft angelegt ist und wie eine wirklich humane - Freiheit und Demokratie im politischen Bereich, Gleichheit und Sozialismus im wirtschaftlichen Bereich - verwirklichende Gesellschaft organisiert sein müßte; sie bedeutet zuletzt Wege anzuzeigen, wie die herkömmliche Gesellschaft zugunsten einer möglichen besseren zu organisieren ist"[27].

---

26 Vgl. die Erwartungen der Unternehmer in der von Unternehmer-Bildungsexperten ausgewerteten Unternehmerumfrage: F. Arlt/A. Beelitz: Die Hauptschule. Hannover 1968. - Außerdem eine Analyse von Arbeitgeber-Publikationen zu Bildungsfragen von Herberg, PZ Berlin, unveröff. Manuskript. - Berichte des DJHT zu bildungs- und gesellschaftspolitischen Fragen: Der Strukturplan des Deutschen Bildungsrates: Zwischen realistischer Planung und politischer Utopie. Jg. 2(B)/Nr. 3, 1970. F. Nyssen: Schule im Kapitalismus, Köln 1969. M. Baethge: Ausbildung und Herrschaft, Frankfurt 1970.

27 P. Kaßner: Emanzipatorische, unterrichtstechnologische und unterrichtsbedingende Aspekte des Gesellschaftskundeunterrichts, Manuskript Berlin 1970. Vgl. auch ders: Überlegungen zum Gesellschaftskundeunterricht an Gesamtschulen, in: Gesamtschul-Informationen, PZ Berlin, 1/71.

Diese Zielsetzung findet in einer größeren Lehrerschaft Zustimmung. So nahm der Bundeskongreß der Arbeitsgemeinschaft sozialdemokratischer Lehrer 1970 eine Entschließung an, in der es heißt:

"Die bisherigen Reformbestrebungen im Bildungswesen der BRD sind darauf gerichtet, den steigenden Bedarf an qualifizierten Arbeitskräften zu befriedigen.

Eine solche Zielsetzung stabilisiert die kapitalistische Gesellschaftsordnung, in der die Verwertbarkeit von Arbeitskraft über die Entfaltung des Menschen und Teilinteressen über Gesamtinteressen gestellt werden. Solche Reformen verhindern die Emanzipation der breiten Massen der Abhängigen.

Bildung und Ausbildung müssen von den Bedürfnissen und Interessen der Lohn- und Gehaltsabhängigen, der großen Mehrheit der Bevölkerung, ausgehen"[28].

Demokratisierung der Schule impliziert zweierlei: einmal eine klare inhaltliche Entscheidung über die Ziele der politischen Sozialisation, die aus einer Analyse der ökonomisch-politischen Grundstruktur der BRD abgeleitet werden müssen. Zum andern eine Schulorganisation, die diese politische Bildung strukturell unterstützt, indem sie Mit- und Selbstbestimmung der Lehrer und Schüler fördert. Die einzelnen Elemente der Struktur des Schulwesens müssen einerseits unter dem Aspekt betrachtet werden, inwieweit dadurch progressiven Lehrern die Arbeit ermöglicht wird, andererseits, inwieweit sie die Entwicklung kollektiver und individueller Verhaltensdispositionen der Schüler zulassen, die den oben skizzierten Zielen politischer Sozialisation entsprechen.

III. Bereiche der Diskussion um Demokratisierung der (Gesamt-)Schule

Die Diskussion einer Demokratisierung der Schule durch Mitbestimmung wird bestimmt durch zwei u.U. gegensätzliche gesellschaftliche Tendenzen: zum einen durch die Bestrebungen der Schüler, Lehrer und z.T. Eltern, durch Einflußnahme auf Entscheidungs- und Sozialisationsprozesse im Schulsystem die Artikulation der Selbstbestimmung in einer gesellschaftlichen Institution zu praktizieren bzw. üben zu lernen; zum anderen durch die stärkere Vergesellschaftung der Schule, die Ausdruck ihrer wachsenden Bedeutung für das soziale und ökonomische System ist. Daher

---

28 Vgl. auch die Beschlüsse der AGdJL in der GEW vom Januar 1971.

nimmt es nicht wunder, daß gesellschaftliche Interessengruppen, in erster Linie die Privatwirtschaft, mit dem eigene Interessen verschweigenden Argument des "Sachverstandes" in immer stärkerem Maß Einfluß auch im allgemeinbildenden Schulwesen anstreben[29]. Obgleich dies derzeit vor allem für die unmittelbare Teilnahme bei Bildungsplanung auf überregionaler Ebene gilt, ist dies in Zukunft auch an Einzelschulen zu erwarten, vor allem wenn Gesamtschulen die Berufsschulausbildung integrieren und Leitungsgremien oder Schulbeiräte mit außerschulichen Vertretern (school boards amerikanischen Musters) gebildet werden. Angesichts dieser Möglichkeit wird deutlich, daß institutionalisierte Mitentscheidungsrechte im Schulsystem nur von inhaltlichen Maßstäben her beurteilt werden können.

Die Diskussion um "Demokratisierung" der Schule, die Mitte der sechziger Jahre in erster Linie als Kritik an autoritärem Lehrerverhalten, einer inhaltlichen Reform der politischen Bildung und der geringen Schülerrechte geführt wurde, hat sich auf nahezu alle Bereiche des Schulsystems ausgedehnt. Im folgenden soll untersucht werden, inwieweit auf verschiedenen Ebenen in den und durch die Gesamtschulen Selbstbestimmung gefördert und institutionell abgesichert wird. Dabei interessiert uns in erster Linie das Verhältnis von Einzel-(Gesamt)schule zur Schulverwaltung, die Rolle von Schülern, Eltern und Lehrern innerhalb der Schule und - bei Gesamtschullehrern - der Bezug zur wissenschaftlichen Begleitung der Schulversuche, zum Prozeß der Curriculum- und der Testentwicklung.

Gerade in der Aufbauphase der Gesamtschulen in der BRD ergibt sich der Zwang (und die Chance) zu zahlreichen Entscheidungsprozessen, bei denen unterschiedliche Gruppen divergierende Interessen artikulieren, die zu Konflikten führen können. Um dies zu verdeutlichen, sollen beispielhaft drei Konfliktbereiche herausgegriffen werden (ohne hier auf die sich in der Gesamtschule widerspiegelnden gesellschaftlichen Konflikte und Widersprüche einzugehen[30].

---

29 So z.B. Berichte des Deutschen Industrieinstituts zu bildungs- und gesellschaftspolitischen Fragen: Der Strukturplan des Deutschen Bildungsrates: Zwischen realistischer Planung und politischer Utopie, Jg. 2(B)/Nr. 3, Juni 1970 Köln, S. 46. Vgl. dazu auch F. Nyssen: Schule im Kapitalismus, Köln 1970.

30 Vgl. dazu Kapitel 8 in diesem Buch.

So wäre zu klären, wer über die *Formen der Differenzierung* und die sich daraus ergebenden Folgen für die Schullaufbahnen der Schüler entscheiden soll. Bislang ist dies eine Sache der Planungsausschüsse gewesen, deren Entscheidungen durch die Konsequenzen für die Bauplanung relativ schwer revidierbar ist. Andererseits gibt es Beispiele, die zeigen, daß der Übergang von äußerer zu innerer Differenzierung ohne bauliche Veränderungen in einer traditionell gebauten Schule möglich ist[31]. Die Kriterien für die Zuordnung zu Gruppen oder Kursen, die Frequenzen und die Anzahl der Kurse und nicht zuletzt die Maßstäbe der Leistungsmessung sind so entscheidende Faktoren für den 'Schulerfolg' der Schüler, daß darüber nicht nur die betroffenen Lehrer oder gar die Schulbehörde entscheiden dürfen, wenn der Anspruch einer demokratischen Schule erhoben wird.

Ein anderer gesamtschulspezifischer Punkt sind Form und Inhalte von *Schülerberatung und Tutorensystem*. Wird beides als Hilfe zur schulischen und persönlichen Orientierung verstanden, ohne daß dadurch Entscheidungen der Schüler vorweggenommen werden, so muß geklärt werden, welche institutionelle Unabhängigkeit Berater, Schulpsychologen, Sozialarbeiter, Jugendpfleger usw. haben sollen. Ihre Integration in die Schulleitung erscheint unter diesem Gesichtspunkt problematisch (s.u.).

Ein drittes Beispiel gesamtschulspezifischer Konfliktmöglichkeit, für den besondere Überlegungen unter dem Gesichtspunkt eines inhaltlichen Demokratieverständnisses anzustellen sind, stellt die *soziale Herkunft der Schüler* bzw. der Eltern dar. Unterstellt man einmal, daß aus dem Einzugsgebiet einer Gesamtschule etwa gleich viel Arbeiter-, Angestellten- und Beamtenkinder und Kinder von Selbständigen kommen, so ergeben sich schon allein durch die unterschiedlichen sozialen Verhaltensweisen, aber auch durch divergente Leistungsorientierungen und Leistungsmotivationen, durch unterschiedliche Rollenerwartungen an Schule, Lehrer und peer group ganzer Gruppen (ohne daß - wie im traditionellen Gymnasium -

---

31 Dies wird aus der Eira-Skolan in Stockholm berichtet, in der weitgehende Mitbestimmung und innere Differenzierung erprobt werden. Selbstverständlich bringt diese Differenzierung räumliche Schwierigkeiten mit sich, die nur mit gemeinsamer Phantasie überwunden werden können. Vgl. St. Hildebrand: Skola för demokrati, Stockholm 1970.

die Mittelschichtkinder zahlenmäßig dominierten) Konflikte, die sich in zahlreichen Formen äußern können: als individuelle Aggression und Apathie, als Lernblockierung und Verlagerung der Interessen in außerunterrichtliche Bereiche; aber auch als Gruppenbildung mit aggressiver Wendung gegen andere Gruppen, oder als Sorge der Mittelschichteltern, ihre Kinder würden durch andere 'verdorben'. Wenn die Gesamtschule ihren Anspruch ernst nimmt, der "Schule als Mittelklasseninstitution" entgegenzuwirken, dann darf sie sich nicht mit den bürgerlichen Eltern verbünden, um die traditionellen Normen der Schule aufrechtzuerhalten, sondern sie muß in einer schichtspezifisch differenzierten Eltern- und Lehrerarbeit eine gegenseitige Aufklärung über die unterschiedlichen Sozialisationsformen, Erwartungen usw. einleiten, die auch zur Veränderung schulischer Curricula, Normen und Ansprüche führen müßte.

Schließlich werden die Erwartungen, die verschiedene Gruppen an die Gesamtschul-Versuche herantragen, innerhalb der Schule zu Konflikten (etwa mit dem eigenen Selbstverständnis von Lehrern und Schülern) führen, die nur durch die materielle Unabhängigkeit der Einzelschule und durch echte Mitwirkung aller in der Schule Arbeitenden für die Emanzipation der Schüler fruchtbar gemacht werden können.

a) Selbständigkeit der einzelnen Gesamtschule

Eine nicht mit inhaltlichen Demokratieauffassungen, sondern mit der Funktion der Erziehung in einer industriellen Gesellschaft begründete Selbständigkeit der Einzelschule im Schulsystem stammt von Peter Fürstenau[32], auf die sich fortschrittliche Planer von Schulverfassungen berufen, teilweise aber (etwa bei der Gesamtschulplanung Freiburg-Haslach) zugleich darüber hinausgehen. Fürstenau weist auf die notwendige zumindest partielle Abkehr von dem auch im Schulwesen bestehenden klassisch-hierarchischen Bürokratiemodell hin, weil die erzieherischen Leistungen der Schule in der heutigen Gesellschaft nur professionell erbracht werden können und die Schule sich ständig für Neues offen halten bzw. ständig nicht formalisierbare Entscheidungen fällen müsse. Professionalität der Lehrer setze aber eine theoretisch-wissenschaftlich fundierte pädagogische Aus-

32 P. Fürstenau: Neuere Entwicklung der Bürokratieforschung und das Schulwesen, in: Neue Sammlung 6/1967.

bildung voraus und impliziere die Verlagerung wesentlicher Entscheidungsfunktionen auf die 'Experten für Schulerziehung', auf die Lehrer. Zur professionellen Expertentätigkeit gehöre ebenfalls die ständige Hospitation bei und Kommunikation mit Kollegen. Auch der Schulleitung und Schulaufsicht kommen in diesem Modell veränderte Funktionen zu. Der Schulleiter als unmittelbarer Vorgesetzter übt in erster Linie nicht mehr Kontrolle aus und fällt Entscheidungen, sondern trägt durch Beratung und organisatorische Hilfe (Beschaffung der von 'unten' angeforderten Mittel) zur effektiven Durchführung der Expertenaufgaben bei. Die Schulaufsicht hat die Aufgabe, durch politische Perspektiventwicklung und Planung "eine am Organisationszweck orientierte Konzeption" zu erarbeiten.

Dieses Konzept, das an der amerikanischen, auf Zufriedenheit und Leistungssteigerung ausgerichteten Betriebsklimaforschung orientiert ist - mit dem bezeichnenden Namen "Human-Relation-Modell" -, geht davon aus, daß die vorgegebenen "Organisationszwecke" der Schule und die permanente Veränderung innerhalb der Einzelschule es quasi aus Sachzwang notwendig werden lassen, Entscheidungsfunktionen an die Einzelschule und an die Lehrer zu delegieren. Diese Argumentation verstärkt aber nur die Unabhängigkeit der Einzelschule und der Lehrer; es ist bezeichnend, daß dabei Schüler wie Eltern nicht erwähnt werden. Außerdem bleibt die Reform der Schule ausschließlich der Schulaufsicht vorbehalten, obwohl Fürstenau betont, daß "nur das Personal auf der untersten, ausführenden Ebene ... den vollen Überblick" hat.

Im Strukturplan und in der Gesamtschulempfehlung des Deutschen Bildungsrates wird eine größere Beteiligung der Einzelschule an der "rollenden Reform" und eine verstärkte Selbständigkeit nicht so sehr von der pädagogischen Aufgabe innerhalb der Schule, sondern vom Prozeß der gesamtgesellschaftlichen Veränderung des Bildungssystems her begründet. Da die Klärung der zahlreichen offenen und umstrittenen Probleme des Schulwesens als nie abgeschlossener Prozeß zu denken sei und man nicht unterstellen könne, daß in der Schulverwaltung sich "gesamtgesellschaftliche Vernunft" konzentriere, müßten die Einzelschulen, vor allem jene, die als Versuche geplant sind, Kompetenzen zur Selbstreform im Detail, zur Revision und zum Experiment haben, und sie müßten andererseits beteiligt sein an der zentralen staatlichen Planung[33].

---

33 siehe nächste Seite

Abweichend von den Begründungen Fürstenaus und des Bildungsrates haben H. Harnischfeger und G. Heimann in einem Rechtsgutachten zur Gesamtschule für den Bildungsrat die begrenzte Autonomie der Einzelschule im Zusammenhang mit der inneren Demokratisierung dieser Institutionen erörtert. Sie prüften die Frage, inwieweit eine gewisse Unabhängigkeit der Einzelschule ('Autonomie') mit Art. 7.1 GG ("Das gesamte Schulwesen steht unter Aufsicht des Staates") vereinbar ist und betonen, daß der demokratische Legitimationszusammenhang aufrechtzuerhalten ist; dies bedeutet jedoch nicht, daß dieser ausschließlich durch die parlamentarisch kontrollierte Schulverwaltung hergestellt werden muß. Eine Selbstverwaltung der Einzelschule im Rahmen allgemeiner Richtlinien zur Einhaltung verfassungsrechtlich geforderter minimaler Einheitlichkeit der Lebenschancen müsse seinen Legitimationszusammenhang durch die Beteiligung betroffener gesellschaftlicher Gruppen herstellen - in erster Linie also durch Schüler und deren Eltern, aber auch durch andere Institutionen bzw. Gruppen[34]. Zu diesen könnten Schulträger und Schulaufsicht, aber auch Lehrergewerkschaften und Sozial- bzw. Jugendamt gehören. Auf die Gefahr einer Beteiligung anderer Interessengruppen wie der Wirtschaftsverbände wurde schon hingewiesen. Stellt man die von verschiedenen Institutionen und Personen entwickelten Rechte bzw. Funktionen einer gesellschaftlich legitimierten (Gesamt-) Schule zusammen[35], lassen sich folgende Bereiche ausmachen:

- Verwendung global zugewiesener Sachmittel
- Einstellung nichtbeamteter Mitarbeiter
- Einstellung beamteter Lehrer, Psychologen, Ärzte, Juristen usw.

---

33 Vgl. dazu auch H. Becker: Reform der Bildungsverwaltung, in: ders.: Bildungsforschung und Bildungsplanung, Frankfurt 1971, S. 88 - 146.

34 H. Harnischfeger/G. Heimann: Rechtsfragen der Gesamtschule, in: Deutscher Bildungsrat, Gutachten und Studien der Bildungskommission 13, Stuttgart 1970, S. 11, bes. 12-21, 63.

35 Vgl. eine Zusammenfassung der Argumente zur Autonomisierung und Partizipation im Schulwesen: K. Nevermann: Vorlage für die konstitutierende Sitzung des Ausschusses 'Organisation und Verwaltung im Bereich des Bildungswesens, Berlin Nov. 1970, hektografiert. - Vgl. auch H. Becker, a.a.O. Für die GEW: MUND 132/1969: Demokratisierung von Schule und Schulverwaltung. Meinungen und Stellungnahmen aus der Diskussion innerhalb der GEW. - L. Dietze: Zur Mitbestimmung in der Schule. Gutachten im Auftrag des Gesamtelternbeirats der Stadt Mannheim. Mainz 1970.

- Einstellung von Verwaltungspersonal
- Besetzung schulischer Leitungspositionen (bes. Schulleitung, aber auch Stufenleitung usw.)
- curriculare Detailplanung
- Beteiligung an der allgemeinen Curriculum-Revision und der Gesamtplanung des Bildungswesens
- Wahl von Lehrervertretern, die ein Beratungsteam wählen, das die Fachaufsicht ausübt.

Die letzten drei Gesichtspunkte machen besonders deutlich, daß eine Verwirklichung dieser Vorschläge ein völlig verändertes Verhältnis zwischen Schulverwaltung bzw. Schulaufsicht und Einzelschule voraussetzt bzw. zur Folge haben müßte[36]. Außerdem wird mit dem Vorschlag, die Einzelschule an der allgemeinen Curriculum-Revision und der Gesamtplanung des Bildungswesens mitwirken zu lassen, diese nicht nur als Addressat von Veränderungen, sondern auch als Beteiligter angesehen und damit der Einzelschule stärker Einfluß auf gesellschaftlich relevante Entwicklungen eingeräumt. Folgerichtig müßte dieses Postulat der Bildungskommission auch auf die Teilnahme der Schulen, besonders der Versuchsschulen, an versuchsbegleitender Forschung ausgedehnt werden.

Die Gesamtreform der Schulverwaltung einschließlich einer allgemeinverbindlich - d.h. für alle Schulen - geregelten 'begrenzten Sebständigkeit' mit den oben aufgeführten Rechten ist noch nicht zu erkennen. Der Unterausschuß der Bildungskommission "Organisation und Verwaltung im Bereich des Bildungswesens" wird dazu frühestens 1972 ein Konzept vorlegen. Deswegen kann bisher nur diskutiert werden, ob und in welcher Form die bestehenden Gesamtschulen bzw. Gesamtschulplanungen im Rahmen ihrer Möglichkeiten als Schulversuche neue Organisationsformen entwerfen, die als Weg zu erweiterter Selbständigkeit und innerer Demokratisierung angesehen werden können. Diese organisatorischen Strukturen bilden für fortschrittliche Lehrer, Eltern und Schüler die Voraussetzung einer Erziehung, die den Veränderungswillen der Schüler stärkt, die es ihnen

---

36 Die veränderte Funktion der Schulaufsicht wird im § 16 des Entwurfs zum Zehnten Gesetz zur Änderung des Schulgesetzes für Berlin vom 8.9.1970 angesprochen, wo es heißt, daß die Aufgabe der Schulaufsichtsbehörde darin bestehe, "die Unterrichts- und Erziehungsarbeit der Berliner Schule beratend zu unterstützen".

ermöglicht, systemtranszendente Zielvorstellungen zu entwickeln, und die Verhaltensdisposition schafft, aus denen Innovationsstrategien ableitbar sind.

b) Leitungsstruktur und Entscheidungsgremien der Gesamtschulen

Die meisten der untersuchten 35 Gesamtschulen[37] haben keine von den jeweiligen Landesregelungen abweichende Schulorganisation: geführt werden diese Schulen von *einem* Leiter; der Gesamtkonferenz gehören außer allen Lehrern einige Eltern- und Schülervertreter meist ohne Stimmrecht an. Außerdem sind zumeist ein didaktischer Leiter und einzelne Stufenleiter vorgesehen. Nur wenige Gesamtschulen planen, von diesem klassischen Bürokratiemodell abzugehen: Kamp-Lintfort, Kierspe, Fröndenberg, Dortmund in NRW, Horn, Mümmelmannsberg und Steilshoop in Hamburg und Garbsen/Niedersachsen streben kollektive Schulleitungen an. Frankfurt-Nordweststadt und Freiburg-Haslach haben bereits die Einführung einer kollektiven Schulleitung durchgesetzt. Von vier Gesamtschulen sind bisher konkretere Vorstellungen über die Zusammensetzung der Schulleitung entwickelt worden, die ganz unterschiedliche Konzepte deutlich machen:

Tabelle 1: Zusammensetzung von Schulleitungen an Gesamtschulen

Frankfurt ERS:	Pädagogischer Leiter
	Personalleiter
	Verwaltungsleiter
	Leiter Förderstufe a
	Leiter Förderstufe b
	Leiter Sekundarstufe Ia
	Leiter Sekundarstufe Ib
	Leiter Studienstufe
	8 Personen
Freiburg-Haslach:	Schulleiter
	Schulpsychologe
	sozialpäd. Berater
	Leiter der Orientierungsstufe
	Leiter Mittelstufe
	Leiter Studienstufe
	Lehrervertreter
	Schülervertreter
	Elternvertreter
	Beamter Schulaufsicht
	Schuldezernent der Stadt
	Leiter Büroverwaltung
	12 Personen

37 Vgl. Kapitel 7 in diesem Buch.

Garbsen:	Didaktischer Leiter Leiter des schulpsych. Dienstes Leiter der Erziehungsberatung Leiter der Schullaufbahnberatung 3 Verwaltungsleiter 3 Organisationsleiter (Lehrer) 3 Sekundarstufenleiter (Präsidium)
	13 Personen
Steilshoop/ Mümmelmannsberg:	Leiter der Abteilung für Psychologie Leiter des Hauses für Jugend Leiter der Bücherhalle 2 Leiter der Grundschule 4 Stufenleiter
	9 Personen

Quellen: Frankfurt: Gesamtschulen Informationsdienst 3/1970.
Freiburg: hektografierter Entwurf März 1969.
Garbsen: Vorläufige Schulverfassung, 1970, hektografiert.
Steilshoop: eigene Erhebung.

Frankfurt, Garbsen und Steilshoop sehen nur Funktionsträger der Schule in der Leitung vor, einzig Freiburg hat außerdem Vertreter der Lehrer, Schüler, Eltern, der Schulaufsicht und des Schulträgers mit in das Leitungsgremium aufgenommen. Welche Vor- oder Nachteile diese Teilhabe für die einzelnen vertretenen Gruppen mit sich bringt, welche Art von Konflikten dadurch auftreten, schneller gelöst werden oder sich gar verschärfen, das läßt sich nicht vorhersehen. Auch die Frage, ob - wie in Garbsen und Steilshoop - die hauptamtlichen Berater für Schüler und Eltern als Entscheidungsträger in der Schulleitung dies mit ihrer eigentlichen Rolle als Berater verbinden können - was seitens der Schüler Vertrauen, seitens der Berater Verschwiegenheit und Nicht-Ausnützen von Informationen voraussetzt -, wird genau geprüft werden müssen.

In allen hier erwähnten Schulverfassungskonzepten kommt die Gruppenvertretung von Schülern und Eltern, z.T. auch der Angestellten, im Schulparlament bzw. in Ausschüssen zur Geltung. In Frankfurt, Freiburg und Garbsen soll außerdem ein drittelparitätisch zusammengesetzter *Hauptausschuß* eingesetzt werden, der zwischen den meist habjährlich stattfindenden Parlamentssitzungen als Kontroll-, z.T. als weisungsbefugtes Gremium, entlastet von der verwaltungsmäßigen Leitungsarbeit, ein zentrales demokratisches Organ in der Gesamtschule darstellt. Da bei drittelparitätischer Besetzung in der Mehrheit Nichtbeamte hoheitliche Tätigkeiten ausüben, stellt sich - ähnlich wie bei einer Teilnahme von Schülern und Eltern in der Schulleitung - die Frage, ob dies mit Art. 33.4 GG vereinbar ist, in dem die Ausübung hoheitsrechtlicher Befugnisse "in der Regel" Angehörigen des öffentlichen Dienstes übertragen ist. Im Rechtsgutachten von Harnischfeger/Heimann wird diese Frage für Ausnahmen bejaht. Sie weisen außerdem daraufhin, daß in der Gemeindeselbstverwaltung seit dem 19. Jahrhundert analog verfahren wird. Allerdings können die Entscheidungen das Prinzip der Staatsaufsicht über das Schulwesen (Art. 7.1 GG) mit der Garantie minimaler Einheitlichkeit nicht außer Kraft setzen[38].

c) Lehrer: Ausbeutung und Politisierung

Die Diskussion um größere Unabhängigkeit der einzelnen Gesamtschule von der Verwaltung und mehr Entscheidungskompetenz vor allem auch der Lehrer wird häufig - angesichts großer Kollegien mit 40 bis 150 Mitarbeitern - als technisches, ausschließlich organisatorisches Problem aufgefaßt. Darunter läßt sich auch die Erörterung aufgeschlossener Technokraten über möglichst öffentlichen, schnellen und zeitsparenden Informationsfluß zwischen Lehrern, Eltern und Schülern und Schulleitung subsumieren. Solche notwendigen Kommunikationssysteme sind aber nur die Voraussetzung für intensive *inhaltliche* Reflexion und Interessenartikulation, die die Chance zur Durchsetzung haben muß.

Demokratisierung der Schule heißt für Lehrer derzeit zweierlei: zum einen, daß ihre Bereitschaft zur Realisierung der Schulreform durch Übernahme neuer Funktionen und der Entwicklungsarbeit konkret durch Schulverwaltung und Wissenschaft unterstützt wird, und zum anderen, daß die Möglichkeit zur wirksamen Politisierung der Lehrer, der Schüler und des Schulsystems gegeben ist.

Die Kritik von Gesamtschullehrern an den Kultusbehörden, daß für ihre zusätzliche Entwicklungsarbeit ihnen keine oder zu wenig Stundenentlastung bzw. Zulagen (etwa in Form von Honoraren für Curriculumaufträge) gewährt werden, ist bekannt. Auch für die zeitraubende Konferenztätigkeit steht den Gesamtschulen, soweit bekannt, keine oder zu wenig Stundenzahl zur Verfügung. Mindestens ebenso wichtig für die Stärkung innerer Demokratie in den Gesamtschulen scheint aber die Qualifizierung und Anerkennung

---

38 H. Harnischfeger, G. Heimann: Rechtsfragen der Gesamtschule, a.a.O., S. 17-19.

neuer Funktionen, für die Lehrer bislang nicht ausgebildet wurden und die sie auch nicht wahrnahmen: Die Funktionen des Curriculum- und Testentwicklers, des Organisators und Verwalters, des Kommunalpolitikers, des Tutors und Beraters, des Sozialarbeiters. Gerade die letzte Funktion wird um so wichtiger, je mehr Kinder aus sozial randständigen Familien und Arbeiterfamilien in der Gesamtschule sind: Nicht nur, daß ein *Teacher-Trainung* für Gesamtschullehrer bislang nirgends entwickelt wurde[39], es gibt auch schon Fälle, wo die Übernahme besonderer Funktionen behindert wird.

Ansätze für ein Selbstverständnis der Gesamtschullehrer, das die konkreten frustierenden Bedingungen, unter denen sie derzeit arbeiten müssen[40], als Ausdruck gesellschaftlicher Widersprüche begreift, sind in Gesamtschulen bislang nur vereinzelt zu finden. Ansätze für eine Politisierung könnten sich aus der Diskrepanz zwischen der Erwartung der Lehrer an die Gesamtschule, an die sie sich meistens freiwillig gemeldet haben, einerseits und den realen Bedingungen, unter denen sie dort arbeiten, andererseits ergeben. Die starke Arbeitsüberlastung und die mangelhafte Unterstützung durch Schulbehörden und die wissenschaftliche Begleitung der Schulversuche einschließlich der pädagogischen Theorie führen bei zahlreichen Gesamtschullehrern zu Resignation oder zum Rückzug in autoritäre oder traditionelle Lösungen, bieten aber zugleich einen Ansatz zur Politisierung.

In einer Umfrage der Fachgruppe Gesamtschulen in der GEW Berlin hielten unter den Berliner Gesamtschullehrern 92 % der antwortenden Lehrer die Gesamtschule für erforderlich; aber fast drei Viertel glaubten zugleich, daß ihre Arbeitsbelastung auf die Dauer nicht tragbar sei, und 86 % waren der Ansicht, die Reform "funktioniere" nur auf Kosten der Lehrer. Eine Mehrheit plädierte für Streik, um diese Situation zu ver-

---

39 Vgl. H. Stubenrauch: Protokolle der Arbeitsgruppe Beratung und Begleitung und Teacher-training, in: Tagung über wissenschaftliche Begleitung und Beratung von Gesamtschulen, Hrg. Arbeitsgruppe Gesamtschulen, Kurzinformationen/Arbeitspapiere 3/1971, PZ Berlin, S. 19-26 (dort auch Entwicklung eines Modells).

40 Vgl. z.B. das Memorandum der Gesamtschule Frankfurt-Nordweststadt mit einer entschiedenen Kritik an den Arbeitsbedingungen, in: Gesamtschul-Informationen, 2/1971.

ändern, ein weiteres Viertel für "Dienst nach Vorschrift", was der Einstellung der curricularen Entwicklungsarbeit und damit einem Ende der inhaltlichen Schulreform gleichkäme[41].

Die den Lehrern bewußte Ausbeutung wird in einigen Bundesländern durch Inhalt und Form wissenschaftlicher Begleitung von Gesamtschulversuchen verstärkt. In Baden-Württemberg und Schleswig-Holstein hat diese nicht in erster Linie die Probleme der Lehrer und Schüler zum leitenden Interesse, sondern die schulpolitischen Fragen nach dem 'Erfolg' der Gesamtschule (Leistungen, Abschlußquoten); in anderen Ländern dagegen wird stärker auf konkrete Probleme der Schulen Bezug genommen.

Diese Situation bietet Ansatzpunkte für eine Politisierung der Gesamtschullehrer, deren erster Schritt Gruppenbildung in den Schulen und Organisation auf regionaler Ebene sein muß, sollen kritische Lehrer sich nicht in isolierten Einzelkämpfen zerreiben. Solche Fraktionsbildung innerhalb der Gesamtschulen wird durch deren Größe und durch den institutionellen Zwang, in Fachgruppen gemeinsam zu planen, also auch kooperieren zu lernen, erleichtert. Außerdem verlangt gerade die Versuchs- und Aufbauphase der Gesamtschule zahlreiche Entscheidungen über Probleme, in denen gesellschaftliche Widersprüche und unterschiedliche Interessen sichtbar werden, die eine politische Stellungnahme der Lehrer erfordern.

Die Toleranzgrenze gegenüber progressiver Erziehung - auch wenn es sich nicht um eine sozialistische handelt - dürfte auch in Gesamtschulen gering sein. Dennoch sind die strukturellen Merkmale der Gesamtschule und die gegenwärtigen widersprüchlichen politischen Bedingungen geeignet, in Gesamtschulen eher als in traditionellen Schulformen kollektive politische Arbeit zu ermöglichen und damit den Demokratisierungsprozeß in den Gesamtschulen zu verstärken.

d) Mitbestimmung der Schüler

Schule soll in erster Linie für die Schüler da sein, d.h. im Zusammenhang dieses Beitrages zu Mündigkeit und politischer Sozialisation im Sinne kollektiver Selbstbestimmung führen. Daß die Konkretion dieser Absicht in den Gesamtschulplänen und -begründungen fehlt, wurde schon

---

41 Vgl. D. Sommerlatte: Gesamtschule aus der Sicht der beteiligten Lehrer, in: Berliner Lehrerzeitung 9/1970.

gesagt. Es bleibt zu fragen, ob in den Gesamtschulen *institutionell gesicherte Rechte* für Schüler vorgesehen sind, die zwar nicht als "politische Wirklichkeit", aber doch als Übungs- und Erfahrungsfeld der inhaltlichen politischen Erziehung entsprechen.

Der traditionellen SMV der fünfziger und sechziger Jahre als der "Verwaltung von Schwamm und Kreide" mit der Funktion der Integrierung politisch aufgeschlossener Schüler entsprach die Kombination von Partnerschaftsideologie und politischer Bildung als Institutionenlehre. Die reformierten SMV-Ordnungen, die seit 1968 in fast allen Bundesländern erlassen wurden, und die unter dem Anspruch der Demokratisierung der Schule und der Erziehung zur Mündigkeit der Öffentlichkeit und den Betroffenen unterbreitet wurden, halten wie bisher die Schüler in Unmündigkeit und schließen sie von echter Mitbestimmung über die Angelegenheiten der Schule aus. Darüber kann es keinen Zweifel geben[42]. Vor allem wird aus den reformierten Erlassen deutlich, wie groß die Sorge der Kultusverwaltungen vor politischer Arbeit linker Schülergruppen ist; dies wird an der Einschränkung von Vollversammlungen und politischen Schülergruppen, dem Verbot, Flugblätter zu verteilen, der Beschränkung der Teilnahme von Schülervertretern bei Konferenzen und deren teilweise Bindung an Schweigepflicht deutlich.

Demgegenüber sind in der Gesamtschul-Empfehlung des Deutschen Bildungsrates die Forderungen zahlreicher Schüler, der GEW u.a. nach stärkerem Einfluß der Schüler auf alle Angelegenheiten der Schule[43], also auch auf Unterricht, Unterrichtsplanung, Beurteilungsverfahren usw. z.T. aufge-

---

42 Die Erlasse (bis März 1969) sind abgedruckt in: D. Hinrichs: SMV im Umbruch, Hannover 1969. - Eine Analyse der reformierten Erlasse in: U. Preuss-Lausitz, Emanzipation der Schüler - von der SMV zum Schülerkollektiv, in: Blätter für deutsche und internationale Politik, 2/1970; ders.: Die Schülerschule? Zur Reform der Schülermitverwaltung, in: Vorgänge 10/1970. - Eine tabellarische Übersicht aller reformierten SMV-Erlasse bis März 1971 in: blickpunkt 200/März 1971.

43 Demokratisierung von Schule und Schulverwaltung, Meinungen und Stellungnahmen aus der Diskussion innerhalb der GEW, MUND Nr. 132/1969. - Modell einer demokratischen Schulverfassung. Sonderdruck des Instituts für staatsbürgerliche Bildung in Rheinland-Pfalz, Mainz o.J. - L. Dietze: Zur Mitbestimmung in der Schule, a.a.O. - M. Liebel/ F. Wellendorf: Schülerselbstbefreiung, Frankfurt 1969.

nommen. Die Mitbestimmungsrechte sollen sich "in erster Linie auf die Inhalte der Schule selbst - nämlich auf die Auswahl und Organisation der Unterrichtsangebote - erstrecken"[44]. "Die Schülervertretung muß also im Rahmen ihrer Fähigkeiten und Möglichkeiten in die didaktische Entwicklungsarbeit der Gesamtschule einbezogen werden. Deshalb sollen gewählte Schülervertreter an Konferenzen und an allen Entscheidungen über Schüler betreffende Probleme (?) beteiligt werden. Auf diese Weise würde die Schülermitverwaltung nicht mehr auf periphere Probleme beschränkt bleiben, sondern an der Entscheidung über die Substanz der Schule, die Inhalte, Methoden und die Organisation des Unterrichts beteiligt werden"[45]. Auch an der Entscheidung über Beurteilungsmaßstäbe sollen die Schüler "mitentscheidend beteiligt" werden.

In diesen Vorschlägen deutet sich eine Erweiterung des bislang zugestandenen Rechtes der Schüler an; während in sämtlichen auch reformierten SMV-Erlassen der Unterricht von einer Mitbestimmung der Schüler ausgeschlossen bleibt, soweit diese nicht über "Anregungen" hinausgeht, rückt der Bildungsrat die mitwirkende Rolle der Schüler - allerdings nur über Schülervertreter - in den Vordergrund. Das setzt voraus, daß die subjektiven Bedürfnisse, Interessen, die - vielleicht auch Umwege schaffende - Phantasie über methodische Wege und inhaltliche Ziele der Schüler und ihre Spontaneität belohnt werden durch eine flexibel gehaltene Lernzieldefinition und eine neue Form der Curriculumerarbeitung. Wenn ein Fachteam eine Unterrichtseinheit plant, könnten die Vorstellungen der Schülervertreter integriert werden. So sieht es der Bildungsrat vor. Soll aber die Selbständigkeit *aller* Schüler gefördert werden, so muß auch den Wünschen, Erwartungen und evt. abweichenden Vorstellungen aller Schüler während der Durchführung der Unterrichtseinheit Rechnung getragen werden, und das kann heißen, daß eine Lerngruppe das ursprüngliche Ziel eher, die andere später, und eine dritte gar nicht erreicht, weil sie etwas anderes innerhalb des Problemfeldes für wichtiger hält. Die Einräumung von Arbeitszeit *innerhalb* des Kern- oder Fachleistungskurses, um schülereigene Projekte zu realisieren, sowie das Schüler- (und Lehrer-)Training, solche Projekte planen und durchführen zu können, müßten Bestandteil des Unterrichts sein.

---

44 Empfehlung zur Einrichtung von Schulversuchen mit Gesamtschulen, a.a.O., S. 123.

45 a.a.O., S. 124.

Mitbestimmung der Curricula durch Schüler weist auf einen weiteren Aspekt, der bislang nicht diskutiert worden ist. Berücksichtigung von Schülerinteressen und deren sozialen Erfahrungen bedeutet, schichtspezifisch unterschiedliche Erfahrungsfelder als Curriculuminhalte zu reflektieren; dies setzt aber für alle Beteiligte, vor allem für die Lehrer, voraus, die soziale Lage, aus der die Erfahrung resultiert, erst einmal kennenzulernen. Deshalb müssen Lehrer - auch schon in der Ausbildung - durch unmittelbare Erfahrungen (z.B. Projekte) stärker für die teilweise schichtgebundenen oder verdeckten Ausdrucksformen der Bedürfnisse und Interessen sensibilisiert werden. Werden z.B. Curricula über unterschiedliche Wohnverhältnisse, Erziehungsstile, Berufserfahrungen der Eltern, Freizeitbeschäftigungen oder Berufserwartungen entwickelt, so genügt es nicht, daß die meist bürgerlich sozialisierten Lehrer die einschlägige erziehungswissenschaftliche und sozialwissenschaftliche Literatur kennen. Es ist notwendig, daß sie unmittelbaren Kontakt mit der Lebenssituation ihrer Schüler und deren Eltern aufnehmen. Mit Elternabenden ist es nicht getan. Notwendig ist vielmehr, diesen Kontakt selbst als Teil der jeweiligen Projekte zu entwickeln, wobei die Eltern gegenüber den Lehrern als Experten für ihre schichtspezifischen Sozialerfahrungen erscheinen; solche Aufarbeitung der sozialen Erfahrung durch Schüler, zusammen mit Lehrern und Eltern, gelingt allerdings nur, wenn die konkrete Lebenssituation der Betroffenen nicht als individuelle Leistung oder individuelles Versagen betrachtet und damit ein Entfremdungsprozeß zwischen Eltern und Kindern eingeleitet oder verstärkt wird, sondern als Ausdruck kollektiver Lebensbedingungen analysiert wird. Welche außerordentlichen Schwierigkeiten solch ein Versuch für linke Lehrer mit sich bringen wird, zeigt die Arbeit sozialistischer Studenten in einem Berliner Schülerladen[46].

In der Gesamtschulempfehlung wird eine paritätische Beteiligung bei Konferenzen abgelehnt. Stattdessen sollen die Schüler ein Vetorecht mit einmalig aufschiebender Wirkung erhalten. Auf welche Erkenntnisse sich die Ansicht stützt, daß eine quantitative paritätische Mitentscheidung "in jedem Fall unbefriedigend" (S. 124) sei, bleibt offen; der mögliche Hinweis auf das Desinteresse und die Unreife der Schüler wäre jedenfalls

---

46 Vgl. Autorenkollektiv am Psychologischen Institut der Freien Universität Berlin: Schülerladen Rote Freiheit, Fischer Taschenbuch 1971, bes. S. 104-148.

ein Zirkelschluß: Beides ist Ergebnis der fehlenden frühzeitigen Erziehung zur Selbständigkeit und zur Mündigkeit, der vorenthaltenen Rechte in der bisherigen SMV und des Glaubens, Schüler seien zur Vernunft vor dem 8., 9. oder 10. Schuljahr gar nicht in der Lage. Gerade diese Unfähigkeit zu überwinden, soll jedoch eines der Ziele einer demokratischen politischen Sozialisation in der Gesamtschule sein.

Dabei ließe sich auf ausländische Erfahrungen hinweisen. In der "Scuola di Barbiana"[47] wie in den Versuchsschulen in Oslo[48] und Stockholm[49] wurde die Selbstbestimmung der Schüler in den Mittelpunkt der Erziehung gerückt; dadurch war es möglich, daß die ganze Schule von Aktivität, Phantasie, Initiative und demokratischen Diskussionen geprägt und bei Entscheidungen oder im Unterricht weder von Apathie noch von Unreife etwas zu spüren war. Dies gilt z.B. in der Eira-Skolan in Stockholm auch schon für die Schüler der ersten Grundschulklasse, die von Anfang an lernen, mit demokratischen Formen (etwa den Diskussionen und Entscheidungen in den wöchentlichen Klassenversammlungen, den 'Klassenräten') umzugehen. Diese Formen werden natürlich nur deshalb von den Schülern anerkannt, weil in ihnen echte Entscheidungen, auch u.U. gegen Lehrer, gefällt werden, und weil das gesamte Klima der Schule von einem entschiedenen Demokratieverständnis bestimmt ist[50]. Dies hat Auswirkungen für die Unterrichtsplanung, die Unterrichtsdurchführung und das Verhältnis von Lehrern und Schülern.

Betrachtet man die deutschen Gesamtschulversuche unter dem Aspekt demokratischer Mitwirkungs- und Mitbestimmungsmöglichkeiten für Schüler, so fällt - von den Ausnahmen Freiburg, Frankfurt, Garbsen abgesehen - die vorherrschende Zurückhaltung und Unsicherheit auf, die in den Planungen bzw. in den schon bestehenden Gesamtschulen zum Ausdruck kommt. Es wird deutlich, daß die Gesamtschulen zu den meisten angeschnittenen

---

47 Scoula di Barbiana, Die Schülerschule. Brief an eine Lehrerin, Berlin 1970.

48 Manfred Liebel: Das norwegische Versuchsgymnasium. Modell einer demokratischen Gegenschule?, in: Frankfurter Hefte 9/1968.

49 Staffan Hildebrand: Skola för demokrati, Stockholm 1970; PM pedagogiska meddelanden fran skolöverstyrelsen, 8/1970, S. 16-18; 1/1970 S. 29 f.; 1/1970, S. 26 f.

50 Bei der Beurteilung dieser Versuche sind wir ausschließlich auf die erwähnte Literatur angewiesen.

Problemen noch keine Pläne gemacht oder Entscheidungen gefällt haben[51]. Bei den Äußerungen der Befragten handelt es sich häufig um Willensbekundungen des Planungsausschußleiters oder des Schulleiters, die sich aber noch nicht in Diskussionen der zuständigen Gremien oder gar in schriftlichen Entwürfen niederschlugen. Nur bei vier der untersuchten Gesamtschulen ist geplant, daß Schüler in allen Fächern an der Planung des Unterrichts beteiligt werden. Weitere vier Gesamtschulen sehen eine Mitwirkung in weniger leistungsrelevanten (!) Fächern wie Gesellschaftskunde, Deutsch, Biologie, musischen Kursen vor. In allen diesen Fächern ist die Beteiligung als Teilnahme der SV[52] in Fachkonferenzen, in einigen außerdem das Gespräch der Klasse mit dem Fachlehrer geplant.

Nimmt man das gewiß nicht sehr weitreichende Mitwirkungsmodell der Gesamtschulempfehlung des Deutschen Bildungsrates als Maßstab, dann wird deutlich, daß nahezu alle derzeitigen Gesamtschulen noch kein Bewußtsein davon haben, daß erst die Praktizierung von Mitwirkungsmöglichkeiten bei allen wesentlichen Fragen der Schule, vor allem aber im Unterricht, die "politische Bildung" aus ihrer Unverbindlichkeit löst und eine handlungsrelevante politische Sozialisation wahrscheinlich macht.

Fünf Gesamtschulen haben sich dafür entschieden, ihren SV Stimmrecht in allen Konferenzen (außer Zeugniskonferenzen) einzuräumen. Die Hälfte der übrigen billigt ihnen nur beratende Teilnahme zu. In der Gesamtschulempfehlung wird vor einem Stimmrecht gewarnt, das aufgrund der wenigen SV nur Alibi- und Integrationsfunktion erfüllen würde. Diese Warnung hat bei allen Gesamtschulen (außer der ERS Frankfurt) nicht dazu geführt, daß SV ein Vetorecht haben oder die Zahl der SV auf Parität angehoben würde. Daher wird man vermuten dürfen, daß bei Konflikten Schüler den objektiv scheindemokratischen Charakter des Stimmrechts durchschauen und andere Formen der Mitbestimmung anstreben werden.

Die Antworten auf die Fragen nach der Herstellung und dem Vertrieb von Schülerzeitungen, von Flugblättern, nach politischen Veranstaltungen und politischen Schülergruppen weisen auf die Unsicherheit und Ängstlichkeit der Gesamtschulplaner in diesem Bereich hin.

---

51 Vgl. die tabellarische Übersicht über die Entwicklung von Schulverfassungen in Gesamtschulen in: Gesamtschul-Informationen 2/71.

52 SV = Schülervertreter

Einige Befragte äußerten die Hoffnung, daß das 'liberale' Verhalten sich freiwillig für den Gesamtschulversuch meldender Lehrer ausreiche, um ein 'demokratisches Schulklima' zu schaffen. Dies setzt entweder die falsche Annahme voraus, daß gesellschaftliche Widersprüche nicht als schulische Konflikte auftauchen, bzw. daß sie sich durch partnerschaftliches Lehrerverhalten aufheben oder doch in ihren die Schule 'störenden' Phänomenen neutralisieren lassen. Im Grunde aber verbirgt sich dahinter die Sehnsucht nach einer pädagogisch-partnerschaftlichen Gemeinschaft ohne Gegensätze. Dieses Modell widerspricht nicht nur den tatsächlichen Verhältnissen in und der Funktion der Schule, sondern auch den allgemeinen Zielen der Gesamtschule.

Je länger die Gesamtschulversuche bestehen, desto dringender wird das Problem werden, mit welchen organisatorischen und inhaltlichen Mitteln die politische Bildung der Schüler als eine Erziehung zu entschiedenem demokratischen Verhalten und demokratischen Zielen erreicht werden kann. Vor allem wird zu überlegen sein, wie nicht nur Teilhabe*rechte* ermöglicht werden, sondern wie die Schule curricular und organisatorisch die Schüler bei der schwierigen Artikulation der eigenen Interessen unterstützt. Dies gilt allerdings auch für andere Gruppen, die innerhalb der Gesamtschule beraten und entscheiden: Voraussetzung ist dabei, daß Interessen tatsächlich realisiert werden können. Ein 'liberales' Teilnahme- und Anhörrecht oder Entscheidungsrechte weniger Gruppenvertreter wird - wie bei der bisherigen SMV - zum berechtigten Rückzug der Schüler aus den Entscheidungsprozessen führen.

Tabelle 2: (Geplante) Schülermitbestimmung an Gesamtschulen (n = 33; Stand Frühjahr 1970)

	Ja	Nein	keine Antwort bzw. noch offen
1. Verteilen von Flugblättern auf dem Schulgelände	9 (5 unter Auflagen)	2	22
2. Vollversammlungen	16 (10 u. Auflagen)	-	17
3. Gründung u. Betätigung pol. Schülergruppen	9 (4 u. Auflagen)	2	22
4. Durchführung pol. Veranstaltungen	11 (8 u. Auflagen)	1	21
5. Drucken von Schülerzeitungen auf schuleigenen Maschinen	13 (2 u. Auflagen)	-	20
6. Vertrieb von Schülerzeitungen auf dem Schulgelände	13 (6 u. Auflagen)	-	20
7. Mitarbeit an Unterrichtsplanung in Aussicht genommen:			
a) Fächer			
alle Fächer	4	3	21
Ges.kunde/ab 7. Schuljahr	1		
Ges.kunde, Deutsch ab 7. Schuljahr	1		
Deutsch, Religion, Sozialkunde, Geschichte ab 10. Schuljahr	1		
Erdkunde, Geschichte, Biologie			
Literatur ab 7./8. Schuljahr	1		
Musisch-künstl. Kurse	1		
	n = 33		
Form:			
Gespräch Klasse - Fachlehrer	5	3	16
SV - Fachkonf.	9		
8. Einsicht in Zeugnisse	26	-	7
9. Erörterung der Beurteilungsmaßstäbe			
9.1 zw. Klasse und Fachlehrer	26	-	7
9.2 SV in Fachkonferenzen	7		

	Ja	Nein	keine Antwort bzw. noch offen
10. Unmittelbare Beteiligung an der Notengebung geplant	7 (alle mit Einschränkung)	12	14
11. <u>Konferenzteilnahme von SV</u>			
1.1.1 Zeugniskonferenz	7 (u. Einschränkung) (beratend)	14	12
1.1.2 Gesamtkonferenz	16 ohne Stimmrecht 5 mit Stimmrecht	1	11
1.1.3 Stufenkonferenz	10 ohne Stimmrecht 5 mit Stimmrecht	2	16
1.1.4 Jahrgangskonferenz	7 ohne Stimmrecht 4 mit Stimmrecht	4	18
1.1.5 Fachkonferenz	8 ohne Stimmrecht 5 mit Stimmrecht	3	17
<u>Technische Hilfsmittel</u>			
12. Besondere SV-Räume	17	6	10
13. Sekretärin schreibt für SV	15	8	10
14. (Druck-) Maschinenbenützung durch SV	23	-	10
15. Geld jährlich für SV aus Schuletat	6 (jährlich 100,-- oder nach Bedarf)	15	12

e) Eltern in der Gesamtschule

Eltern sollen an den Gesamtschulen erheblich mehr Einfluß erhalten, als dies bisher durch recht wirkungslose Elternvertretungen möglich war. Darauf legt die Gesamtschulempfehlung des Bildungsrates starkes Gewicht[53]. An den Gesamtschulen mit den bisher weitgehendsten Schulverfassungskonzepten (Freiburg, Frankfurt, Garbsen) sitzen Eltern z.T. in der Schulleitung, mit erheblichem Anteil oder mit Drittelparität in der Schulkonferenz, in den Hauptausschüssen und in anderen Ausschüssen, in Garbsen in allen Ausschüssen fast immer mit Drittelparität.

Man muß sich fragen, ob diese Entwicklung institutioneller Mitwirkungsrechte von Eltern, sollte sie sich verstärken, derzeit wünschenswert ist bzw. ob die Mitwirkung bei Entscheidungen und die Information der Eltern über die Strukturen und Entscheidungsprozesse der Gesamtschule ausreichen. Der Schulrechtler Ingo Richter weist darauf hin, daß die Artikulation von Elternrechten bislang in konkreten Auseinandersetzungen zur Erhaltung des überkommenen Schulsystems beitrug[54]. So könnte es sein, daß ein verstärkter Elterneinfluß in der (Gesamt-)Schule die Lehrer und die Schüler bei neuen Lern- und Kommunikationsformen, bei neuen Curricula, beim Abweichen von traditionellen Bewertungs- und Sanktionsmustern behindern. Z.B. wird von Eltern der Gesamtschule Wiesbaden-Kastel berichtet, daß sie die Ersetzung des in Zahlen ausgedrückten Benotungssystems durch allgemeine Beurteilungen zumindest mit Unsicherheit, wenn nicht gar mit Unwillen aufgenommen haben[55]. Ein anderes Beispiel sind die zahlreichen Eingriffe von Eltern in eine fortschrittliche Sexualerziehung oder bei Umfragen über Einstellungen von Kindern zur Sexualität[56].

---

53 Gesamtschulempfehlung, a.a.O., S. 19, 108, 118, bes. 125 f., 139.

54 I. Richter: Die Schule auf dem Boden des Grundgesetzes, in: Recht der Jugend und des Bildungswesens, 1/1970, S. 3. Ebenfalls in: Neue Sammlung 5/1969.

55 Vgl. Frankfurter Rundschau vom 12.2.1971.

56 Die Elternvertreter von vier Nürnberger Gymnasien lehnten z.B. eine von Lehrern geleitete Umfrage zur Sexualerziehung ab, während die Elternvertreter zweier Nürnberger Realschulen sie gestatteten. Hier könnte ein schichtspezifischer Einstellungsunterschied vorliegen. Vgl. Th. Castner, H. Castner: Sexualrevolution und Schule, Darmstadt und Berlin 1970.

Nimmt man an, daß die Lehrer, die an Gesamtschulen unterrichten, zu dem experimentierfreudigen und pädagogisch aufgeschlossenen Teil der Lehrerschaft gehörten, so könnte sich ein Mitbestimmungsrecht von Eltern in der Gesamtschule durchaus als behinderndes Element erweisen. Schulrechtler sind sich uneins, ob Eltern aus verfassungsrechtlichen Gründen überhaupt Entscheidungskompetenz in der Schule haben dürfen. Während Harnischfeger/Heimann dies für eine Schule mit materieller Selbständigkeit aus Gründen der Sicherung des demokratischen Legitimationszusammenhangs bejahen[57], hält Richter dies zumindest für fragwürdig. Er verweist darauf, daß in Art. 6 und 7 GG Elternrecht und Schulrecht getrennt geregelt sind und den Eltern innerhalb des Schulwesens ausdrücklich gewisse Rechte in bezug auf Religionsunterricht und das Konfessionsschulproblem eingeräumt werden, "so daß man davon ausgehen kann, daß im übrigen Elternrechte innerhalb des Schulwesens überhaupt ausgeschlossen sein sollten"[58]. Dies könnte in den Gesamtschulen besonders für die Frage bedeutsam sein, ob die Eltern, die Schüler oder die Schule über Kurszuweisungen entscheiden. Was Richter für das dreigliedrige Schulsystem feststellt, könnte auch in der Gesamtschule wirksam werden: "Das aus dem Elternrecht abgeleitete elterliche Optionsrecht bei der Schullaufbahnentscheidung wirkt also im wesentlichen unterschichtdiskriminierend und dient somit der Aufrechterhaltung überkommener gesellschaftlicher Gliederungen"[59].

Ein anderes Problem im Zusammenhang mit einem Entscheidungsrecht der Eltern in der Schule stellt sich durch die Tatsache, daß bislang nur sog. bildungsfreundliche Eltern der Schule aufgeschlossen gegenüberstanden und in ihr - z.B. als Elternvertreter - aktiv wurden. Dies sind in erster Linie bürgerliche Eltern. Es gibt kein plausibles Argument, warum dies in der Gesamtschule anders sein sollte, solange keine intensive Elternarbeit betrieben wird.

Geht man davon aus, daß emanzipatorische schulische Erziehung nicht gelingen kann, wenn sie nicht von den Eltern unterstützt, zumindest jedoch wohlwollend geduldet wird, dann erscheint sowohl der Ausschluß der Eltern aus der Schule wie deren formale Integration in Beratungs- und

---

57 Vgl. Abschnitt IIIa dieses Beitrages.

58 I. Richter: Die Schule auf dem Boden des Grundgesetzes, a.a.O., S. 3.

59 a.a.O., S. 4.

Entscheidungsgremien unbefriedigend. Wichtiger wäre es stattdessen, ein umfassendes System der Elternarbeit zu entwickeln, das in Verbindung gesetzt wird sowohl mit curricularen Projekten (s.o.) als auch mit dem Beratungssystem für Schüler (Berufsberatung, sozialpädagogische und psychologische Einzelfallhilfe, Spezialhilfen für Lern- und Verhaltensprobleme). In der Gesamtschulempfehlung des Bildungsrates ist in erster Linie an die *Information* der Eltern über die neuen didaktischen Prinzipien der Schule gedacht[60]. Dies ist notwendig - und zwar für Eltern aller sozialen Schichten - reicht aber nicht aus. Vielmehr wird es wichtig sein, Verfahren modellhaft zu erproben, wie die Lehrer über die Soziallage der Eltern, in erster Linie der Arbeitereltern, in einem Interaktionsprozeß so aufgeklärt werden können, daß dies zu Verhaltensänderungen führt. Weiter oben wiesen wir darauf hin, daß ein möglicher Weg in schichtrelevanten Projekten liegt, an deren Durchführung nicht nur Schüler, sondern auch Lehrer beteiligt sind, wobei sie die konkreten Lebensverhältnisse der Eltern kennenlernen und mit ihnen über Fragen des Projekts sprechen. Dabei wird der Lehrer auch mit sozialpädagogischen Problemen konfrontiert werden, zumal, wenn die Gesamtschulen in Arbeitervierteln oder Regionen mit sozial randständigen Familien errichtet werden. Eine derart strukturierte Eltern/Lehrer/Schüler-Arbeit könnte dazu beitragen, den 'Mittelklassencharakter' der Schule abzubauen: die politische Sozialisation der Schüler wie der Lehrer würde eine konkrete gesellschaftskritische Dimension gewinnen.

Erst wenn das Verhältnis von Schule und Eltern als *gegenseitiger* Informations- und Kommunikationsprozeß organisiert und als inhaltliches Problem erkannt wird, wenn dadurch auch das Selbstbewußtsein von Arbeitereltern wächst und sie sich als Gruppe verstehen, die ebenso wie bürgerliche Eltern die Interessen ihrer Kinder in der Gesamtschule vertreten, erst dann erscheinen institutionalisierte Mitentscheidungsrechte der Eltern für eine emanzipatorische Erziehung der Kinder wünschenswert. Dis dahin, so ist zu fürchten, verstärkt jeder Einfluß von (Mittelschicht-) Eltern den 'Mittelklassencharakter' auch der Gesamtschule.

---

60 Gesamtschulempfehlung, a.a.O., S. 125.

IV. Schluß

Die Analyse der Zieldefinition zur politischen Erziehung in der Gesamtschule und der organisatorischen Ansätze macht deutlich, daß die Gesamtschule inhaltlich (im Bereich politischer Bildung und politischer Sozialisation) und strukturell (Schulverfassung) weitgehend an das bestehende traditionelle Schulsystem anknüpft. Gerade in diesem Bereich hat kaum Innovation stattgefunden. Auch daran wird deutlich, daß das Interesse an der Einführung der Gesamtschule sich allererst auf die Qualifizierung der Jugendlichen im Rahmen der ökonomischen Anforderungen richtet und andere auf 'Mündigkeit' gerichtete Intentionen sich nicht durchsetzen konnten bzw. kaum konkret definiert wurden. Erziehung zur 'Mündigkeit' setzt aber ein entschieden gesellschaftskritisches Curriculum[61] und die Entwicklung kollektiver politischer Handlungsstrategien von Schülern und Lehrern voraus.

Daß eine Gesamtschule, die sich nicht als Ort verstärkten individuellen Aufstiegs, sondern in erster Linie als Institution zur kognitiven, affektiven und strategischen Vorbereitung des beruflich-politischen Handelns künftiger Lohnabhängiger verstünde, den ökonomisch und staatlich Herrschenden bedrohlich erschiene, dürfte fraglos sein. Ebenso fraglos ist, daß der Realisierung derartiger Gesamtschulkonzepte massiver Widerstand entgegengesetzt würde. Zu fragen bleibt dennoch, warum die Gesamtschulplaner von vornherein kein alternatives Gesamtschulmodell entwickelt haben. Dafür lassen sich verschiedene Gründe anführen:

1. Der bisherigen Professionalisierung der Lehrer entspricht ein Rollenselbstverständnis als Experten für die Vermittlung bestimmter Fachinhalte. Dies resultiert aus der traditionellen politischen Selbstdefinition bürgerlicher Pädagogik ebenso wie der übrigen Einzelwissenschaften. Politische Sozialisation im weitesten Sinne wird daher im besten Fall als Geschäft der Gesellschaftskundelehrer angesehen. Hinter dieser Arbeitsteilung steht ein Wissenschaftsverständnis, das den Zusammenhang von Einzelwissenschaft und gesellschaftlichen Interessen ignoriert.

---

61 Ansätze dazu bei Peter Kaßner: Überlegungen zum Gesellschaftskundeunterricht an Gesamtschulen, in: Gesamtschul-Informationen, PZ Berlin, 1/71.

2. Die Zerstörung sozialistischer Organisationen und Einstellungen in der BRD bis in die späten 60er Jahre und der vorherrschende Antikommunismus schlägt sich auch im Bewußtsein der Lehrer nieder, selbst wenn sie politisch interessiert sind und politischen Unterricht erteilen. Sie versuchten die repräsentative Demokratie als beste aller möglichen *Staats*formen und Partnerschaft als *Verhaltens*form im Bereich primärer Kommunikation zu vermitteln. Daraus konnten aber keine *inhaltlichen* Konzeptionen der politischen Sozialisation als Emanzipation von Unterprivilegierten entwickelt werden.

3. Bei vielen Lehrern ist die Überzeugung verankert, Kinder bis zum Alter von 13-14 Jahren - die meisten Gesamtschulen beginnen mit 10-12jährigen - seien zum einen zur Mitbestimmung noch nicht reif; zum anderen sollten Kinder nicht mit 'Politik' konfrontiert werden. Dies ist sowohl falsche Anthropologie als auch eine Ignorierung der konkreten Erfahrungen der Schüler[62].

Neben diesen Gründen sind weitere zu nennen, die aus den konkreten Bedingungen resultieren, unter denen Gesamtschulen geplant wurden und werden:

4. Angesichts des Handlungsdrucks, unter dem die Lehrer in Bezug auf Bauplanung, Stundenpläne, Curricula, Finanzierungskonzepte, Durchsetzung der Gesamtschule innerhalb der Kommune oder gegenüber dem Kultusministerium stehen, werden Überlegungen zu weniger entscheidungsrelevanten Problemen in den Hintergrund gedrängt. Für die Planung von politischer Sozialisation und darauf bezogenen Organisationsstrukturen bleibt dann kaum Zeit.

5. Die Planer müssen sich auf mehreren Gebieten zugleich kompetent machen: Bildungspolitik, Curriculumrevision, Baufragen, Finanzierungsverfahren, Lokalpolitik usw. gehören bislang nicht zur Professionalität der Lehrer. Auch organisationssoziologische Problemorientierung, zumal, wenn sie in einem inhaltlichen Demokratiekonzept verankert sein soll, ist Lehrern

---

61 Vgl. dazu u.a.: Otto F. Kanitz: Kind und Tagespolitik, in: ders.: Kämpfer der Zukunft, Frankfurt 1970; Soll Erziehung politisch sein? Frankfurt 1970; R. Engelhard: Politische Bildung in der Grundschule, in: betrifft:erziehung 2/1970.

fremd. Daher liegt in der Aufbauphase der Gesamtschulen die einfachste Lösung, nämlich die Anlehnung an die jeweilige landesübliche Schulordnung und an traditionelle politische Bildung, nahe.

6. Abweichungen von den landesüblichen Regelungen schaffen zusätzliche Schwierigkeiten mit der Schulbehörde. Ein besonders deutliches Beispiel dafür sind die Auseinandersetzungen der Freiburger Planungsgruppe mit dem baden-württembergischen Kultusministerium um das 'Freiburger Modell', die bis zu Rücktrittsdrohungen der Planungsgruppe führten und den Schulversuch verzögerten.

7. Die Planer sind häufig spätere Funktionsträger in der Gesamtschule und werden daher kein Eigeninteresse an einer Verringerung ihrer Entscheidungskompetenz haben, wie sie das Prinzip kollektiver Entscheidungen und der Beteiligung verschiedener Gruppen an Entscheidungen mit sich bringt.

Diese unterschiedlichen Ursachen können in ihrer Bedeutung nicht gewichtet werden. Sie machen aber deutlich, daß Lehreraus- und -weiterbildung, konkrete Arbeitsbedingungen, die Entwicklung der Erziehungswissenschaft sowie die gesamtgesellschaftliche Realität und die herrschende Ideologie Einfluß auf den Prozeß politischer Sozialisation in der Schule haben. Das bedeutet zugleich, daß dieser durch *individuelle* Strategien 'progressiver' oder 'linker' Lehrer nicht verändert werden kann. Politische Sozialisation, die sich am Interesse der künftigen Lohnabhängigen orientiert, setzt *gemeinsames politisches Handeln* voraus - sowohl innerhalb als auch außerhalb der Schule.

11. Lernschwierigkeiten, Verhaltensstörungen und Sonderschüler – ein Problem politischer Sozialisation

I. Die Gesamtschule tritt an mit dem Versprechen, sie könne Chancengleichheit für alle Kinder eher herstellen als die bisherigen Schulformen; sie will den einzelnen zu Mündigkeit, zu Selbständigkeit und vor allem zu Leistungen führen, die den individuellen Aufstieg innerhalb dieser Gesellschaft eher ermöglichen, als dies das traditionelle Schulsystem vermochte.

An anderer Stelle dieses Buches wird erörtert, ob diese Begründungen nicht von einem illusionären Gesellschaftsbild und einer falschen Vorstellung über die tatsächliche Funktion der Schule in dieser Gesellschaft ausgehen[1]. Dabei zeigt sich, daß die Behauptung, durch die Gesamtschule (oder irgendeine Schulform) lasse sich Chancengleichheit herstellen, grundsätzliche Widersprüche einer kapitalistischen Gesellschaft verschleiert: diese Behauptung unterstellt, durch individuellen Aufstieg - und nicht durch kollektives Handeln der Arbeiterklasse - könnten prinzipiell die Folgen der Klassengesellschaft und diese damit schließlich selbst aufgehoben werden. Demgegenüber muß festgestellt werden, daß das Ziel der individuellen Chancengleichheit "aufgrund der Lebensumstände der Arbeiter für die Arbeiterschicht gar keine Gültigkeit haben kann, somit die Suche nach 'begabten' Arbeiterkindern eine Suche nach Individuen ist, die sich nicht entsprechend den Normen und Möglichkeiten ihrer eigenen Schicht verhalten, im Sinne des 'Sozialcharakters' also keine Arbeiterkinder mehr sind"[2]. Daß das Prinzip der Chancengleichheit - ebenso wie die Forderung nach Autonomie und Mündigkeit - "in Wirklichkeit

---

1 Vgl. Kap. 9 in diesem Buch. - Vgl. dazu auch: G. Bühlow, W. Hopf, U. Preuss-Lausitz: Widersprüche in der Strukturreform des Bildungssystems am Beispiel der Gesamtschule, in: Alternative 77, April 1971.

2 H. Ortmann: Arbeiterfamilie und sozialer Aufstieg. Kritik einer bildungspolitischen Leitvorstellung. München 1971, S. 12.

die Ungleichheit perpetuiert"[3], weil es um die wenigen 'Tüchtigen', die Aufstiegsorientierten geht, zeigt die gleichzeitig geforderte "individuelle Förderung"; individuelle Förderung heißt: wer sich den Prinzipien der systementsprechenden Leistung und dem individuellen Konkurrenzstreben erfolgreich unterwirft, der soll durch schulische Förderung und den Nachweis entsprechender Abschlüsse später in gesellschaftliche Führungspositionen aufsteigen und damit verbundene Privilegien erhalten.

Unterstellt man - und in einer hessischen Untersuchung wurde dies jüngst bestätigt[4] - daß zahlreiche Gesamtschullehrer von den oben erwähnten Postulaten ausgehen, dann kann kein Zweifel daran bestehen, daß für sie eine Reihe von Erfahrungen in der Gesamtschule besonders schmerzlich sind, weil sie offenkundig den eingangs genannten Zielen widersprechen: auf der einen Seite die Apathie zahlreicher Schüler oder die fehlende Motivation für den Unterricht; die Disziplinlosigkeit von Schülern, die sich in der Nichtbeachtung des Lehrers im Unterricht zeigt; die Verbal, häufig aber auch physisch zum Ausdruck gebrachte Aggressivität gegenüber Mitschülern, Lehrern, Schulassistenten, aber auch gegenüber Schuleinrichtungen. Dies alles wird gemeinhin unter den Begriff des abweichenden Verhaltens oder unter den der Verhaltensstörung gefaßt. Auf der anderen Seite stehen die Erfahrungen der Phänomene, die als Lernschwierigkeiten bezeichnet werden: die Unfähigkeit von etwa 5 - 10 % der Schüler, die Lernziele des Fundamentums im Grundkurs zu erreichen; die Schwierigkeit, sich klar auszudrücken; plötzlicher Leistungsabfall und - bei äußerer Differenzierung - Abstieg in den untersten Niveaukurs.

Die Unterscheidung zwischen Lernschwierigkeiten und abweichendem Verhalten ist nur eine analytische; tatsächlich korrelieren beide Phänomene häufig und sind letztlich auf soziale Ursachen zurückzuführen.

In den Begriff des abweichenden Verhaltens oder der Verhaltensstörung fließen gesellschaftliche Normen ein, die es notwendig machen, jeweils äußerste Vorsicht bei der Verwendung dieser Kategorie zu zeigen. Dies gilt auch für die Analyse der quantitativen Verbreitung von 'Verhaltens-

---

3 ebda. S. 16.

4 M. Bernhardt, G. Kaczenski, K. Weigelt: Organisationsstrukturen in der Gesamtschule, hektogr. Forschungsbericht, DIPF, Frankfurt 1971.

störungen' bei Schülern. So fand Harnack bei über 1300 zehnjährigen Kindern in 61 % der Fälle nervöse Verhaltensstörungen wie Hypermotorik, Schlafstörungen, 'pathologische Angewohnheiten'[5]. In einer Stockholmer psychiatrischen und psychologischen Untersuchung von 222 Jungen im Alter von 7 bis 16 Jahren stellten Johnson und Kälvesten bei 31 % "mäßige Symptome" fest, 23 % taxierten sie als "Problemkinder", für die eine sofortige Therapie nötig sei, und 2 % hielten sie für anstaltsbedürftig[6]. Die daran anschließende Feldstudie von Bittner/Thalheim, die an 7- bis 10jährigen Reutlinger Jungen durchgeführt wurde, kommt zu ähnlichen Ergebnissen: 29 % Kinder mit "mäßigen Symptomen" (die nach der Klassifizierung der Autoren eine "gewisse Sonderstellung" in Familie, peer group oder Schule einnehmen), 19 % "Problemkinder", 1 % Anstaltsfälle[7]. Alle drei Studien machen die Beliebigkeit deutlich, auffällige von 'normalen' Kindern abzugrenzen, zumal wenn man sich wie Bittner/Thalheim aus technischen Gründen auf die Aussagen von Müttern und Lehrern stützen muß, also von deren durch Wertvorstellungen geprägte Aussagen ausgeht. Was geistige Gesundheit im medizinischen, was 'Normalität' im sozialen Sinne ist, läßt sich nicht 'objektiv' feststellen, sondern ist von den jeweiligen herrschenden gesellschaftlichen Normen bestimmt. F. Redlich schreibt dazu: "Ingesamt besitzen wir weder vom statistischen noch vom klinischen Standpunkt her eine allgemeine Definition von Normalität und geistiger Gesundheit ... In einer Gesellschaft wie der unsrigen (können) einige der schwersten Neurotiker Konformisten sein, einige der radikalsten Nonkonformisten sich als relativ gesund erweisen"[8]. Was eine unerwünschte "Verhaltensstörung" ist, läßt sich daher nur durch eine an Zielvorstellungen orientierte Analyse und Kritik gesellschaftlicher Institutionen, auf die sich das soziale Handeln bezieht, lösen.

---

5 G.-A. v. Harnack: Nervöse Verhaltensstörungen beim Schulkind, Stuttgart 1958.

6 G. Johnsson, A.-L. Kälvesten: 222 Stockholms pojkar, Stockholm-Göteborg-Uppsala, [2]1964; zitiert bei G. Bittner, H.-Chr. Thalheim: Über die Verbreitung psychischer Störungen bei Kindern im Grundschulalter, in: Zeitschrift für Pädagogik, 1/1970, S. 85.

7 G. Bittner, H.-Chr. Thalheim, a.a.O., S. 93.

8 F.C. Redlich: Der Gesundheitsbegriff in der Psychiatrie, in: A. Mitscherlich u.a. (Hrsg.): Der Kranke in der modernen Gesellschaft, Köln-Berlin 1967, S. 106, s. auch S. 101.

Es ließe sich leicht nachweisen, daß z.B. die von Arbeitern und Angestellten in Industriebetrieben geforderten Normen für Lernfähigkeit und 'normales' Verhalten primär bestimmt sind von den Verwertungsinteressen des Kapitals und von dem Interesse an der Sicherung des Herrschaftssystems. Diese einseitigen Interessen haben auch explizit Eingang in schulische Erwartungen gefunden. So forderte die Kultusministerkonferenz im Juli 1969 von dem neuen Fach Arbeitslehre, es solle "Arbeitstugenden wie Konzentration, Genauigkeit, Fähigkeit zur Umstellung und zur Zusammenarbeit wie wirtschaftliches Denken und planvolles Handeln ..., Verständnis des Jugendlichen für die Welt, in die er hineinwächst", hervorbringen[9].

Jeder Versuch, mit allgemeinen, nicht schichtspezifischen Kategorien ("mäßige Symptome", "Problemkinder") das soziale Verhalten von Schülern zu beschreiben, so wie es Bittner/Thalheim trotz einiger Skrupel tun, ist ein Ausdruck dafür, daß schichtspezifische (bürgerliche, Mittelschicht-) Normen als gesamtgesellschaftlich gültige Normen genommen werden. Wenn aber z.B. ein Arbeiterkind in einer Schule zum "Problemkind" wird, Lernblockierungen hat und sich nicht mehr konzentrieren kann und damit nach psychiatrischem Verständnis neurotische Symptome zeigt, müßte die 'Therapie' der Institution Schule, nicht dem Kind gelten. Man könnte auch sagen, daß das von den Standards der Schule als Mittelklasseninstitution abweichende Verhalten von Arbeiterkindern, das sich in vielen Formen äußern kann: als Lernhemmung, als Motivationsmangel für die mittelschichtspezifischen Curricula, als Aggression -, daß diese Verhaltensweisen angemessene ('gesunde') Reaktionen zur Erhaltung der bisher in der Familie erworbenen Identität sind. K. Dörner schreibt dazu in anderem Zusammenhang, daß "mit der Inadäquatheit der Rollenerwartungen ihr Ignorieren adäquat sein kann"[10].

II. Die Untersuchung von Lern- und Verhaltensstörungen, die verschiedene Symptome der gleichen sozialen Ursachen sind, führt häufig dazu, sich

---

9 Beschluß der KMK vom 3. Juli 1969, Empfehlung zur Hauptschule, in: betrifft:erziehung 8/1969, S. 29.

10 K. Dörner: Hochschulpsychiatrie. Sozialpsychiatrischer Beitrag zur Hochschulforschung. Stuttgart 1967, S. 133. Vgl. dazu auch D. Goldschmidt: Die objektive Studiensituation der Studierenden in der Bundesrepublik Deutschland als eine stress-Situation, in: H.-U. Ziolko: (Hrsg.): Psychische Störungen bei Studenten, Stuttgart 1969, S. 51-66, bes. S. 51 f.

ausschließlich den Lernschwierigkeiten zu widmen und das Problem auf ein rein technologisches - des Motivationsaufbaus, der richtigen Didaktik - zu verkürzen. Dadurch wird die Reflexion über die Ursachen von Lernblockierungen ebenso abgeschnitten wie die über den Zusammenhang von sozial auffälligem Verhalten und Lernschwierigkeiten.

Beide Symptombereiche sind im Zusammenhang mit der Frage der Integration der Sonderschüler in die Gesamtschule diskutiert worden, da Lern- und Verhaltensstörungen in der 'normalen' Gesamtschule und von Sonderschülern im wesentlichen Ausdruck desselben sozialen Problems sind: Diese Phänomene ergeben sich aus einer nicht bewältigten Interaktion zwischen Schule und Familie, da die Schule die unterschiedlichen Sozialisationsergebnisse nicht aufnimmt.

'Lernschwierigkeiten' und 'abweichendes Verhalten' erscheinen in der Gesamtschule häufiger als in anderen Schulformen. Dies hat mehrere strukturelle Gründe:

- Die Spannweite von Verhaltensweisen ist in der Gesamtschule aufgrund der heterogeneren sozialen Zusammensetzung der Schüler größer; Verhaltensnormen, die z.B. in der Hauptschule toleriert wurden, werden in der Gesamtschule aufgrund ihrer anderen Zielsetzungen eher sanktioniert, was wiederum neue und qualitativ andere unerwünschte Verhaltensweisen produzieren kann.
- Aufgrund der Größe der Gesamtschulen treten normabweichende Verhaltensweisen absolut häufiger auf.
- Abweichendes Verhalten wird in der Gesamtschule eher bekannt - sowohl gegenüber Kollegen, gegenüber der Schulleitung als auch gegenüber der Öffentlichkeit -, da der Unterricht 'öffentlicher' ist.
- Da zahlreiche Gesamtschulen in Arbeitervierteln oder in Neubaugebieten des sozialen Wohnungsbaues errichtet wurden, ergeben sich aus der Spannung zwischen Unterschichtsozialisation und Gesamtschule als bürgerlicher Aufstiegsinstitution Probleme, die unter anderen Bedingungen nicht in der gleichen Schärfe sichtbar werden.
- Aus der Tatsache, daß ein großer Teil der Gesamtschullehrer keine ausreichende pädagogische Ausbildung erhalten hat und wenig schulische Erfahrungen besitzt, gleichzeitig die Schule als 'Mittelklasseninstitution' durchschaut und die Kritik an 'autoritärem' Lehrerverhalten rezipiert hat, ergeben sich häufig Unsicherheit und 'laissez-faire'-

Verhalten; diese sind nicht geeignet, Bewußtseinsänderungen bei den Schülern hervorzurufen und Handlungsstrategien für die Schule zu entwickeln[11].

Diese Schwierigkeiten in den Gesamtschulen sind ein Grund dafür, daß trotz einer ausführlichen öffentlichen Diskussion bislang noch alle Gesamtschulen gezögert haben, die Integration von Kindern, die gewöhnlich in Sonderschulen abgeschoben werden, in die Gesamtschule konkret zu planen[12]. Im Gegenteil: In einer neueren Ausgabe der Zeitschrift Gesamtschule, die der 'Gesellschaft Gesamtschule' nahesteht, wurde in einem Beitrag der Vorschlag gemacht, diejenigen Gesamtschüler, die nicht die Ziele des Fundamentums erreichen, zu selegieren, zwar nicht in Sonderschulen, aber immerhin in gesonderten Gruppen.

Dieser Beitrag von K.-H. Ludwig[12a] macht deutlich, wie oberflächlich und wenig selbstkritisch die Frage von Lern- und Verhaltens'schwierigkeiten' oft gesehen wird. Da werden unter dem fragwürdigen Begriff "Minderbegabte', "Lernbehinderte" *und* "die Verhaltens- und Anpassungsgestörten" (!) subsumiert; Familie, Grundschulfrequenzen und fehlende Sonderschulen sind für Ludwig der Grund, warum es beide Gruppen in der Gesamtschule gibt: fehlende Sonderschulen am Ort, Lehrermangel in Sonderschulen und an Grundschulen und "die Furcht vor sozialer Diskriminierung der Familie", die "eine frühzeitige Therapie" verhindert habe; weder hat Ludwig begriffen, daß 'Verhaltensstörungen', die bei ihm eben "da" sind, Ergebnis schulischer Sozialisationsprozesse sein können, noch, daß die Produktion neurotischer Persönlichkeitsstrukturen etwa in einem Obdachlosenviertel nicht durch den Abbau der Furcht vor Diskriminierung, die im Bekanntwerden einer "Therapie" für das Kind läge, erfolgen kann (wenn überhaupt das Geld dafür vorhanden ist), sondern daß die Verhältnisse selbst die Diskriminierung sind. An keiner Stelle wird gefragt, ob die Gesamtschule nicht ihre Curricula, ihre Leistungskriterien und -meßver-

---

11 Allerdings impliziert das noch wenig routinisierte Unterrichtsverhalten bei den Lehrern auch die Chance, für Lernprozesse offen zu sein.

12 Eine ausführliche Erörterung der Integration von Sonderschülern in die Gesamtschule vgl.: U. Preuss-Lausitz: Probleme der Integration von Sonderschülern in die Gesamtschule, in: Zeitschrift f. Heilpäd. 3/1971. Eine ausführliche Bibliografie ist enthalten in: Gesamtschul-Informationen 2/1971.

12a K.-H. Ludwig: Zum Problem der Förderung Minderbegabter in der integrierten Gesamtschule, in: Zeitschrift Gesamtschule, 2/1971, S. 38 f.

fahren, ihre Differenzierungsformen und sozialen Normen ändern müsse. Sollte dieser in der Zeitschrift Gesamtschule erschienene Artikel unter den Gesamtschulen auf Zustimmung stoßen, dann würde dies das Aufgeben der vielfach proklamierten sozialpolitisch-pädagogischen Zielsetzungen, der Chancengleichheit und der optimalen Förderung, des Abbaus des Mittelschichtcharakters der Schule und die endgültige Wiedererrichtung des traditionellen Schulsystems unter dem verschleiernden Mantel einer alle Schüler integrierenden Schule bedeuten.

Das Zögern der Gesamtschulplaner und -lehrer, aus der ausführlichen Erörterung der Bedingungen für die Integration von bislang Sonderschüler genannten Kindern, also Kindern mit 'Verhaltensstörungen' und größeren Lernausfällen, Konsequenzen zu ziehen, findet seine Entsprechung in der Bildungsplanung auf Länder- und Bundesebene. So haben Hessen und Westberlin ihre Schulentwicklungspläne veröffentlicht und dabei die Planung des Sonderschulsystems auf später verlegt[13]; das gleiche gilt für den Strukturplan des Bildungsrates; in der Schaubildübersicht im "Bericht zur Lage der Nation '71" der Bundesregierung erscheint das Sonderschulwesen in der Darstellung des Bildungssystems überhaupt nicht. Diese Vernachlässigung des Sonderschulbereiches deutet auf die ökonomische Funktion dieses Sektors hin: In der gesamten Schulplanung wie auch bei der Gesamtschule geht es in erster Linie um die Qualifizierung der potentiell leistungsfähigen Kinder, während die Absolventen von Sonderschulen einen Teil der industriellen Reservearmee darstellen.

Es ist bekannt, daß Sonderschüler nahezu ausschließlich traditionelle Handwerksberufe ergreifen (müssen), die ungünstige gesellschafts-ökonomische Perspektiven haben. Technologisch fortgeschrittene Berufsfelder bleiben Absolventen von Sonderschulen versperrt; häufig auch, wenn diese dafür erkennbar qualifiziert sind. Während der Rezession 1966/67 wurden in erster Linie Hilfsarbeiter entlassen: darunter waren überdurchschnittlich viele ehemalige Hilfsschüler. Der von den Ländern proklamierte *Ausbau* des Sonderschulbereichs bedeutet die Aufrechterhaltung eines separierten Schulzweigs neben dem übrigen Schulsystem. Die Separierung hat zwei Funktionen: Zum einen kann dadurch der Leistungsanspruch im übrigen

---

13 In die zweite überarbeitete Auflage des hessischen Schulentwicklungsplans von Ende 1970 wurde die Planung des Sonderschulbereichs aufgenommen.

Schulsystem aufrechterhalten und künftig noch gesteigert werden; zum anderen droht den Schülern, die sich diesen spezifischen Leistungsanforderungen nicht beugen, das 'Abschieben' in die gesellschaftlich diskriminierte und beruflich perspektivlose Sonderschule.

Auch an einem anderen Tatbestand zeigt sich, daß die Sonderschule den Klassencharakter des gesamten Schulsystems am schärfsten zum Ausdruck bringt: Ihre Schüler stammen aus den gesellschaftlich am meisten benachteiligten sozialen Gruppen. In Berlin kamen 1966 85 % der Lernbehinderten aus der Unterschicht, darunter 64 % Arbeiterkinder, 7 % aus Familien, in denen der Vater Rentner war, 15 % hatten keinen Vater oder machten keine Angaben[14]. In Bielefeld wurden 1965 84 % der Hilfsschüler dieser Herkunft zugeordnet, wobei 39 % der Väter Hilfs- oder Gelegenheitsarbeiter waren[15]. Ein ähnliches Ergebnis hatte eine 1969 in zehn Städten Baden-Württembergs durchgeführte Untersuchung: 77 - 96 % der rund 3000 Sonderschüler kamen aus entsprechenden Familien[16]. Kategorien wie "Unterschicht", "Arbeiter" verdecken, daß ein großer Teil aus Obdachlosenfamilien und anderen Ghetto-Siedlungen stammt[17].

Es ist daher auch kein Zufall, daß weder genügend für die Ausbildung von Sonderpädagogen getan wird noch die bauliche und Lernmittelausstattung der Sonderschulen in gleicher Weise wie die der übrigen Schulen erneuert wird: So sind z.B. 70 % der Westberliner Sonderschulen vor 1900 gebaut. Sie erhielten zu 95 % von einer Architekten-Expertengruppe die Wertung: nichtausreichend bis sehr schlecht, völlig unzulänglich[18].

III. Im folgenden sollen die Ursachen von Lernbehinderung und 'Verhaltensstörung' dargestellt werden, um daraus eine Aufforderung zur Revision der Heilpädagogik wie der kompensatorischen Erziehung innerhalb der Gesamtschule abzuleiten. Dabei werden aus analytischen Gründen zwei

---

14 U. Preuss-Lausitz: Zur sozialen Herkunft von Sonderschülern oder die Chancengleichheit findet nicht statt, in: Gesamtschul-Informationen 1/1970.

15 E. Begemann: Die Erziehung der sozio-kulturell benachteiligten Schüler. Hannover 1970, S. 68.

16 ebda. S. 72.

17 Der Spiegel 41/1970; vgl. auch Begemann, a.a.O., S. 70.

18 Vgl. Sonderschule integriert. Entwurf für eine Gesamtschule. H. 5. Berliner Situation in Zahlen und Analysen. Raumprogramme und Entwürfe für Schulen mit Lernbehinderten und Körperbehinderten. TU Berlin, Universitätsbibliothek, 1971.

Ursachen getrennt dargestellt: familienstrukturelle Ursachen und Konsequenzen aus der Klassenlage der Arbeiter im Zusammenhang mit der Schule als Mittelklasseninstitution

Die oben erwähnten Phänomene sind zum einen Ausdruck von Sozialisationsschäden und -rückständen *aufgrund neurotisierender Familienstrukturen und Erziehungsformen*; es handelt sich hier in erster Linie um affektive Störungen, die vermutlich in bürgerlichen Familien häufiger auftreten als bei Arbeiterfamilien und die bedingt sind einerseits durch hohe elterliche Ansprüche an das Kind bei fehlender emotionaler Zuwendung, andererseits sich aus der Familienstruktur und der Funktion der Familie in der bürgerlichen Gesellschaft ergeben. Es ist hier nicht möglich, die Vielzahl neurotisierender Familienstrukturen zu beschreiben; erinnert sei an die Arbeiten von Richter, Fromm, Horkheimer und Plack. Derartige familiale Bedingungen zwingen das Kind, in anderen sozialen Feldern psychisch zu kompensieren: um Aufmerksamkeit, Zuwendung, Anerkennung, Selbstbestätigungen zu werben, ersatzhandelnd die unterdrückten Aggressionen gegen den Vater, gegen die Mutter auszuleben, Widerstand zu suchen, um in der Auseinandersetzung ein gewisses Selbstbewußtsein entwickeln zu können. Als solche soziale Felder bieten sich dem Kind die Schule und die peer group an: die Schule liefert, zumal wenn es eine Ganztagsschule ist, eine Vielzahl von sozialen Situationen, wo familiale Erfahrungen reaktiviert und ausgelebt werden. Der Diebstahl eines Geldbeutels (oder die Zerstörung von Gegenständen) läßt sich ebenso als latente Werbung um Aufmerksamkeit interpretieren wie herausforderndes, "freches" Verhalten eines Schülers gegenüber Lehrern.

Zwei typische Reaktionen von Lehrern auf dieses Verhalten weisen darauf hin, daß die Schule, die Gesamtschule eingeschlossen, diese Folgen familialer Strukturen nicht aufnimmt und damit einen Lernprozeß für das Kind verhindert: entweder werden traditionelle Lösungen gewählt, indem das Verhalten bestraft wird, ohne nach seinen Ursachen zu forschen; Diebstahl, Zerstörung, verbale Aggression liegen außerhalb der schulischen Normen und werden negativ sanktioniert, ob dies Verhaltensänderungen zur Folge hat oder nicht. Oder das auffällige Verhalten wird so weit wie möglich ignoriert, besonders von den Lehrern, die die Sinnlosigkeit der Bestrafung erkannt haben, möglicherweise auch die aus der sozialen Lage der Kinder resultierenden psychischen Wurzeln abweichenden Verhaltens reflektieren. Bei Unterrichtsbesuchen gerade bei Gesamtschullehrern mit liberalem, antiautoritärem Selbstverständnis wird immer wieder deutlich, daß viele glauben, ein demokratischer, emanzipatorischer Unterricht bestehe in partnerschaftlichem, freundlichem, aber unverbindlichem Verhalten, im milden Mahnen um Ruhe, ja im Ignorieren der Tatsache, daß eine ganze Klasse sich nicht mit den Inhalten des Unterrichts, sondern mit privaten Gesprächen, mit Comic-Heften usw. beschäftigt oder scheinbar apathisch die nächste Pause erwartet.

Zwar kann das Auslebenlassen von Aggressionen und nichtschulkonformen Verhaltensweisen planmäßig eingesetzt werden, um einen Ansatz zur Änderung bisheriger Sozialisation zu gewinnen, es ist aber fraglich, ob dieser Versuch, der in Kinderläden erfolgreich durchgeführt wurde, bei 10-15jährigen Schülern ein sinnvoller didaktischer Ansatz ist. Zudem sind viele Lehrer aufgrund ihrer bürgerlichen Sozialisation und fehlender Schulung hilfslos gegenüber Äußerungen unmittelbarer Aggressionen, wie sie für Angehörige der Arbeiterklasse kennzeichnend sind.

Beide hier konstruierten Lehrer-Typen, der traditional-autoritäre und der liberale laissez-faire-Erzieher, machen den gleichen Fehler: sie nehmen die psychisch-soziale Ausgangslage des Kindes nicht auf und erkennen nicht, daß nur dann ein Lernprozeß stattfinden kann, wenn Schule und Familie als Interaktionsfeld betrachtet wird, und Schule dabei die Funktion hat, die Schüler zu einem Reflexionsprozeß anzuregen, der ihnen ihre Erwartungen und Erfahrungen bewußt macht; das erfordert eine inhaltliche Auseinandersetzung mit dem aktuellen Verhalten der Schüler und eine in der Gruppe der Gleichaltrigen gemeinsam mit Lehrern vollzogene Reflexion der jeweiligen sozialen Erfahrungen der Kinder. Dies bedeutet eine Abkehr von bisherigen Curricula, die auf bloße Stoffvermittlung beschränkt sind. Die Voraussetzung für die Entwicklung derartiger Curricula fehlen bisher[19].

b) Ein zweiter Komplex von Ursachen der Verhaltens- und Lernstörungen bezieht sich nicht auf die Familienstruktur, deren neurotisierende For-

---

19 Eine affektiv betonte politische Bildung fordern: H. Johannsmann, H. Knepper: Plädoyer für eine den affektiven Bereich erfassende Bildung, in: Gesamtschulen in Nordrhein-Westfalen. Hrsg. G. Bechert. Weinheim-Berlin-Basel 1971.

men in der Mittelschicht wie in der Unterschicht auftreten, - allerdings in je spezifischen Variationen -, sondern auf den *Widerspruch zwischen Schule als Mittelklasseninstitution und Sozialisation in der Unterschicht.* Das Gymnasium und die Realschule sind als Institution zur Erhaltung eines gehobenen sozialen Status in der bürgerlich-kapitalistischen Gesellschaft oder des individuellen Aufstiegs einzelner Arbeiterkinder, die sich den bürgerlichen Orientierungen und Normen anpassen, beschrieben worden[20]. Unter dem Aspekt des Statuserhaltes oder des Statuserwerbs kann die Gesamtschule ebenfalls als eine Institution gekennzeichnet werden, die vermehrt und unter Ersatz des literarischen durch ein positivistisch-wissenschaftlich orientiertes Bildungsverständnis Arbeiter- und Landkindern, auch Mädchen, das Erreichen mittlerer und höherer beruflicher Positionen ermöglichen will; dies geschieht durch den institutionellen Zwang zur permanenten Leistung, durch eine permanente Kontrolle der Leistung bzw. durch die mindestens halbjährliche Selektion bei äußerer Differenzierung und nach wie vor durch traditionelle Bewertungskriterien der *individuell*, in der latenten oder offenen Konkurrenz mit anderen zustandegebrachten Leistung. Die säkularisierte protestantische Ethik von Arbeit und Leistung ist in der Gesamtschule auf die Erfordernisse einer hochtechnisierten kapitalistischen Gesellschaft zugeschnitten; das heißt nicht, daß die bestehenden Gesamtschulen diesen Ansprüchen schon voll gerecht werden.

In diese Schule treten nicht mehr vereinzelt wie im Gymnasium, sondern relativ wie absolut viele Arbeiterkinder ein; zum Teil beträgt ihr Anteil ein Drittel, in einigen Gesamtschulen aber über die Hälfte, ja über zwei Drittel. Hier geraten sie in Konflikt aufgrund von Verhaltensweisen, die sich nicht nur aus der Klassenlage ihrer Familie, aus der Arbeitsplatzstruktur der in der Produktion arbeitenden Eltern und ihren Lebensperspektiven ergeben, sondern in diesem sozialen Feld auch 'richtige', d.h. angemessene Verhaltensweisen sind. Um nur ein Beispiel zu nennen: H.G. Rolff hat zu recht auf die Verbindung zwischen Arbeitsplatzstruktur und Sozialcharakter der Arbeiter hingewiesen[21]; die von der Sozialisations-

---

20 Vgl. u.a. H. Ortmann, Arbeiterfamilie und sozialer Aufstieg, a.a.O.; H. Peisert: Soziale Lage und Bildungschancen in Deutschland, München 1965; S. Grimm: Die Bildungsabstinenz der Arbeiter, München 1966.

21 H.G. Rolff: Sozialisation und Auslese durch die Schule, Heidelberg 1967, bes. S. 29 ff.

forschung mehrfach festgestellte 'Unfähigkeit' der Arbeiter, langfristig zu planen und auf kurzfristige Bedürfnisse zugunsten langfristigerer zu verzichten, ist der notwendige und angemessene Ausdruck ihrer sozialen Lage, in der es gemeinhin wenig langfristig zu planen gibt, in der kein Geld vorhanden ist, um zu investieren und auch offen bleiben muß, für welche Zwecke dies sinnvoll wäre. Dies gilt auch heute noch, trotz 624-DM-Gesetz. Was für den finanziellen Sektor zutrifft, gilt auch für Bildung als Investition: ein beruflicher Aufstieg durch Qualifizierung nach der Ausbildungsphase ist nahezu ausgeschlossen; die Motivation für solche education permanente, etwa durch Gewerkschaftsschulen, ist entsprechend gering. Aber Arbeiter wissen inzwischen, daß durch längere Ausbildung ihre Kinder eher vor Arbeitslosigkeit geschützt werden und ihre Arbeitskraft höher bezahlt wird, obwohl Arbeiter aller Qualifikationen bei strukturellen Krisen nicht vor Kurzarbeit oder Entlassungen geschützt sind. Da die Gesamtschule das Versprechen macht, Kindern die Chance höherer Abschlüsse zu bieten, schicken zahlreiche aufstiegsorientierte Arbeitereltern ihre Kinder in diese Schule. Das ändert aber nichts daran, daß diese Verhaltensweisen erworben haben, die dem Sozialcharakter der Eltern entsprechen, wie etwa der Unwille oder die Unfähigkeit, auf kurzfristige Bedürfnisse (des Konsums, der sportlichen Betätigung, größerer Freizeit) zu verzichten oder langfristig ihre Schullaufbahn zu planen und relativ häufig entsprechende Entscheidungen zu fällen. Genau diese Fähigkeiten - neben zahlreichen anderen - sind es aber, die auch die Gesamtschule fordert, und ohne die ein Gesamtschüler innerhalb des Systems rasch von denjenigen an den Rand gedrängt wird, die über die entsprechenden Verhaltensweisen verfügen, die also mit dem System umgehen können.

Wichtig ist nun, daß diese Diskrepanz nicht nur erkannt wird; dies ist in den letzten Jahren in wachsendem Maß geschehen. Die daran anknüpfenden Programme für kompensatorische Erziehung in der Gesamtschule gehen aber alle implizit davon aus, daß man den Arbeiterkindern die Sozialisationsstrukturen der Mittelschicht vermitteln müsse; sie müssen fähig werden zur langfristigen Planung, zum Bedürfnisverzicht, zur elaborierten Sprache, sie müssen die 'intrinsische' Motivation zum sozialen Aufstieg als einzelner, zur schulischen Leistung, zur Kooperation mit allen anderen Schülern und mit den Lehrern, zur Partnerschaft und zur Rationalität erwerben. Wer dies nicht erreicht, ist eben ein schlechter Schüler;

wenn er resigniert, ist er bedauerlicherweise apathisch und kann eventuell nur 'extrinsisch' motiviert werden - durch Druck, Belohnung und Strafe; wenn er rebelliert, muß er zur relativ liberalen Ordnung gerufen werden; läßt sich dies nicht erreichen, wird man ihn als Verhaltensgestörten bezeichnen dürfen, als hoffnungslosen Fall. Beim Arbeiterkind wie beim Kind aus einer gestörten Familie versagt die Schule, gerade auch die Gesamtschule, nach wie vor: Sie erkennt nicht, daß die in der Schule nicht erwünschten Verhaltensweisen entweder in der Familie völlig adäquat sind und das Kind daher in den Widerspruch zweier sozialer Systeme mit divergierenden Erwartungen gerät, oder daß die Reaktionen der Schüler schon Ausdruck dieses Widerspruchs sind, wobei das tatsächliche Verhalten von der Intensität der emotionalen Bindung an die Familie bzw. von der schon verinnerlichten Aufstiegsorientierung, der Orientierung an den Werten der Mittelschicht abhängt.

Nicht alle Probleme von Lernblockierungen und Verhaltensstörungen lassen sich unter die hier verwendeten zwei Erklärungsmuster subsumieren. Es soll hier nicht um hirnorganisch schwer Geschädigte gehen, vielmehr soll auf das Problem hingewiesen werden, daß zahlreiche Verhaltensweisen erst von Lehrern zu 'Verhaltensstörungen' und zur 'Lernblockierung' gestempelt werden. Die Folge der geringen Erwartungen an Schüler, denen man nichts zutraut, ist bekannt: ihre Leistungen bleiben tatsächlich gering. Was für den Lernbereich gilt, ist beim sozialen Verhalten noch deutlicher. Obwohl zahlreiche Gesamtschullehrer die Stereotypenforschung und soziometrischen Untersuchungen etwa von Elfriede Höhn[22] kennen und wissen, daß oft das Abstempeln von Schülern diese erst zu Außenseitern macht - eine Rolle, aus der sie dann nur noch gewaltsam ausbrechen können -, hat dies nicht dazu geführt, daß diese Problematik im Lehrerverhalten angemessen berücksichtigt wird. Um ein Beispiel zu nennen: Als im Mai 1971 Schüler in einer Gesamtschule streikten, weil sie unzufrieden waren mit der Durchführung des Betriebspraktikums, wurde den (Arbeiter-) Eltern desjenigen Schülers, der führend den Streik organisierte, nicht nur nahegelegt, ihren Sohn einige Tage von der Schule zu nehmen; sondern es wurde ihnen auch empfohlen, ihn zu einem "Nervenarzt" zu schicken, da er doch offenkundig überzogen reagiert habe. Eine Auseinandersetzung mit

---

22 E. Höhn: Der schlechte Schüler, München 1967.

den berechtigten Vorwürfen an den Praktika, in denen die Jugendlichen häufig zu Schmutzarbeiten herangezogen wurden, fand nicht statt. - An einer anderen Schule, einer Grundschule, wurde der Mutter eines antiautoritär erzogenen Jungen gedroht, dieser werde trotz seiner im einzelnen hervorragenden Leistungen in eine Klasse für Erziehungsschwierige überwiesen, wenn er nicht das ständige Fragen und Kritisieren an falscher Stelle aufgebe. Die Mutter hatte als Sozialarbeiterin genügend Selbstbewußtsein und Kenntnis im Umgang mit Institutionen, um das Schlimmste für ihren Sohn zu verhindern. Beide einigermaßen skandalösen, aber doch wohl nicht so seltenen Fälle machen deutlich, daß bei Lernschwierigkeiten wie bei Verhaltensstörungen nicht nur von familialer Sozialisation und ihrem Gegensatz zur Schule, sondern oft nur von Lehrerverhalten geredet werden muß. Daraus resultiert kein 'moralischer' Apell an 'einsichtiges' Lehrerverhalten. Vielmehr muß auf eine Änderung der Ausbildung und eine systematische Weiterbildung verwiesen werden, die den Lehrern zur Reflexion ihrer häufig schichtgebundenen Verhaltensweisen verhilft, um die Voraussetzung für eine bewußte Einstellungs- und Verhaltensänderung zu schaffen.

IV. Neben den bisher geschilderten Reaktionen auf Lern- und Verhaltensstörungen von Schülern - Bestrafung und Separierung bzw. Ignorierung stellt die *individuelle Hilfe* eine weitere Form dar.

Institutionalisiert, wie sie in Schweden seit Schuljahr 70/71 in der Form der 'Schulklinik' an allen (9jährigen) Grundschulen eingeführt wurde, gibt es sie an deutschen Gesamtschulen bislang nur vereinzelt: Soweit besondere Förderkurse eingerichtet wurden, sind sie unmittelbar auf die Aufhebung von Lernausfällen bezogen, versuchen also wiederum nur von den individuellen Schwierigkeiten des Schülers auszugehen, nicht aber von einer Analyse des Interaktionsfeldes Schule - Familie. Am weitgehendsten und bislang wohl einmalig ist das Modell der Gesamtschule Bruchköbel-Nord, mit einem differenzierten und z.T. an psychoanalytischen Erkenntnissen orientierten Ansatz die Ansprüche der Schule mit den Erfahrungen der Schüler in ihrem Umfeld zu verbinden[23].

---

23 Das Modell des Fördersystems von Bruchköbel-Nord ist abgedruckt in: Gesamtschulen-Informationsdienst 3/70, PZ Berlin. Vgl. auch die Arbeit in der Walter-Gropius-Schule (Britz-Buckow-Rudow); s. dazu: P. Gaude: Psychologischer Beratungsdienst in der integrierten Gesamtschule, in: Gesamtschul-Informationen, PZ Berlin, 3/1971.

Bruchköbel sieht Kurse für partielle Lernausfülle vor, für Legasthenie, zur Förderung der Sprachfähigkeit und für verhaltensgestörte Kinder. Diese Maßnahmen setzen in der Vorschule ein und werden in der Grundstufe und in der Sekundarstufe I fortgeführt. Die Arbeit der Speziallehrer und Psychologen bzw. Therapeuten schließt die Sensibilisierung von Lehrern und Eltern für die Probleme auffälliger Kinder ein. Durch dieses System von individueller Hilfe, Beratung und Sensibilisierung kann die Quote von sog. Sonderschülern und Verhaltensgestörten verringert, kann zahlreiches individuelles Leid von Schülern eingedämmt werden.

Aber auch bei diesem Modellversuch wird eines nicht gelingen: den Widerspruch zwischen der Sozialisation des Arbeiterkindes und den gesellschaftlich bedingten Ansprüchen der Gesamtschule aufzuheben; diese Ansprüche bleiben, mit ihren Curricula und ihren Leistungskriterien, auch mit dem Rollenverhalten und der Professionalisierung der Lehrer, Ansprüche einer Mittelklassenschule in einer bürgerlich-kapitalistischen Gesellschaft. Außerdem werden Kinder mit Lern- und Verhaltensstörungen - weil sich die Klassenlage der Arbeiter, der Obdachlosen und 'sozial randständigen Familien' nicht ändert - immer wieder von der Gesellschaft hervorgebracht. Aufgrund des wachsenden Leistungsdrucks in der Grundschule und der Hauptschule (und besonders der Gesamtschule) könnte es sogar sein, daß zunehmend mehr Kinder sonderschul- und therapiebedürftig sein werden.

Abgesehen davon bergen derartige Fördersysteme die Gefahr in sich, daß sie - analog zur Mental-Health-Bewegung in den USA - die Schüler lediglich an die herrschenden Normen anpassen, ihr abweichendes Verhalten allein zum Zweck der Steigerung ihrer Leistung beseitigen, um sie als Arbeitskräfte künftig um so besser ausbeutbar zu machen. Ein auf Emanzipation gerichtetes Fördersystem dagegen hätte die Aufgabe, einerseits die den Verhaltensabweichungen zugrundeliegenden psychischen Konflikte aufzulösen - anstatt sie durch bloßes Verhaltenstraining nur tiefer in die Verdrängung zu stoßen; andererseits hätte sie den Protest ernst zu nehmen, der sich in abweichendem Verhalten manifestiert, und daran anknüpfend bei Schülern, Lehrern und Eltern einen Lernprozeß einzuleiten, in dem die sozialen Ursachen psychischer Defekte aufgedeckt werden, um damit eine Voraussetzung für deren Beseitigung zu schaffen.

Der Klassencharakter des Schulsystems, der sich nach wie vor in einem hohen Anteil von lower class, gerade auch des Subproletariats, unter den Sonderschülern zeigt (60 - 85 % Unterschicht), in einem überdurchschnittlichen drop out an den Gymnasien und in der Konzentration von Arbeiterkindern in den unteren Niveaukursen der leistungsrelevanten Fächer innerhalb der Gesamtschule - dieser Ausdruck des Klassencharakters der Gesellschaft und der Schule als einer ihrer zentralen Sozialisationsagenturen wird sich durch *keine* noch so differenzierte, psychologische und sozialpädagogische Maßnahme der Schule aufheben lassen. Erst wenn sie mit einer auf Gruppen bezogenen, sozial-politischen Strategie verbunden wird, besteht die Chance, daß derartige Fördersysteme zur Veränderung der Schule und darüber hinaus zur Offenlegung der gesellschaftlichen Widersprüche beitragen können, anstatt als bloße 'Reparaturwerkstätten' für psychische Defekte ins System integriert zu werden. Dieser Ansatz würde eine grundsätzliche Revision des Konzepts der Heilpädagogik bedeuten, die sich nicht nur auf die Sonderschulen auswirken müßte, sondern auch auf die Gesamtschule, in der ähnliche Probleme auftreten.

Versteht sich die Gesamtschule als eine Schule, die zur Emanzipation ihrer Schüler führen will, d.h. von Kindern, die zumeist später als Lohn- und Gehaltsempfänger ihre Arbeitskraft verkaufen müssen, dann wird sie die Schwierigkeiten innerhalb der Schule nicht nur in der Weise begreifen müssen, die eingangs skizziert worden ist. Aufgabe der Gesamtschule wäre es, zusammen mit Eltern und Schülern die sozialen Ursachen von Verhaltensabweichungen und Lernblockierungen aufzuarbeiten und zugleich die Schule curricular und strukturell zu verändern.

V. Es ist nicht möglich, die Konsequenzen des hier vorgeschlagenen Ansatzes der Verbindung individueller Hilfe und Förderung mit politischer Sozialisation detailliert darzustellen; nur für einige Probleme soll angedeutet werden, in welcher Weise die Konkretion dieser Konzeption zu denken ist: für die Curriculum-Revision, für Teacher-Training und die Rolle von Wissenschaftlern in der Gesamtschule, für Elternarbeit und für die Formen und Inhalte von Beratung, Gruppenarbeit und Einzelhilfe für Schüler.

Das vorgeschlagene Modell setzt die volle Integration derjenigen Schüler voraus, die partielle oder größere Lernschwierigkeiten haben und in ihrem sozialen Verhalten von den Normen der Schule abweichen. Wie eingangs betont, ist diese Diskussion unter der an den Institutionen orientierten Fragestellung 'Integration von Sonderschülern in die Gesamtschule' in den vergangenen drei Jahren ausführlich erörtert worden[24]. Um diese Integration sinnvoll zu machen, wurden die Einbeziehung der Grundschule, möglichst schon der Vorschule in die Gesamtschule gefordert, die sich in ihren pädagogischen und didaktischen Konzepten der Gesamtschule anpassen müsse. Außerdem wurden innere Differenzierung, die Entwicklung lernzielorientierter Bewertungskriterien und die kooperative Zusammenarbeit von Grundschul- bzw. Sekundarschullehrern, Sonderpädagogen, Sozialarbeitern, Psychagogen und - je nach Schwerpunkt - speziellen Experten (Logopäden, Speziallehrer für Körper- und Sinnesgeschädigte usw.) als unabdingbar bezeichnet.

Darüber hinaus setzt das vorgeschlagene Konzept folgende Änderungen voraus:

a) Die *Curricula* müssen, in Zusammenarbeit von Lehrern, Schülern, Eltern und einzelnen gesellschaftlichen Gruppen und Institutionen (z.B. Sozialämtern, Betriebsräten, Wohnblockzusammenschlüssen, Initiativgruppen usw.) auf die sozialen Erfahrungen und die unterschiedliche Klassenlage der Schüler bezogen werden[25]. Das heißt in erster Linie, daß die Kinder auf ihre Rolle als künftige Lohn- und Gehaltsabhängige vorbereitet werden. Dabei wird das Lernen politischer Solidarität, Organisationsfähigkeit und die kognitive und affektive Entlarvung von Herrschaftsmechanismen im Vordergrund stehen müssen. Damit verbunden werden muß die Reflexion unterschiedlicher Sozialisations- und Klassenerfahrung, die sich in der Schule als 'abweichendes' und 'unerwünschtes' Verhalten äußert. Hierher gehört auch die gemeinsame Aufarbeitung der Frage, welche gesellschaftlichen Interessengruppen an welchen Leistungen der Schule Interesse haben, und wie der 'normale' Schüler definiert ist.

---

24 Vgl. eine Bibliografie zu diesem Thema in: Gesamtschul-Informationen 2/1971; in erster Linie sind dazu Aufsätze und Beschlüsse des Verbandes Deutscher Sonderschulen (VDS) in der Zeitschrift für Heilpädagogik und in dem Gesamtschul-Informationsdienst bzw. Gesamtschul-Informationen (Titeländerung seit 1971) erschienen. Vgl. dazu auch die Referate von E. Beschel und H. Bleidick beim Landeskongreß Gesamtschule 1971 in Bochum.

25 Ansätze zu solchen Projekten finden sich bei: J. Zimmer: Anmerkungen zur Projektentwicklung an einer Modellschule in Solingen, in: Kursbuch 24 (1971), S. 155 ff.

Einer Orientierung der Curricula an den Interessen der Lohn- und Gehaltsabhängigen wird oft, zumal wenn dies schon für die Grundschule gefordert wird, zweierlei vorgeworfen: zum einen, daß Kinder im Grundschulalter für eine inhaltliche politische Sozialisation noch nicht 'reif' seien. Demgegenüber wurde gerade in den letzten Jahren mehrfach darauf hingewiesen, daß Kinder - wie die Ergebnisse z.B. amerikanischer Untersuchungen zur politischen Sozialisation nachweisen[26] - eine Vielzahl *inhaltlicher* politischer Aussagen gelernt haben, und daß die Frage nicht lautet, ob, sondern welche politischen Inhalte Kinder erwerben sollen. D. Urban hat außerdem mit einigen Unterrichtsbeispielen zur Medienkritik - deren Ansatz sich leicht auf andere Inhalte übertragen läßt - gezeigt, wie mit neunjährigen Schülern erfolgreich politische Sozialisation betrieben werden kann[27].

b) Um *Lehrer* zu sensibilisieren für die Interpretation von Lernschwierigkeiten und 'Verhaltensstörungen' als Folgen der Klassenstruktur, muß - abgesehen von grundsätzlich veränderten Ausbildungs- und Weiterbildungsinhalten und -formen - zum einen eine enge Kooperation zwischen den Fach- und den Speziallehrern bzw. den Experten eines Beratungsteams stattfinden, zum anderen müssen Wissenschaftler die Rolle von Moderatoren übernehmen und von den Belastungen und dem Bewußtseinsstand der Lehrer und den Problemen der Schüler ausgehend, ein regelmäßiges Kommunikationssystem mit den Beteiligten initiieren. Eine Möglichkeit dieser institutionalisierten Kommunikation wäre die Durchführung von Projekten (z.B. zu den Folgen unterschiedlichen Wohnens, verschiedener Arbeitsplatzstrukturen und Berufsfelder), bei denen die Lehrer, Eltern und Kinder sowohl die Rollen der Experten wie der Lernenden einnehmen.

c) *Elternarbeit* kann nicht alle Eltern ungezielt einbeziehen. Wenn die Gesamtschule auch die Schule von Arbeitern (und 'sozial randständigen

---

26 Einige ihrer jüngsten Ergebnisse sind zusammenfassend dargestellt in: F. Nyssen: Kinder und Politik, in: betrifft:erziehung 1/1970.

27 Vgl. D. Urban: Wirklichkeit und Tendenz. Unterrichtsbeispiele zur politischen Bildung in der Grundschule. Essen 1970. Außerdem: R. Engelhardt: Aspekte politischer Bildung in der Grundschularbeit, in: betrifft:erziehung 2/1970; F. Nyssen: Politische Erziehung im Vorschulalter, in: betrifft:erziehung 1/1971. - Die drei Autoren vertreten prinzipiell ähnliche, in der inhaltlichen Ausformung aber verschiedene Ansätze.

Familien') werden soll, dann ist eine auf unterschiedliche soziale Gruppen bezogene Elternarbeit nicht zu umgehen. Dies wird (Diskriminierungs-) Ängste bei den Eltern und die Furcht vor dem Verlust der (vermeintlichen) 'Objektivität' der Lehrer auslösen, die durch genau überlegte didaktische Schritte und durch Offenheit überwunden werden können. Diese Ängste von Eltern haben oft objektive Gründe und sind nicht psychologisierend als 'Vorurteile', 'Bildungsferne' usw. zu diskriminieren. Vielmehr müssen in einer Verbindung von Gruppenarbeit, Curriculumrevision und politischer Bildung (für alle: Lehrer, Eltern, Schüler, Wissenschaftler) die konkreten Zwänge der Lebensbedingungen der Eltern, deren Folgen für die Kinder und die Schule ausgearbeiter und daraus konkrete Änderungsstrategien entwickelt werden. Dadurch entstehen Übergänge zur sozialpädagogischen Arbeit, die so Gelegenheit erhielte, mit institutionalisierten Gruppen zu arbeiten. Die Gesamtschule als 'Erwachsenenbildungszentrum' erhielte durch diese inhaltliche Richtung eine Verbindung zur schulischen Arbeit.

d) In Verbindung mit diesen Maßnahmen müssen für die Schüler neben Einzelhilfen ähnlich den schwedischen 'Schulkliniken' (die allerdings hauptsächlich auf die unmittelbare Behebung von Lernausfällen und die Anpassung von Verhaltensabweichungen an die Standards der Schule ausgerichtet sind[28]) oder dem differenzierten Fördersystem der Gesamtschule Bruchköbel-Nord eine von der Schulleitung unabhängige *Beratungsstelle* eingerichtet werden, die auch für sexualpädagogische Beratung zuständig sein sollte. Wichtiger aber erscheint, in mehrwöchigen Projekten Gruppendiskussionen mit gruppendynamisch ausgebildeten und politisch qualifizierten Experten, mit Lehrern und evt. - in bestimmten Phasen - zugleich mit Eltern durchzuführen, in denen die Vermittlung von individuellen Schäden und Schwierigkeiten als Ausdruck sozialer Verhältnisse im einzelnen geleistet wird und daraus Verhaltensänderungen entwickelt werden. Es ist selbstverständlich, daß dies eine bejahende Einstellung zur schichtspezifisch unterschiedlichen - und unterschiedlich formulierten[29]

28 Vgl. Lehrplan LGr 69 der schwedischen neunjährigen Grundschule (Gesamtschule) für den "Spezialunterricht" (Schulkliniken u.a.): Schwedische Generaldirektion für Schulwesen, S -104 22, hektografiert.

29 Vgl. die sehr anschaulichen Protokolle in: Schülerladen Rote Freiheit, Fischertaschenbuch 1971.

kindlichen und jugendlichen Sexualität, die Anerkennung der Sozialisation in der Arbeiterfamilie als notwendigem Ausdruck ihrer Klassenlage und die Orientierung der Schule am objektiven Interesse der Lohnabhängigen voraussetzt.

Es sollte versucht werden, diese Schülergruppen zeitweilig schichthomogen zusammenzusetzen; sie sollten ausschließlich für derartige Projekte gebildet werden, die als fachübergreifender Unterricht durchgeführt werden können. Das ist kein Plädoyer für eine erneute Segregation oder für eine 'Klassenschule von links'. Es hat sich allerdings in einer Reihe von schicht- und geschlechtshomogenen wie -heterogenen Gruppendiskussionen an einer Gesamtschule[30] gezeigt, daß Kinder dann am ehesten über ihre sozialen Erfahrungen (und über die ihrer Eltern) sprechen, wenn sie merken, daß andere Kinder ähnliche Erfahrungen gemacht haben. Diese Beobachtung ist um so bemerkenswerter, als die Kinder das Prinzip der Zusammensetzung nicht kannten. Aus der Literatur über Gruppendynamik und Gruppendiskussionen werden ähnliche Erfahrungen berichtet. Didaktisch könnte dies dazu führen, zuerst - bis zur Entstehung eines gruppenspezifischen Selbstbewußtseins - die Schüler schichthomogen arbeiten zu lassen an den oben angedeuteten Themenbereichen, in einer zweiten Phase die gruppenweise erarbeiteten eigenen Erfahrungen in der heterogenen Gruppe einander zu konfrontieren, um daraus evt. gemeinsame, evtl. unterschiedliche Strategien zu entwickeln.

Um Stigmatisierungs-Ängste bei Lehrern und Schülern und Eltern zu vermeiden, ließe sich die schichtspezifische Homogenisierung auch als Rollenspiel durchführen: Dabei müssen nicht alle 'Arbeiterkinder' tatsächlich Arbeiterkinder sein, sondern einige Kinder spielen die vermuteten Verhaltensweisen, Erwartungen usw. von Arbeiterkindern und ihren Familien. Andere - z.B. tatsächliche Arbeiterkinder - beurteilen als 'Sachverständige' - aufgrund ihrer Erfahrungen - deren Rollenspiel. Der Vorzug dieses Modells wäre, daß dieselben Schüler verschiedene, auch gegensätzliche Rollen einnehmen können, von unmittelbarer Identifikation

---

30 Gruppendiskussionen mit Gesamtschülern: 1. Die Rolle der sozialen Herkunft in der Gesamtschule aus der Sicht von Gesamtschülern. 2. Geschlechtsrollensozialisation in der Gesamtschule. Arbeitsgruppe Gesamtschulen im PZ Berlin, Kurzinformationen/Arbeitspapiere 4/1971.

mit der eigenen Äußerung befreit wären und damit Diskriminierungsmechanismen auch eher offengelegt werden könnten. Den Kindern sollte dabei allerdings der Unterschied zwischen Spiel und Realität deutlich gemacht werden. Beide Möglichkeiten, die reale schichthomogene Gruppierung für einen Teil eines bestimmten Projektes und die 'gespielte' Homogenisierung im Rollenspiel sollten im Hinblick auf die Aufarbeitung von Verhaltensabweichungen, von Lernschwierigkeiten und Klassenerfahrungen untersucht und erprobt werden. Geht man davon aus, daß es Aufgabe der Gesamtschule ist zu verhindern, daß Sonderschüler produziert werden, dann müssen verstärkt auftretende Phänomene wie Lernschwierigkeiten und Verhaltensabweichung als Ausdruck des Klassencharakters der Gesellschaft und der Schule begriffen werden; daraus muß der Schluß gezogen werden, daß eine Verbindung zwischen Hilfe und politischer Sozialisation (als Aufklärung über die sozialen Ursachen der Phänomene) geleistet werden muß. Dies müßte in einer schichtspezifisch differenzierten Weise geschehen. In regelmäßiger Kommunikation zwischen Lehrern, Eltern und Schülern - wobei Wissenschaftler und Sozialarbeiter als Moderatoren integriert werden - muß ein gegenseitiger Reflexions- und Interaktionsprozeß entstehen. Es kann nicht darum gehen, daß Eltern einseitig etwas über "richtige" Erziehung lernen, sondern darum, daß Lehrer die Funktionalität der Sozialisation (für die Soziallage) der Arbeitereltern anerkennen, Eltern andererseits die Schwierigkeiten ihrer Kinder nicht als individuelles Versagen, sondern als Ausdruck gesellschaftlicher Verhältnisse begreifen. Das hat nichts mit 'politischer Agitation' oder - wenn Schüler einbezogen sind - mit 'politischer Verführung' zu tun, sondern ist notwendige Aufklärung über gesellschaftliche Zusammenhänge. Dieser Ansatz wird gewiß auf Widerstände stoßen. Demgegenüber muß darauf hingewiesen werden, daß die zunehmenden Schwierigkeiten gerade in Gesamtschulen, die Obdachlosenviertel, Arbeiterbezirke usw. als Einzugsgebiete haben, sich nicht mit individuellen und unpolitisch verstandenen Fördermaßnahmen beheben lassen, auch nicht mit verstärktem Ausbau von Sonderschulen oder Förderklassen. Nur ein gruppenbezogener, Schüler, Eltern und Lehrer wie Sozialarbeiter und Wissenschaftler einbeziehender Ansatz, der sich *politisch* begreift, wird an die Wurzel der Phänomene stoßen und die Lehrer vor Resignation, traditionell-autoritären oder bloß technologischen Lösungen bewahren.

Literaturverzeichnis

2. Länderbericht Baden-Württemberg

Aurin, K.: Gleiche Chancen im Bildungsgang. Reihe Bildung in neuer Sicht des Kultusministeriums Baden-Württemberg, A 9, Villingen 1968.

Bericht über den Stand der Maßnahmen auf dem Gebiet der Bildungsplanung. Drucksache V/2166 des Dt. Bundestages, Bundesdruckerei Bonn, 1966.

Dahrendorf, R.: Arbeiterkinder an deutschen Universitäten. Tübingen 1965.

Dahrendorf, R.: Bildung ist Bürgerrecht. München 1965.

Edding, F.: Ökonomie des Bildungswesens. Lehren und Lernen als Haushalt und als Investition. Freiburg i.Br. 1963.

Edelstein, W.: Chancengleichheit ohne Schulreform? Kritische Bemerkungen zur Bildungswerbung. In: Neue Sammlung, 6/1966.

Eigler, G., Schönwälder, H.G., Straka, G., Strittmatter, P.: Wissenschaftliche Begleituntersuchungen an Modellschulen. Eine Empfehlung zur Bildungsforschung. Reihe Bildung in neuer Sicht, A 23, Villingen 1971.

Ernst-Reuter-Gesamtschule Frankfurt-Nordweststadt: Entwurf einer Schulverfassung. In: Gesamtschulen-Informationsdienst, 3/1970.

Fürstenau, P.: Neuere Entwicklungen der Bürokratieforschung und das Schulwesen. In: Neue Sammlung, 6/1967.

Lohmann, J.: Der Schulentwicklungsplan Baden-Württembergs als Beispiel konservativer Bildungsplanung. In: Bildung und Politik, 6/1969.

Modell einer differenzierten Gesamtschule. Programmierung und Auswertung des Wettbewerbs Weinheim/Bergstraße. Reihe Bildung in neuer Sicht, A 21, Villingen 1970.

Modellschulen in Baden-Württemberg. Reihe Bildung in neuer Sicht, A 15, Villingen 1968.

Peisert, H., Dahrendorf, R. (Hrsg.): Der vorzeitige Abgang vom Gymnasium. Studien und Materialien zum Schulerfolg an den Gymnasien in Baden-Württemberg 1952-1963. Reihe Bildung in neuer Sicht des Kultusministeriums Baden-Württemberg, A 6, Villingen 1967.

Picht, G.: Die deutsche Bildungskatastrophe. Olten und Freiburg i.Br. 1964.

Protokolle der Tagung über wissenschaftliche Begleitung und Beratung von Gesamtschulen, 19.-21.11.1970. Hrg. Arbeitsgruppe Gesamtschulen, PZ Berlin, Kurzinformationen/Arbeitspaiere 3/1971.

Rolff, H.G.: Sozialisation und Auslese durch die Schule. Heidelberg 1967.

Roth, H. (Hrsg.): Begabung und Lernen. Stuttgart 1969.

Schäfer, W., Edelstein, W.: Die Odenwaldschule. Schwalbach b. Frankfurt/M. 1967.

Schulentwicklungsplan Baden-Württemberg (1. Fassung). Reihe Bildung in neuer Sicht, A 1, 1965.

Schulentwicklungsplan Baden-Württemberg (2. Fassung). Reihe Bildung in neuer Sicht, A 14, Villingen 1968.

Widmaier, H.P.: Bildung und Wirtschaftswachstum. Modellstudie zur Bildungsplanung. Reihe Bildung in neuer Sicht des Kultusministeriums Baden-Württemberg, A 3, Villingen 1966.

3. Länderbericht Berlin

Curriculum & Gesamtschule. In: Veröffentlichungen der Martin-Buber- und Thomas-Mann-Gesamtoberschulen Berlin, 1/1970.
Die pädagogische Konzeption der Gesamtschulen in Berlin. In: Kommunalpolitische Beiträge, Anh. z. Pressedienst des Landes Berlin II, 14/1967.
Erster Zwischenbericht des Koordinierungszentrums für Gesamtschulplanung. Pädagogisches Zentrum, Berlin o.J. (1968).
Evers, C.-H.: Modelle moderner Bildungspolitik. Frankfurt/M., Berlin, Bonn, München 1969.
Evers, C.-H., Burkert, N.H., Rolff, H.-G., Kreft, D.: Versäumen unsere Schulen die Zukunft? Düsseldorf, Wien 1971.
Fijalkowski, J. u.a.: Berlin - Hauptstadtanspruch und Westintegration. Köln, Opladen 1967.
Furck, C.-L.: Schule für das Jahr 2000 - ein utopischer Plan. In: Neue Sammlung, 6/1963.
Gaude, P.: Zur Erfassung förderungsbedürftiger Kinder in Vorschulklassen. In: Berliner Lehrerzeitung, 10/1969.
Gaude, P., Teschner, W.-P.: Objektivierte Leistungsmessung in der Schule. Frankfurt, Berlin, München 1970.
Gaude, P., Teschner, W.-P.: Zur pädagogischen Entwicklungs- und Forschungsarbeit in Gesamtschulen. In: Gesamtschule, 2/1970.
Gesamtschule in Berlin. In: Berliner Lehrerzeitung, 2/1968.
Gruppendiskussionen mit Gesamtschülern. Pädagogisches Zentrum Berlin, Kurzinformationen/Arbeitspapiere 4/1971.
Heerwagen, F.: Prüffeld des Neuen. Berlin als Pionier in der Bildungspolitik. Düsseldorf, Wien 1966.
Helling, F., Kluthe, W. (Hrsg.): Dokumente zur demokratischen Schulreform in Deutschland 1945-1948. Schwelm (Westf.) 1960.
Hübner, P.: Aufgaben und Stellung versuchsbegleitender Forschung bei Gesamtschulversuchen. In: H. Frommberger u.a. (Hrsg.): Gesamtschule - Wege zur Verwirklichung. Braunschweig 1969.
Ingenkamp, K. (Hrsg.): Methods for the evaluation of comprehensive schools. Weinheim, Berlin, Basel 1969.
Interview mit dem zurückgetretenen Senator Evers. In: betrifft:erziehung, 4/1970.
Kram, Th.: Die Restauration der Klassenschule in Westberlin. In: Erziehung und Klassenkampf, 2/1971, S. 48-60.
Klewitz, M.: Berliner Einheitsschule 1945-1951. Berlin 1971.
Lemm, W.: Die Rolle der SPD bei der Entwicklung des Westberliner Schulwesens. Berlin 1962.
Lohmann, J. (Hrsg.): Gesamtschule - Diskussion und Planung. Weinheim, Berlin 1968.
Lohmann, J.: Perspektiven einer Schulstruktur. In: Gesamtschulen Informationsdienst, 3/1970.
Mastmann, H. u.a. (Hrsg.): Gesamtschule - Ein Handbuch. Schwalbach 1968.
Preibusch, W.: Unterrichtsbezogene Differenzierung, Pädagogisches Zentrum, Berlin 1969.
Preuss-Lausitz, U., Nagel, K., Hopf, W.: Erwartungen der Gesamtschulen an wissenschaftliche Begleitung und Beratung. In: Gesamtschulen-Informationsdienst, 3/1970.
Protokolle der Tagung "Wissenschaftliche Begleitung und Beratung von Gesamtschulen" vom 19.-21.11.1970 Berlin. Pädagogisches Zentrum, Kurzinformationen/Arbeitspapiere 3/1971.

Robinson, S.B.: Schulreform im gesellschaftlichen Prozeß. Texte und Dokumente zur Bildungsforschung, Bd. I., Stuttgart 1971.
Rolff, H.-G.: Wege zur Gesamtschule. In: MUND, 125/1967.
Schulentwicklungsplan für das Land Berlin. Berlin 1970.
Schulz, W.: Zur Differenzierung an Gesamtschulen. In: A. Rang u. W. Schulz (Hrsg.): Die differenzierte Gesamtschule. München 1969.
Sienknecht, H.: Der Einheitsschulgedanke. Pädagogische Studien Bd. 16, Weinheim, Berlin 1968.
Studien zur Lage und Entwicklung Westberlins. Gutachten der wissenschaftlichen Beratungskommission beim Senat von Berlin. Berlin 1968.
Teschner, W.-P.: Didaktik und Organisation des Deutschunterrichts an der Gesamtschule Berlin (BBR). Braunschweig 1968.
Teschner, W.-P.: Was leisten Leistungskurse? Stuttgart 1971.
Unterricht an Gesamtschulen. Planungsvorschläge mit Beispielen für das 7. Schuljahr. Pädagogisches Zentrum, Berlin 1968.
Wege zur Schule von morgen. Berliner Forum 1/70, Presse und Informationsamt, Berlin 1970.

4. Länderbericht Hamburg

Beiträge zur Gesamtschule. Schriftenreihe der Hamburger Schulbehörde VI. Hamburg 1970.
Bildungsbericht des Senats der Freien und Hansestadt Hamburg. Hamburg 1970.
Bildungspolitische Leitsätze der SPD. Bonn 1964.
Die Gesamtschule. Schriftenreihe der Hamburger Schulbehörde IV. Hamburg 1969.
Führ, Ch.: Schulversuche 1965/66. Weinheim, Berlin 1967.
Grund- und Organisationsformen von Gesamtschulen. MUND Nr. 128/1968.
Krup, P.: Das Projekt "Gesamtschule in Hamburg". In: Hamburger Lehrerzeitung, 18/1966.
Lohmann, J. (Hrg.): Gesamtschule - Diskussion und Planung. Weinheim, Berlin 1968.
Milberg, H.: Schulpolitik in der pluralistischen Gesellschaft. Hamburg 1970.
Modell für ein demokratisches Bildungswesen. Hrsg. von der Sozialdemokratischen Partei Deutschlands. Bonn 1969.
Von der Zwergschule zur Gesamtschule - Einstellungen der Bevölkerung zu Schul- und Bildungsfragen. Infas - Politogramm 207/1092. Bad Godesberg 1969.
Wenke, H.: Das Projekt "Gesamtschule in Hamburg". In: Hamburger Lehrerzeitung, 1/1967.

5. Länderbericht Hessen

Arbeitsgruppe Gesamtschule am Pädagogischen Zentrum Berlin (Hrsg.): Tagung über wissenschaftliche Begleitung und Beratung von Gesamtschulen 19.-21.11.1970. Protokolle. Kurzinformationen/Arbeitspapiere 3/1971.
Bernhardt, M., Kaczenski, G., Weigelt, K.: Organisationsstrukturen und Selbstverständnis von Mitgliedern der Schulleitung und Lehrern in Gesamtschulen. (Hrg. DIPF) Frankfurt 1971 (hektografierter Forschungsbericht).
Bühlow, G.: Hessen '80. Moderne Schule - Bildung für alle. Diskussionsbeitrag zum Hessischen Schulentwicklungsplan. In: Gesamtschul-Informationen 1/1971, S. 64-74.

Bungardt, K.: Grund- und Organisationsformen von Gesamtschulen. Dokumentation Nr. 1 o.O.o.J.
Frommelt, B.: Wissenschaftliche Begleitung der integrierten Gesamtschulversuche in Hessen. In: Gesamtschulen-Informationsdienst 4/1969.
Geißler, E., Krenzer, R.P., Rang, A.: Fördern und Auslesen. Eine Untersuchung an hessischen Schulen mit Förderstufe. Frankfurt/M., Berlin, Bonn, München 1967.
Gesamtschule Kirchhain. Festschrift zur Einweihung der Schule. Marburg 1962.
Hessen '80. Moderne Schule - Bildung für alle. Großer Hessenplan. Schulentwicklungsplan I. Wiesbaden 1970. (2. verbesserte und erweiterte Auflage), Wiesbaden 1970.
Hessischer Kultusminister (Hrsg.): Informationen zur Gesamtschule. Arbeitspapiere für die Praxis II. o.O.o.J. (1969).
Hessischer Kultusminister (Hrsg.): Schule in unserer Zeit. Bildungswege in Hessen. Wiesbaden o.J.
Holzapfel, H.: Stellungnahme zum Diskussionsbeitrag von G. Bühlow zum hessischen Schulentwicklungsplan. In: Gesamtschul-Informationen 1/1971, S. 74-77.
Schütte, E. (Hrsg.): Kulturpolitik in Hessen. Ein Beitrag zum Großen Hessenplan. Frankfurt/M., Berlin, Bonn, München 1966.
Schütte, E.: Warum neue Schulgesetze? In: Die Schule in der veränderten Welt. Schriftenreihe des Hessischen Kultusministeriums Nr. 1/1968.
Uplegger, F., Götz, H.: Die förderstufenähnlichen Versuche in Hessen. Hannover 1963.

6. Länderbericht Nordrhein-Westfalen

Bargmann, H.-J.: Zur bildungspolitischen Situation in Nordrhein-Westfalen. In: Bildung und Politik, 6/1967, S. 111-113.
Böhme, U., Edelhoff, C., Goehrke, K.: Die Integration von Berufsvorbildung und Allgemeinbildung in der Gesamtoberstufe. In: Neue Deutsche Schule, 4/1971, S. 81-83.
Edelhoff, C.: Bewegliche Differenzierung im Englischunterricht der Phase des fundamentalen Spracherwerbs. In: Gesamtschul-Informationen, 2/1971, S. 55-73.
Frommberger, H., Rolff, H.-G. (Hrsg.): Pädagogisches Planspiel: Gesamtschule, Braunschweig 1968.
Gesamtschule Gelsenkirchen: Information - Diskussion, hekt. Manuskript 1970.
Studienstufe 1969/70. Unterrichtsverzeichnis Trimester 2, hekt. Manuskript 1970.
(GEW): Die Schule in der Industriegesellschaft. Die GEW nimmt Stellung zur Landesdrucksache 696. Bochum 1964.
GEW Nordrhein-Westfalen, Arbeitsgruppe Gesamtschule: Organisation der Gesamtschulentwicklung und -forschung in Nordrhein-Westfalen (OGEF). In: Gesamtschul-Informationen, 2/1971, S. 122-128.
Holthoff, F.: Zur Reform der Volksschule in Nordrhein-Westfalen. In: Neue Deutsche Schule, 4/1967, S. 129 f.
Holthoff, F.: Zur Demokratisierung unseres Bildungswesens. In: Neue Deutsche Schule, 10/1968, S. 153-156.
Kultusministerium von Nordrhein-Westfalen: Erlaß I A 3 vom 15.4.1970, abgedruckt in: Gesamtschulen-Informationsdienst, 4/1970, S. 65-71.
Landesregierung Nordrhein-Westfalen: Nordrhein-Westfalen-Programm 1975. Düsseldorf 1970.

Mayer, W.G.: Gesamtschule - wie geht es weiter? In: Neue Deutsche Schule, 23-24/1968, S. 453-456.
Mikat, P.: Grundlagen, Aufgaben und Schwerpunkte einer künftigen Kultur- und Schulpolitik im Lande Nordrhein-Westfalen. Ratingen 1966.
Nagel, K.: Organisation wissenschaftlicher Begleitung der Gesamtschulversuche in Nordrhein-Westfalen. In: Gesamtschulen-Informationsdienst, 3/1970, S. 56-60.
Philologenverband Nordrhein-Westfalen: Leitsätze für eine organische Ausgestaltung des gegenwärtigen Schulwesens. Düsseldorf 1961 und (2. Fassung) 1964.
Raschert, J.: Fragestellung für die wissenschaftliche Kontrolle von Gesamtschulversuchen. In: H. Frommberger, H.-G. Rolff, W. Spies (Hrsg.): Gesamtschule - Wege zur Verwirklichung. Braunschweig 1969, S. 168-176.
Regenbrecht, A., Dikow, J. (Hrsg.): Friedensschule. Programm einer Gesamtschule. München 1970.
Schecker, M.: Vom Bildungsgefälle innerhalb Nordrhein-Westfalens. In: Neue Deutsche Schule, 3/1965, S. 51-53.
Siepmann, K.E.: Gesamtschulen in Nordrhein-Westfalen vor der Bewährung. In: Neue Deutsche Schule, 23-24/1969.
Strukturförderung im Bildungswesen des Landes Nordrhein-Westfalen. Eine Schriftenreihe des Kultusministers. Heft 1: Ausbau der Höheren Schule und der Realschule. Ratingen 1966.
Heft 3: Ausbau der Grundschule und der Hauptschule. Ratingen 1966.

Über die genannten Aufsätze hinaus wurden folgende Zeitschriften herangezogen:

Neue Deutsche Schule
Bildung und Politik
Gesamtschulen-Informationsdienst

8. Zur politischen und ökonomischen Funktion der Gesamtschule - ein Literaturbericht

Altvater, E., Huisken, F. (Hrsg.): Materialien zur politischen Ökonomie des Ausbildungssektors. Erlangen 1971.
Armbruster, W.: Arbeitskräftebedarfsprognosen als Grundlage der Bildungsplanung. Berlin 1971.
Autorenkollektiv Marx-Arbeitsgruppe Historiker: Schulungstext zur Kritik der politischen Ökonomie, "Das Kapital", Bd. 1, 3. erw. Aufl. Berlin 1971.
Baethge, M.: Ausbildung und Herrschaft. Frankfurt a.M. 1970.
Beck, J.: Demokratische Schulreform in der Klassengesellschaft? In: J. Beck u.a.: Erziehung in der Klassengesellschaft. München 1970, S. 90-123.
Bildungsbericht '70 der Bundesregierung zur Bildungspolitik. Bonn 1970.
Bischoff, J., Ganssmann, H., Kümmel, G., Löhlein, G.: Mystifikation und Klassenbewußtsein. In: Sozialistische Politik, 8 (1970), S. 15-45.
Bühlow, G., Hopf, W., Preuss-Lausitz, U.: Widersprüche in der Strukturreform des Bildungsystems am Beispiel der Gesamtschule. In: alternative 77 (1971), S. 78-86.
Deppe, F.: Das Bewußtsein der Arbeiter. Studien zur politischen Soziologie des Arbeiterbewußtseins. Köln 1971.
Händle, C.: Vergesellschaftung und Rationalisierung. Zur Analyse der historischen Veränderung von Bildungs- und Produktionssystemen. Mai 1970 (unveröffentl. Manuskript).

Heydorn, H.-J.: Über den Widerspruch von Bildung und Herrschaft. Frankfurt a.M. 1970.
Hirsch, J.: Wissenschaftlich-technischer Fortschritt und politisches System. Frankfurt a.M. 1970.
Hoffmann, V.: Der Klassencharakter der Gesamtschule. Bildungsökonomische, soziologische und erziehungswissenschaftliche Analysen zu einem schulpolitischen Reformprojekt im Spätkapitalismus. Berlin 1970/71 (Unveröffentlichte Diplomarbeit).
Huffschmid, J.: Die Politik des Kapitals. Konzentration und Wirtschaftspolitik in der Bundesrepublik. Frankfurt a.M. 1969.
Karras, H.: Die Grundgedanken der sozialistischen Pädagogik in Marx' Hauptwerk "Das Kapital". Berlin 1958. (Neu hrsg. von der Roten Zelle Pädagogik Hannover).
Koneffke, G.: Integration und Subversion. Zur Funktion des Bildungswesens in der spätkapitalistischen Gesellschaft. In: Das Argument, 54 (1969), S. 389 ff.
Kuhlmann, C.: Schulreform und Gesellschaft in der Bundesrepublik Deutschland 1946 - 1966. In: S.B. Robinsohn u.a.: Schulreform im gesellschaftlichen Prozeß, Bd. 1., Stuttgart 1970, S. 1 - 206.
Janossy, F.: Das Ende der Wirtschaftswunder. Frankfurt a.M. 1969.
Mandel, E.: Marxistische Wirtschaftstheorie. Frankfurt a.M. 1970.
Marx, K.: Das Kapital, Bd. 1-3, MEW, Bd. 23-25. Berlin 1962.
Marx, K.: Grundrisse der Kritik der politischen Ökonomie. Frankfurt a.M. o.J.
Müller, W., Neusüß, C.: Die Sozialstaatsillusion und der Widerspruch von Lohnarbeit und Kapital. In: Sozialistische Politik, 6/7 (1970), S. 4 - 67.
Nyssen, F.: Schule im Kapitalismus. Köln 1969.
Nyssen, F.: Zum Verhältnis von ökonomischer Basis und Überbau - Politische Ökonomie und Pädagogik in den zwanziger Jahren und heute. In: F. Nyssen (Hrsg.): Schulkritik als Kapitalismuskritik. Göttingen 1971, S. 7-36.
Offe, C.: Leistungsprinzip und industrielle Arbeit. Frankfurt a.M. 1970.
Rolff, H.-G.: Auf dem Wege zur integrierten Oberstufe. In: b:e, 12/1969, S. 11-17.
Roth, K.H., Kanzow, E.: Unwissen als Ohnmacht. Zum Wechselverhältnis von Kapital und Wissenschaft. o.O. o.J. (Berlin 1971).
Schmidt, M.: Zum Verhältnis von Ausbildung und Bildung im Spätkapitalismus. Berlin 1971 (Unveröffentliche Diplomarbeit).
Stubenrauch, H.: Zur Kritik der Gesamtschule. In: D. Dehm (Hrsg.): Schulreport. Frankfurt a.M. 1970, S. 9 ff.

9. Zur Ideologie der Gesamtschule. Analyse von Begründungen und Zielsetzungen

Adam, H.: Soziale Unterschiede in der Schulausbildung begabter Kinder. Frankfurt a.M. 1960 (Unveröffentlichte Diplomarbeit).
Baethge, M.: Ausbildung und Herrschaft. Frankfurt a.M. 1970.
Baran, P., Sweezy, P.: Monopolkapital. Ein Essay über die amerikanische Wirtschafts- und Gesellschaftsordnung. Frankfurt a.M. 1967.
Bechert, G.: Schulzentren für die weiterführenden Schulen. Erste Stufe eines Schulentwicklungsplans für den Landkreis Unna. 2. Aufl. o.O. 1968.
Bechert, G.: Die Schulentwicklungsplanung des Landkreises Unna. In: Bildung und Politik, 8/9/1968.

Bechert, G., Lohmann, J. (Hrsg.): Gutachten zur Schulentwicklung der Stadt Neviges. o.O. 1968.
Beck, J.: Demokratische Schulreform in der Klassengesellschaft? In: J. Beck u.a.: Erziehung in der Klassengesellschaft. München 1970, S. 90-123.
Becker, E., Herkommer, S., Bergmann, J.: Erziehung zur Anpassung? 2. Aufl. Schwalbach 1968.
Bernstein, B.: Der Unfug mit der kompensatorischen Erziehung. In: b:e, 9/1970, S. 15-19.
Clemenz, M.: Technik, Wissenschaft und Bildung im organisierten Kapitalismus. In: J. Beck u.a.: Erziehung in der Klassengesellschaft. München 1970, S. 52-89.
Dahrendorf, R.: Arbeiterkinder an deutschen Universitäten. Tübingen 1965.
Deutscher Bildungsrat: Empfehlungen der Bildungskommission. Einrichtung von Schulversuchen mit Gesamtschulen. Bonn 1969.
Deutscher Bildungsrat: Strukturplan für das Bildungswesen. Bonn 1970.
Gesamtschule Nordweststadt: In: Wege zur neuen Stadt. Schriftenreihe der Dezernate Planung und Bau- und Stadtwerke und Verkehr der Stadt Frankfurt, Bd. 5. Frankfurt a.M. 1968.
Gewerkschaft Erziehung und Wissenschaft (Landesverband Nordrhein-Westfalen): Wie plant und beantragt man Gesamtschulen? o.O. o.J. (1970).
Grimm, S.: Die Bildungsabstinenz der Arbeiter. München 1966.
Habermas, J.: Erkenntnis und Interesse. Frankfurt a.M. 1969.
Habermas, J.: Technik und Wissenschaft als "Ideologie". Frankfurt a.M. 1969.
Hentig, H.v.: Systemzwang und Selbstbestimmung. 2. Aufl. Stuttgart 1969.
Hentig, H.v.: Allgemeine Lernziele der Gesamtschule. In: Deutscher Bildungsrat. Gutachten und Studien der Bildungskommission, Bd. 12. Lernziele der Gesamtschule. Stuttgart 1969, S. 13-43.
Hessisches Kultusministerium (Hrsg.): Informationen zur Gesamtschule. Arbeitspapiere für die Praxis II. o.O. 1969.
Heydorn, H.-J.: Ungleichheit für alle. In: Das Argument, 54 (1969), S. 361-388.
Hitpaß, J.: Einstellungen der Industriearbeiterschaft zur höheren Bildung. Ratingen 1965.
Hopf, W.: Kritik der Begründungen von Gesamtschulen. In: Neue Sammlung, 5/1970, S. 441-459.
Horkheimer, M.: Theoretische Entwürfe über Autorität und Familie. In: M. Horkheimer (Hrsg.): Autorität und Familie. Paris 1936.
Kultusministerium Baden-Württemberg (Hrsg.): Modellschulen in Baden-Württemberg. Reihe Bildung in neuer Sicht, Bd. 15, Villingen 1968.
Lohmann, J.: Gesamtschule Fröndenberg. Stundentafel. o.O. 1968.
Lohmann, J. u.a.: Schulentwicklungsplanung der Stadt Kamen. Kamen 1968.
Lohmann, J.: Schulzentrum Fröndenberg. Gutachten über die didaktische und bauliche Planung. Hrsg. Stadt Fröndenberg. o.O. 1967.
Mastmann, H., Flößner, W., Teschner, W.-P. u.a. (Hrsg.): Gesamtschule. Ein Handbuch. Schwalbach b. Frankfurt a.M. 1968.
Negt, O.: Soziologische Phantasie und exemplarisches Lernen. Frankfurt a.M. 1968.
Nyssen, F.: Schule im Kapitalismus. Köln 1969.
Oevermann, U.: Sprache und soziale Herkunft. Berlin 1970.
Offe, C.: Leistungsprinzip und industrielle Arbeit. Frankfurt a.M. 1970.
Pflug, H.: Strukturplan und didaktische Zielsetzung des Schulversuchs für eine Gesamtschule (Zehnjahresschule) an der Th.-Heuß-Schule in Baunatal. In: Forschungsberichte der Max-Traeger-Stiftung. Frankfurt a.M. 1968.

Planungsgruppe Berlin-Kreuzberg (Hrsg.): Raum- und Ausstattungsprogramm der Gesamtschule Berlin-Kreuzberg. (Berlin) 1969.

Rang, A., Schulz, W. (Hrsg.): Die differenzierte Gesamtschule. München 1969.

Raschert, J.: Strukturelle Probleme der Gesamtschulentwicklung. In: Stadt Bochum (Hrsg.): Gesamtschule Bochum. Ziele - Aufgaben - Probleme. 2.-8. Aufl. Bochum 1970, S. 25-29.

Raspe, J.: Zur Analyse einiger wichtiger Aspekte der Sozialisationsbedingungen proletarischer Kinder. Berlin 1970 (unveröffentl. Diplomarbeit).

Rolff, H.-G.: Auf dem Wege zur integrierten Oberstufe. In: b:e, 12/1969, S. 11-17.

Rolff, H.-G.: Bildungsplanung als rollende Reform. Frankfurt, Berlin, München 1970.

Rolff, H.-G.: Die Demokratie der Unmündigen? Behinderungen und Chancen einer Erziehung zur Emanzipation. In: Kritik Bd. 1. Die autoritäre Gesellschaft, hrsg. v. G. Hartfiel, Köln, Opladen 1969, S. 97-125.

Rolff, H.-G.: Probleme der Leistung und der Sozialisation in der Gesamtschule. In: Beiträge zur Gesamtschule. Schriftenreihe der Hamburger Schulbehörde, VI, 1970, S. 17-31.

Rolff, H.-G.: Sozialisation und Auslese durch die Schule. Heidelberg 1967.

Rolff, H.-G.: Vorbemerkungen: Die Gesamtschule - die Schule für die demokratische Industriegesellschaft. In: H. Frommberger, H.-G. Rolff (Hrsg.): Pädagogisches Planspiel Gesamtschule. Braunschweig 1969, S. 39-46.

Rolff, H.-G., Sander, T., Winkler, G.: Die demokratische Leistungsschule. Hannover 1967.

Rosenthal, R., Jacobsen, L.: Pygmalion in the classroom. Teacher expectation and pupils' intellectual development. New York 1968.

10. Demokratie in der Gesamtschule?

Autorenkollektiv am Psychologischen Institut der Freien Universität Berlin: Schülerladen Rote Freiheit, Frankfurt 1971.

Baethge, M.: Ausbildung und Herrschaft. Frankfurt 1970.

Becker, M.: Bildungsforschung und Bildungsplanung. Frankfurt 1971.

Castner, Th. u. H.: Sexualrevolution und Schule. Darmstadt und Berlin 1970.

Deutscher Bildungsrat: Empfehlungen der Bildungskommission: Strukturplan für das Bildungswesen. Stuttgart 1970.

Deutscher Industrie- und Handelstag: Der Strukturplan des Deutschen Bildungsrates: Zwischen realistischer Planung und politischer Utopie. 2. Jg. (B) Nr. 3, 1970.

Duve, F. (Hrsg.): Die Restauration entläßt ihre Kinder oder Der Erfolg der Rechten in der Bundesrepublik. roroaktuell, Reinbek 1968.

Fürstenau, P.: Neuere Entwicklungen der Bürokratieforschung und das Schulwesen, in: Neue Sammlung 6/1967.

Harnischfeger, H., Heimann, G.: Rechtsfragen der Gesamtschule, in: Deutscher Bildungsrat. Gutachten und Studien der Bildungskommission 13. Stuttgart 1970.

Der hessische Kultusminister: Informationen zur Gesamtschule. Arbeitspapiere für die Praxis II. Wiesbaden 1969.

Heydorn, H.-J.: Ungleichheit für alle, in: Das Argument 54/1969, S. 361-388.

Heydorn, H.-J.: Über den Widerspruch von Bildung und Herrschaft. Frankfurt 1970.
Hentig, H. v.: Systemzwang und Selbstbestimmung. Stuttgart 1968.
Hentig, H. v.: Allgemeine Lernziele der Gesamtschule, in: Deutscher Bildungsrat. Gutachten und Studien der Bildungskommission: Lernziele der Gesamtschule. Stuttgart 1969.
Hildebrand, St.: Skola för demokrati. Stockholm 1970.
Hinrichs, D.: SMV im Umbruch? Hannover 1969.
Huffschmid, J.: Die Politik des Kapitals. Konzentration und Wirtschaftspolitik in der Bundesrepublik. Frankfurt 1970.
Kaßner, P.: Überlegungen zum Gesellschaftskundeunterricht an Gesamtschulen, in: Gesamtschul-Informationen, PZ Berlin, 1/1971.
Kaßner, P.: Gesellschaftskunde: Zur Problematik eines neuen Fachbereichs, in: Berliner Lehrerzeitung 7-8/1971.
Liebel, M.: Das norwegische Versuchsgymnasium. Modell einer demokratischen Gegenschule? In: Frankfurter Hefte 9/1968.
Liebel, M., Wellendorf, F.: Schülerselbstbefreiung. Frankfurt 1969.
Mastmann, H. u.a. (Hrsg.): Gesamtschule. Ein Handbuch. Schwalbach 1968.
Modell einer demokratischen Schulverfassung. Sonderdruck des Instituts für staatsbürgerliche Bildung in Rheinland-Pfalz. Mainz o.J.
Nyssen, F.: Schule im Kapitalismus. Köln 1970.
Preuss-Lausitz, U.: Demokratisierung der Schule. In: Blätter für deutsche und internationale Politik 1/1969.
Preuss-Lausitz, U.: Emanzipation der Schüler - von der SMV zum Schülerkollektiv. In: Blätter für deutsche und internationale Politik, 2/1970.
Preuss-Lausitz, U.: Die Schülerschule? Zur Reform der Schülermitverwaltung. In: Vorgänge 10/1970.
Richter, I.: Die Schule auf dem Boden des Grundgesetzes. In: Recht der Jugend und des Bildungswesens, 1/1970 und in: Neue Sammlung 5/1969.
Scuola di Barbiana: Die Schülerschule. Brief an eine Lehrerin. Berlin 1970.
Sommerlatte, D.: Gesamtschule aus der Sicht der beteiligten Lehrer. In: Berliner Lehrerzeitung 9/1970.

11. Lernschwierigkeiten und Verhaltensstörungen in der Gesamtschule als Problem politischer Sozialisation.

Eine ausführliche Bibliografie zur Frage der Integration von behinderten Kindern (Sonderschülern) in die Gesamtschule ist erschienen in: Gesamtschul-Informationen, PZ Berlin, 2/1971 und Z. f. Heilpäd. 12/1971. Sie umfaßt Veröffentlichungen in den Jahren 1967 bis März 1971.

Arbeitsgruppe Gesamtschulen: Gruppendiskussionen mit Gesamtschülern.
1. Zur sozialen Herkunft in der Gesamtschule aus der Sicht von Gesamtschülern.
2. Geschlechtsrollensozialisation in der Gesamtschule. PZ Berlin, Kurzinformationen/Arbeitspapiere 4/1971.
Begemann, E.: Die Erziehung der sozio-kulturell benachteiligten Schüler. Hannover 1970.
Bitter, G., Thalheim, H.-Chr.: Über die Verbreitung psychischer Störungen bei Kindern im Grundschulalter, in: Zeitschrift f. Pädagogik 1/1970.
Dörner, K.: Hochschulpsychiatrie. Sozialpsychiatrischer Beitrag zur Hochschulforschung. Stuttgart 1967.
Engelhard, R.: Aspekte politischer Bildung in der Grundschularbeit, in: betrifft:erziehung 2/1970.

Gaude, P.: Psychologischer Beratungsdienst in der integrierten Gesamtschule, in: Gesamtschul-Informationen, PZ Berlin, 3/1971.

Gehrecke, S.: Hilfsschule heute. Krise oder Kapitulation? Berlin 1971.

Gesamtschule Bruchköbel-Nord: Fördersystem für die Gesamtschule, in: Gesamtschulen-Informationsdienst, PZ Berlin, 3/1970.

Harnack, G.-A. v.: Nervöse Verhaltensstörungen beim Schulkind. Stuttgart 1958.

Höhn, E.: Der schlechte Schüler. München 1967.

Johannsmann, H., Knepper, H.: Plädoyer für eine den affektiven Bereich erfassende Bildung, in: Gesamtschulen in Nordrhein-Westfalen. Hrsg. v. G. Bechert. Weinheim, Basel, Berlin 1971.

Nyssen, F.: Kinder und Politik, in: betrifft:erziehung 1/1970.

Nyssen, F.: Politische Erziehung im Vorschulalter, in: betrifft:erziehung 1/1971.

Ortmann, H.: Arbeiterfamilie und sozialer Aufstieg. München 1971.

Preuss-Lausitz, U.: Probleme der Integration von Sonderschülern in die Gesamtschule, in: Z.f.Heilpäd. 3/1971.

Preuss-Lausitz, U.: Zur sozialen Herkunft von Sonderschülern oder die Chancengleichheit findet nicht statt, in: Gesamtschulen-Informationsdienst, PZ Berlin, 1/1970.

Redlich, F.C.: Der Gesundheitsbegriff in der Psychiatrie, in: A. Mitscherlich u.a. (Hrsg.): Der Kranke in der modernen Gesellschaft. Köln, Berlin 1967.

Sonderschule integriert: Entwurf für eine Gesamtschule. Heft 5. Berliner Situation in Zahlen und Analysen. Raumprogramme und Entwürfe für Schulen mit Lernbehinderten und Körperbehinderten. TU Berlin, Universitätsbibliothek 1971.

Urban, D.: Tendenz und Wirklichkeit. Unterrichtsbeispiele zur politischen Bildung in der Grundschule. Essen 1970.

Ziolko, H.-U. (Hrsg.): Psychische Störungen bei Studenten. Stuttgart 1969.